DIBUJO CREATIVO

Para Leo Johann

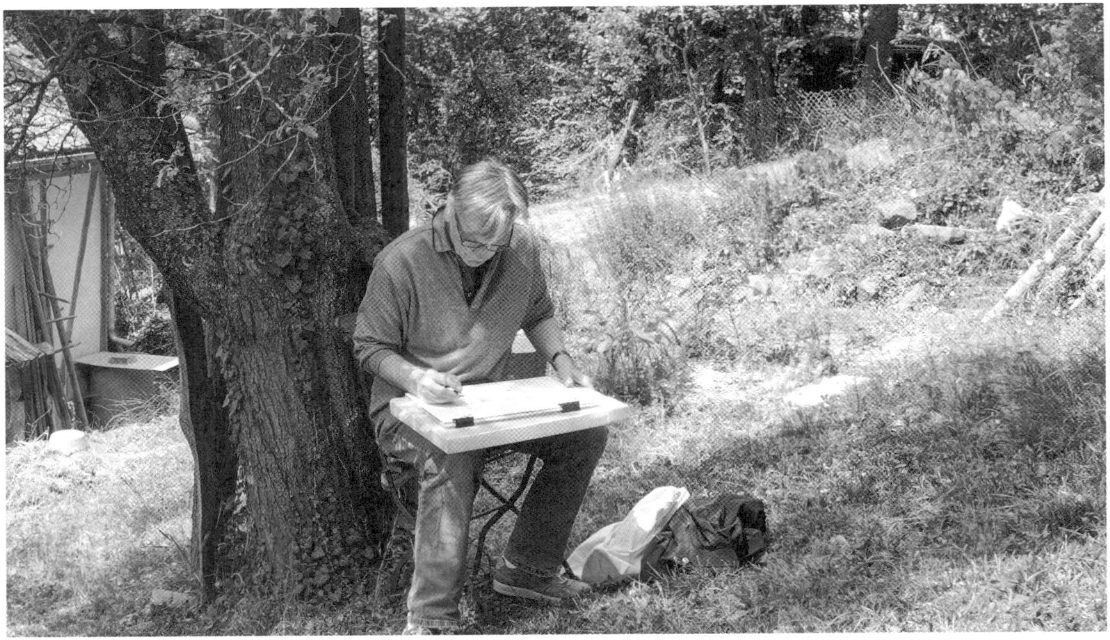

DIBUJO CREATIVO

100 trucos para desarrollar tu talento

Albrecht Rissler

HOAKI

ÍNDICE

DIBUJO CREATIVO no es un manual para seguir al pie de la letra. En este libro abundantemente ilustrado, puedes comenzar por donde quieras. Con sus más de 100 consejos, el objetivo de este libro es el de brindar el placer de descubrir todo lo que el dibujo puede significar.

Lo he escrito pensando tanto en principiantes como en dibujantes avanzados. También está dirigido a personas que no dibujan pero que disfrutan de una de las artes más antiguas. Estoy seguro de que algunos de ellos recuerdan aún lo mucho que les gustaba dibujar de pequeños y buscan una nueva forma de iniciarse en esta actividad.

Junto a las técnicas de dibujo encontrarás consejos y fotos de los materiales utilizados. En este libro no se promueve ningún estilo específico. Esto se hace evidente en la selección de trabajos, que pertenecen a estudiantes de la Universidad de Maguncia a los que tuve el placer de enseñar y que me acompañaron en innumerables excursiones de dibujo. Incluyo asimismo ejemplos de algunos participantes de mis cursos y de colegas que son ya amigos. El libro también puede entenderse como un llamamiento a artistas, diseñadores o arquitectos, a no olvidar el reto que, para todos los sentidos, supone el dibujo a mano.

Los cuadernos de los llamados Urban Sketchers o dibujantes urbanos —una escena creciente en todo el mundo— dan cuenta de lo atractivo que vuelve a ser hoy el dibujo *in situ*.

Encontrarás en este libro también trabajos de niños. A través de ellos quiero recordar la responsabilidad de padres y educadores respecto al fomento de las capacidades artísticas que todos los niños poseen. Son un requisito previo para cualquier tipo de creatividad y tienen repercusión en las áreas cognitivas.

Quisiera expresar mi agradecimiento a todos los que han contribuido a hacer este libro posible. Al editor Gerhard Rossbach, a la lectora Barbara Lauer y a los colaboradores de dpunkt.verlag por su entusiasmo por este proyecto. Sin el apoyo incondicional de mi mujer, Ursula, no podría haber realizado este libro. Su buen ojo para el diseño y su ayuda en la escritura han vuelto a ser de gran utilidad. Entre muchos otros quiero agradecer al Dr. Markus Käfer y a Heiko Ernst sus valiosos consejos y sugerencias. Estoy especialmente agradecido a mis antiguos alumnos, a los participantes de mis cursos, a mis compañeros artistas y a los niños que han puesto a disposición sus obras para este libro.

Albrecht Rissler, mayo de 2015

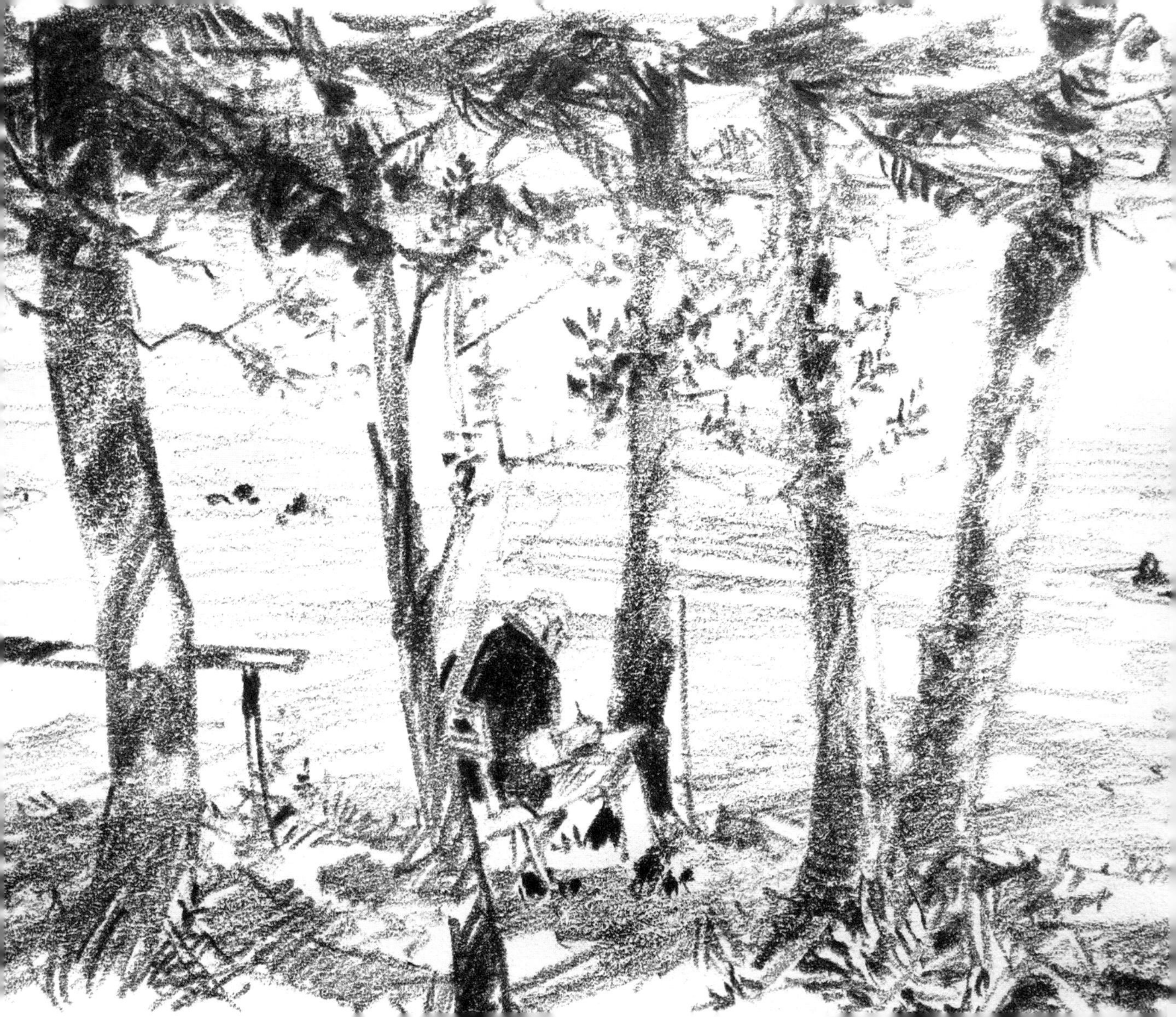

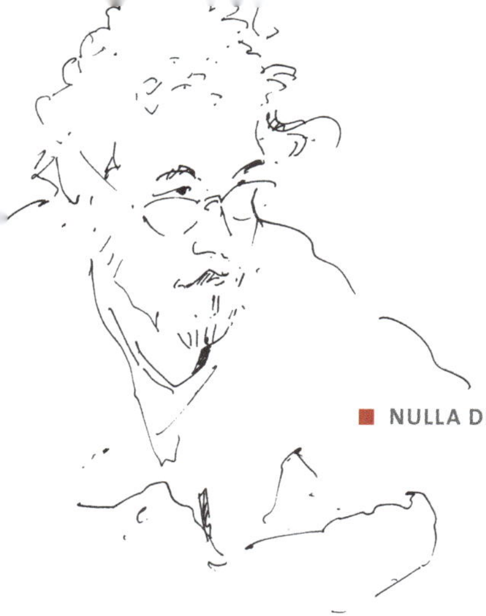

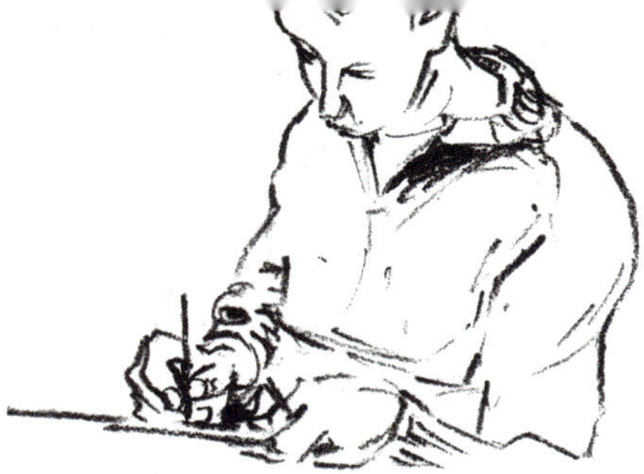

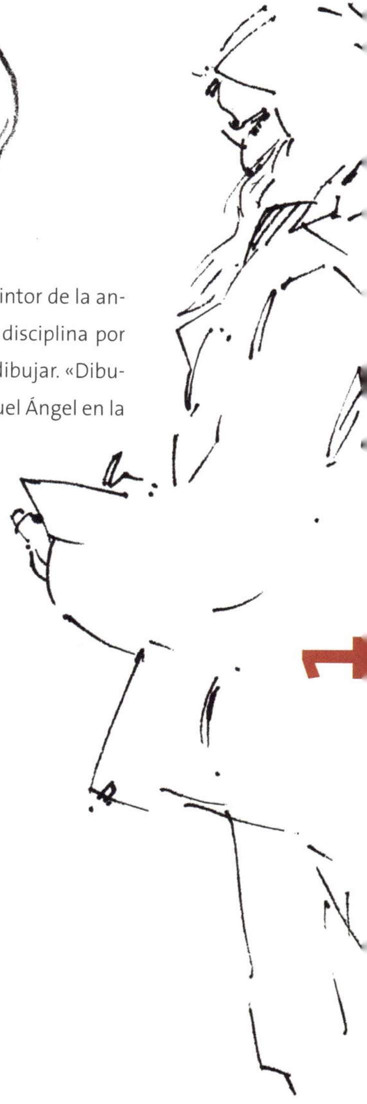

NULLA DIES SINE LINEA Esta afirmación se atribuye a Apeles, el conocido pintor de la antigua Grecia. Muchos artistas que consideran el dibujo como la disciplina por excelencia apelan de forma similar a no dejar pasar ni un día sin dibujar. «Dibuja, Antonio. Dibuja, Antonio, y no pierdas el tiempo», escribió Miguel Ángel en la hoja de un alumno. El tiempo dedicado al dibujo está directamente relacionado con los progresos que uno puede alcanzar en este proceso. Los músicos lo saben. Sin la práctica, el talento no sirve de nada. Dibujar un par de líneas durante un cuarto de hora al día es un buen comienzo. ¡Dedica tiempo a tu gusto por el dibujo!

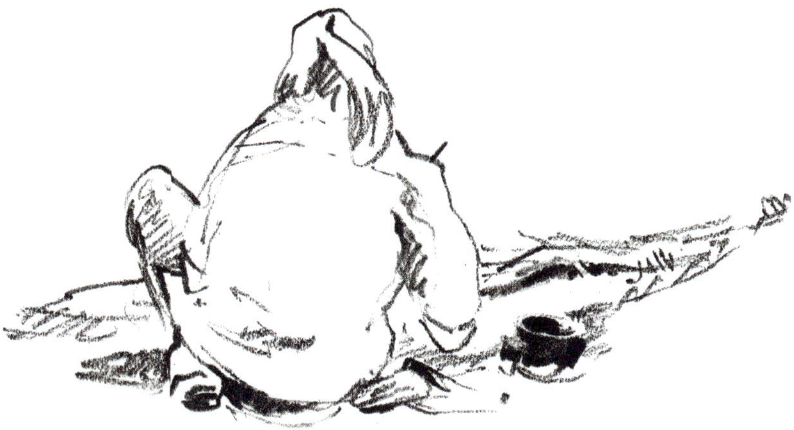

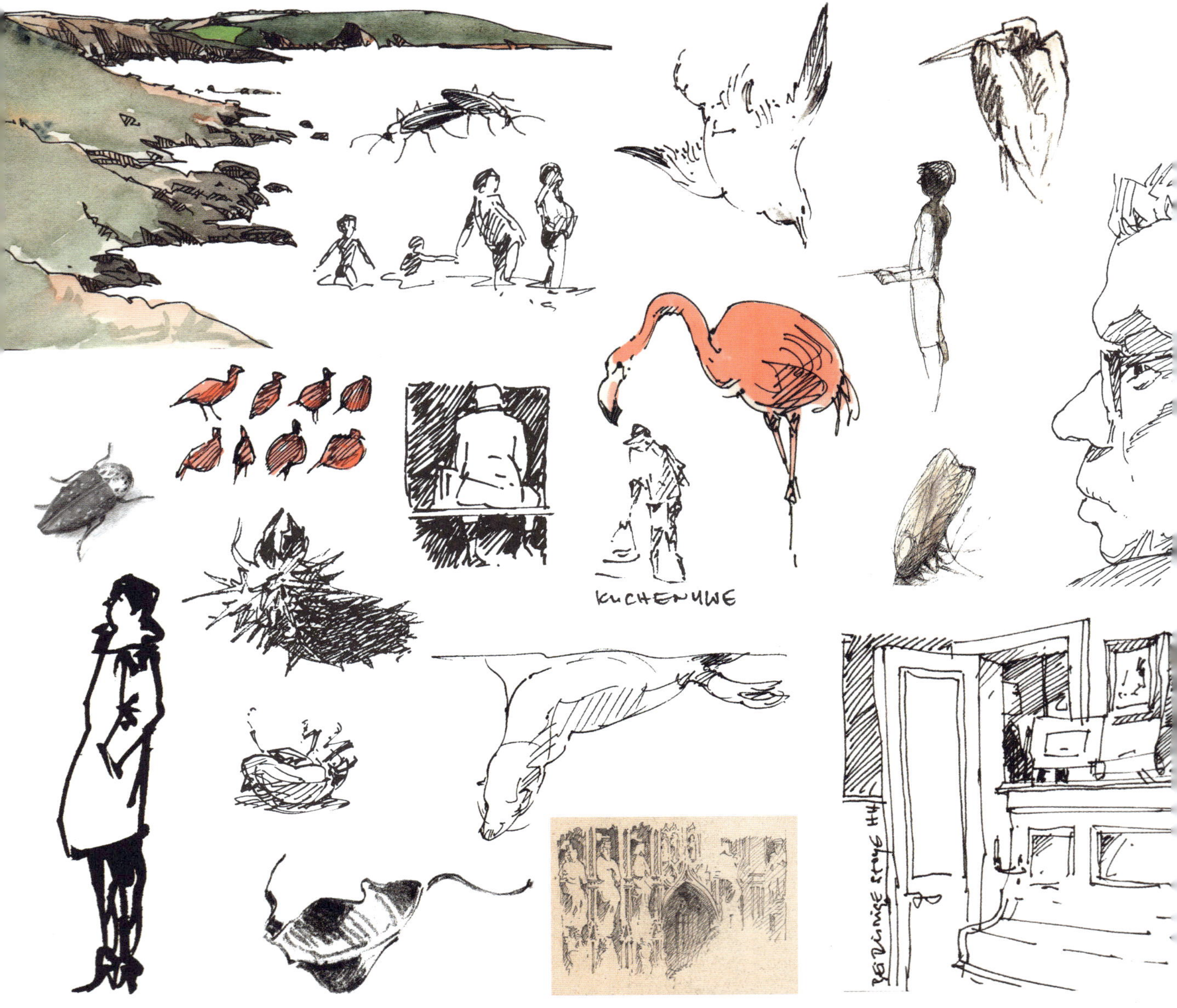
KUCHENUWE
BEI DINSE STEGE HH

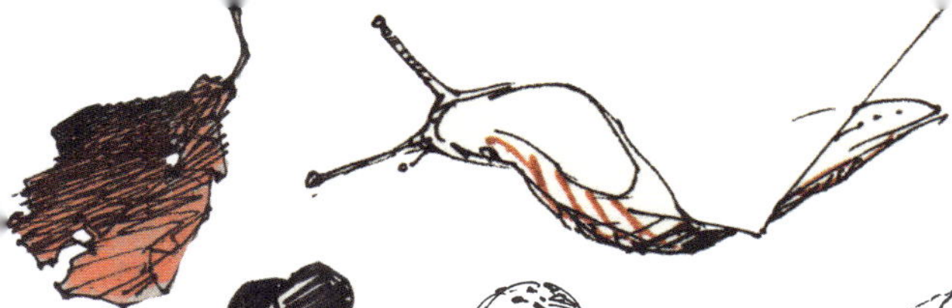
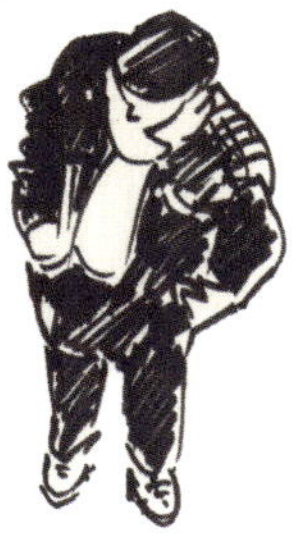
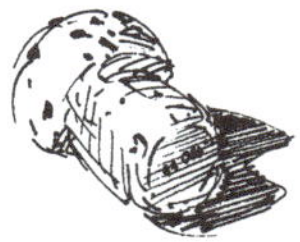
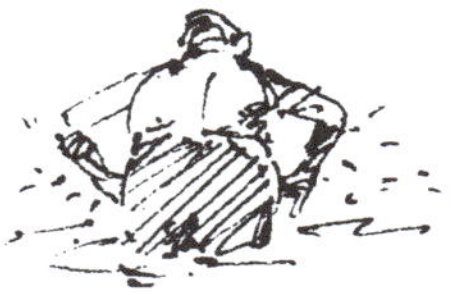
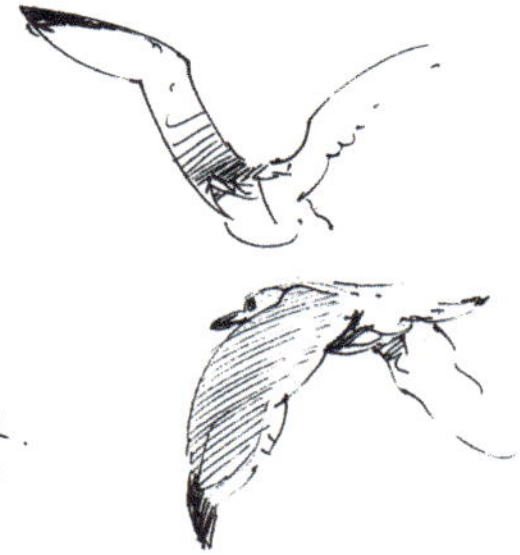
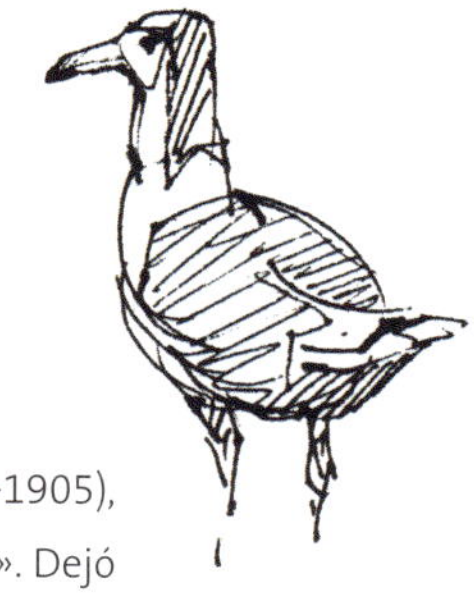
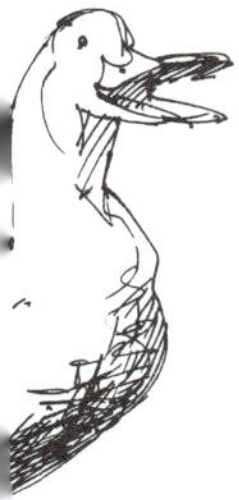

DIBUJAR DE TODO ES BUENO, DIBUJARLO TODO ES MEJOR Adolph Menzel (1815–1905), de quien nos ha llegado esta expresión, fue un incansable «dibujalotodo». Dejó tras de sí más de 6000 dibujos y 77 cuadernos de bocetos. Ningún sujeto le parecía demasiado trivial. Dibujaba todo lo que le pasaba por los ojos: el peine de su cocinera Lina, biciclos, el faldón del traje del cochero durante un viaje a Dresde, insectos... En su bloc de dibujo se puede encontrar hasta una escobilla de inodoro. Igual que Menzel, Horst Janssen (1929–1995) fue un dibujante obsesivo al que todo le interesó. Su maravilloso libro «Nature Morte» es una invitación a no complicar la búsqueda del motivo adecuado para dibujar, sino dibujar aquello que se tiene cerca.

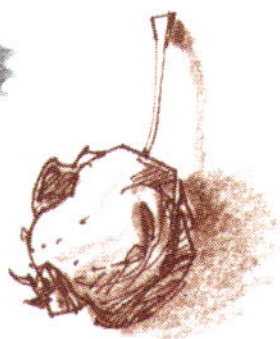
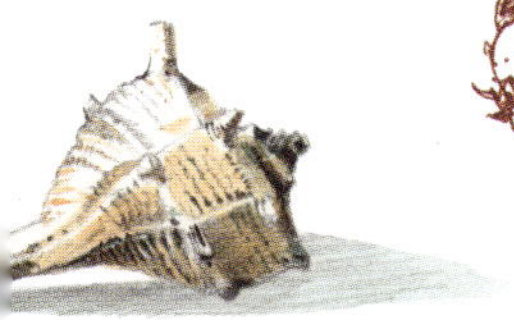
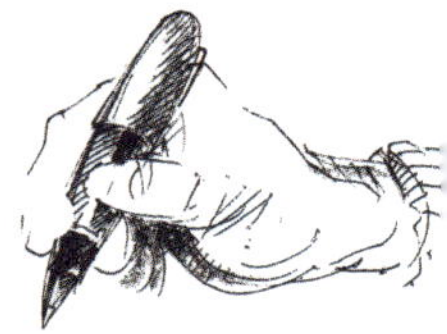
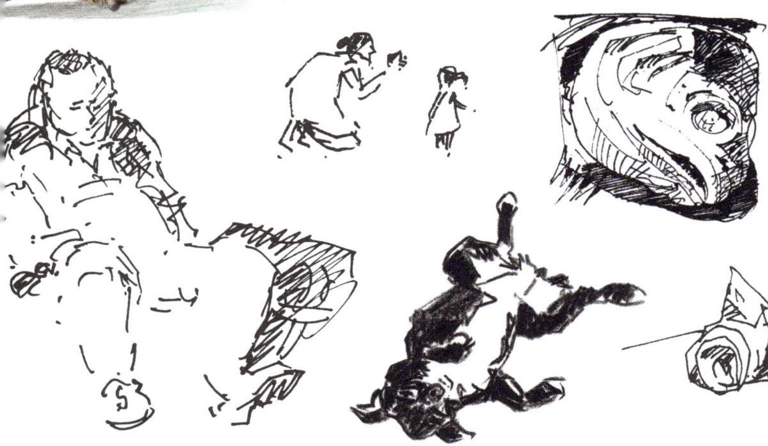
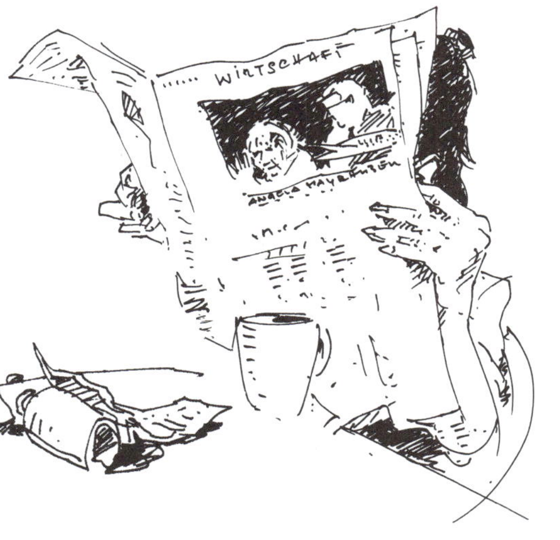

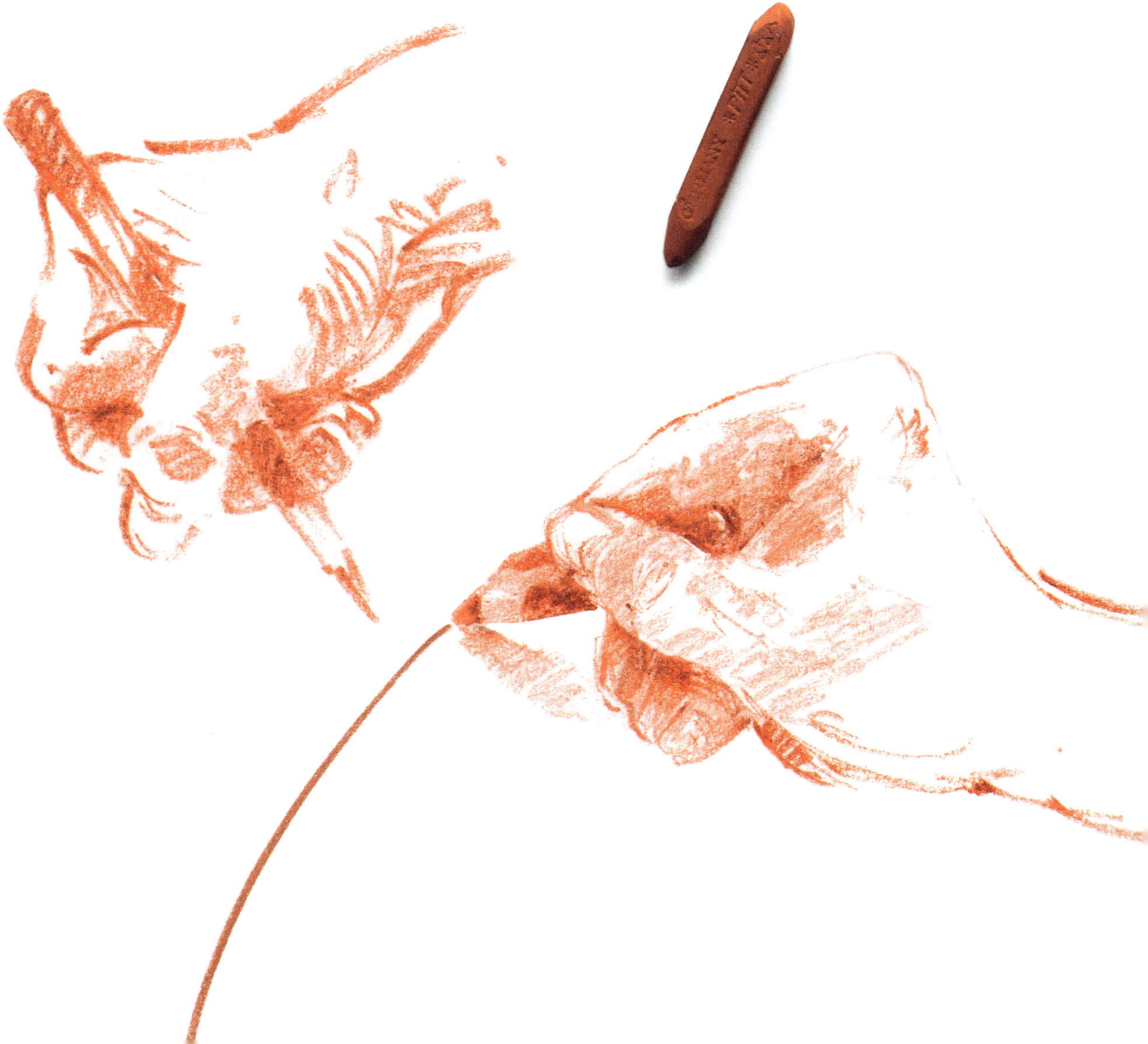

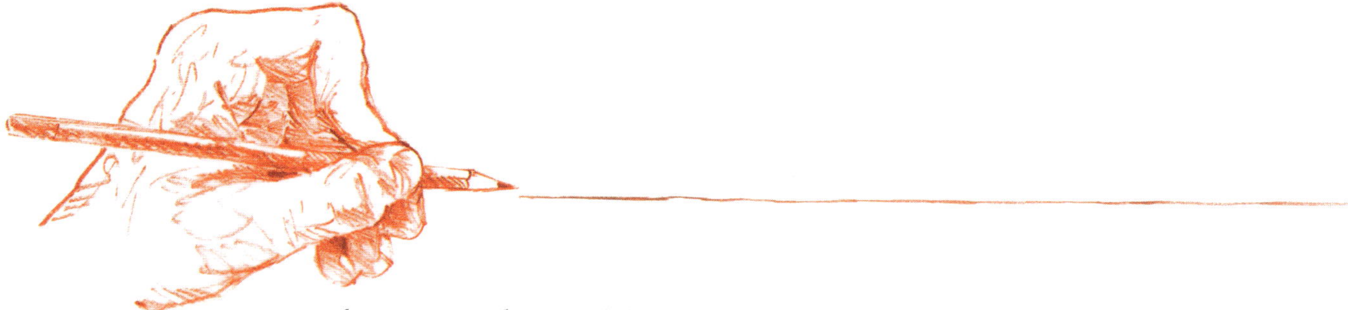

■ **¿ASÍ SOSTIENES TU LÁPIZ?** ¡Cuidado! Esta podría ser una de las razones por las cuales tus dibujos parecen algo rígidos y faltos de espontaneidad. Lo sé, un hábito adquirido a lo largo de años no se cambia tan fácilmente. Pero, aun así, haz la prueba de sujetar el lápiz como si se te pudiera caer de la mano en cualquier momento. Los instrumentos de dibujo gruesos y con peso ayudarán. Estos funcionan prácticamente por su propio peso, sin necesidad de ejercer demasiada presión. Ten cuidado de no apoyar la base del pulgar y utiliza siempre el meñique como punto de apoyo y guía a través del papel. Mejor aún es dibujar de vez en cuando en posición vertical utilizando el caballete. Todo esto contribuye a la expresividad del dibujo y entrena las habilidades motoras de la mano.

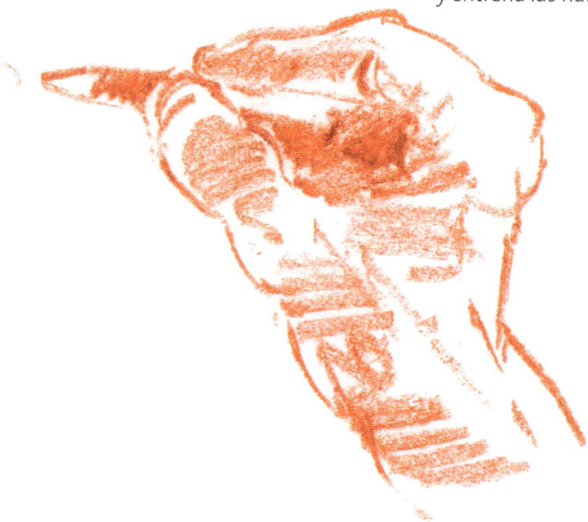

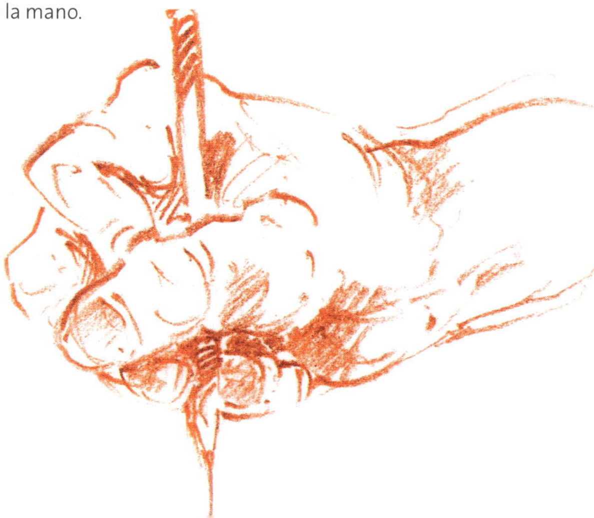

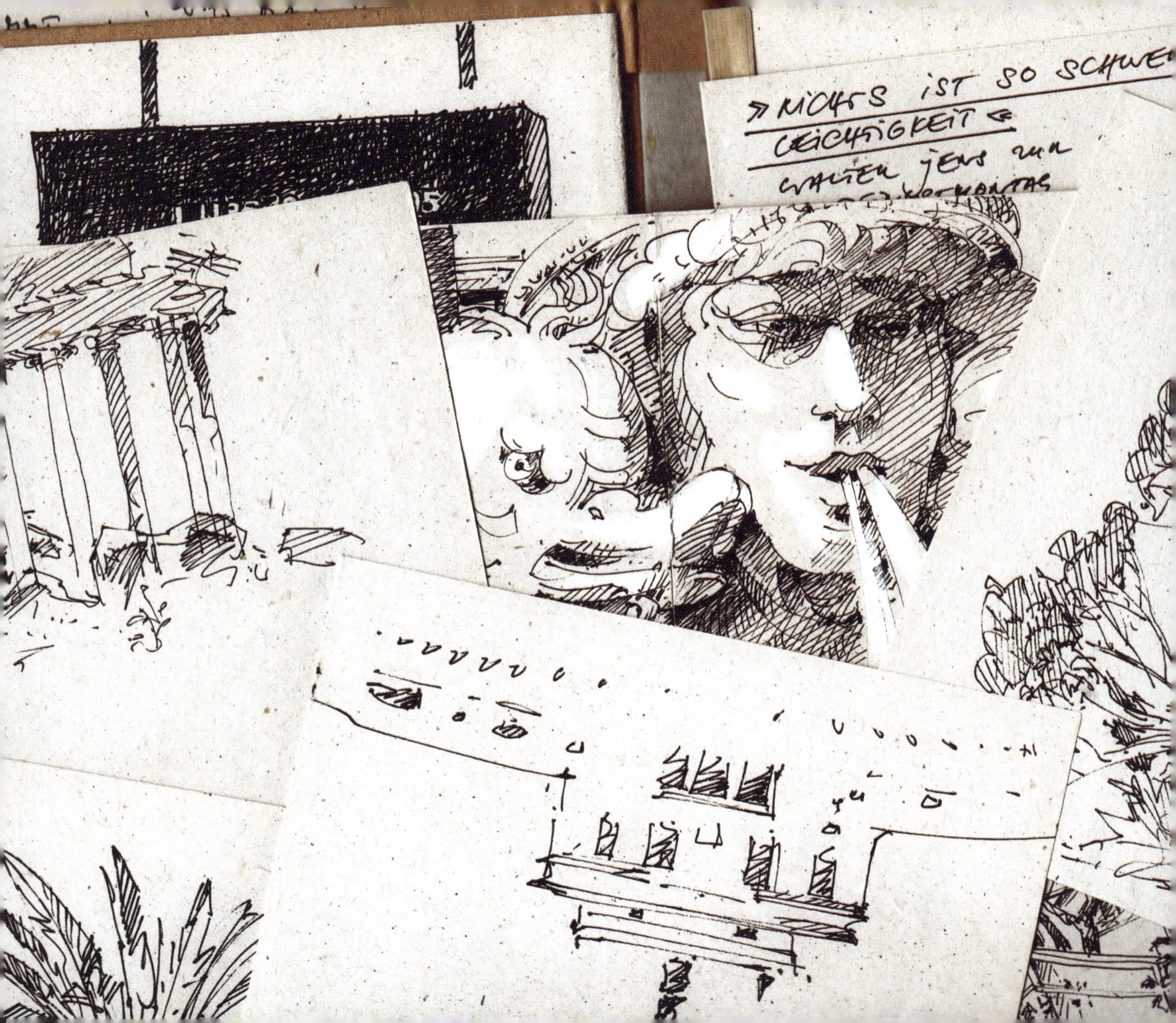
»NICHTS IST SO
LEICHTIGKEIT«
WALTER JENS ZUM

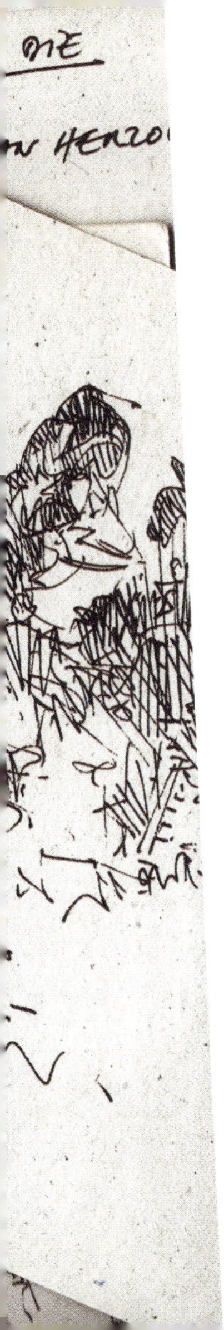

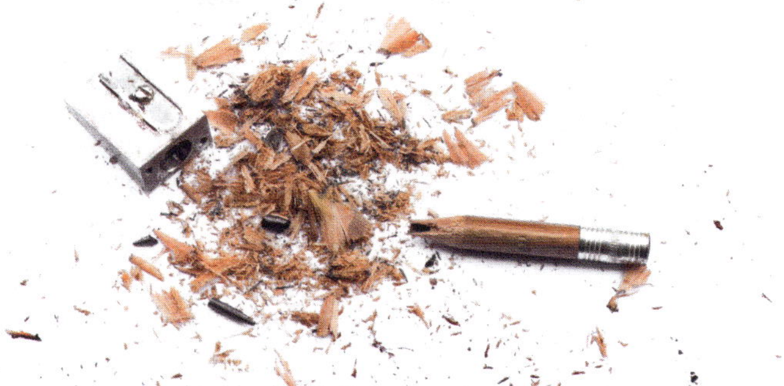

EMPECEMOS POR EL MEDIO ADECUADO No cabe duda: todo lo que admite tinta, grafito, carboncillo o color, puede ser utilizado como soporte del dibujo. Picasso ya nos lo enseñó. Al parecer dibujaba hasta en los manteles. Sin embargo, la calidad de un dibujo depende también de la calidad de los materiales que se utilicen. Un papel demasiado fino, bolígrafos que se rompen con facilidad, sacapuntas que no afilan, rotuladores secos, soportes inestables o gomas que emborronan, pueden ser muy frustrantes. Los cuadernos de bocetos que se estropean nada más empezar a usarlos son un fastidio. Además, debes prestar atención a la resistencia a la luz del papel, lápices y colores a la hora de regalar o vender una obra. Es un poco vergonzoso recibir un cuadro y que, después de un par de años, el papel haya cambiado de color o el dibujo haya desaparecido misteriosamente. Sería una pena que un dibujo hermoso no se conservara para la posteridad.

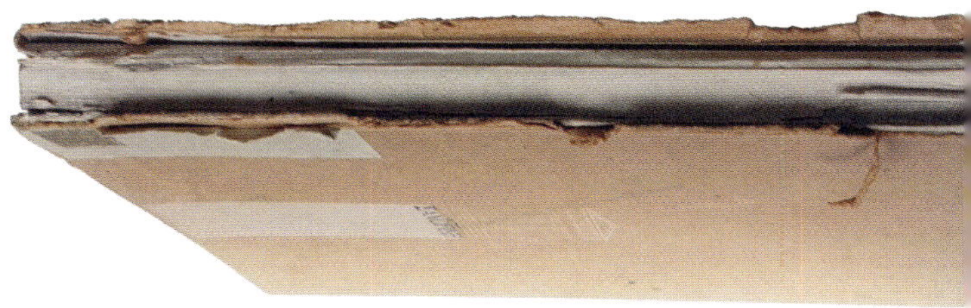

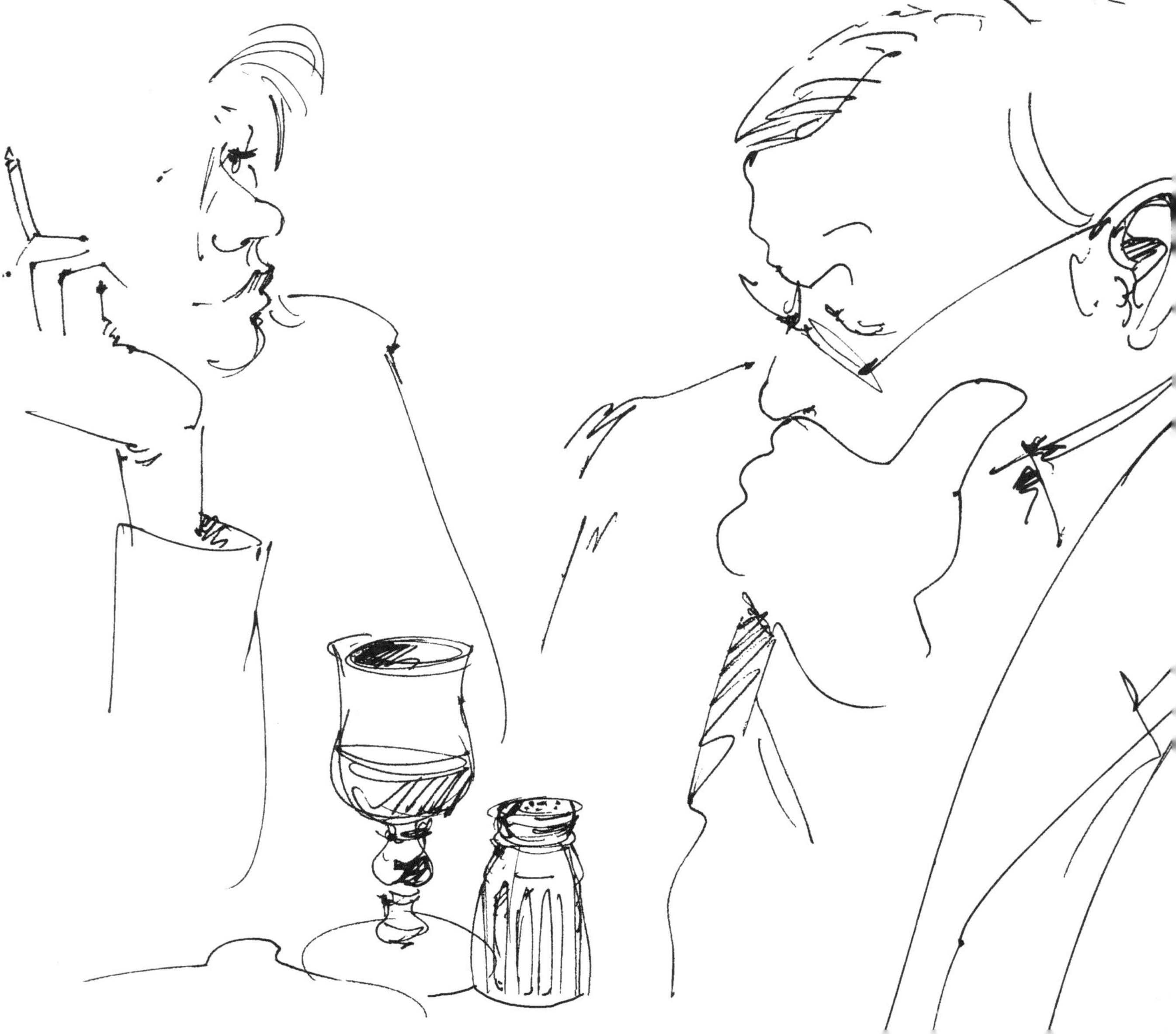

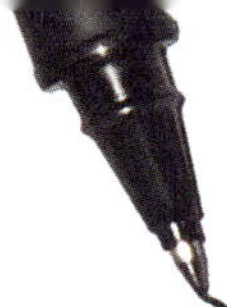

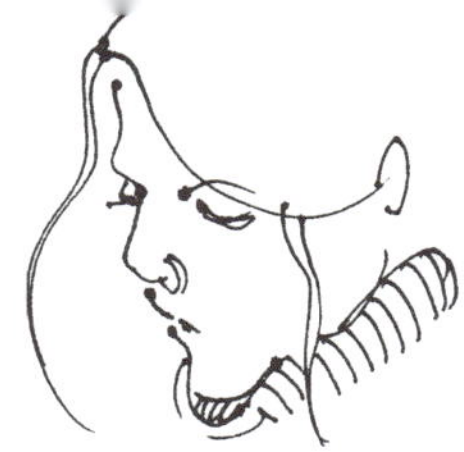

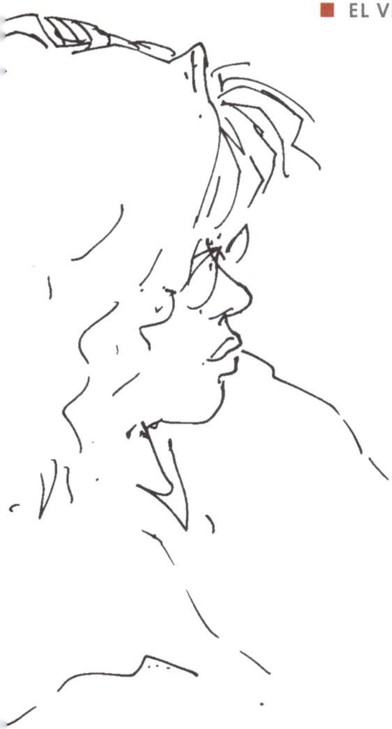

■ **EL VELOCISTA** Los fabricantes aún no se han enterado de que los bolígrafos son magníficos para dibujar. En la publicidad, en cualquier caso, los anuncian casi sin excepción como útiles de escritura. Pero el conocido como «roller ball pen» es ideal para el dibujo espontáneo gracias a su flujo de tinta continuo. Con un buen bolígrafo puedes dibujar trazos largos sin que la línea vacile. Otra ventaja es que su tinta se seca rápido, lo que lo convierte en un compañero ideal del cuaderno de bocetos. El grosor de la línea comienza con 0,2 mm. En papeles de pequeño formato la punta muy fina funciona a las mil maravillas para detalles y filigranas. Las puntas de grosor de 0,7 mm necesitan superficies más grandes y son idóneas para estilos de línea claros y lineales. Yo utilizo con frecuencia un grosor de 0,5 mm, ya que me permite dibujar en formatos de distintos tamaños.

Tampoco quiero ocultar las desventajas del bolígrafo roller: las líneas tienen siempre el mismo grosor, lo cual lo hace algo aburrido en comparación con la pluma estilográfica. ¡Cuidado!, la punta del bolígrafo requiere de cierta precaución ya que incluso un ligero golpe puede romper la complicada carcasa de la bola y hacer que la tinta se escape.

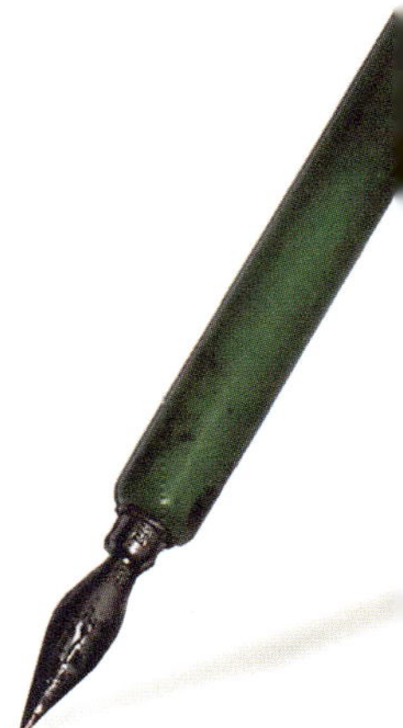

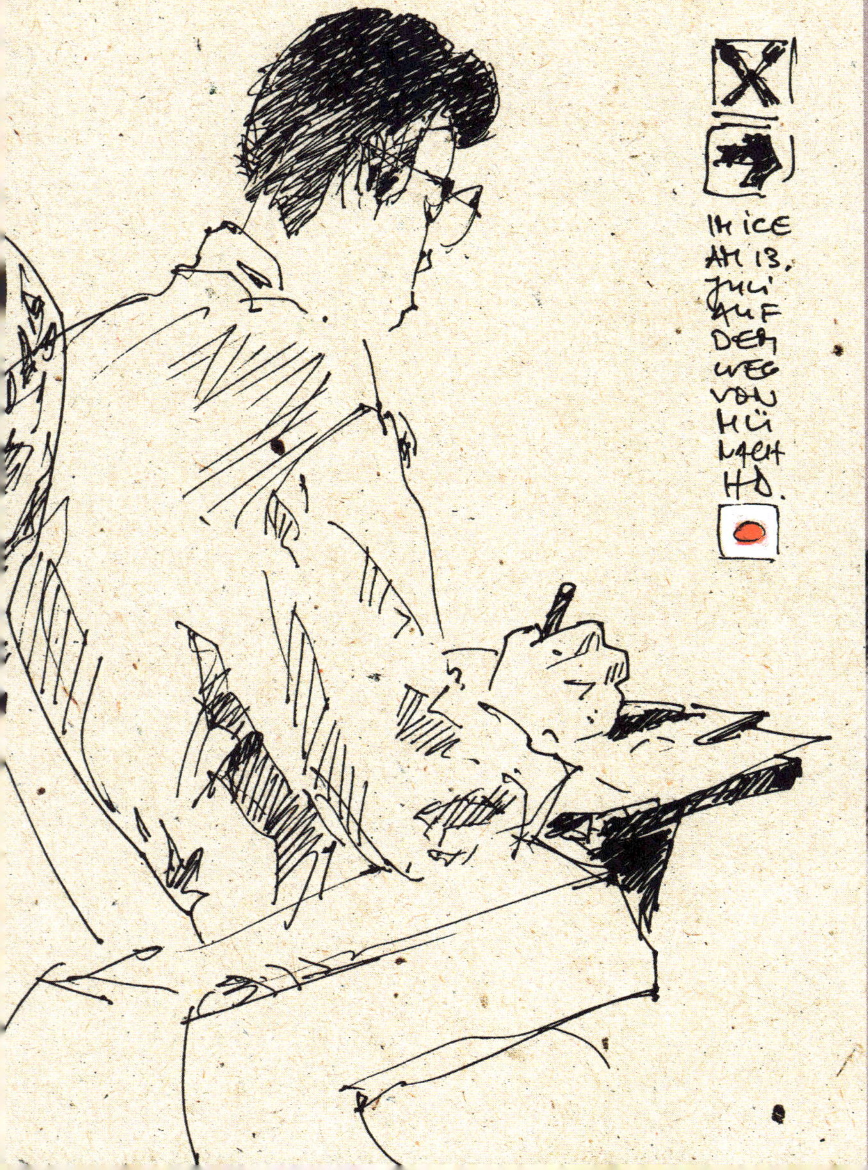
IM ICE
AM 13.
JULI
AUF
DEM
WEG
VON
MÜ
NACH
HD.

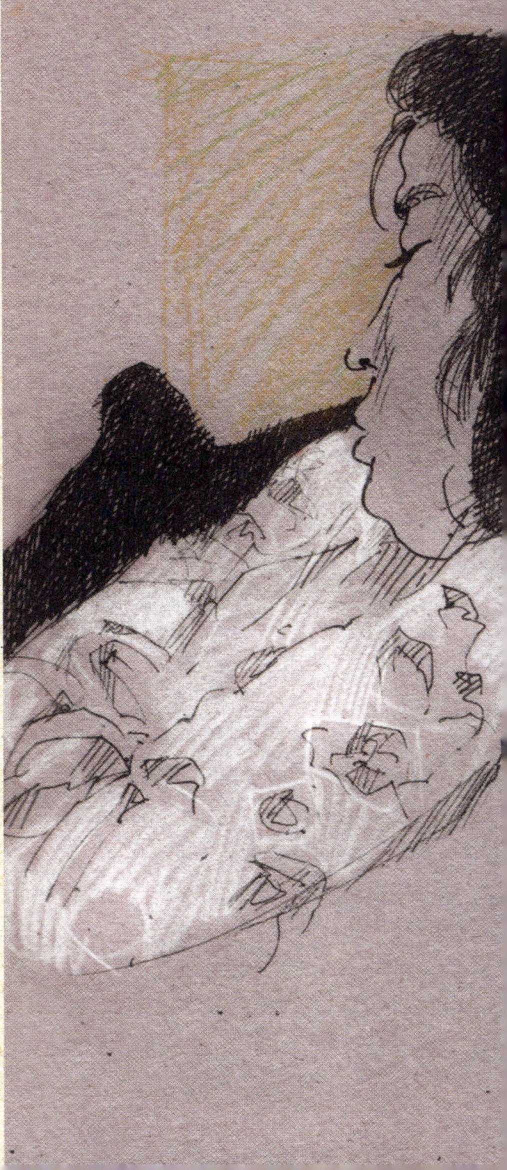

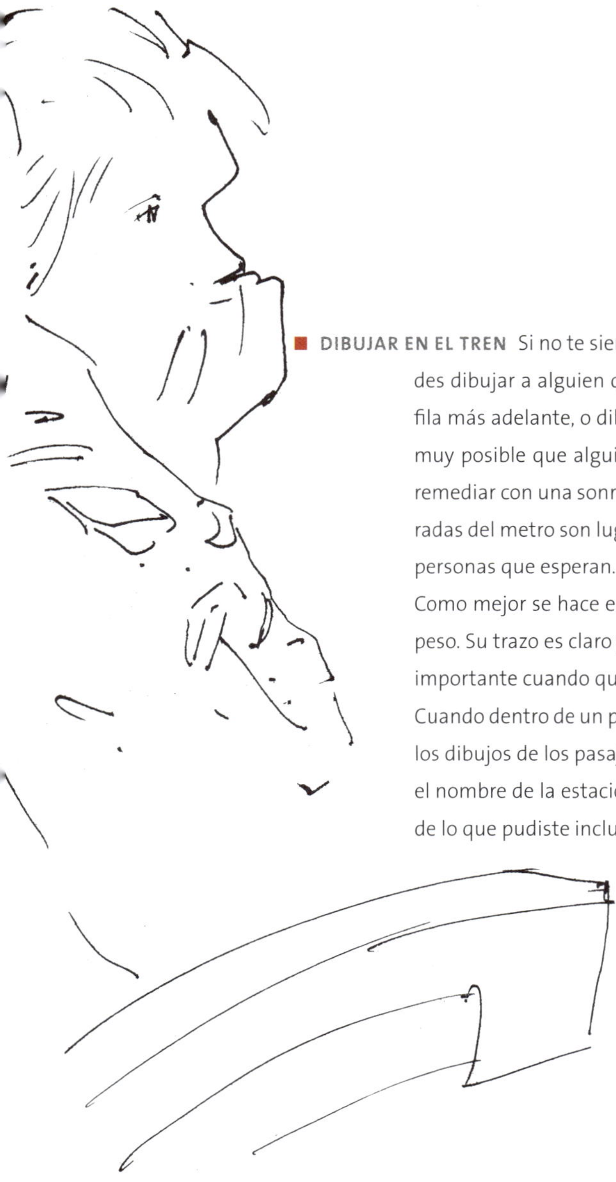

DIBUJAR EN EL TREN Si no te sientes cómodo dibujando a quien tienes delante de ti, puedes dibujar a alguien que esté dormido o el perfil de los que se sienten en una fila más adelante, o dibujar lo que veas a través del hueco entre los asientos. Es muy posible que alguien te descubra, pero la irritación del «modelo» se suele remediar con una sonrisa amistosa. Con los fotógrafos sucede lo mismo. Las paradas del metro son lugares idóneos para hacer un par de bocetos rápidos de las personas que esperan.

Como mejor se hace este tipo de boceto es con un bolígrafo que tenga algo de peso. Su trazo es claro y responde a una presión ligera, lo cual es especialmente importante cuando quieras dibujar a personas que se mueven.

Cuando dentro de un par de años abras de nuevo el cuaderno de bocetos y mires los dibujos de los pasajeros, seguro que te alegrarás de haber anotado también el nombre de la estación, la hora o el tipo de tren. Esto te ayuda a recordar más de lo que pudiste incluir en el dibujo.

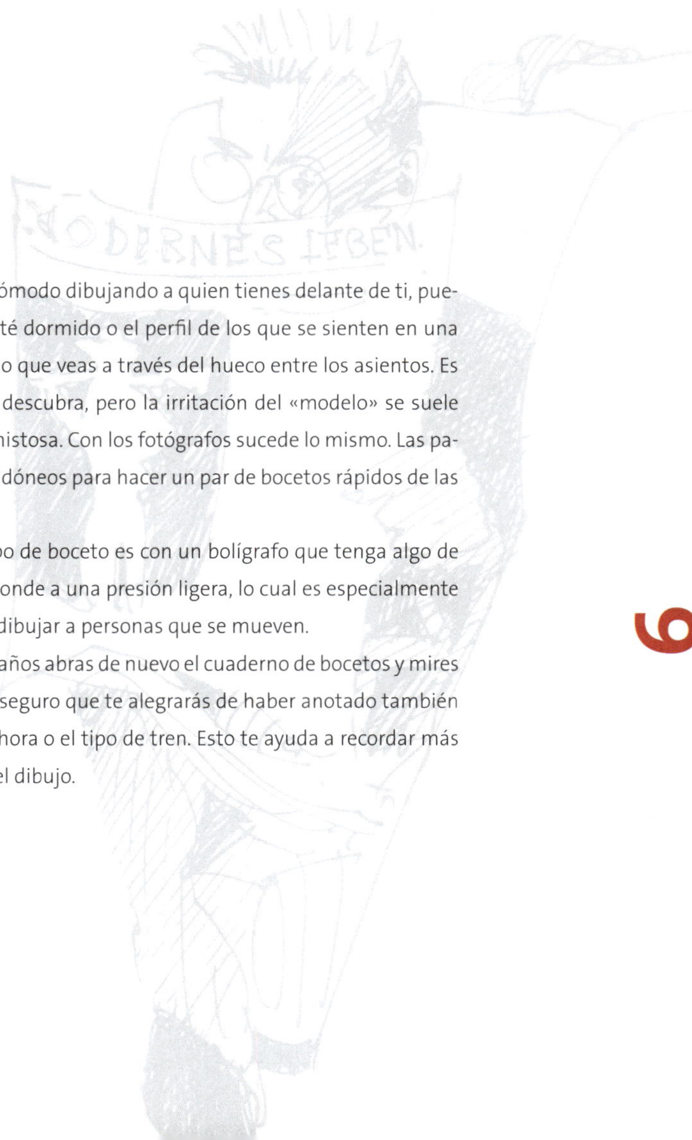

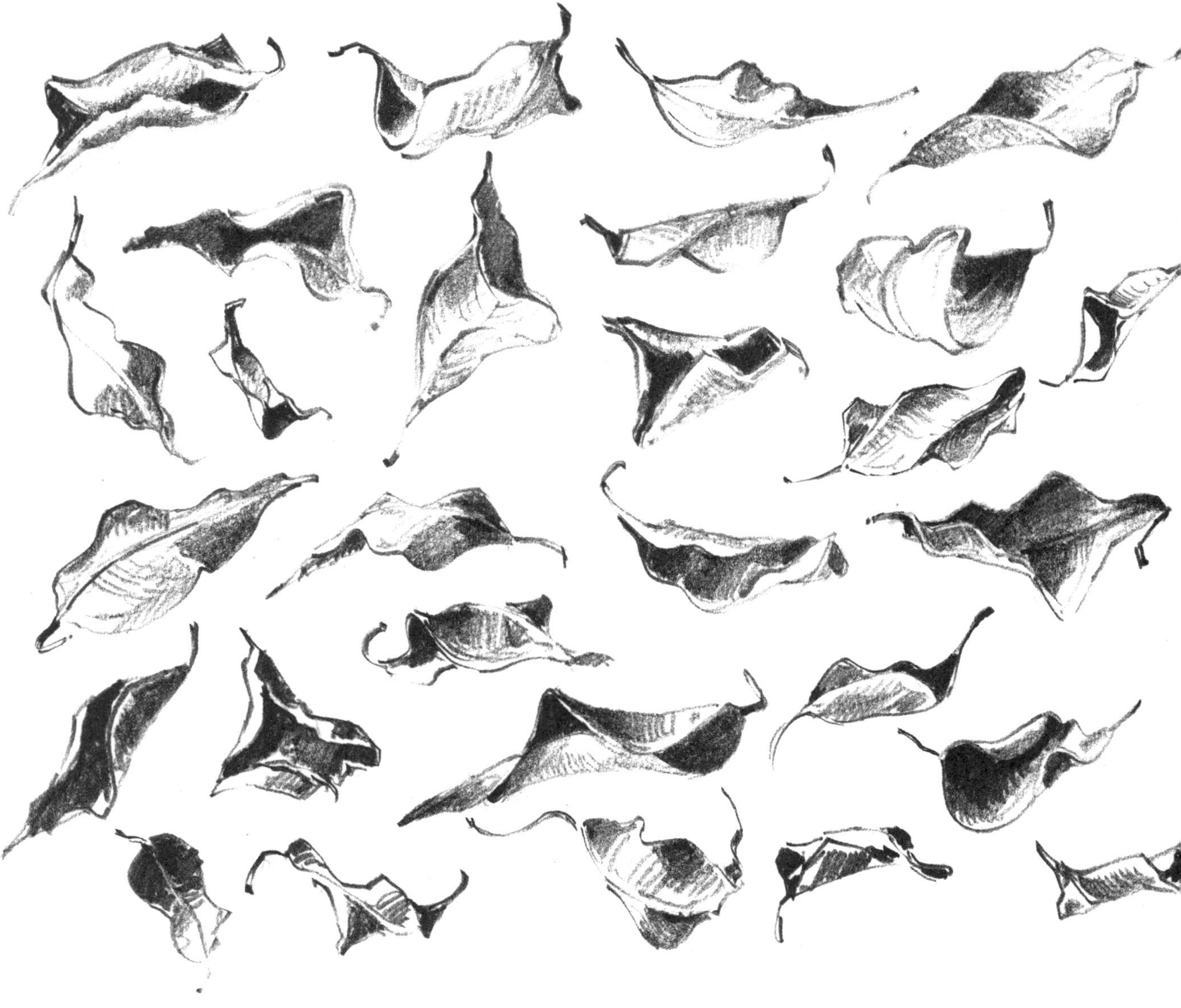

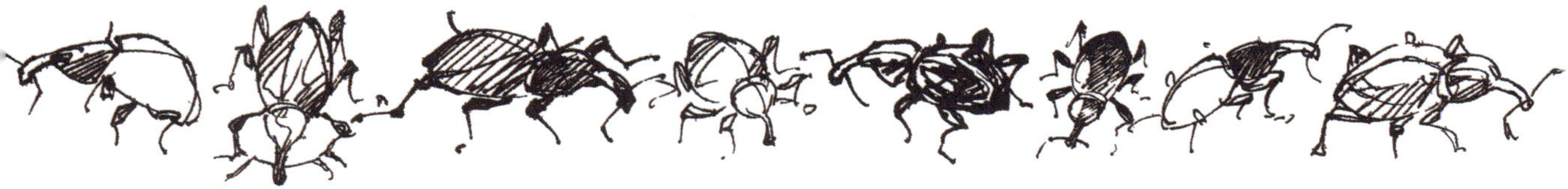

¡REPÍTETE! Si tocas un instrumento seguro que te resulta familiar. A la hora de estudiar una partitura, no la abandonas después de los primeros fallos y empiezas con otra. Probablemente la estudiarás hasta que la domines completamente.

Exactamente lo mismo te recomendaría si quieres dibujar un objeto. No desistas después del primer intento, verás cómo en cada boceto tu motivo se volverá más y más familiar. También es cierto que cada nuevo intento no te va a gustar más que el primero; esto es normal. Cuelga el primer dibujo en un lugar donde puedas verlo y el nuevo junto a él para que puedas estar al tanto de lo que ha cambiado. Después de un par de decenas de dibujo el progreso es notable, ¡prometido!

Un consejo extra para los que se preparan para entrar en una escuela de arte: la «obcecación» en un objeto al que vuelves una y otra vez con nuevas variaciones suele ser bien recibida por los examinadores de portafolios.

Ver también consejo 107.

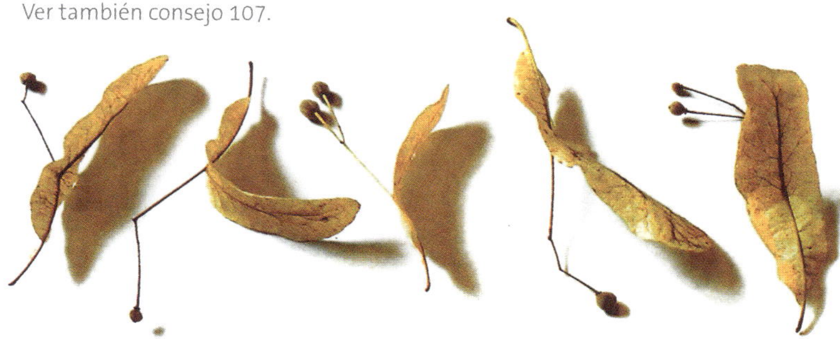

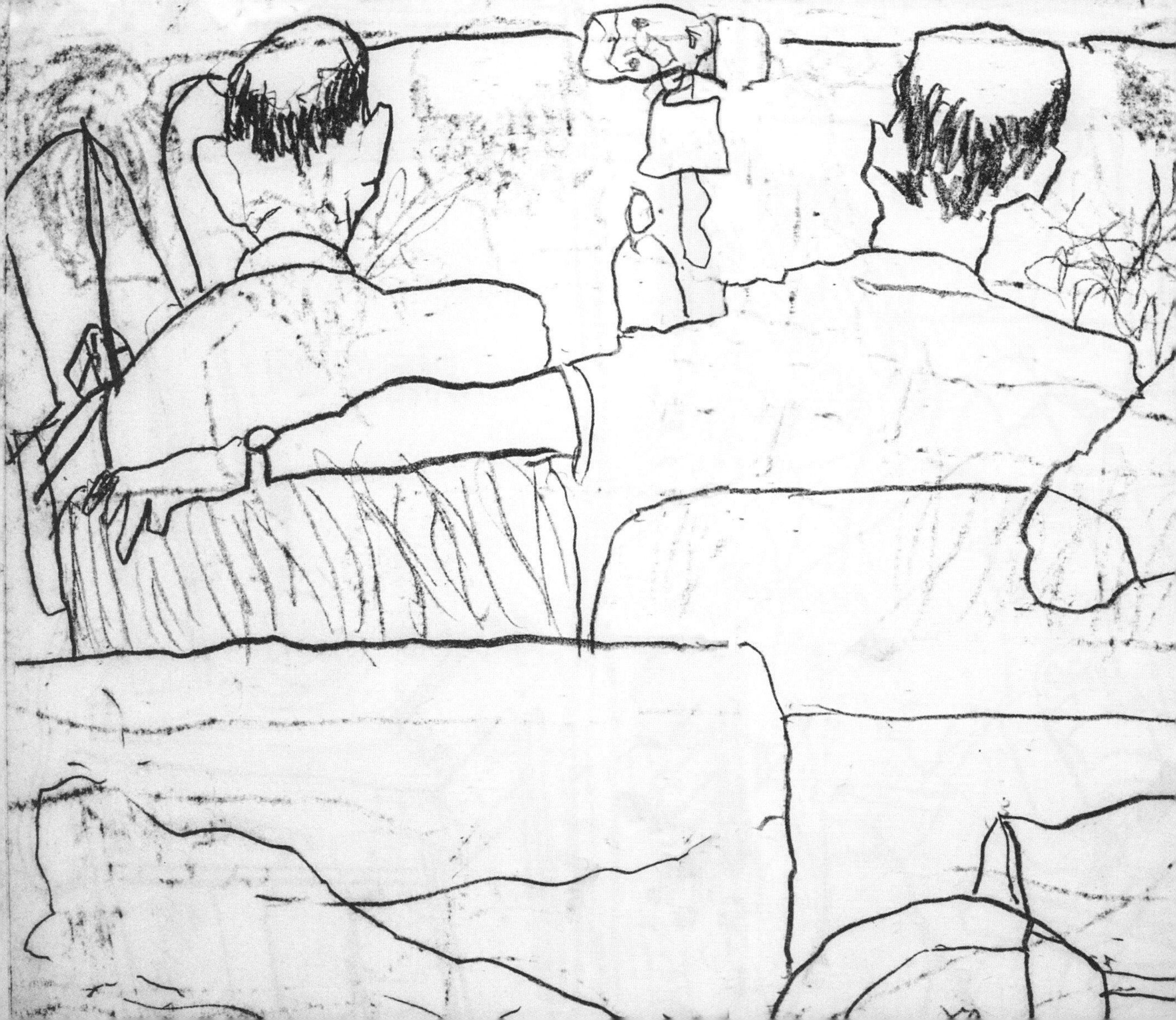

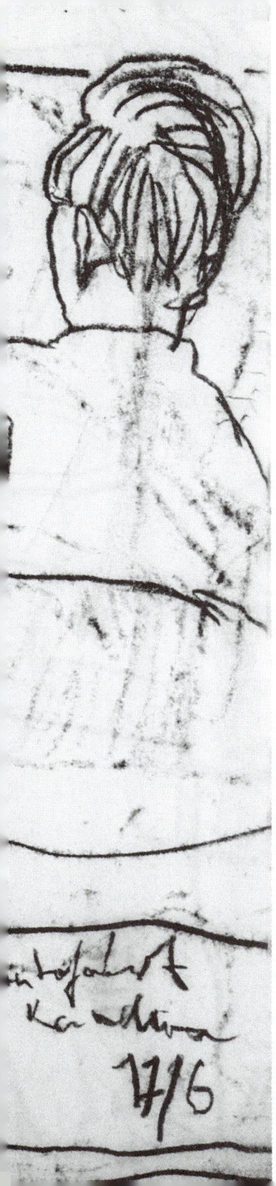

DIBUJAR SOBRE RUEDAS Es mucho más inteligente dejarse llevar. Esta frase de un colega me viene a menudo a la cabeza cuando me pongo al volante. Una cosa está clara: habría producido muchos más dibujos si me hubiera sentado tranquilamente con mi libreta en el asiento de atrás. Con los años hubiera podido ver quién me llevaba de A a B o qué sucedía a derecha e izquierda de la calle.

El dibujo de Stefan Gelberg surgió durante un viaje en autobús en Turquía. Se acuerda de los hombres sentados delante de él, de sus voces o incluso del color de sus chaquetas. Es probable que se acuerde del aspecto que tenía aquella mujer a la que esbozó con cuatro trazos en la calle.

¿Exagerado? La verdad es que no. El dibujo es como un marcador que fija las percepciones en el cerebro. Se quedarán ahí guardadas hasta que el cuaderno vuelva a tus manos. Sé listo y déjate llevar. Dibuja en el coche. ¿Que se mueve mucho?, ¡pues claro!, pero de eso se trata.

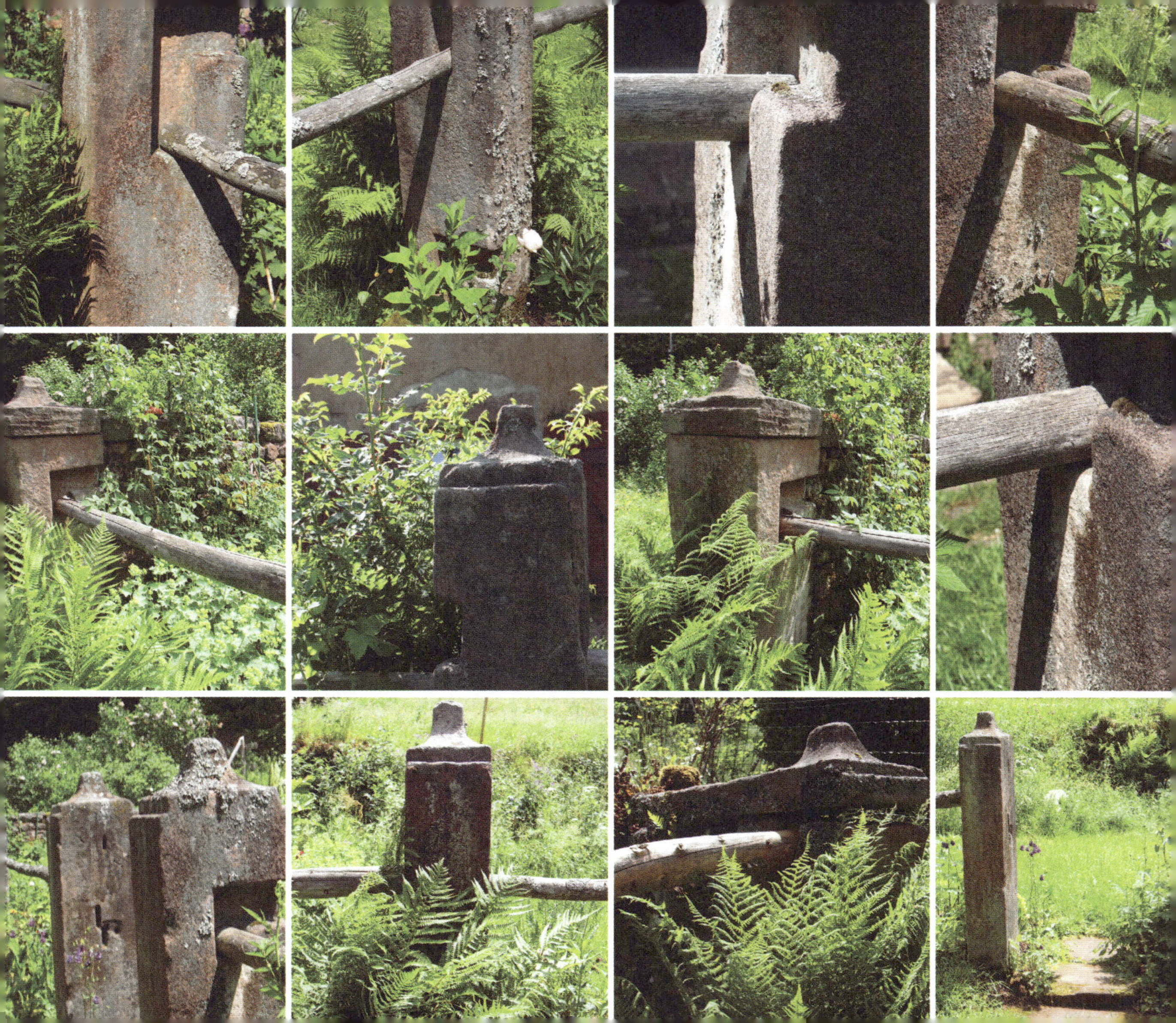

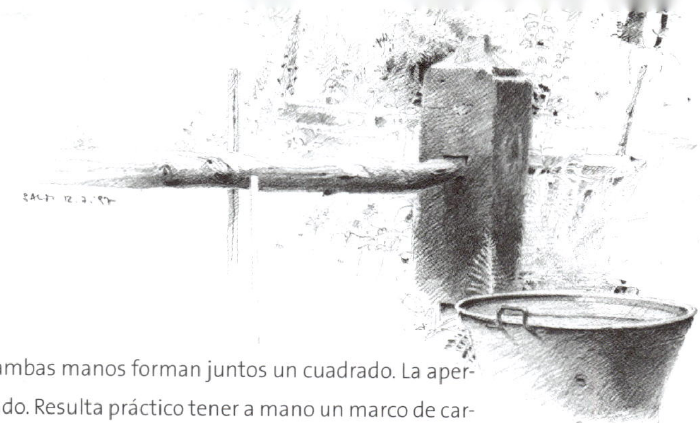

■ **PERSPECTIVAS** El pulgar y el índice de ambas manos forman juntos un cuadrado. La apertura define un motivo recortado. Resulta práctico tener a mano un marco de cartón de las proporciones del papel de dibujo o dos ángulos ajustables que poder sostener frente a los ojos a una distancia adecuada. Estas son herramientas tradicionales que te ayudan a demarcar aproximadamente el encuadre a dibujar.

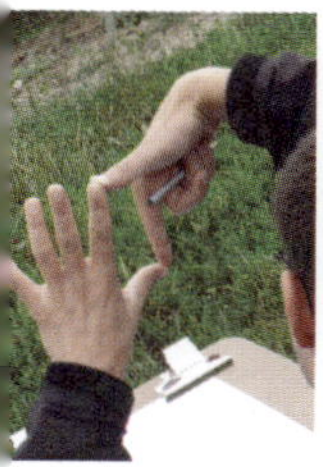
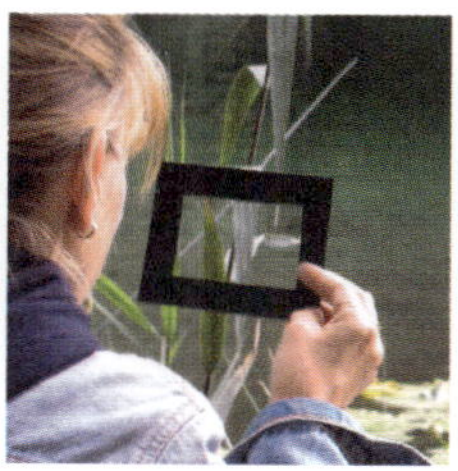
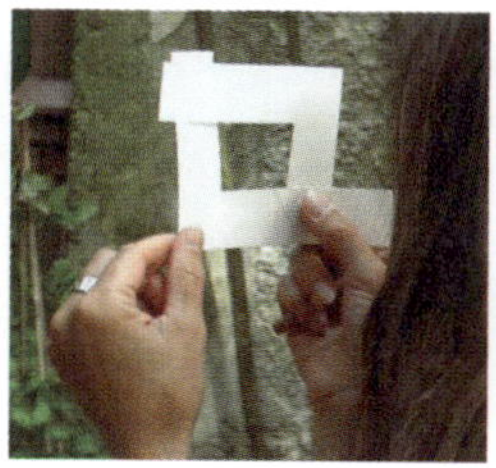
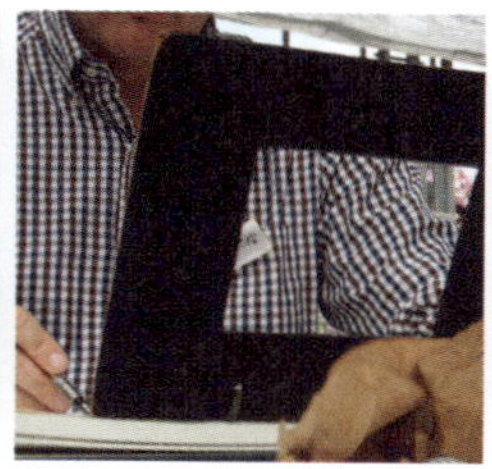
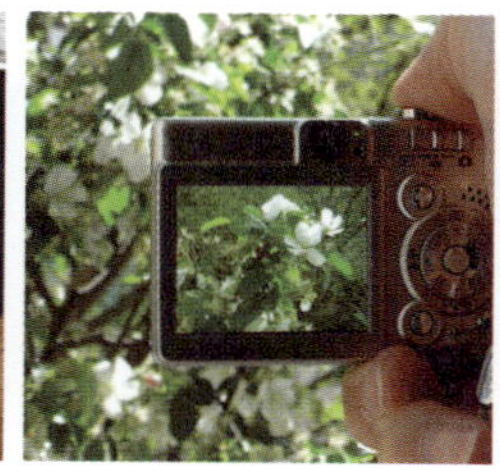
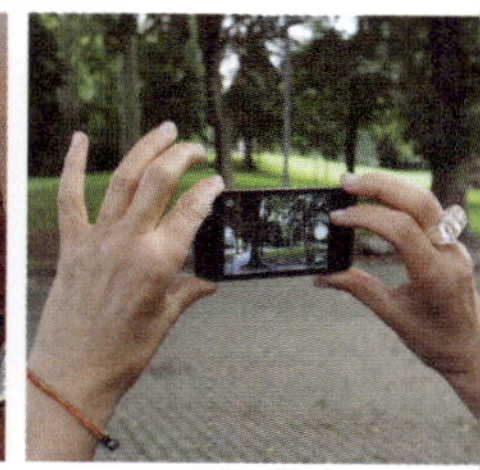

Es difícil mantener fijo el encuadre elegido pero eso se consigue muy fácilmente con las cámaras digitales. Las variaciones se pueden guardar y comparar. La mejor opción será evidente. Además, con una cámara digital y su pantalla enmarcada podrás entrenar tu intuición para los encuadres en cualquier lugar. Al fin y al cabo, siempre la tenemos a mano. Ver también consejos 10, 54 y 59.

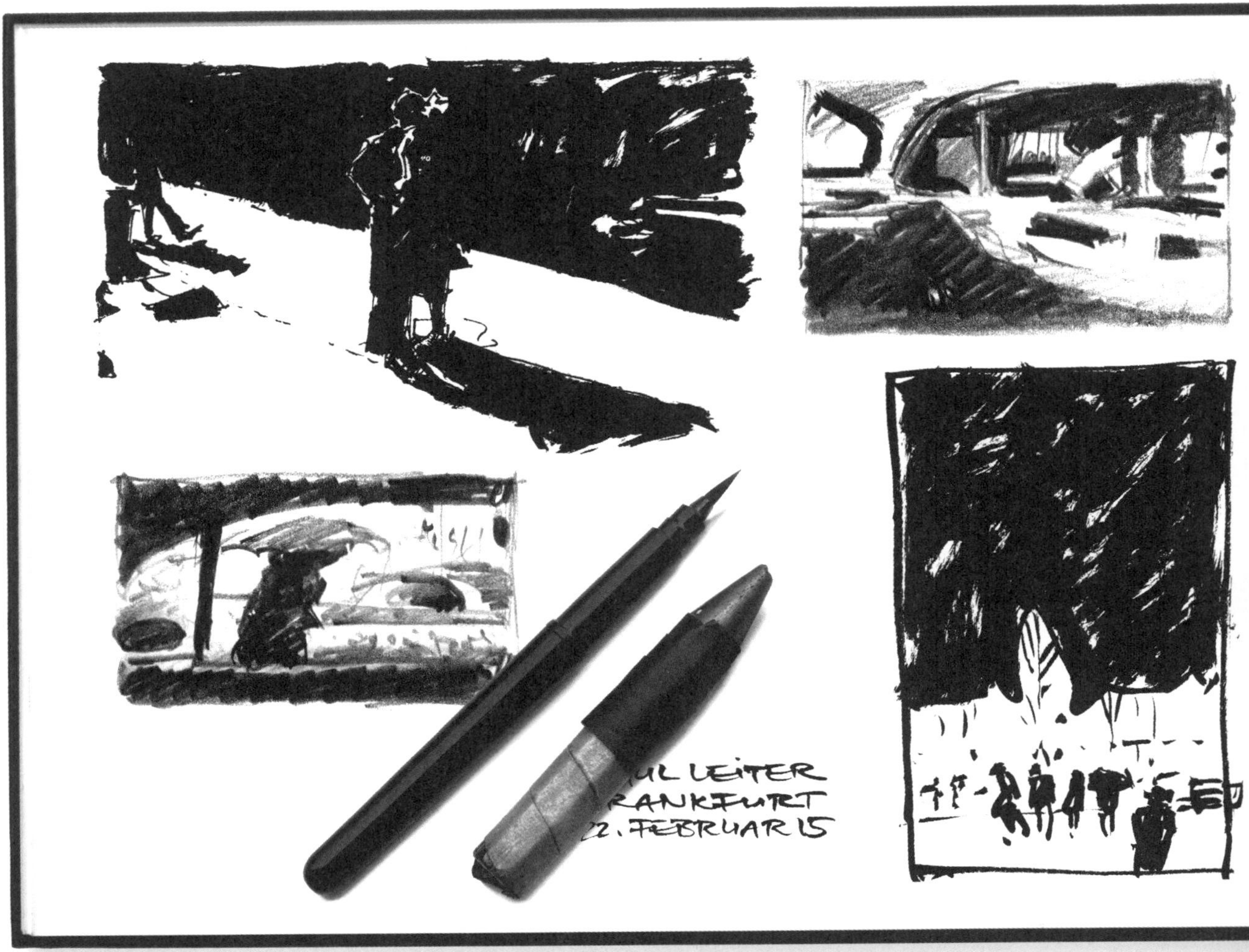
UL LEITER
RANKFURT
2. FEBRUAR 15

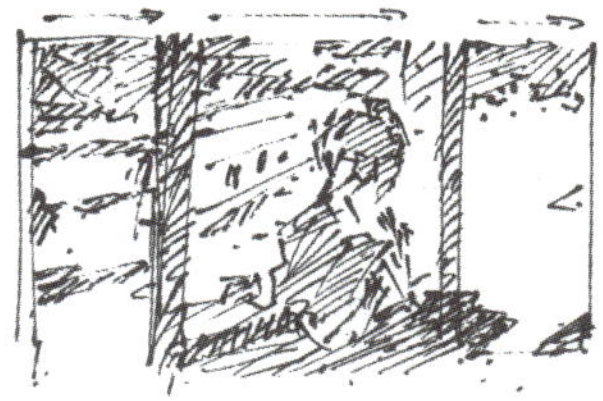

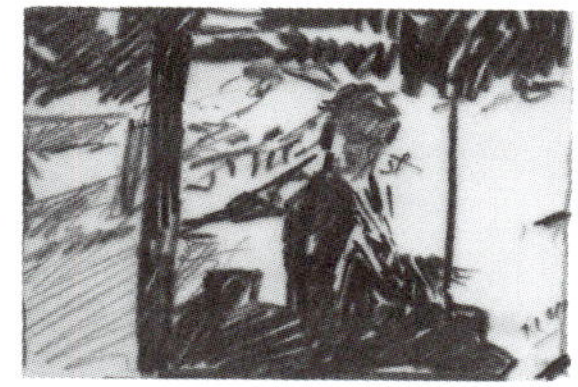

RASTROS DE LA MEMORIA El fotógrafo Saul Leiter (1923-2013) nos fascina con su sensible visión de la vida callejera de Nueva York. En audaces fotogramas muestra una extraordinaria intuición para capturar composiciones sorprendentes. Sus poéticas fotografías en color, que evocan las xilografías japonesas, son las más atractivas y sus colores constituyen una parte importante de la composición.

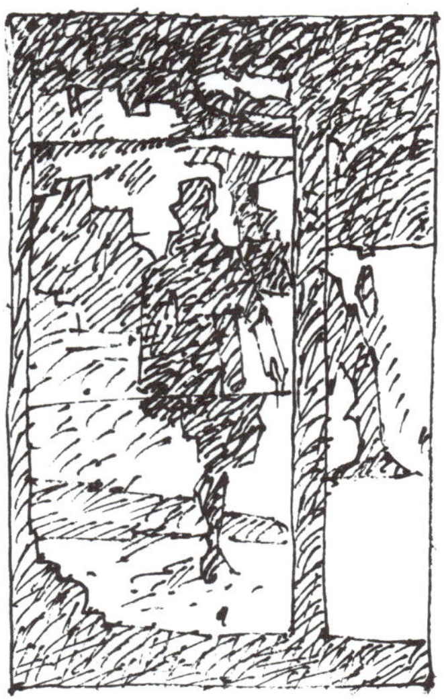

Es interesante hacer el experimento de reducir las fotos en color de Leiter a tonos grises. Esto pone aún más de manifiesto la seguridad compositiva que tiene la fotografía. Emocionantes contrastes de superficie y claroscuros, perspectivas fugadas en la habitación, fondos enrejados o vistas escenográficas y con múltiples capas —preferiblemente a través de cristales empañados—, fueron los dispositivos estilísticos que supo utilizar con virtuosismo ¡y espontaneidad!

Lleva contigo un cuaderno de bocetos la próxima vez que visites una exposición de fotografía. Trata de analizar con esquemas rápidos aquellas fotos que tengan una composición interesante. Aprenderás a comprender las ideas que hay detrás de la buena fotografía. Más aún, te sorprenderás de lo que vas a descubrir. Estás dejando una huella en tu memoria que va forjando el camino para la creación de imágenes cautivadoras, ya sean dibujadas o fotografiadas.

Ver consejos 9, 54 y 59.

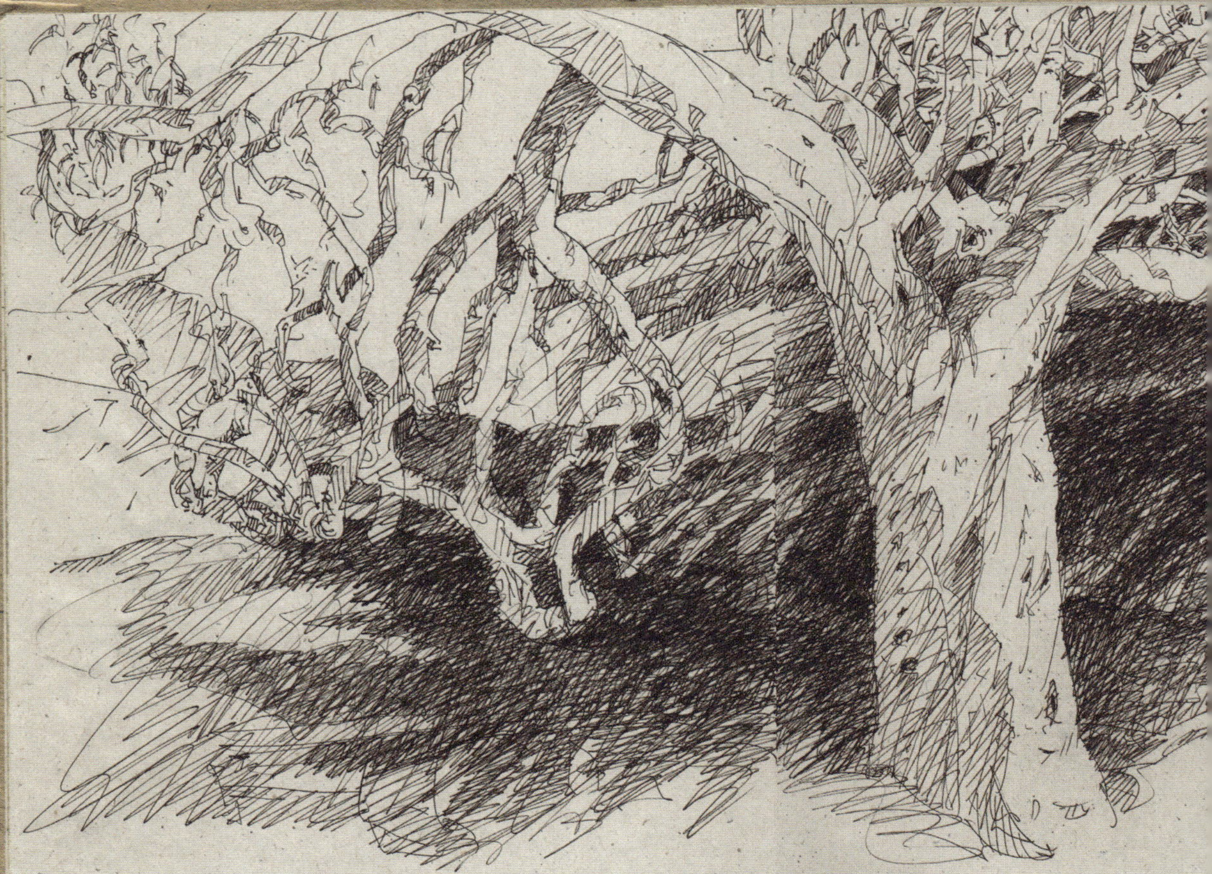

MIT ACHIM, INGO, SVENJA & ANKE LA GERIA 8.3.

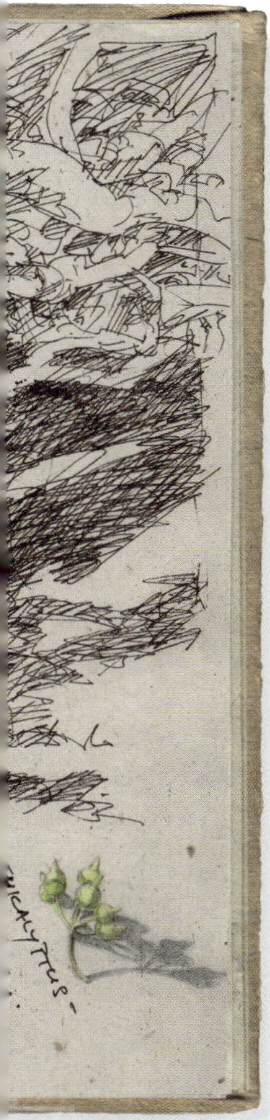

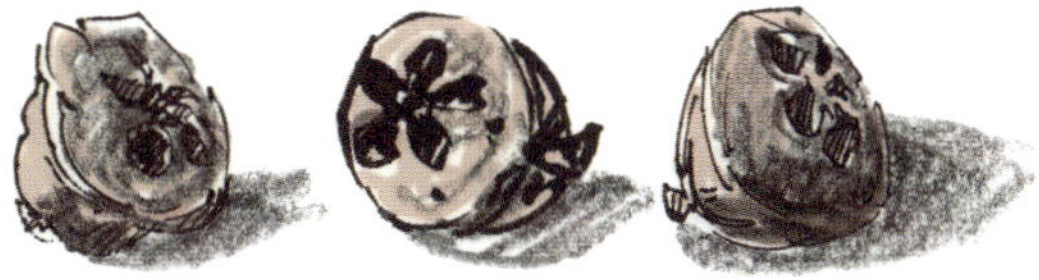

■ **COMO UN ABANICO** Hay muchas formas de conferir tensión al anodino cuadrilátero: los motivos redondos contrastan con la superficie de dibujo; las áreas con distintos tamaños animan el formato de la imagen; los contrastes claroscuros dan al dibujo un efecto potente que ayuda a olvidar el soso formato cuadrado de la imagen. Las más efectivas son las líneas diagonales, especialmente cuando se usan con distintas longitudes para equilibrar un motivo. Una variación de la composición con diagonales es la composición en abanico. En la representación de un árbol, por ejemplo, se consigue que las diagonales en diferentes direcciones se acoplen a los bordes exteriores del formato, ayudando a la cohesión del motivo. En un cuaderno de dibujo, las líneas multidireccionales ayudan a mantener ambas páginas unidas.

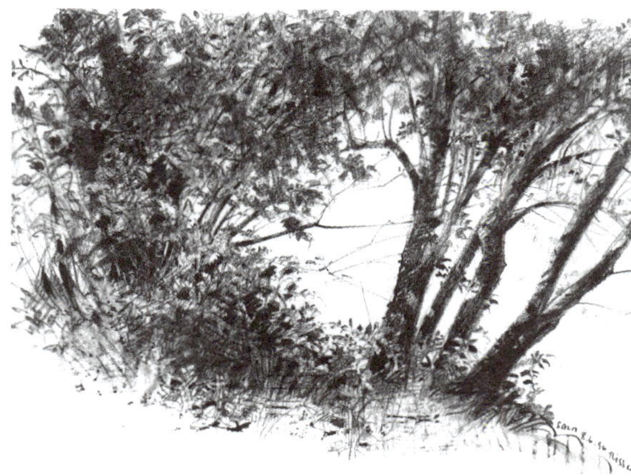

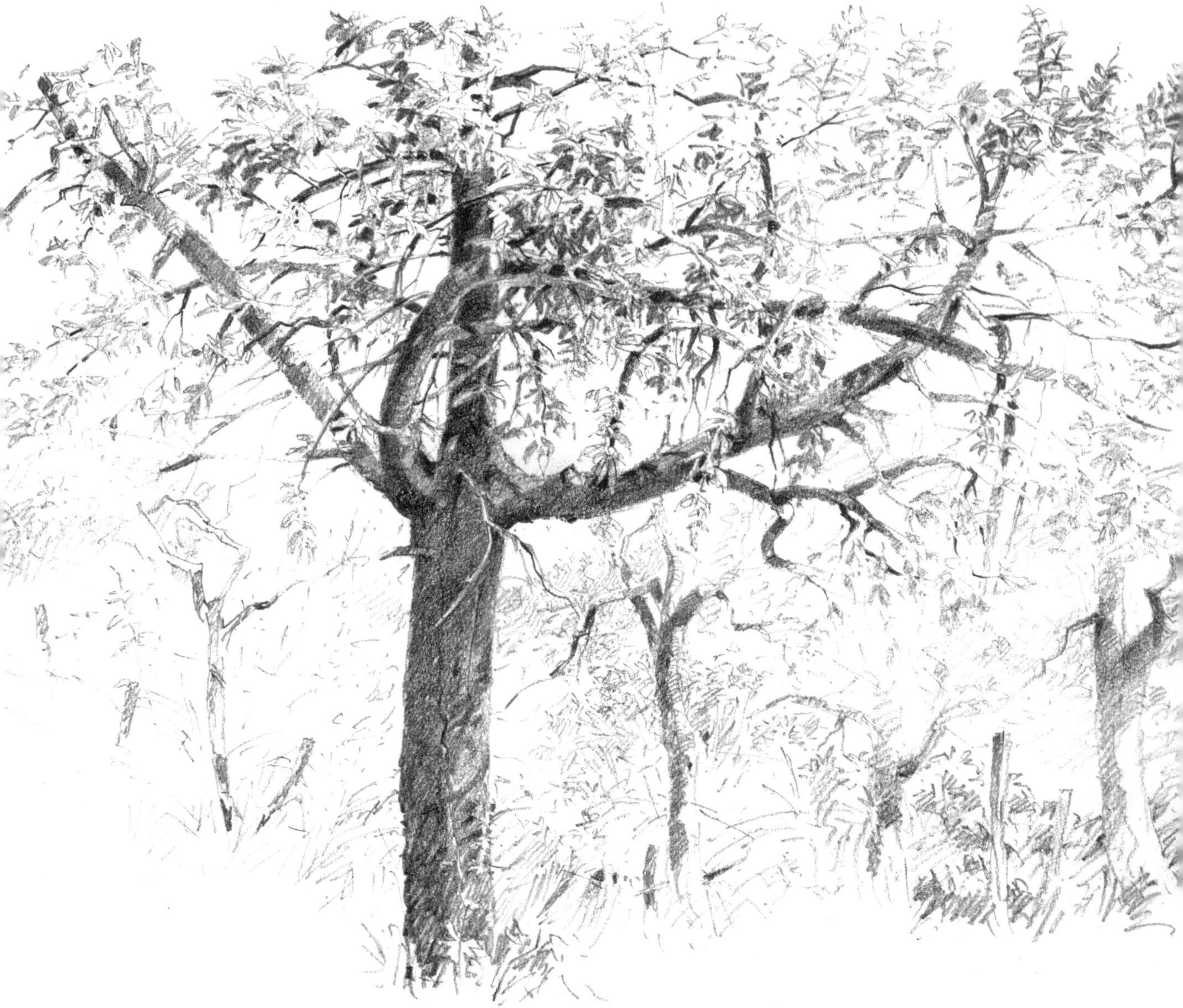

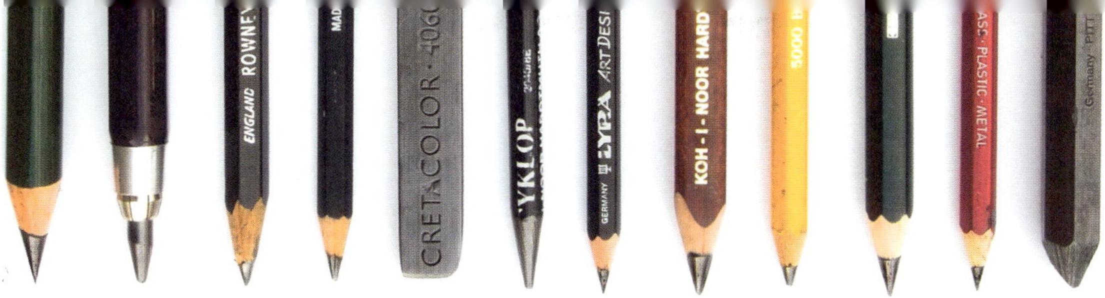

■ **EL INCOMBUSTIBLE** Hoy en día ya es sabido que la mina del lápiz no está hecha de un metal tóxico, sino del mineral grafito, al que se añade arcilla y un aglutinante. Cuanto menor sea la cantidad de arcilla, más blando es el lápiz. Con un grado de dureza de hasta 9B, hay un amplio espectro de valores tonales a utilizar, desde el gris suave hasta un color antracita casi negro.

Los lápices muy blandos tienen un efecto inmediato en el carácter de la línea. Un lápiz más duro necesita mucha más presión que uno blando, que se puede guiar con la mano más suelta. Uno podría pensar que un lápiz blando y grueso requiere de un formato grande. Mi experiencia es que los lápices de grafito sin madera o los jumbo, utilizados en un mini cuaderno de bocetos, conllevan una limitación que resulta muy productiva. Ver también consejo 14.

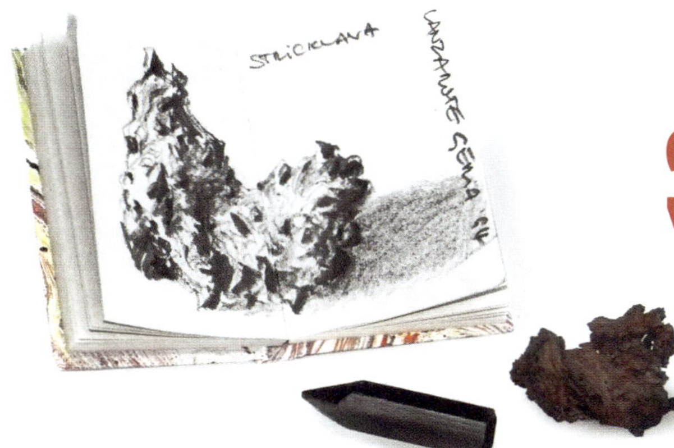

12

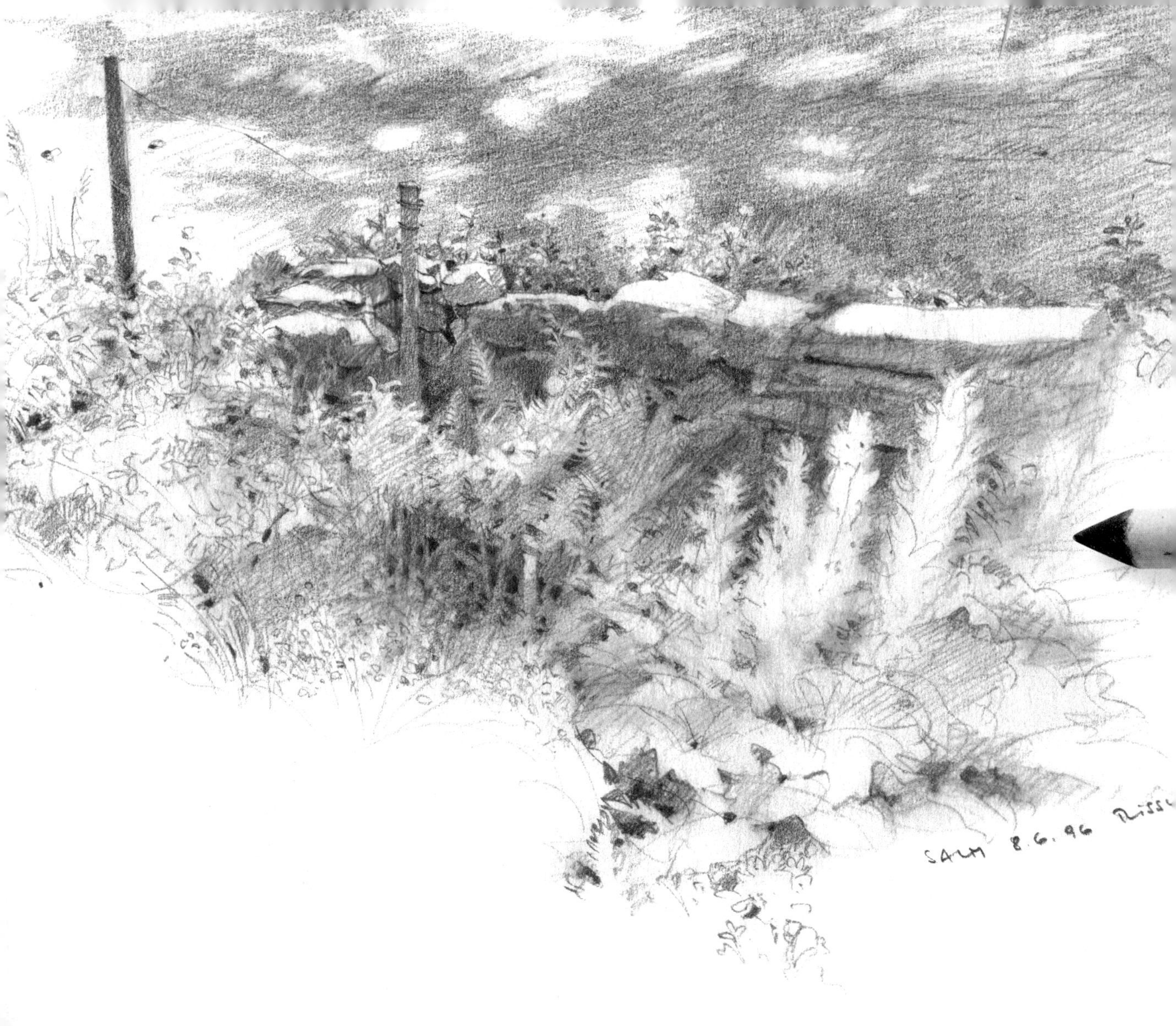
SALM 8.6.96

■ **¡NADA DE DIFUMINAR!** ¿Nunca has escuchado esto en alguna clase de arte o curso de dibujo? El difuminado, sobre todo del grafito, está muy mal visto. Lo cierto es que los dibujos con difuminado tienen un aspecto algo meloso, ya que la línea se desvanece. El uso de un esfumino o difumino de papel es útil cuando se quieren realizar transiciones delicadas entre los valores tonales, como vemos en el ejemplo del ruibarbo en flor de la izquierda. Si deseas difuminar un dibujo a lápiz, lo mejor es utilizar los lápices de dureza 8 o 9B. Para volver a convertir la obra en un *dibujo* se puede trazar una capa de sombreado o líneas individuales sobre la superficie homogénea.

El esfumino está hecho de papel secante fuertemente enrollado. Los hay de diámetros de entre 6 y 16 mm. Con este «espagueti difuminador» se pueden suavizar también lápices pastel y carboncillo. Se puede sacar punta al difuminador razonablemente bien con papel de lija.

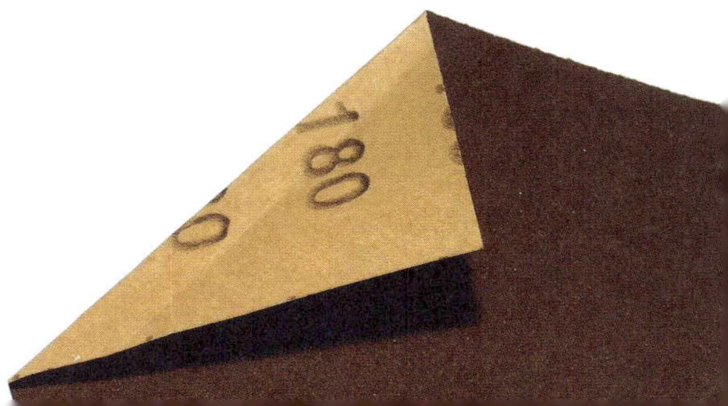

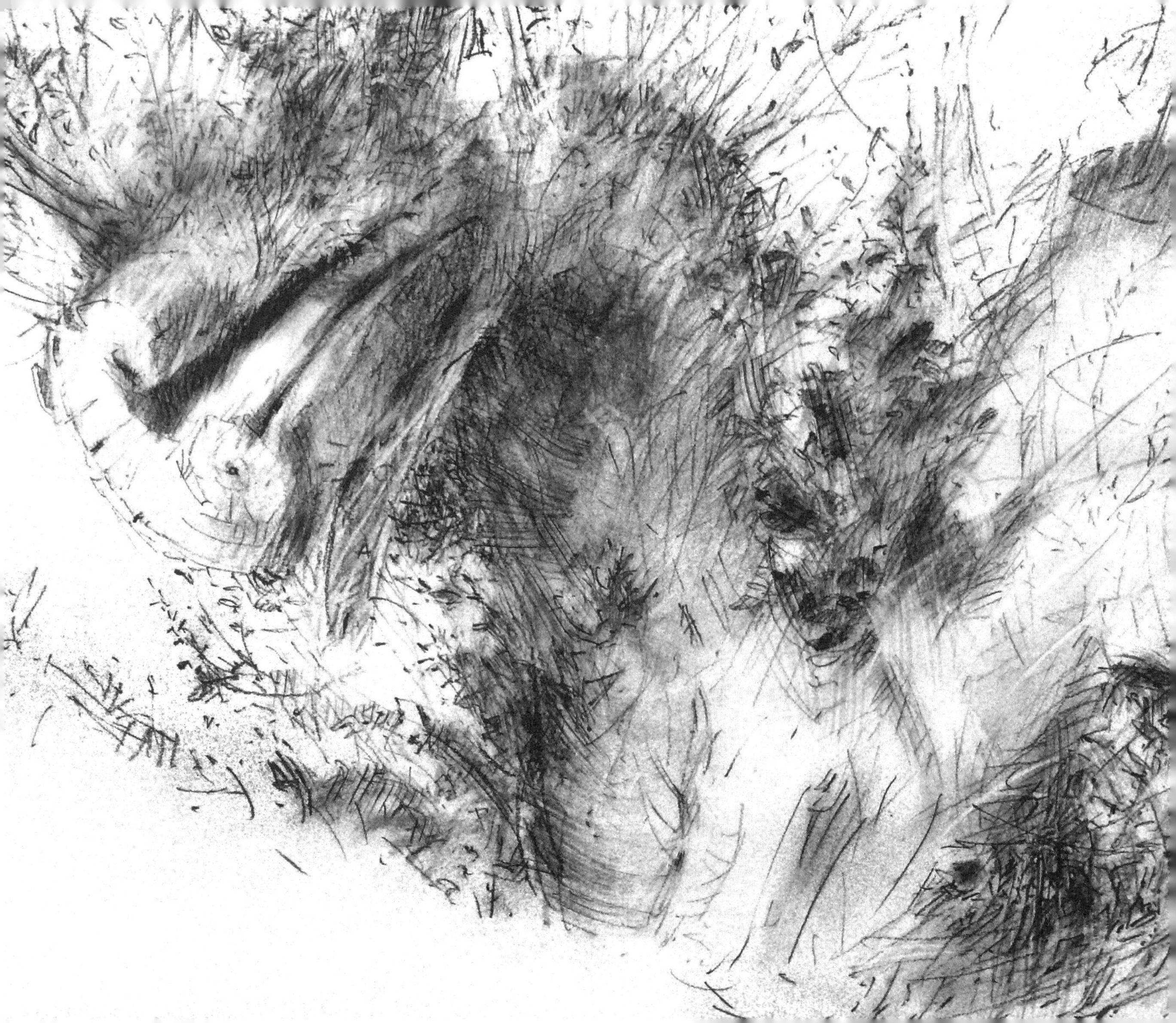

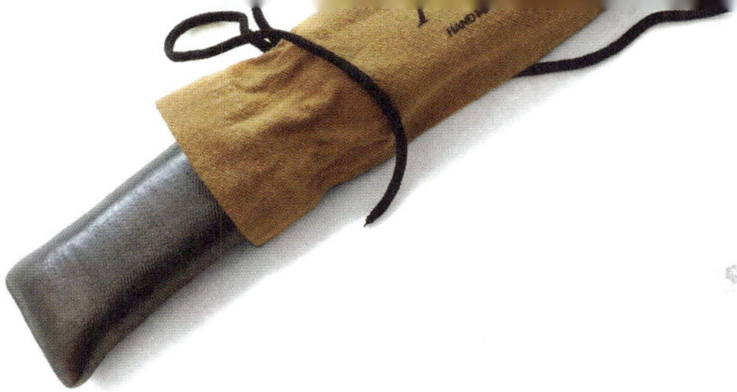

■ **UN CLÁSICO ACTUALIZADO** Este lápiz se llama *grafito acuarelable* o *graphitint*, se encuentran en versión *media* o *muy suave* y suelen venir con el símbolo de un pincel, que indica que se utilizan como pintura al mezclarlos con agua. A la mezcla de grafito, arcilla y aglutinantes oleosos, normalmente resistente al agua, se añade un emulsionante que hace que las minas y lápices de grafito se vuelvan solubles en agua. Dependiendo de cada receta y del contenido en grafito, el tono de gris puede ser desde un plateado claro a casi negro. Resultan muy productivos los lápices que tienen una parte de contenido de tiza.

Un fabricante de Portugal invita al dibujo experimental con una *barra de grafito soluble en agua y hecha a mano* que pesa 250 gramos. Es interesante pintar (lavar) con un pincel de cerdas apenas húmedas. Si se humedece el papel con pinceladas de agua limpia y después se pinta sobre él con el grafito acuarelable, se consiguen otros efectos muy atractivos. Si quieres que tu dibujo se oscurezca o se vuelva más plástico, o si buscas un contraste con las líneas a través de un lavado fino, entonces los lápices de grafito acuarelable son la opción acertada. Ver también consejo 12.

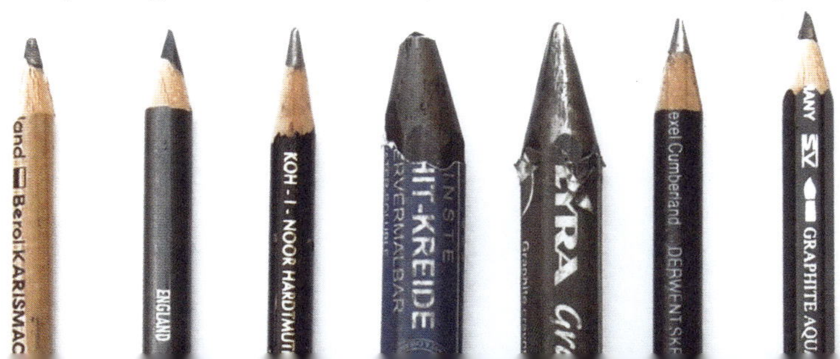

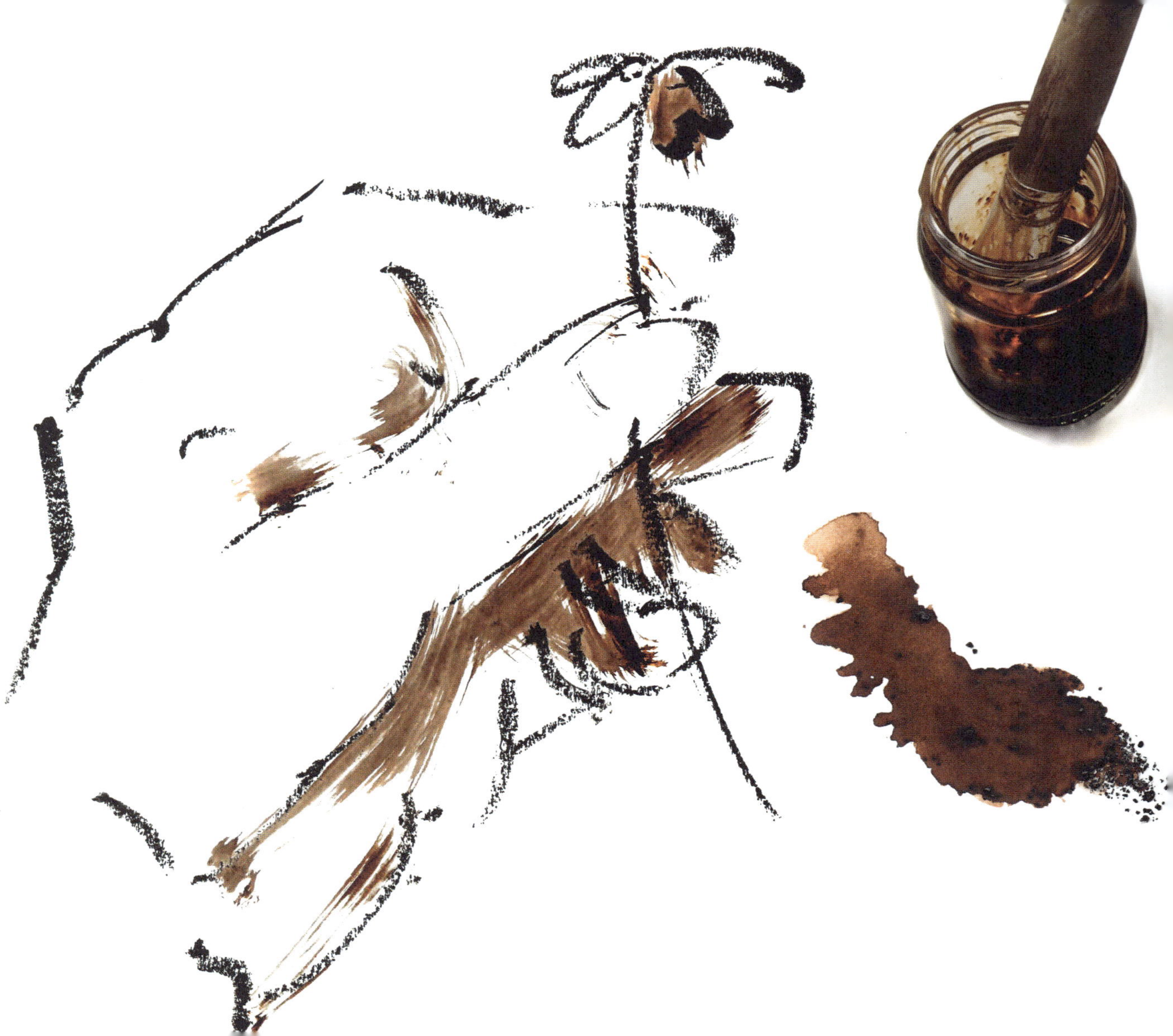

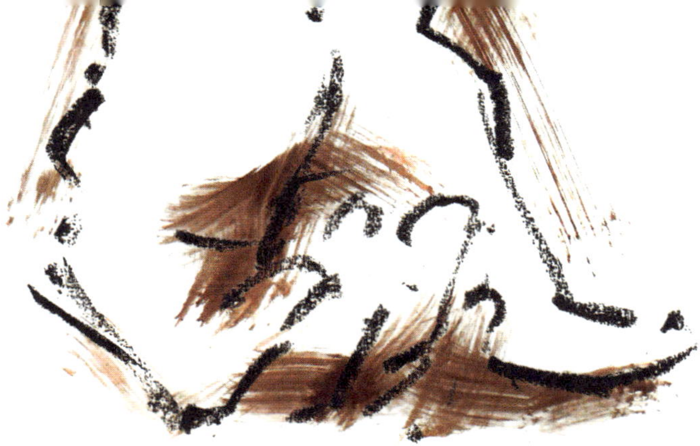

15

PARA LOS ESPONTÁNEOS Un modelo, lápices de pastel al óleo, pigmento bistre, papel liso DIN A4, un vaso de agua, un paño y pinceles anchos de cerdas. Eso es todo lo que necesitas. El bistre es una tinta obtenida a partir de cenizas de madera, cuyo color varía según el tipo de madera y está disponible en gránulos para mezclar o ya preparado.

Deja que la mano de tu modelo cambie de posición libremente. Eso te obligará a dibujar rápidamente con los lápices de pastel al óleo. La espontaneidad tiene prioridad sobre la precisión.

El lápiz de pastel al óleo, en cualquier caso, no es adecuado para dibujar con precisión. Utiliza la tinta de hollín y el pincel para pintar rápidamente las zonas deseadas. Un pincel de cerdas ligeramente humedecido consigue crear una textura sugerente. Si además utilizas un papel muy liso el trazo del pastel al óleo será más fluido.

Ver también consejo 32.

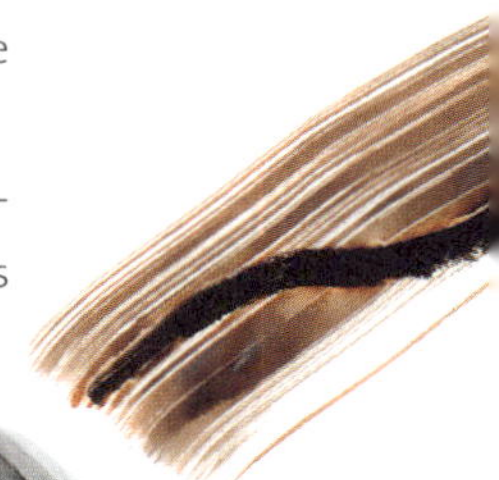

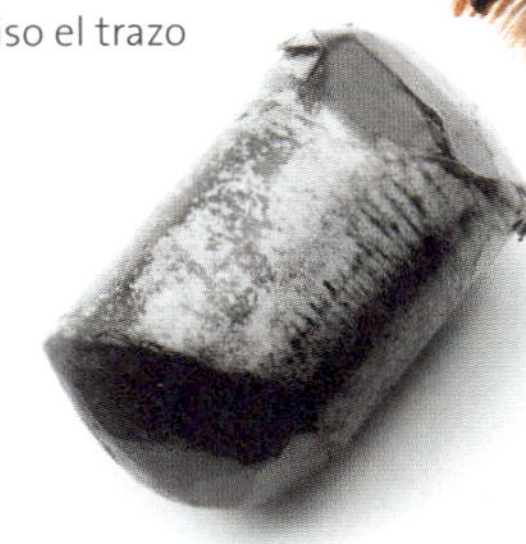

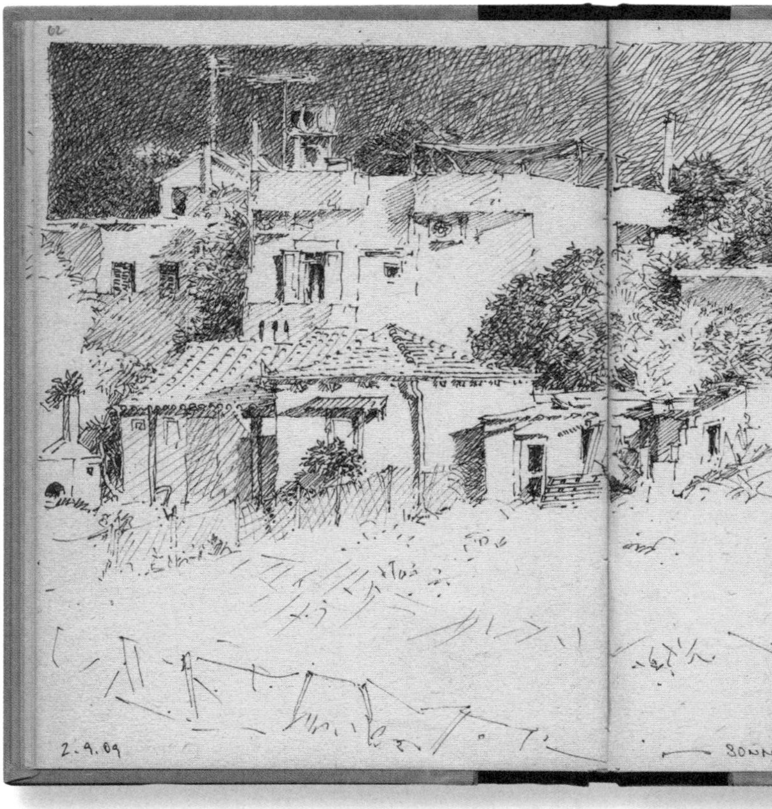
62
63
2.9.09
SONN

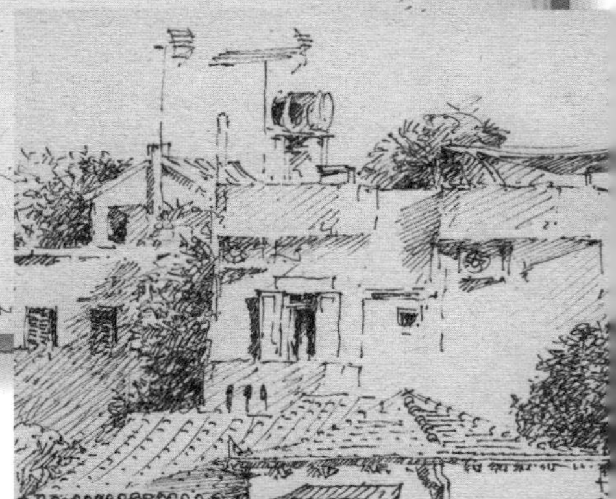

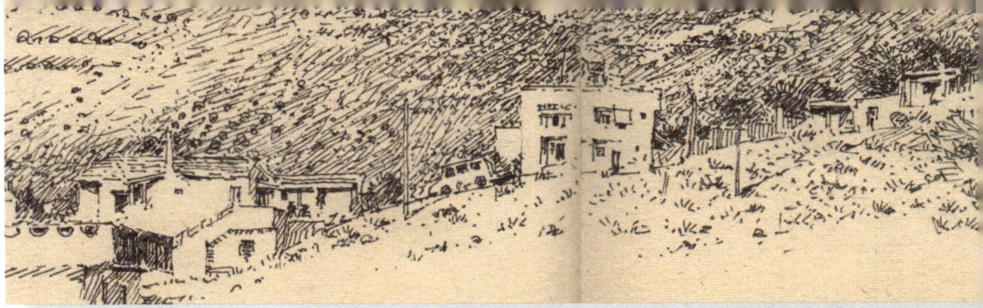

■ **ANTES-DESPUÉS** Amanecer en el sur de Creta. Desde el balcón del hotel dibujaba una parte del pueblo cercano. El sol se despegaba rápidamente del horizonte y bañaba las paredes de los edificios blancos de un suave rosa, mientras el cielo mantenía su color de azul noche. Así es mi recuerdo de aquella mañana.

Cuando, ya en casa, volví a coger el cuaderno de bocetos, me di cuenta de que el carácter del dibujo no se correspondía con mi recuerdo. Las casas aparecían sin contraste sobre un fondo claro. La hora del día se podía deducir en todo caso a través de las sombras.

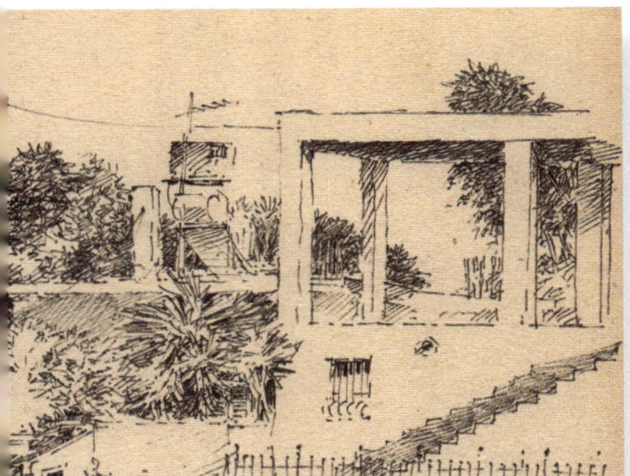

Así que se me ocurrió la idea de dar al cielo un tono a través de trazos cuya densidad iba aumentando de derecha a izquierda. De esta forma los edificios adquirieron la luz que necesitaban. La comparación demuestra el efecto que se puede conseguir a través de distintos valores tonales. Ver también consejo 17.

16

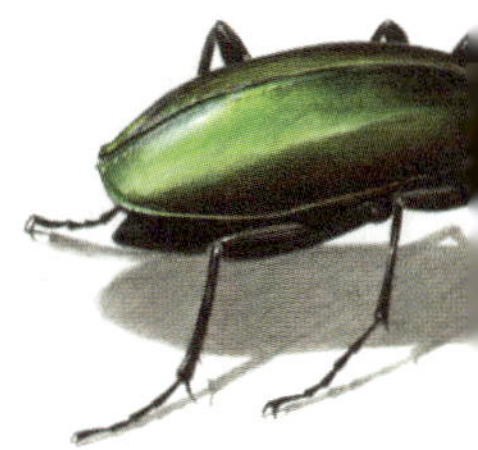

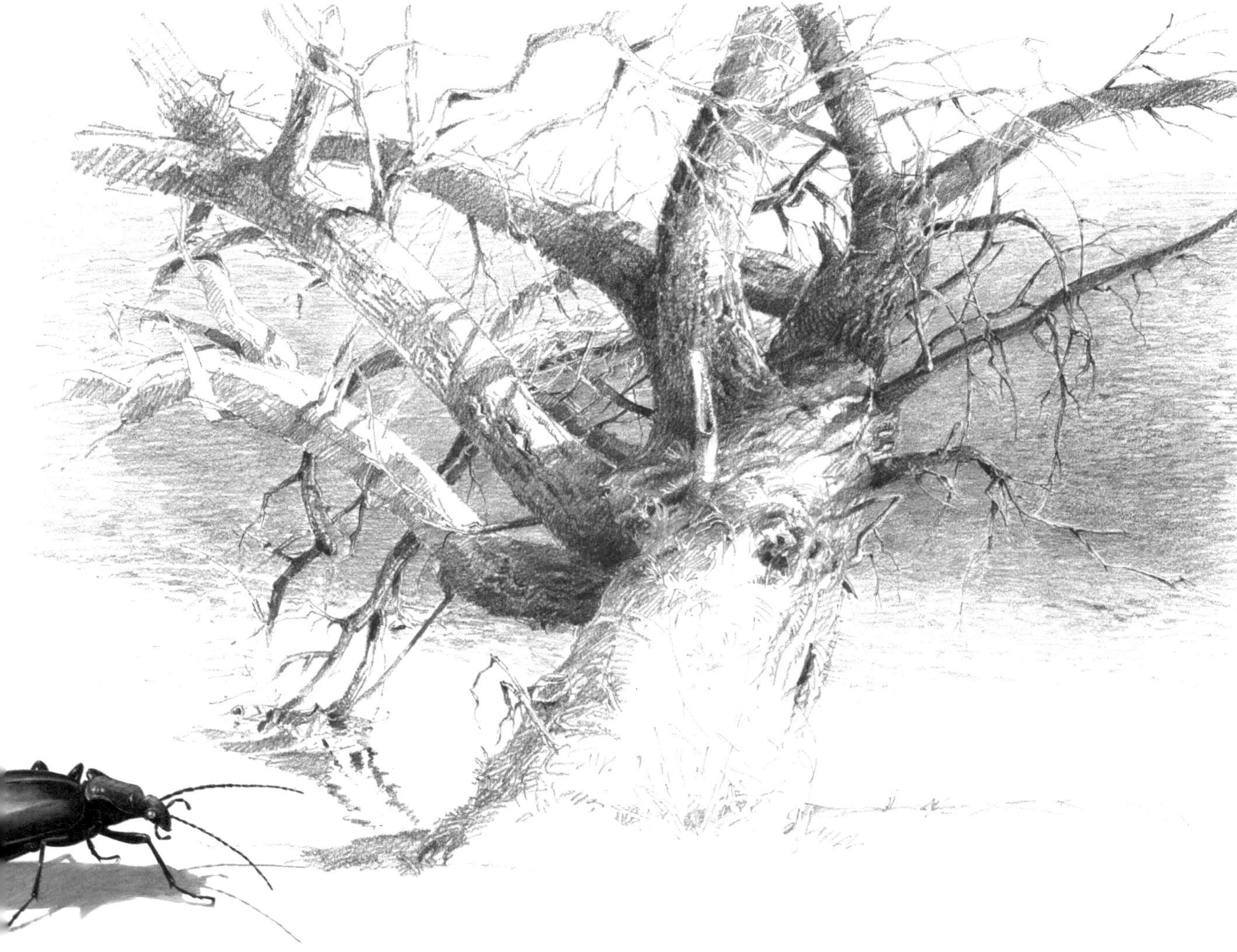

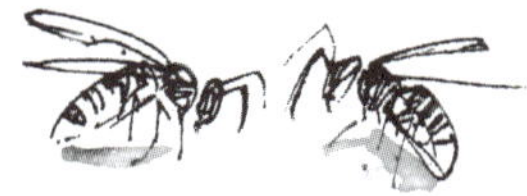

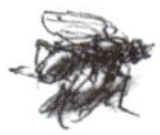

LAS SOMBRAS ILUMINAN La luz del prado junto a un afluente del Rin se pudo hacer patente solo cuando dibujé el tono del agua. Sobre el papel blanco esta es la única forma de iluminar algo.

Pero las sombras consiguen más aún: redondeadas ayudan a hacer que los troncos y ramas aparezcan tridimensionales. En función de si las áreas sombreadas están curvadas hacia arriba o hacia abajo, sabremos en qué dirección crecen las ramas. Además, cuanto más oscuro sea el tono, más brillante será la luz.

Un papel de dibujo se convierte en un espacio tridimensional simplemente añadiendo una mancha de sombra. Aquí aparecen algunos insectos correteando sobre una superficie en el papel. Una fuente de luz externa al papel los ilumina. Te aconsejo que busques este efecto si la atmósfera del dibujo es importante en tu trabajo. Experimenta con distintos valores tonales. Si te preocupa que puedas estropear una obra, cópiala y prueba el efecto con sombras aún más oscuras. Esto te dará confianza para intentarlo la próxima vez en un dibujo original. Ver también consejo 16.

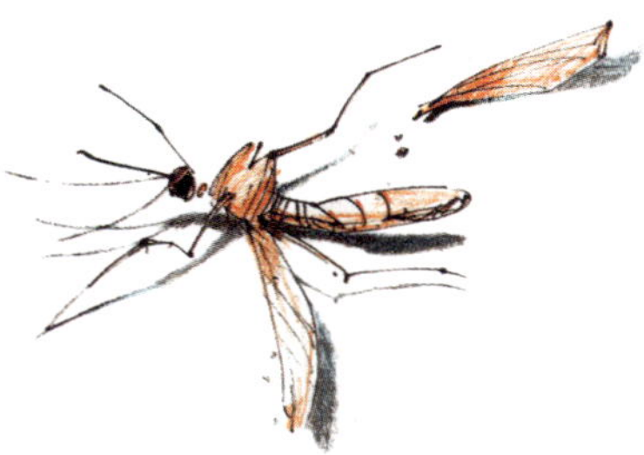

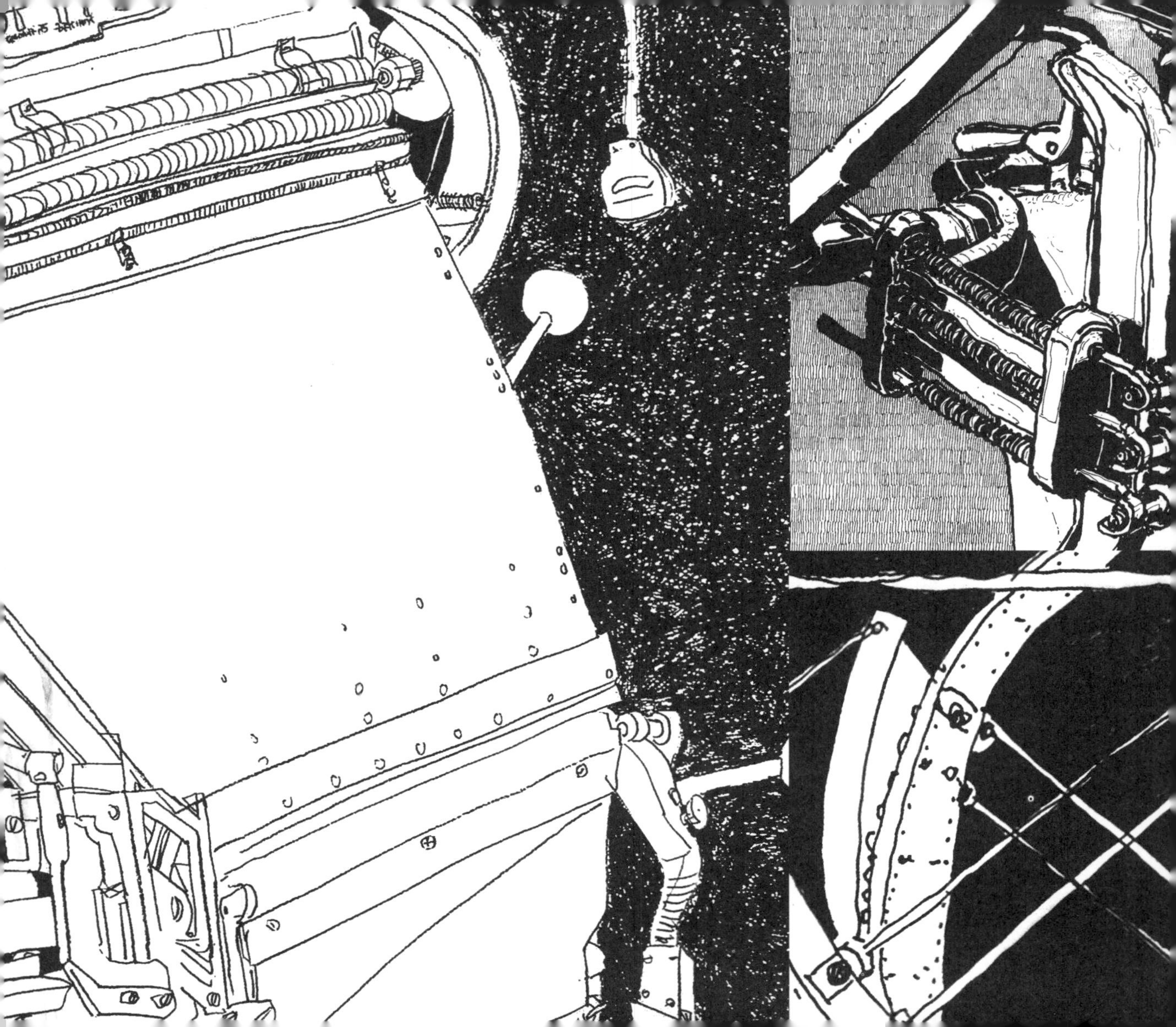

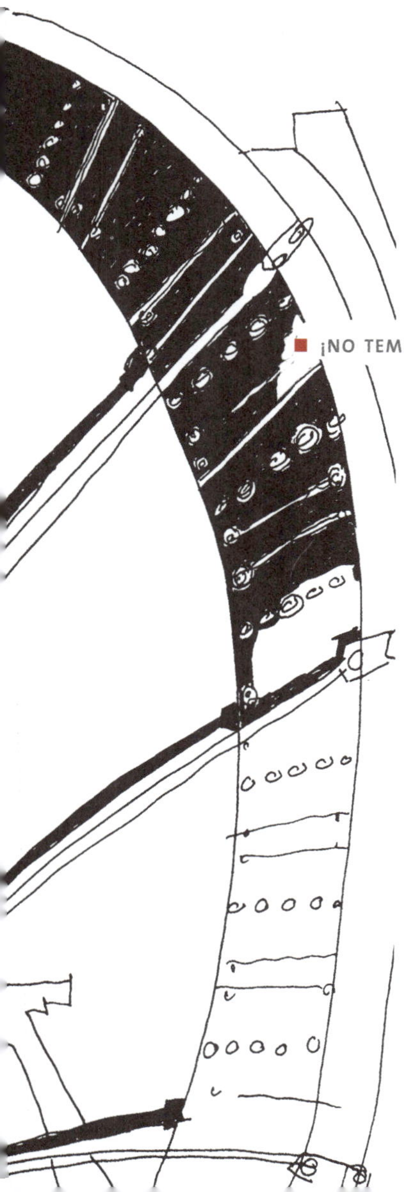

¡NO TEMAS A LAS MÁQUINAS! Estos trabajos no son dibujos técnicos. Se realizaron a mano y pueden salir muy bien si se siguen algunos consejos: no utilices regla ni lápiz, sino un bolígrafo que no se pueda borrar. Trata de dibujar cada línea una sola vez, sin corregirla con más líneas. No te enfades si salen torcidas. Evita dibujar máquinas completas.

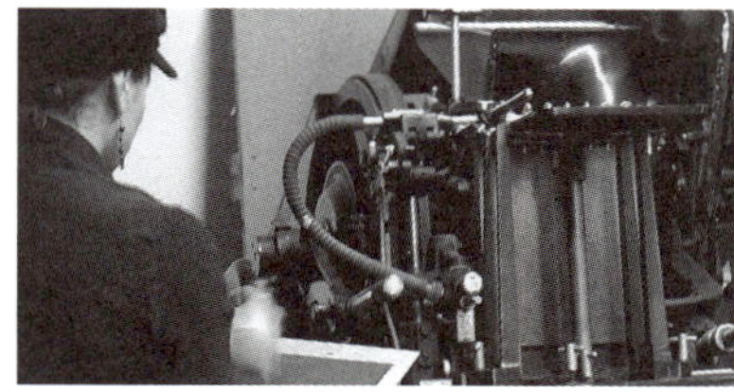

Dibuja primero las partes frontales del objeto. Presta atención a lo planos que son los óvalos. Nunca dibujes su parte estrecha en punta, sino redondeada. Si tienes problemas con la perspectiva, sigue dibujando de todos modos. Si las piezas no encajan con el tiempo del que dispones, las haces encajar tú. Si tienes la impresión de que una máquina nunca podría funcionar así, no pasa nada. Es tu dibujo el que debe funcionar.

Este tipo de dibujo se hace más atractivo gráficamente si se combinan líneas y superficies, si se oscurecen las superficies negativas y si se crean distintos valores tonales a través de la variación de texturas.

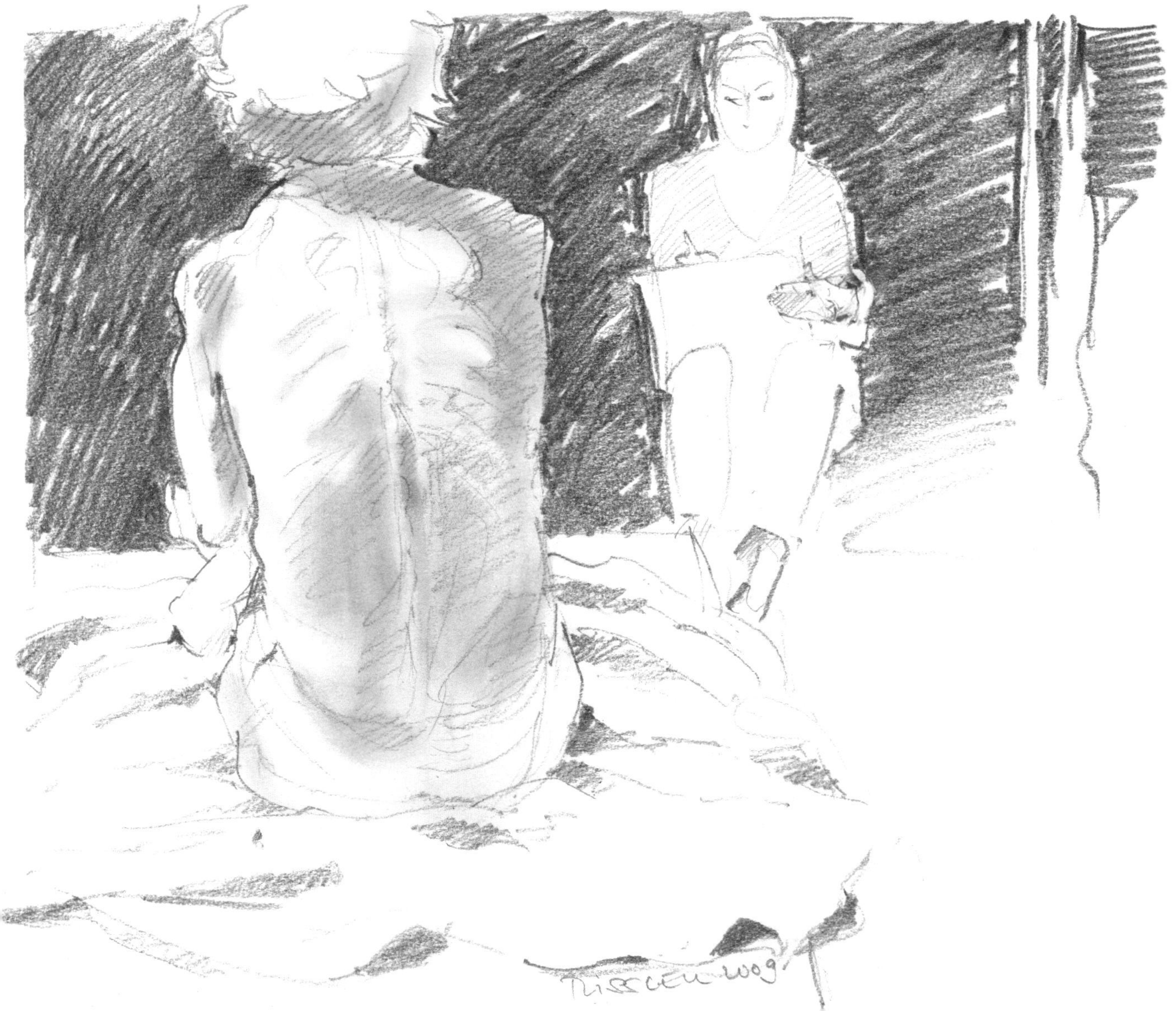
2009

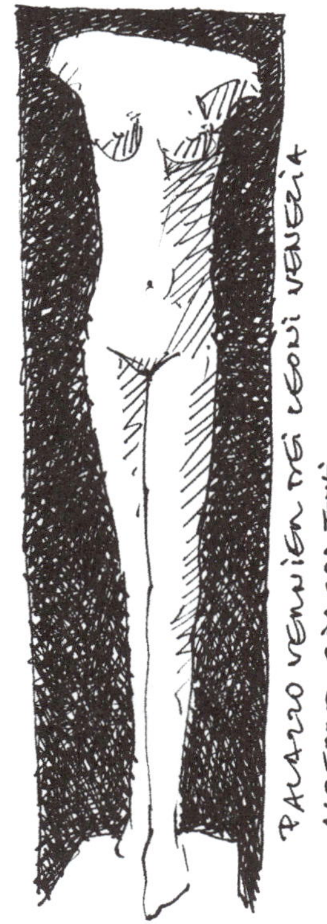

CON LUZ PROPIA En las sesiones de dibujo de desnudo reina un silencio casi devoto y una atmósfera de gran concentración. Cada perturbación afecta negativamente a los dibujos. Y es que, al igual que en el retrato, las expectativas de los resultados son muy altas. Hay que dominar muchas cosas al mismo tiempo. Obviamente, el modelo quiere reconocerse en el dibujo; las proporciones deben ser correctas y los acortamientos por la perspectiva deben verse bien (las costillas y la columna vertebral pueden llegar a ser exasperantes). Y no siempre querremos esconder manos y pies. A todo esto se suman las expectativas de un estilo de dibujo expresivo y espontáneo. ¡Y todo ello en pocos minutos! Mi consejo es que te unas a un grupo de dibujo del natural. ¡Ningún otro dibujo es tan instructivo!

He aquí una sugerencia para hacer que un desnudo brille con luz propia: después de trazar un par de «líneas auxiliares» que delimiten el contorno del cuerpo, puedes sombrear una superficie negativa como fondo. Cuánto detalle requiere el dibujo de la figura lo decides tú mismo. No es mucho, como puedes ver. Ver también consejos 95 y 96.

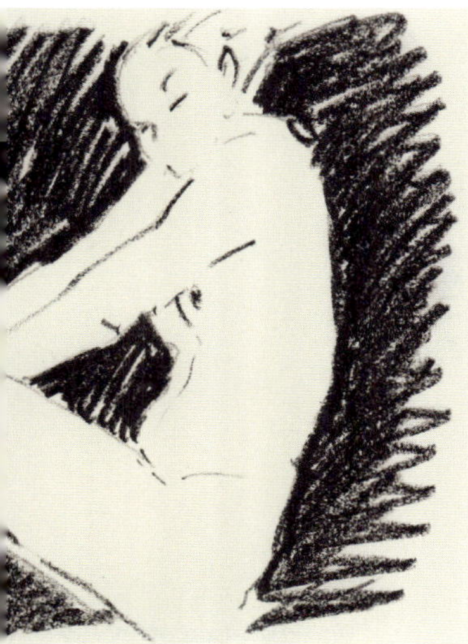

19

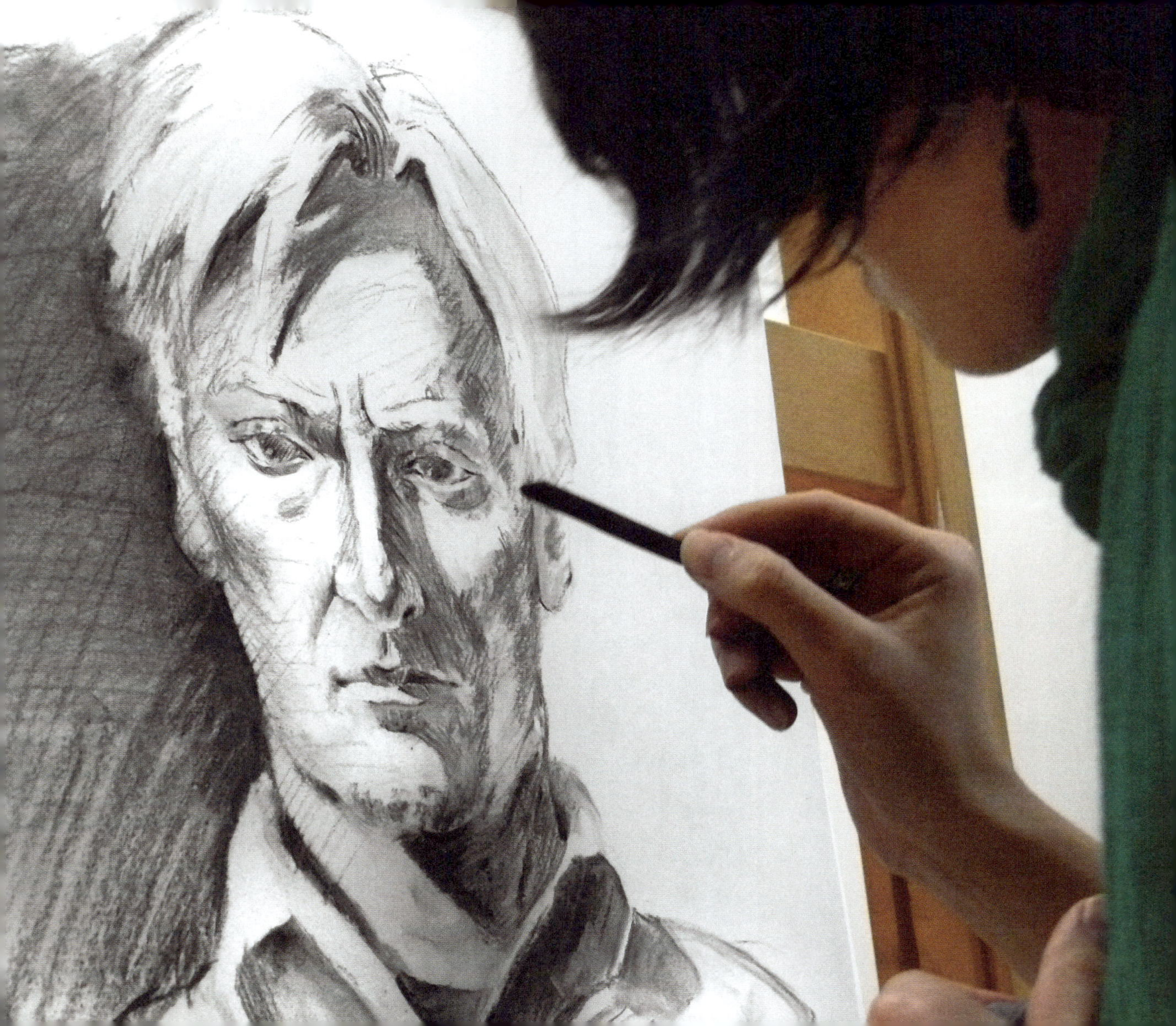

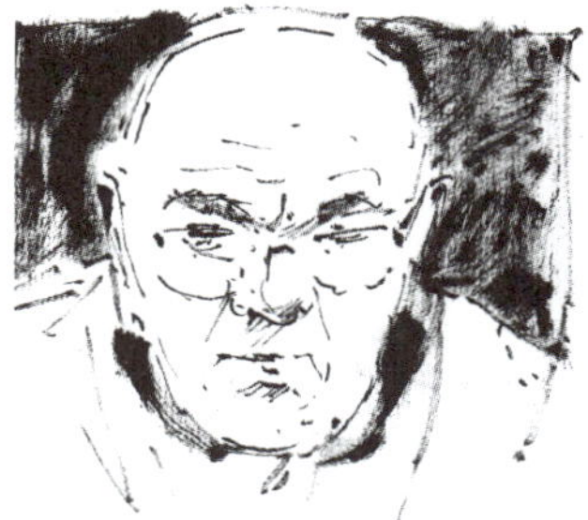 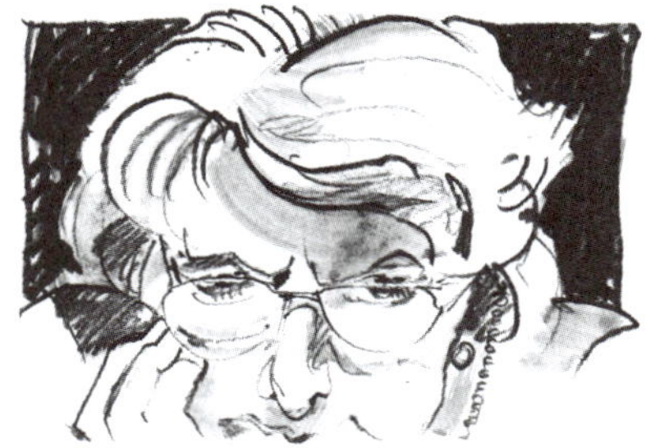

RETRATO Los pequeños detalles revelan si un retrato corresponde o no al modelo. Poco importa si fue elaborado con el estilo de los grandes maestros, con solo un par de trazos o como una caricatura. Para evitar que las caras tengan narices, labios u ojos estereotipados, te recomiendo que dibujes muchas caras diferentes. Aquí es donde aparecen diferencias sorprendentes —incluyendo gafas y peinados. En un curso especializado de dibujo aprenderás los fundamentos sobre las medidas y proporciones de la cabeza humana. Personalmente, desaconsejo los cursos que trabajan desde fotografías. Un buen libro puede ayudar a acortar el «periodo de aprendizaje», pero no podrá reemplazar el estudio directo delante del modelo. Al igual que con el dibujo del natural, las únicas armas son el entrenamiento constante y la voluntad de no dejarse desalentar por las dificultades.

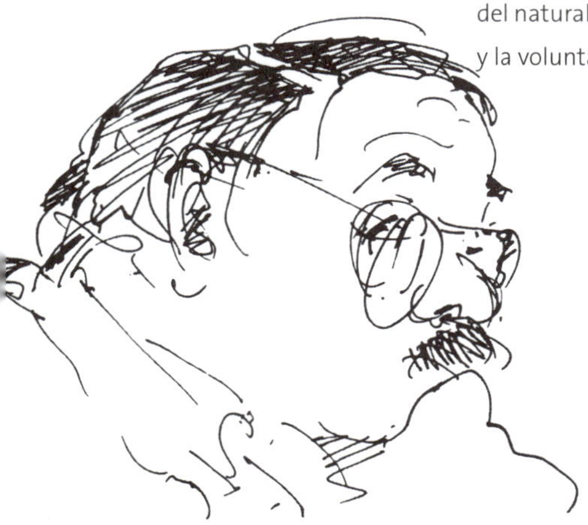

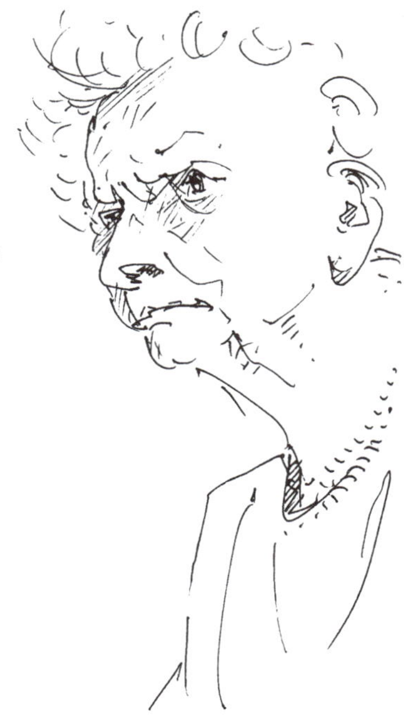

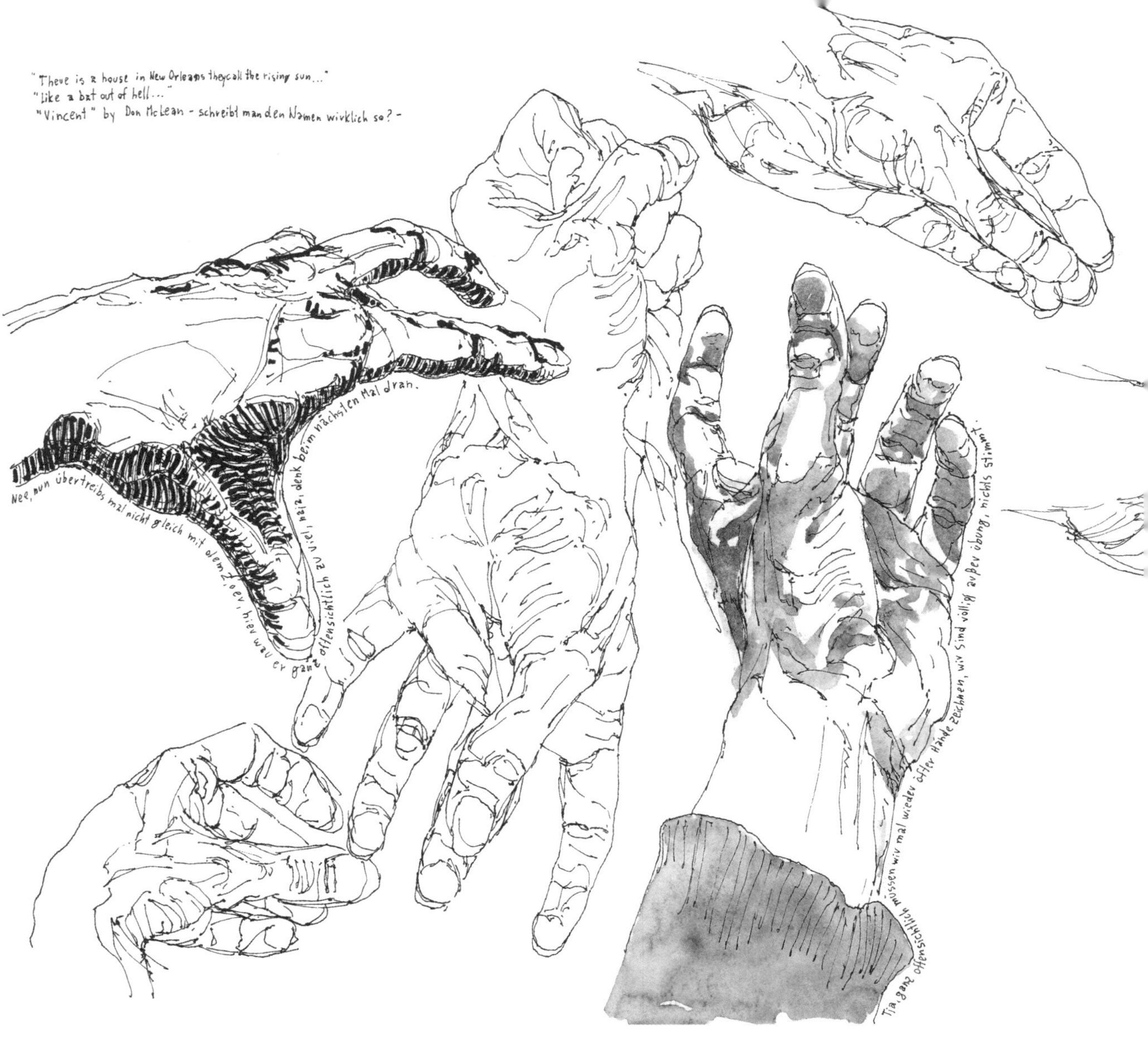
"There is a house in New Orleans they call the rising sun..."
"Like a bat out of hell..."
"Vincent" by Don McLean - schreibt man den Namen wirklich so? -
Nee, nun übertreibs mal nicht gleich mit dem Zoer, hier war er ganz offensichtlich zu viel, nein, denk beim nächsten Mal drah.
Tja, ganz offensichtlich müssen wir mal wieder öfter Hände zeichnen, wir sind völlig außer Übung, nichts stimmt.

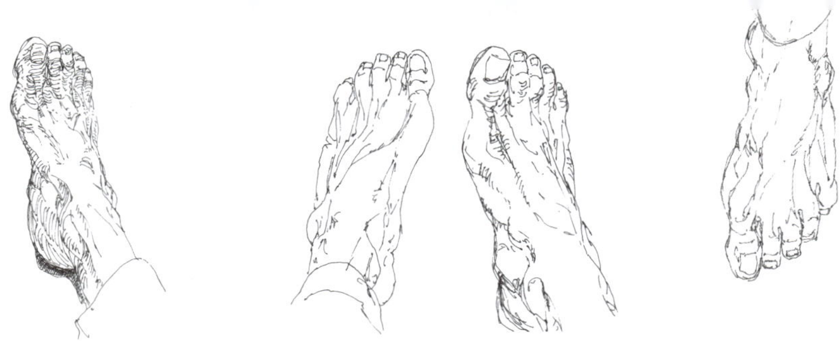

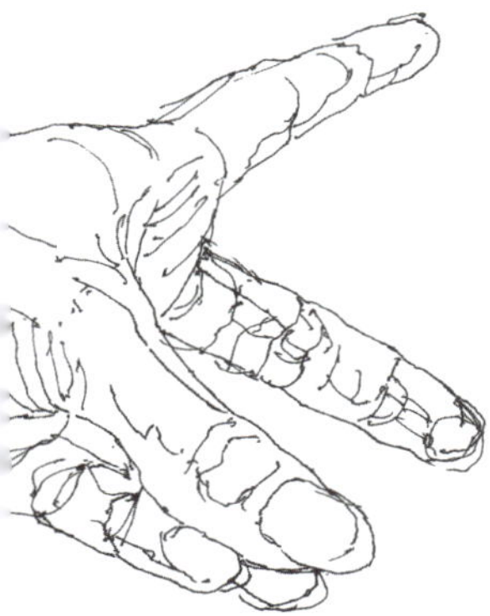

LO CERCANO Sospecho que a muchos dibujantes les ha pasado alguna vez: el dibujo de la persona ha quedado relativamente bien... pero las manos y los pies, ¡catastróficos! Es una auténtica satisfacción cuando, alguna que otra vez, el dibujo sale perfecto, como de una sola pieza.

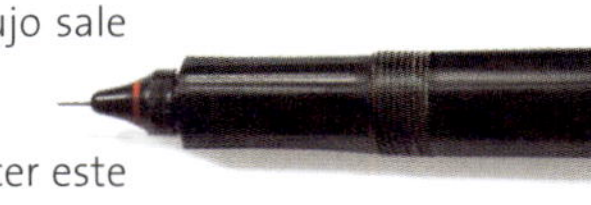

Rainer Lieser, cuyos dibujos aparecen en estas páginas, no parece conocer este problema. Con su estilógrafo captura los más difíciles objetos con buen ojo para las proporciones y libertad en el trazo. ¿Un talento natural? Sí, pero su habilidad también se nutre de una enorme dedicación. Miles de dibujos llenan sus blocs de bocetos de gran formato, en los que documentó su entorno privado, su vida de estudiante y la ciudad de Maguncia. Sus dibujos parecen un llamamiento: ¡Mantente auténtico! Dibuja lo cercano. Mira a tu alrededor.

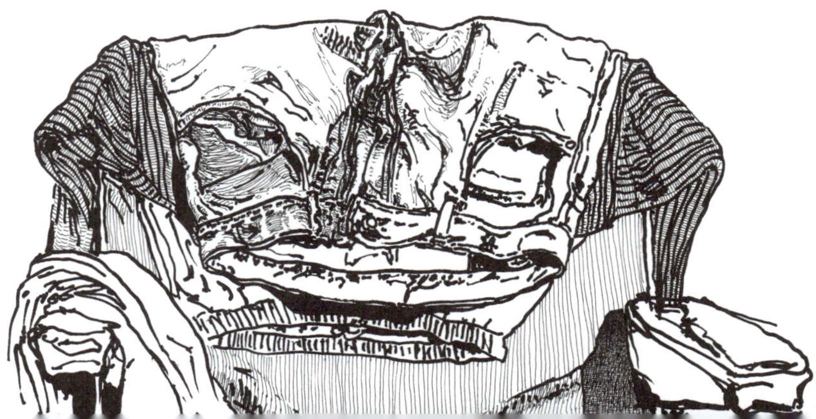

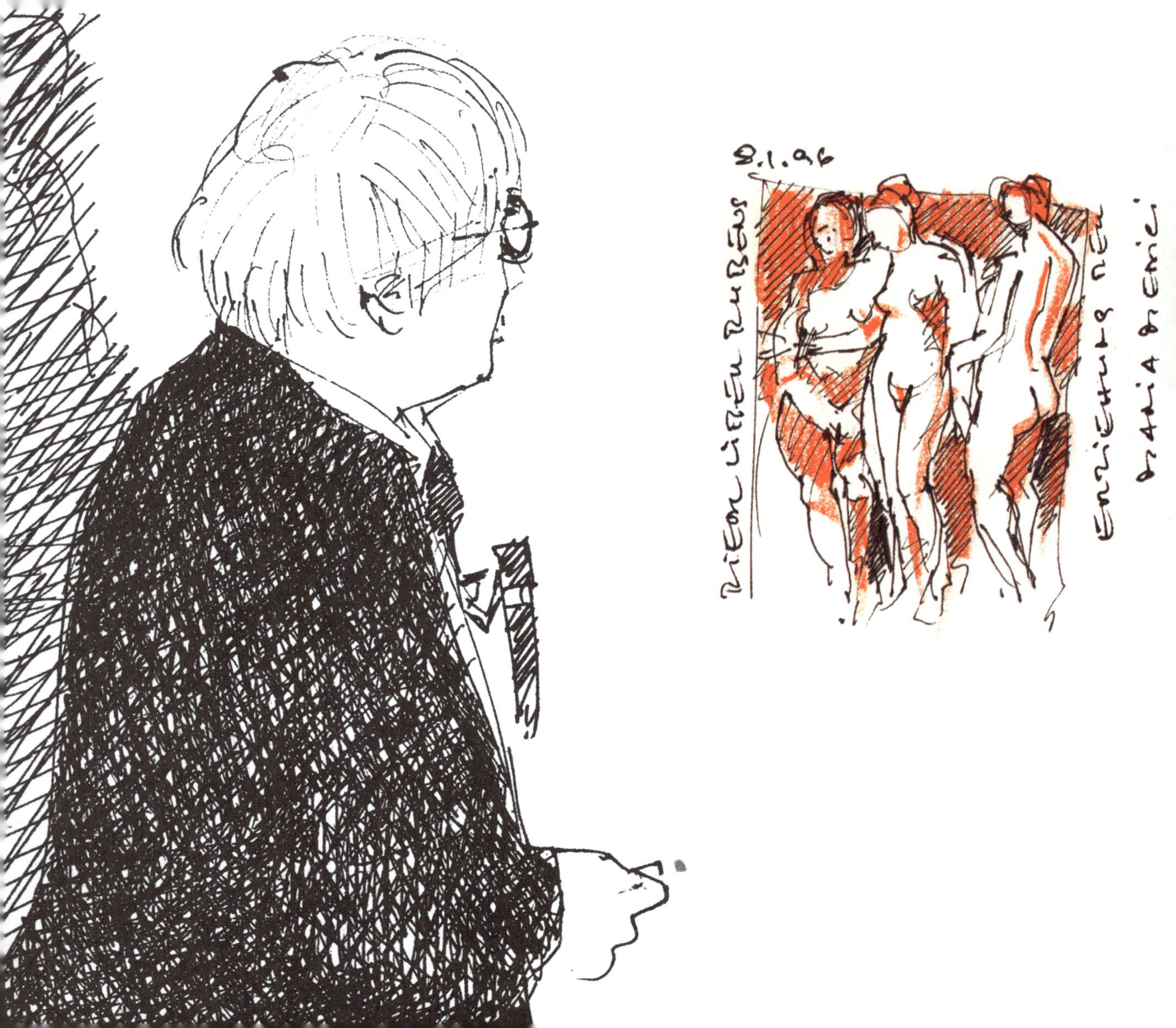
8.1.96

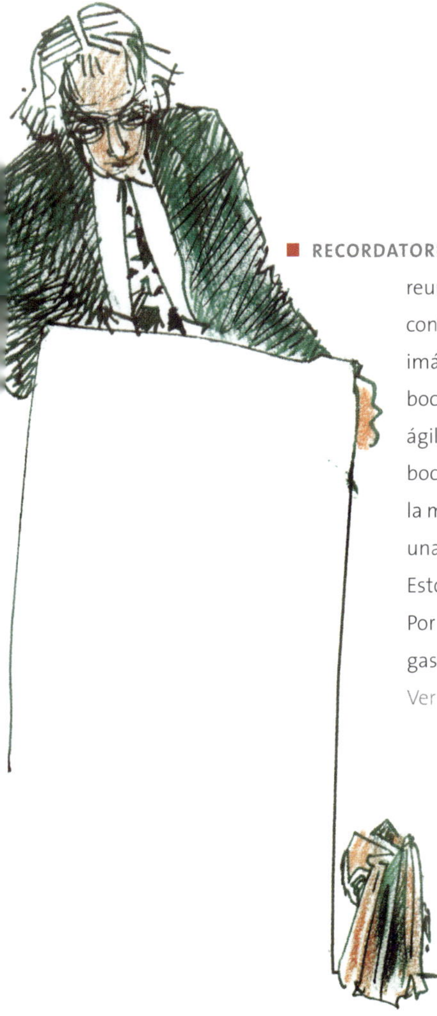

■ **RECORDATORIO** La próxima vez que vayas a una conferencia o charla, participes en una reunión poco interesante del ayuntamiento, de vecinos o de profesores, lleva contigo tu cuaderno de bocetos y dibuja a oradores y oyentes. Si se proyectan imágenes en una clase de historia del arte, hay tiempo suficiente para un par de bocetos rápidos con un bolígrafo tipo roller u otro que pueda seguir la mano ágilmente. Es divertido, y si se combinan con notas escritas, estos bocetos resultan un magnífico —¡y original!— apoyo para la memoria. Y para salas oscuras ¡existen bolígrafos con una luz LED incorporada en la punta!

Esto te servirá también en el teatro o en un concierto. Por cierto, también puedes probar a dibujar «a ciegas» en una habitación oscura.

Ver también consejos 37 y 38.

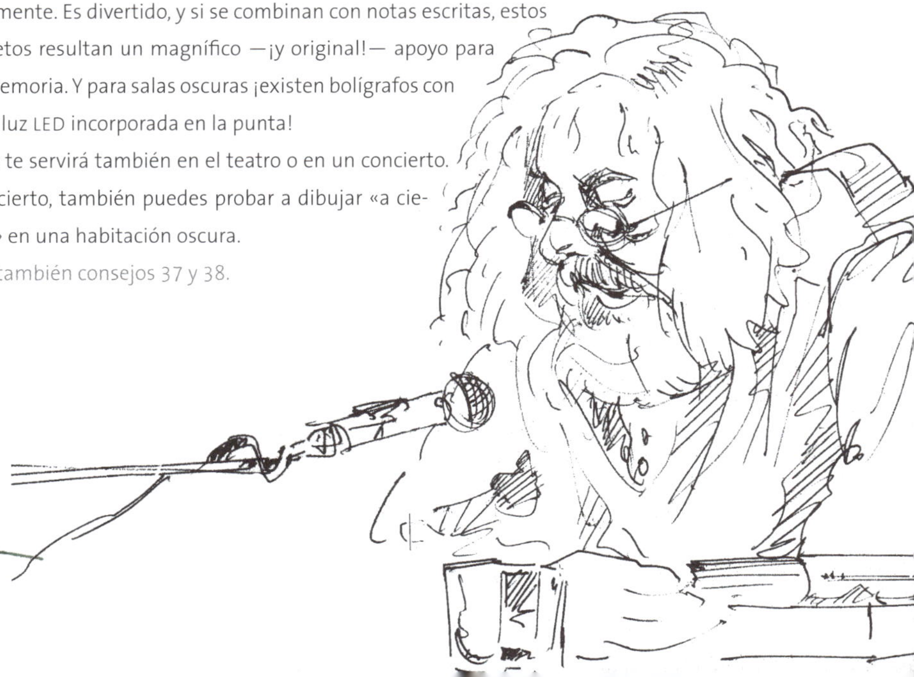

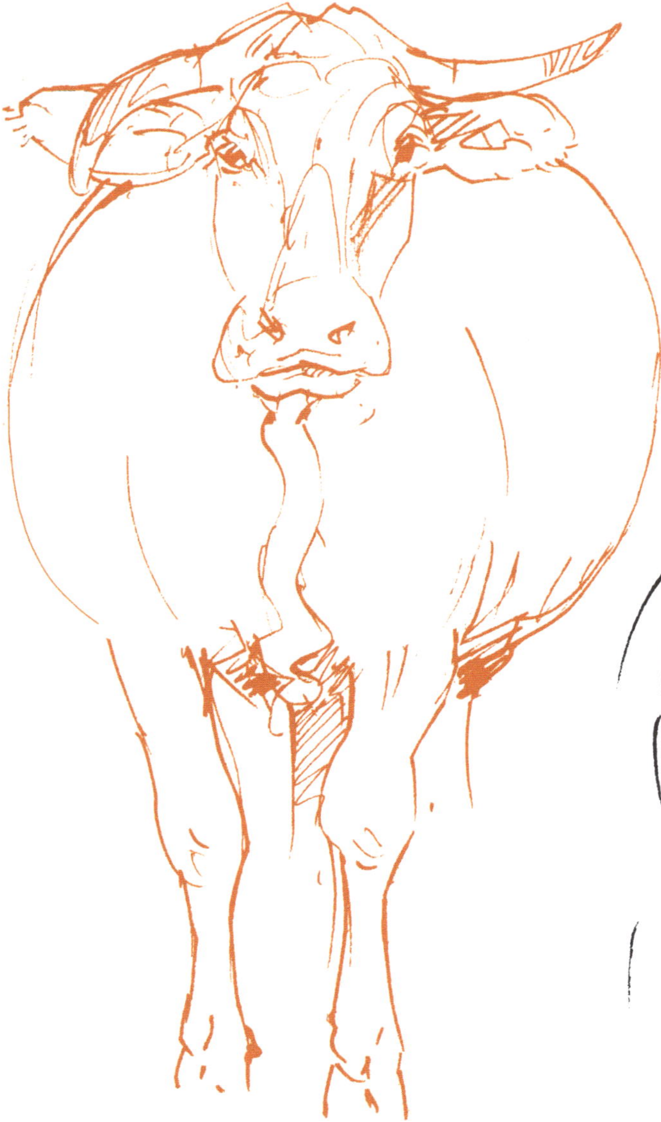

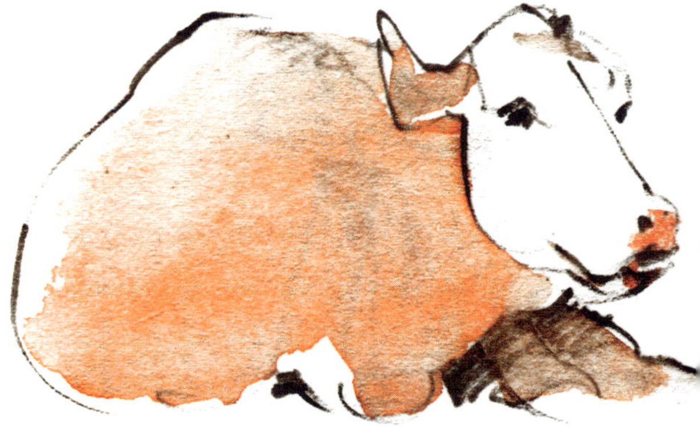

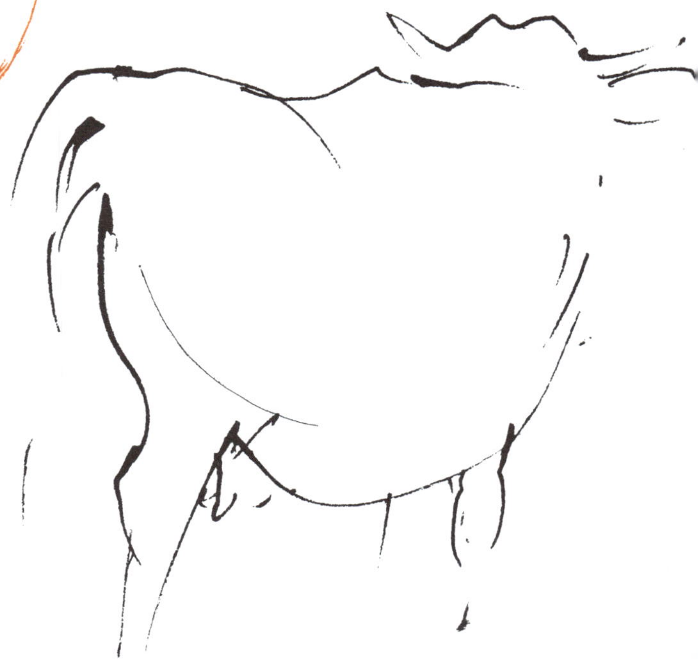

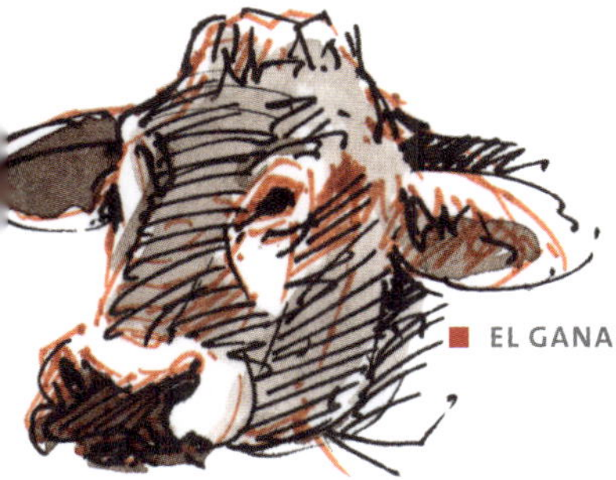

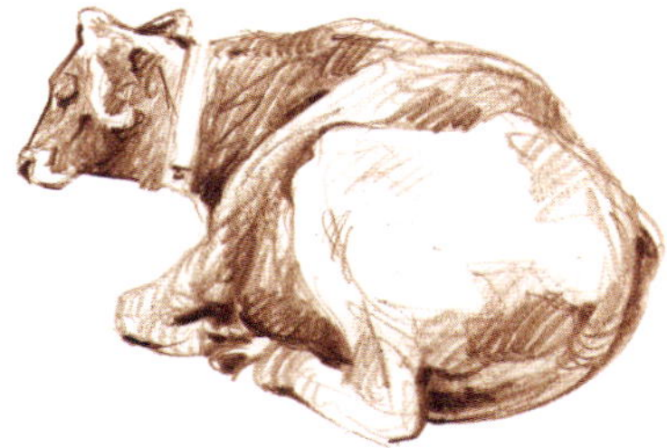

EL GANADO ha sido un motivo atractivo para pintores, dibujantes y escultores desde hace miles de años. Piensa en las pinturas rupestres de Altamira, en las representaciones de ganado del holandés Paulus Potter, en el impresionista alemán Heinrich von Zügel o en los grabados sobre corridas de toros de Pablo Picasso.

Como mejor se percibe la forma compacta de los rumiantes es cuando están tumbados. Con los ojos entrecerrados podrás identificar la forma a grandes rasgos. Observa el cambio entre contornos cóncavos y convexos. Evita la aglomeración de líneas. Se necesita hacer varios bocetos para familiarizarse con la forma de su cuerpo. Para comprender la forma desde dentro —a través del estudio del esqueleto y la constitución de los músculos—, un buen libro especializado será de ayuda. Pero este no reemplazará el estudio directo en el prado. Con cada nuevo boceto mejoran los conocimientos de la anatomía. Esto incluye los detalles de estudio.

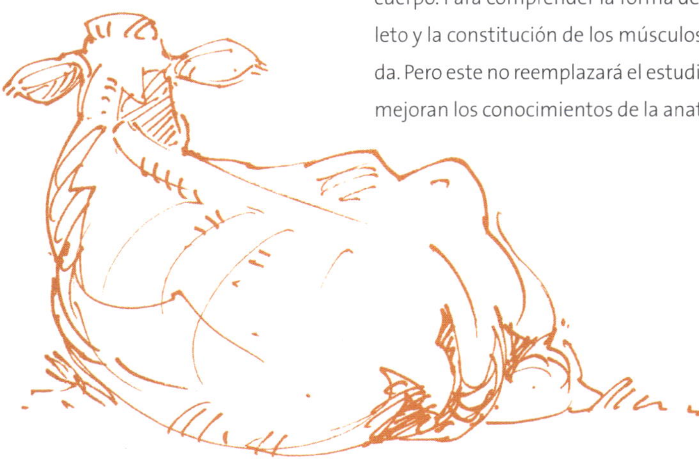

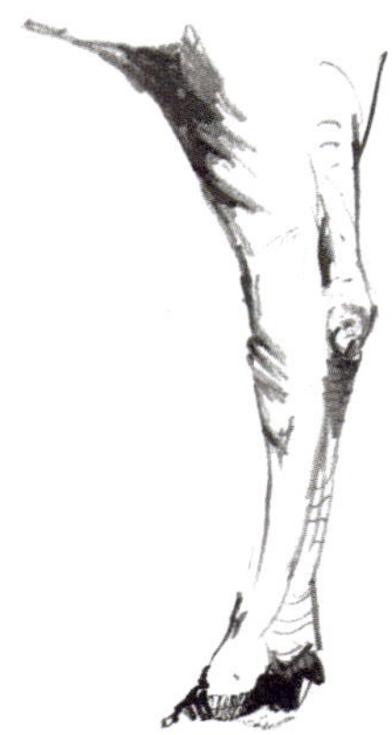

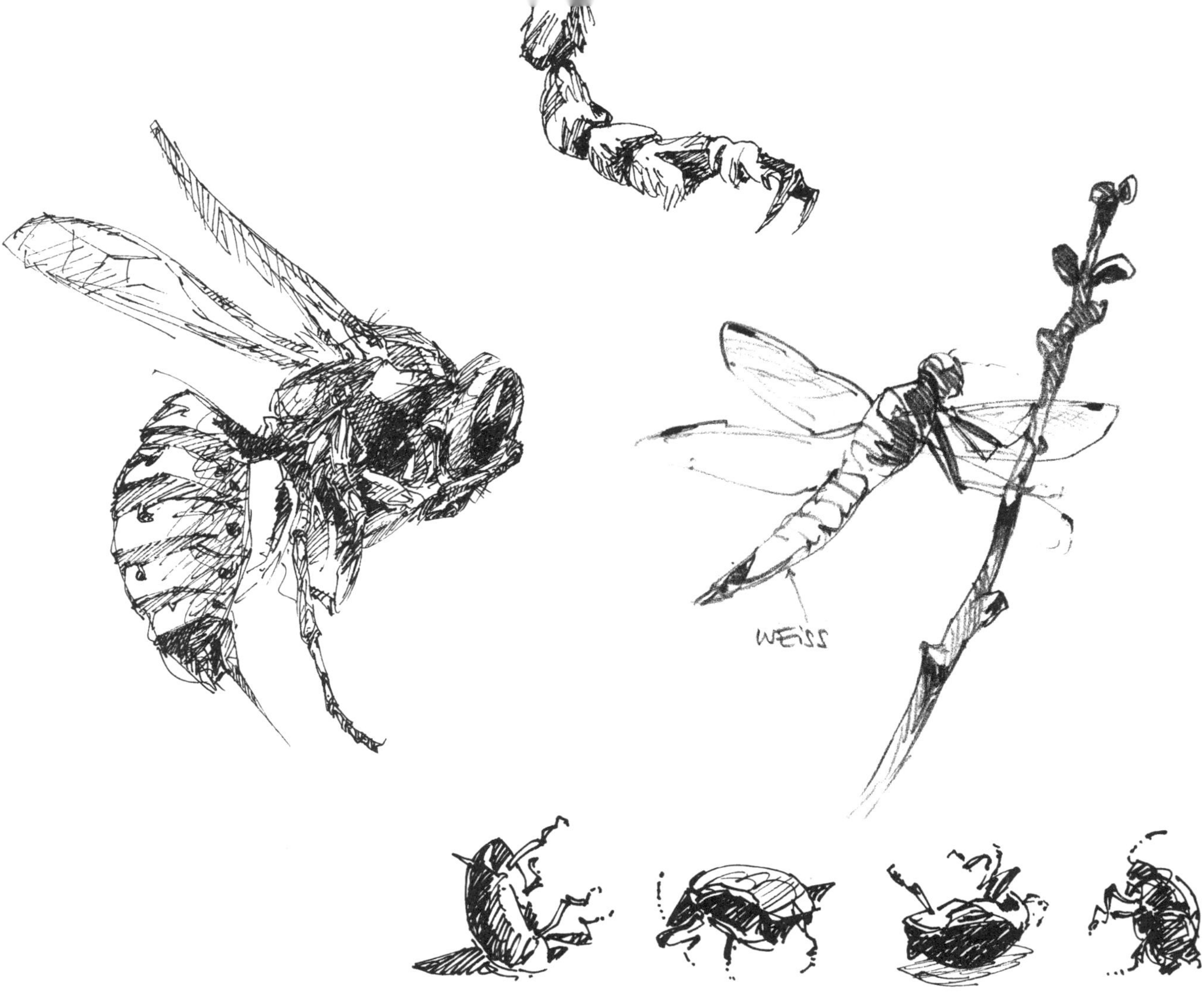
WEISS

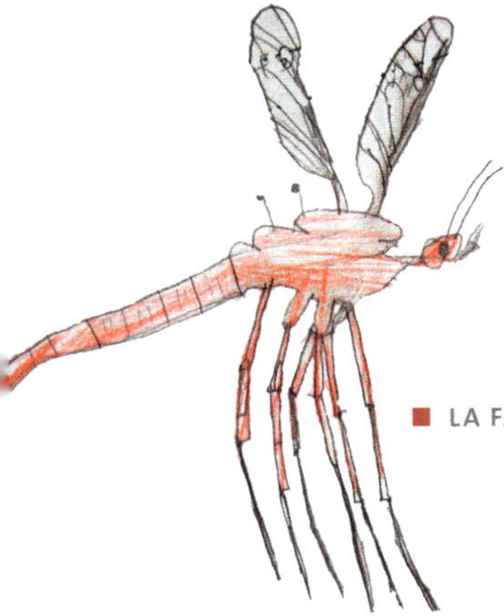

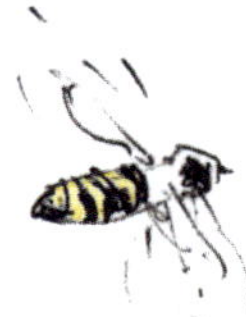

■ **LA FAUNA, MUY CERCA** Dibuja las osmias o « abejas albañiles» cuando en primavera estén trabajando en un agujero de la pared. Es realmente interesante lo que sucede a lo largo del año. También podrías robarle un momento de libertad al escarabajo y hacerle un boceto. La mosca muerta que encuentras en casa es un sujeto igualmente apropiado para el estudio. ¡El zoológico está por todas partes! Y no hay que pagar entrada. Utiliza una lupa como ayuda y descubrirás detalles de las patas de los insectos que normalmente no puedes apreciar. Su construcción es siempre la misma, pero las formas son extraordinariamente variables. Son maravillas de la biomecánica y una exquisitez óptica para dibujantes. Dibuja los detalles, sobredimensionándolos. Utiliza primero un lápiz. Cuando estés más familiarizado con los elementos, un bolígrafo roller o una pluma estilográfica serán los instrumentos más adecuados. Con la práctica aprenderás a dibujar insectos de memoria. Dibújalos con niños, así aprenderán lo que es un tarso, que un sírfido no es una abeja y que las arañas no son insectos. 24

Ver también consejo 87.

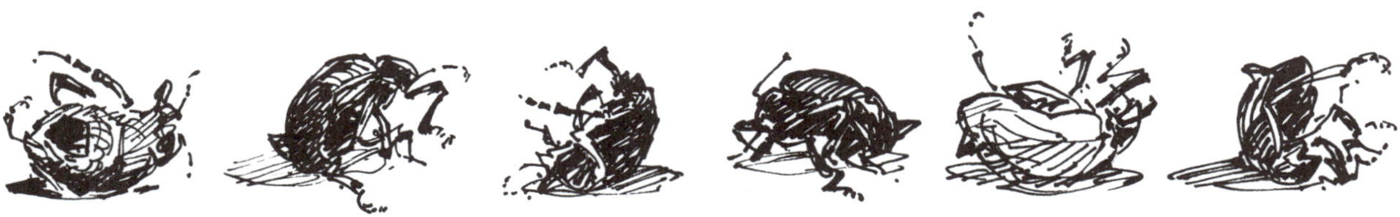

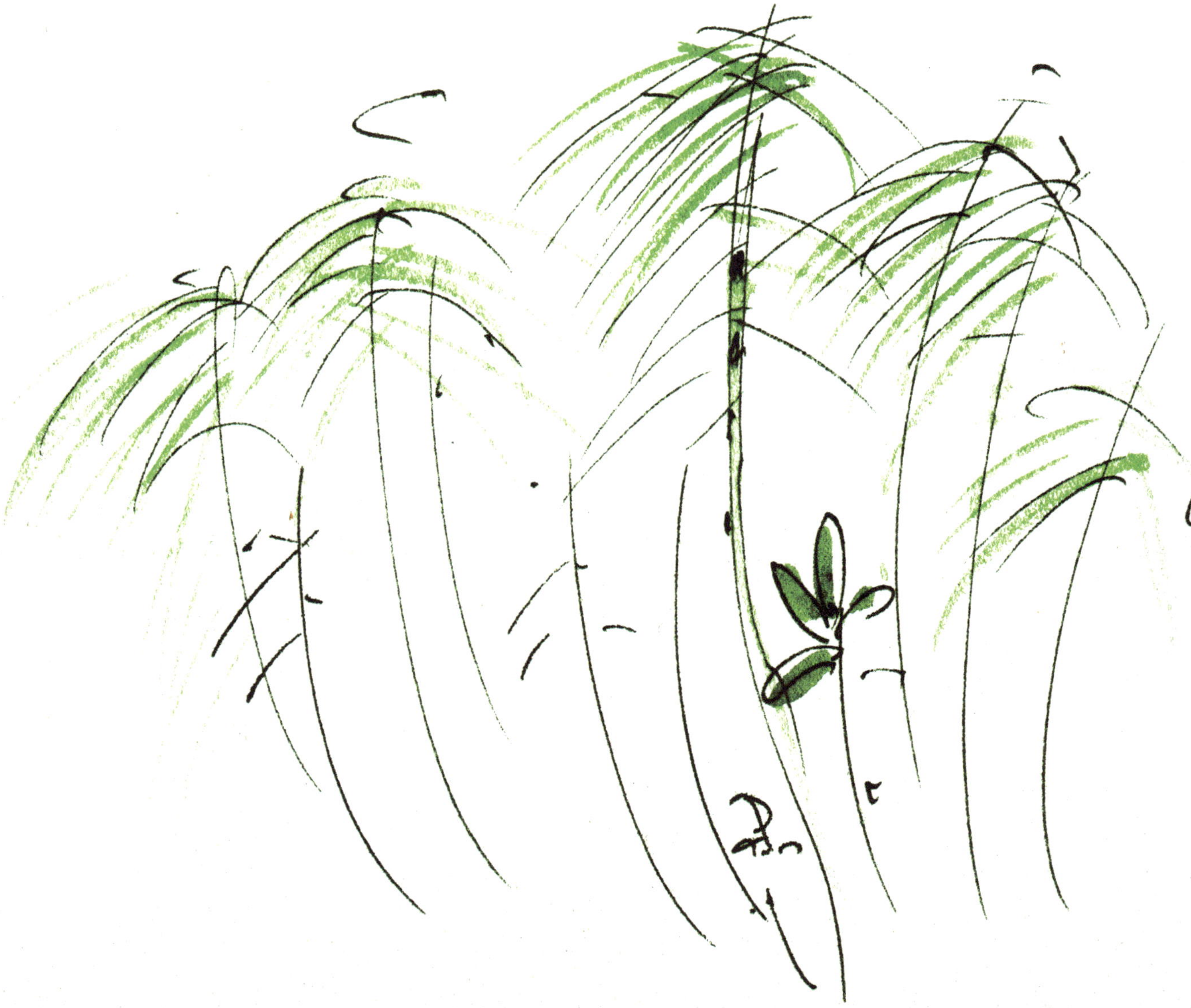

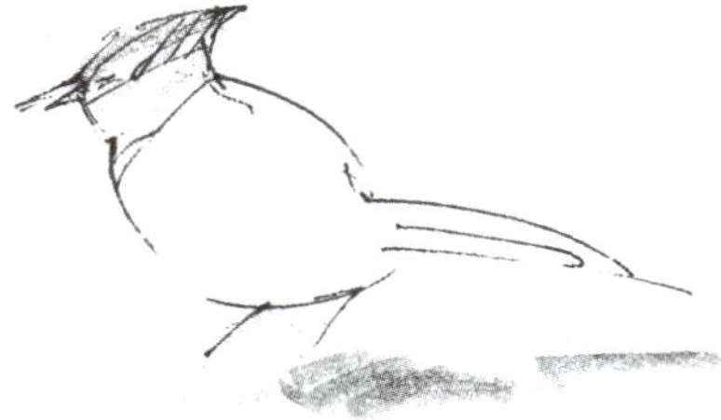

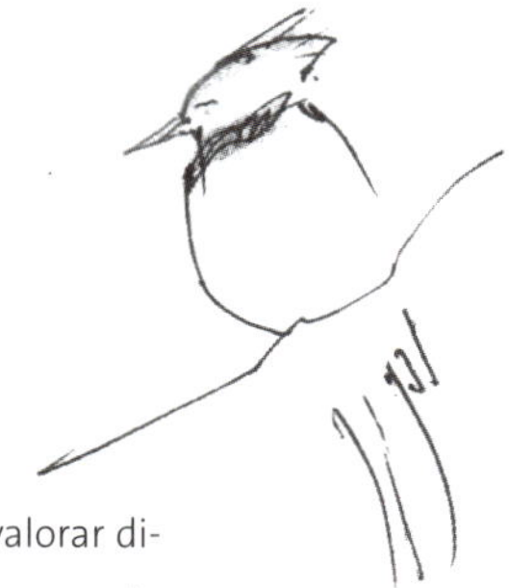

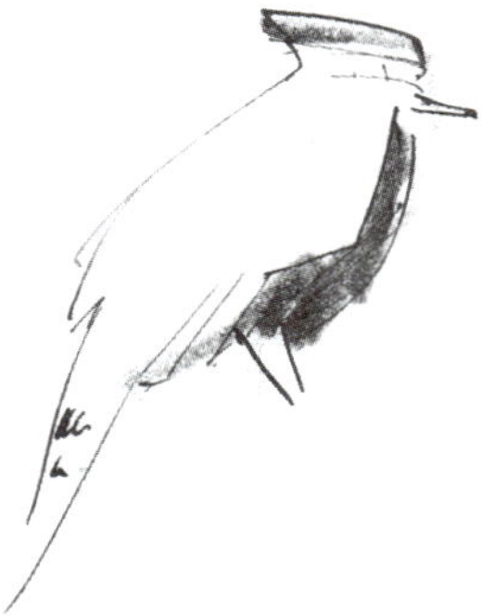

MENOS ES MÁS ¿Qué hay detrás de este criterio con frecuencia utilizado para valorar dibujos? La respuesta no es fácil ya que la fascinación hacia el dibujo se puede dividir, aproximadamente, en dos vertientes: por un lado, los dibujantes que son capaces de plasmar la realidad con precisión exquisita son siempre objeto de admiración. No por ello diríamos que es mera artesanía, pues tendríamos que afirmar entonces que los trabajos de muchos artistas famosos se pueden aprender (me viene a la mente la obra *Manos orando* de Alberto Durero). Pero la gente admira también a los que consiguen representar algo sin esfuerzo, espontáneamente y con solo un par de líneas. Una notable facilidad, audacia, seguridad y décadas de práctica de dibujo llevan a lo que muchos llaman «habilidad». Suerte tiene quien cuenta con buena memoria visual. Cuando se dan juntas todas estas habilidades estamos ante lo que comúnmente llamamos «talento innato»: una condición ideal para conseguir la máxima expresión con el mínimo esfuerzo en el dibujo.

¿Qué es lo que te fascina en los dibujos? ¿Cuáles te dejan indiferente? Afina tu criterio personal mirando tantos como puedas. Esto tiene un efecto directo en tu trabajo y en cada uno de los dibujos que hagas.

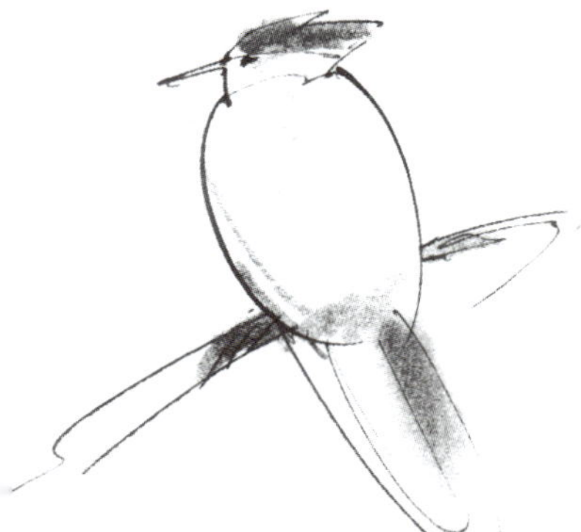

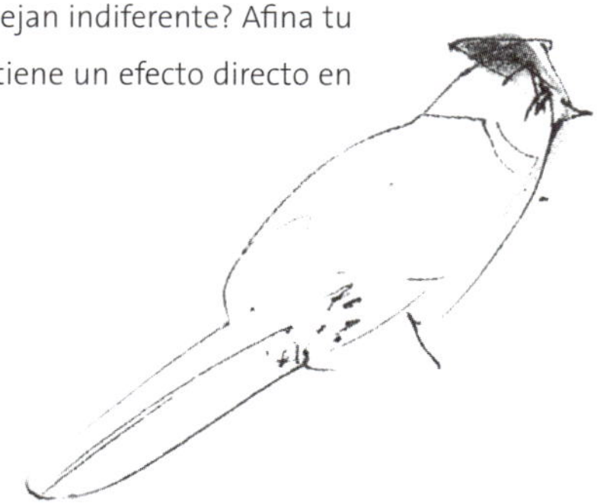

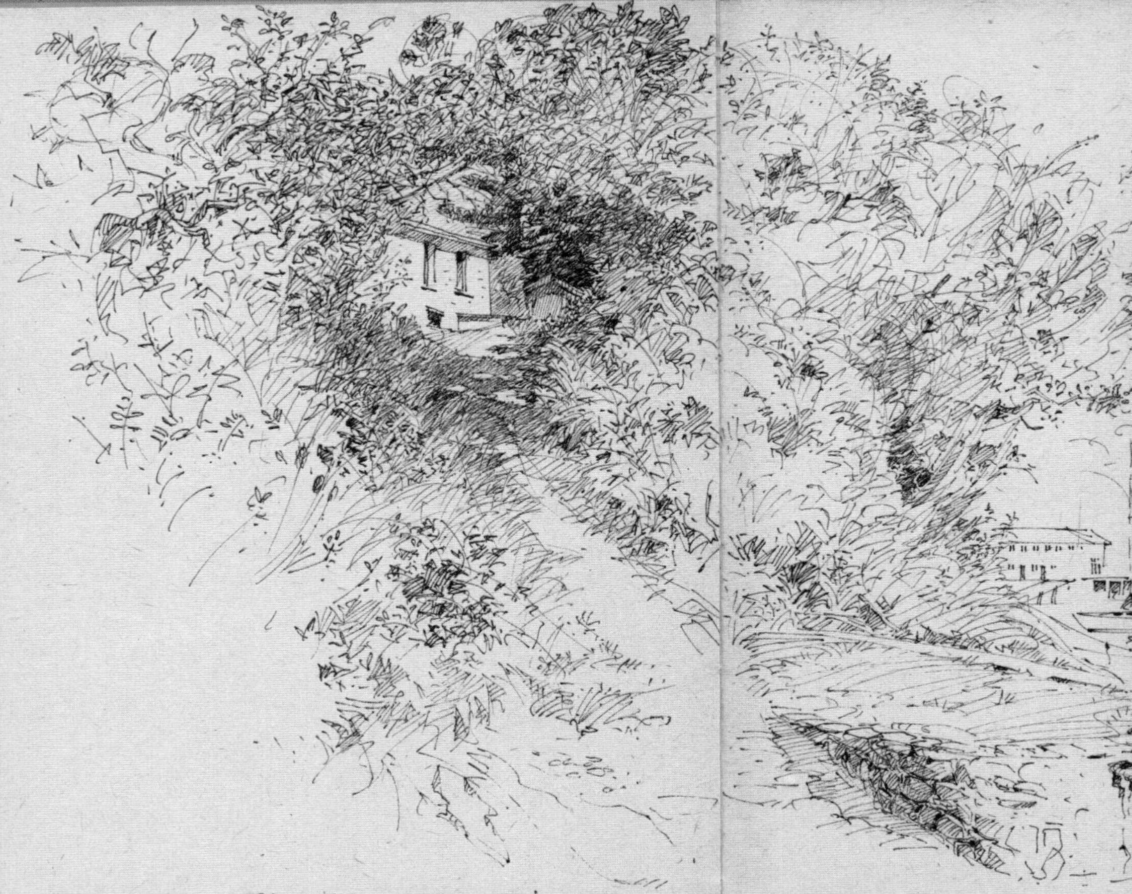

WEMBURY SEPT. 8th. '97 LORD OWEN'S COTTAGE

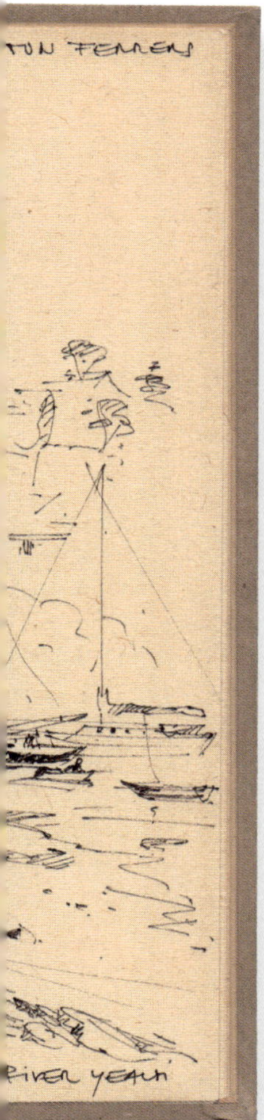

CLARIDAD Y DENSIDAD Estos son dibujos hechos en el sur de Inglaterra. Dibujé con un bolígrafo roller de punta fina sobre un bloc de papel de pasta mecánica que me hizo un encuadernador.

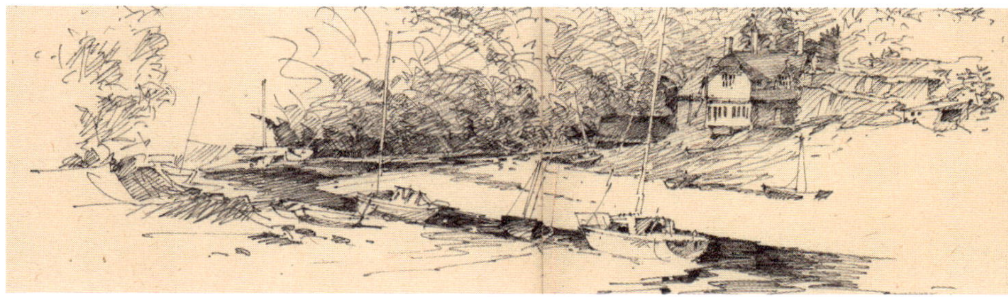

Con estos bocetos me gustaría hacer hincapié en la gama de valores tonales que se puede conseguir únicamente con líneas. Con sombreados de líneas paralelas se pueden dibujar áreas oscuras rápidamente. Para representar de forma simplificada texturas como, por ejemplo, el follaje, hace falta una mayor concentración de líneas. Es interesante el efecto que se produce cuando partes muy claras del dibujo se enmarcan con trazos o texturas muy densas. Esto hace que parezcan incluso más brillantes que el papel en blanco. ¡Pruébalo!

10.15 – 12.45 12. MAI 2013

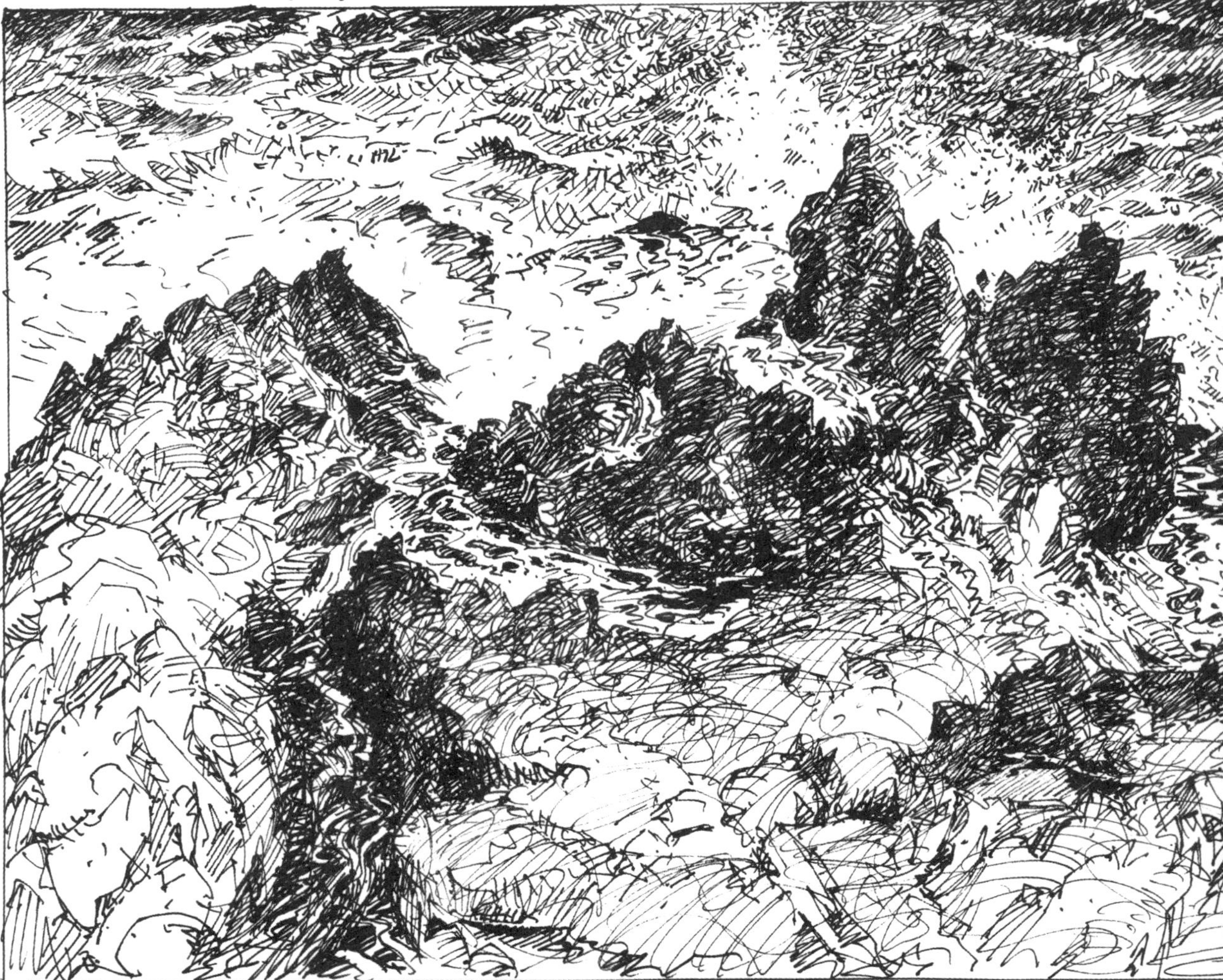

VON DER TERRASSE IN MONGODBINO GESEHEN

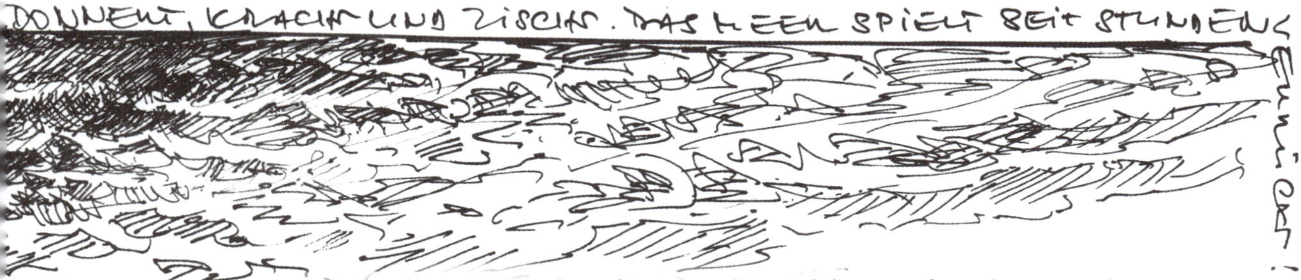

27

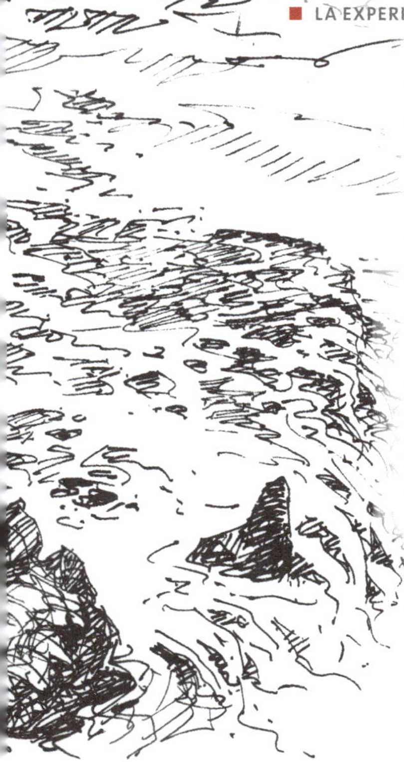

■ **LA EXPERIENCIA *IN SITU*** ¿Por qué torturarnos? Se puede hacer una foto y el mar se queda ahí quieto. Así se deja dibujar más fácilmente. Bueno, ¿y si te reto a que te enfrentes en persona a este monumental sujeto de dibujo? La razón más importante por la que deberías intentarlo es la experiencia de que cada trazo, cada detalle del dibujo, se conecta con lo que sucede a tu alrededor. Si dedicas unas horas a dibujar este coloso, aunque pasen los años podrás seguir escuchando el estruendo del agua y el graznido de las gaviotas, oler el aire salado o recordar la calidez de aquel día. Si trasladas en casa una foto hecha en pocos segundos a un dibujo bidimensional, te habrás perdido toda esta impresión. *In situ* los dibujos serán un éxito, incluso si no son perfectos. Dibuja a partir de fotografías únicamente cuando te quieras concentrar en copiar la estética de la imagen. Un proceso técnico para reproducir; eso es todo lo que es.

Ver también consejo 42.

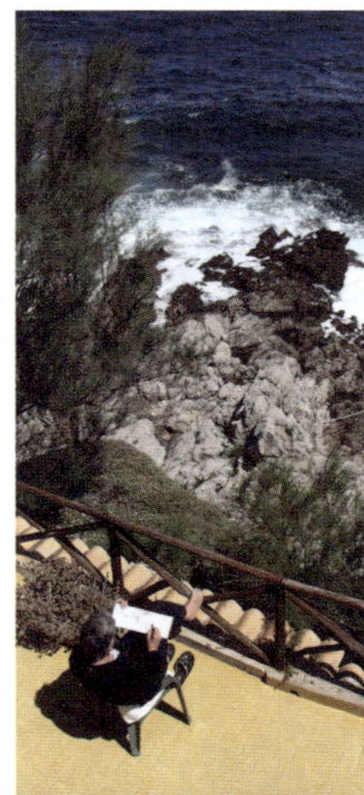

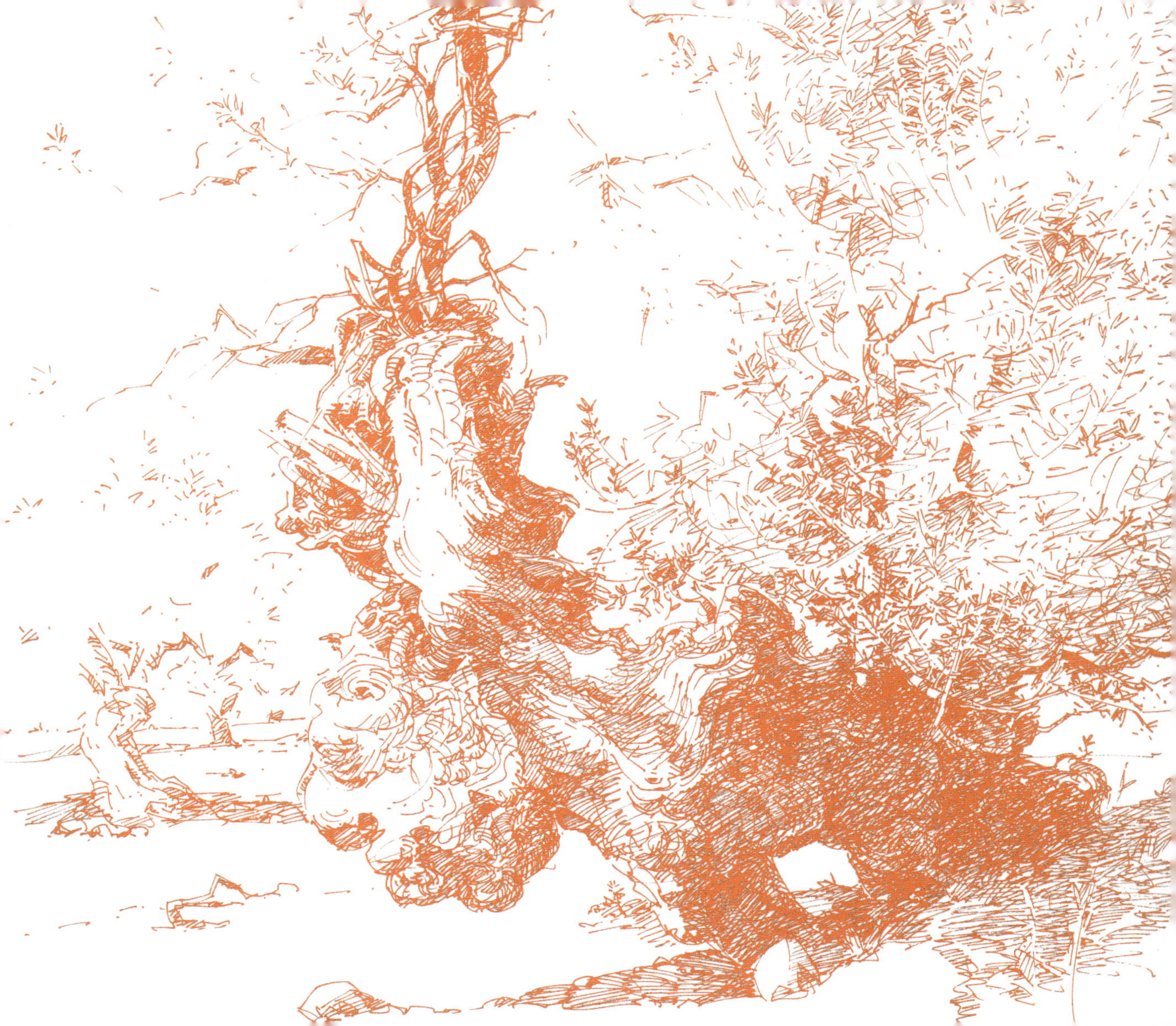

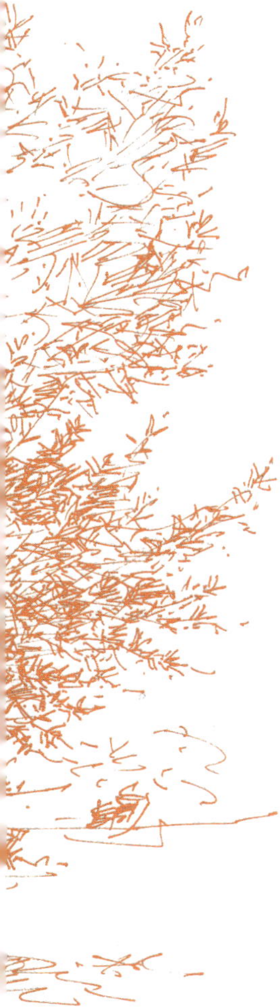

28

■ **DIBUJAR SIGNOS** La escritura a mano es la representación «fluidificada» de caracteres abstractos: sin duda, una forma de dibujo. Por otro lado, el dibujo es una forma de escribir caracteres o signos. Las formas simplificadas que hay que encontrar para representar, por ejemplo, la textura de una hoja o de la corteza de un árbol, no son otra cosa que una serie de pictogramas individuales más o menos fáciles de descifrar según el grado de abstracción.

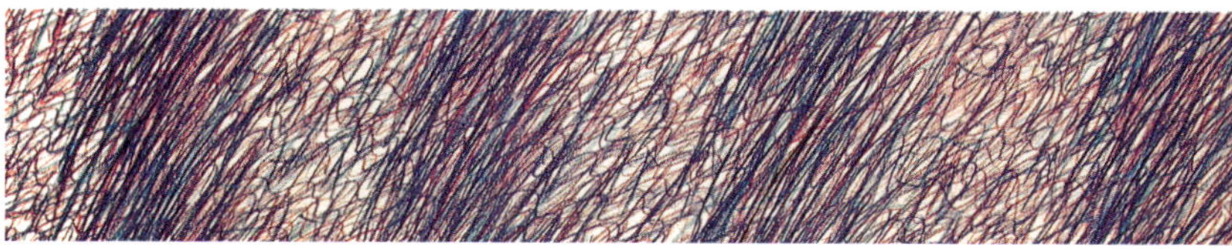

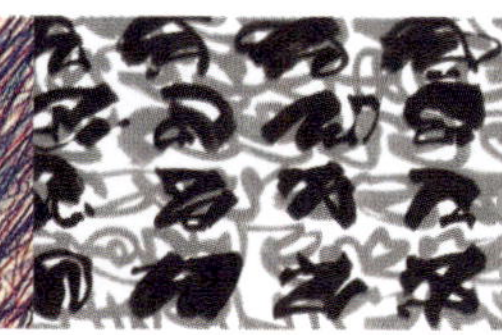

La buena caligrafía de un dibujante experto se puede reconocer en las texturas dibujadas con fluidez. La invención y el uso de signos propios, así como la concatenación y la articulación de elementos, contribuyen al desarrollo de un estilo de dibujo convincente y personal. Pinceles, bolígrafos comunes o roller, lápices de colores...cualquier instrumento de escritura vale.

Ver también consejos 29, 74 y 105.

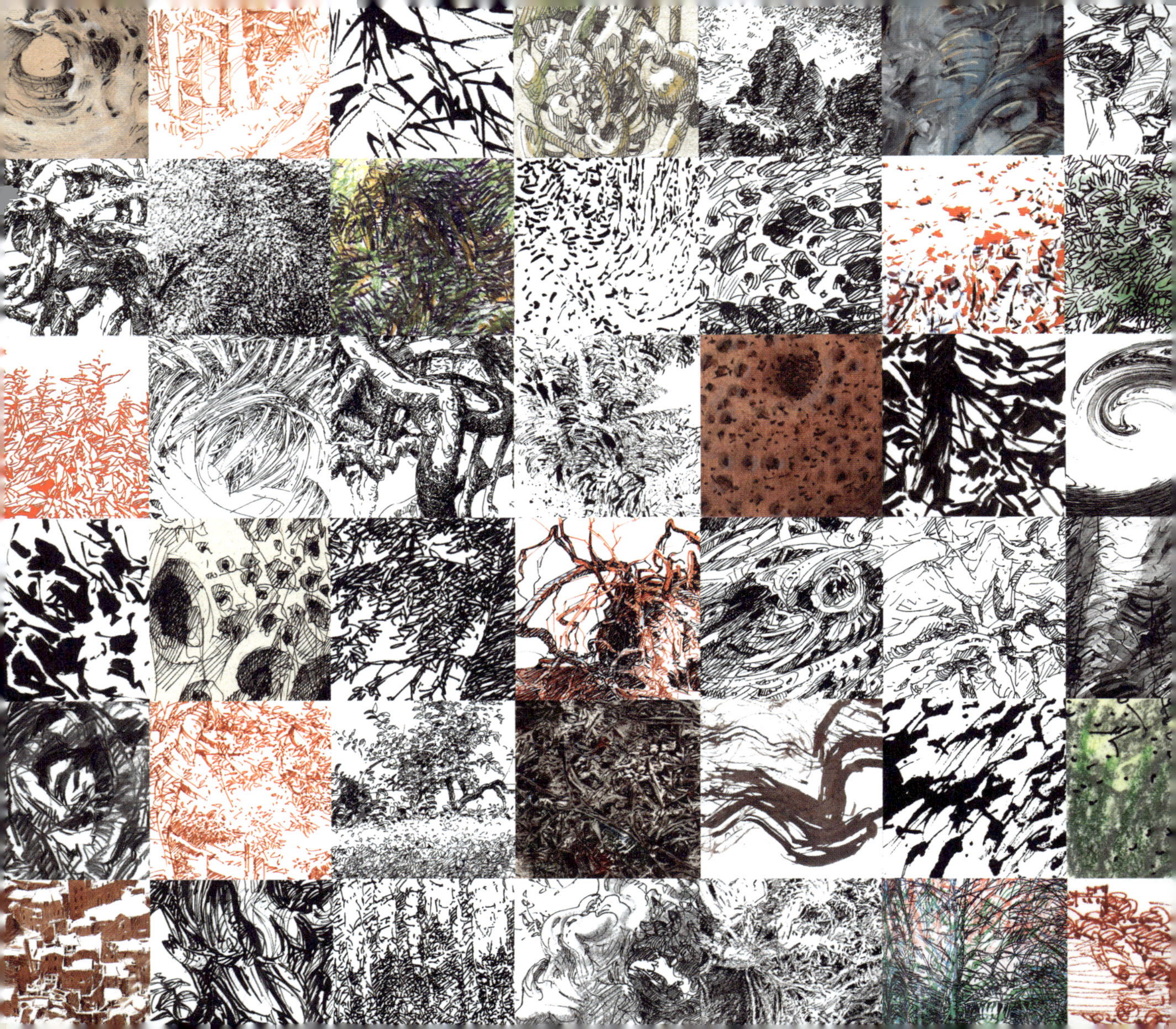

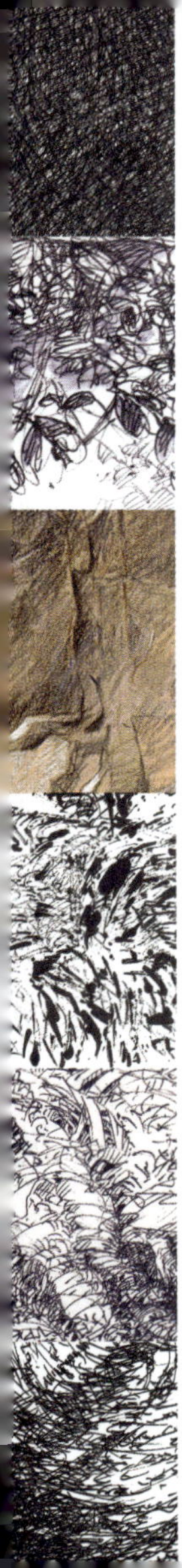

■ **¿COPIAR LA NATURALEZA?** Los dibujantes son coleccionistas. Son observadores y empiezan a dibujar mucho antes de coger el lápiz. Los dibujantes disfrutan de las cosas con una organización hermosa, que supongan un reto. Suelen pensar en cómo las dibujarían. ¿Qué lenguaje formal requiere la copa de un arce?, ¿cuál es la forma simplificada que mejor funciona para dibujar un prado?, ¿cómo se representa una roca calcárea? o ¿cómo se puede traducir gráficamente el agua en movimiento para que todos los espectadores puedan descifrar el dibujo? Esto no es fácil, dada la disparatada variedad de cosas que el mundo visible ofrece a los artistas. 29

La tarea más importante consiste en tratar de dar a las cosas su propio carácter. Cualquier esfuerzo, por grande que sea, de copiar la naturaleza, debe fracasar. Incluso la imitación más minuciosa es el comienzo de una abstracción de la realidad. El reto es dibujar texturas con los medios más reducidos de forma tal que puedan ser «leídas».

Mira a tu alrededor. Empieza por los objetos cotidianos. O trae algo de tu próximo paseo y comienza por ahí.

Ver también consejos 28, 74 y 105.

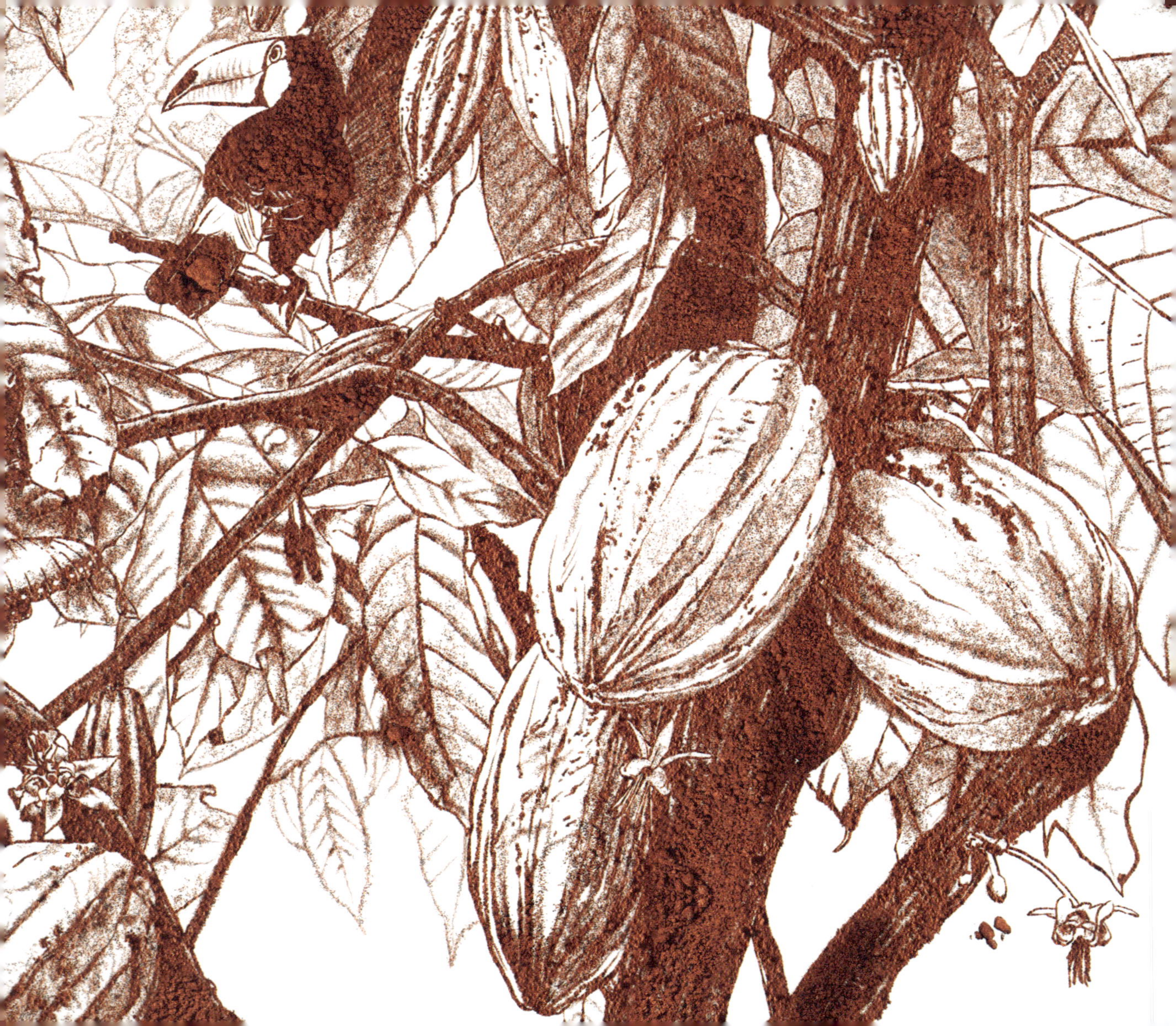

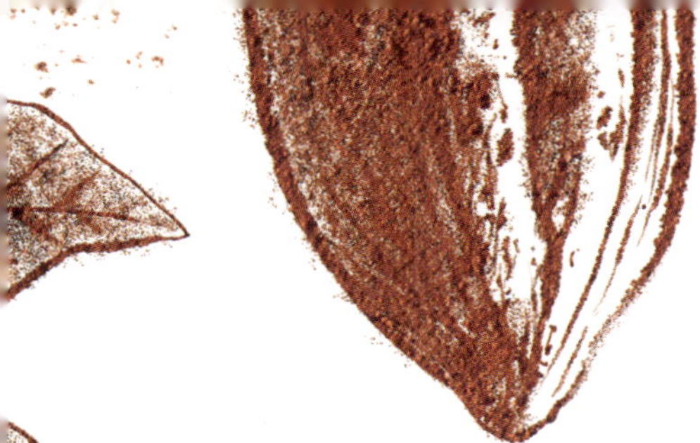

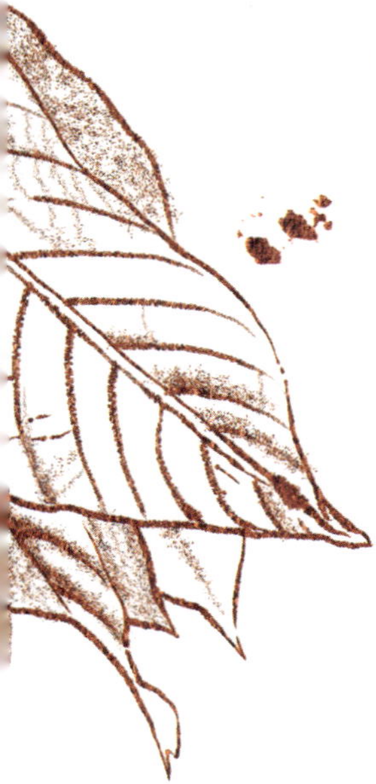

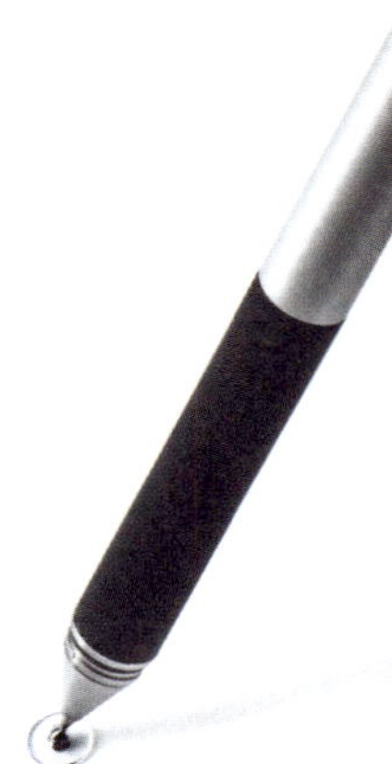

DIBUJAR COMO SE IMPRIME Este dibujo que parece hecho con tiza roja no se hizo ni con tiza roja ¡ni sobre papel! El proceso completo de dibujo se realizó con ayuda de un programa de dibujo y una tableta gráfica. Hay dos técnicas diferentes: una opción es dibujar con un lápiz digital sobre la tableta, donde se registra el trazo pero no se hace visible sino que aparece en la pantalla del ordenador. El otro método combina tableta gráfica y pantalla táctil, como cuando se dibuja en la pantalla del smartphone.

Los buenos programas de dibujo digital ofrecen una amplia variedad de pinceles o trazos que simulan casi a la perfección todo tipo de herramientas de dibujo y pintura. Además, se pueden variar los colores y las texturas de papel de forma casi ilimitada. Incluso es posible crear tu propio pincel digital Así es como se realizó el magnífico trabajo de la planta de cacao de Mart Klein y Miriam Migliazzi. Además, se incorporaron fotografías de polvo de cacao con volumen en el dibujo. Esto no es el futuro: es la realidad en los estudios de muchos ilustradores y dibujantes.

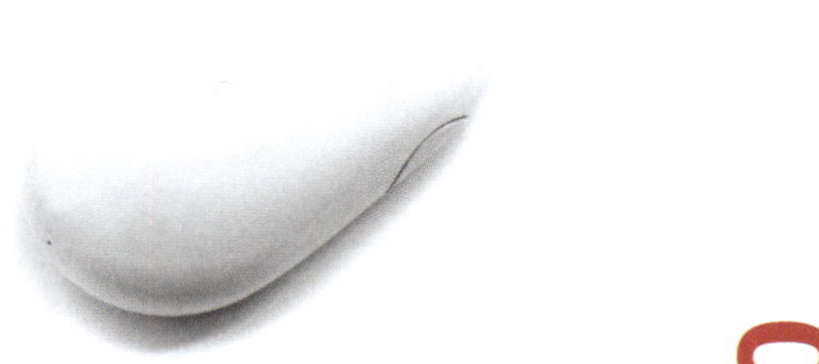

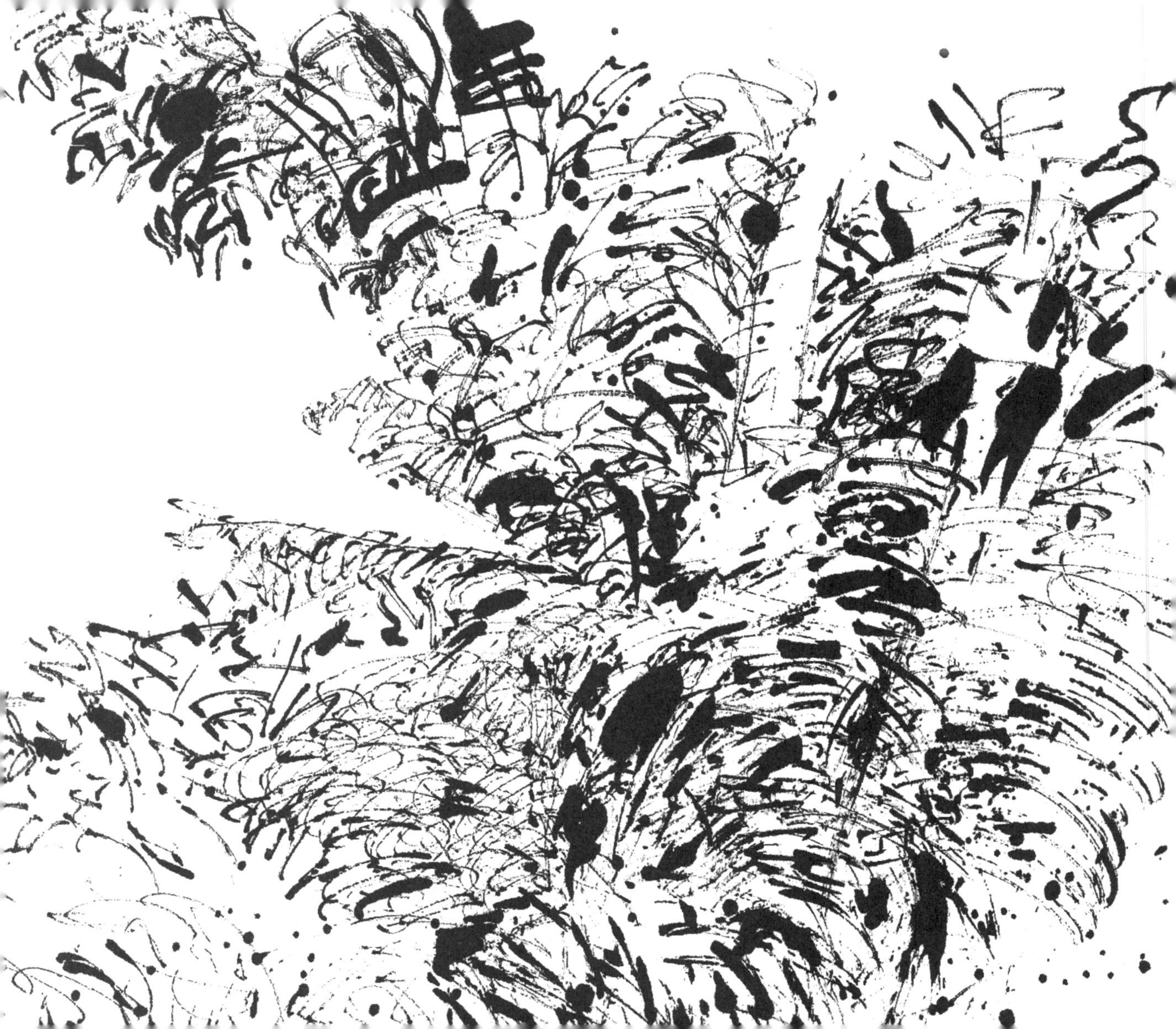

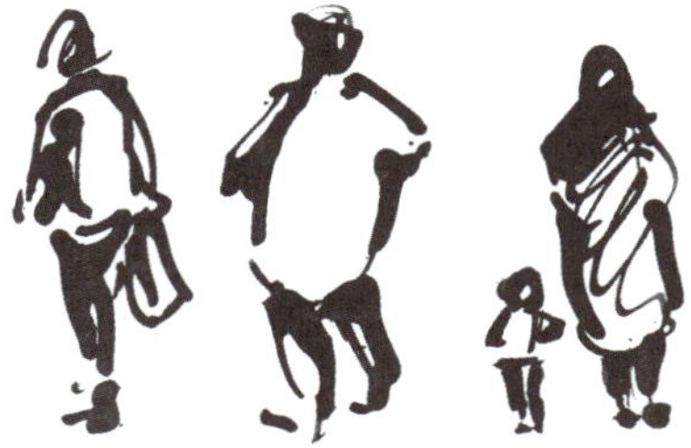

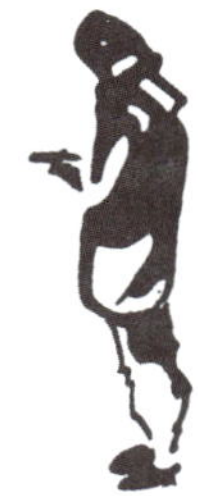

TODO LO QUE DIBUJA es una herramienta de dibujo. No hay nada que no puedas probar. ¿Por qué no pipetas o instrumentos similares conectados a la tapa de un bote de pintura? Aquí vemos un pincel que puede impregnar un tampón de tinta con color fresco y una pipeta puntiaguda que puede absorber tinta de un recipiente. El tercero es una pipeta normal que se puede utilizar para dibujar alguna que otra vez. Cada uno de estos particulares instrumentos de dibujo consigue un tipo diferente de línea. Lo que todos tienen en común es que el flujo de tinta es difícil de controlar y las líneas se mezclan fácilmente. Pero este es precisamente el encanto de esta técnica, que se puede probar con infinidad de motivos. Con un poco de práctica descubrirás rápidamente cómo hacer líneas finas y cuándo salen difusas.

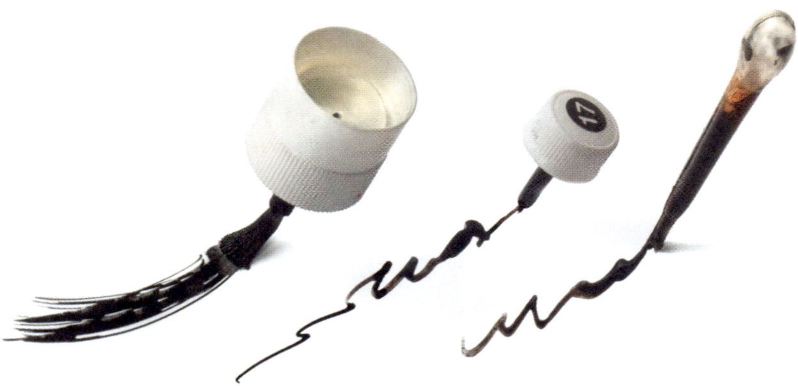

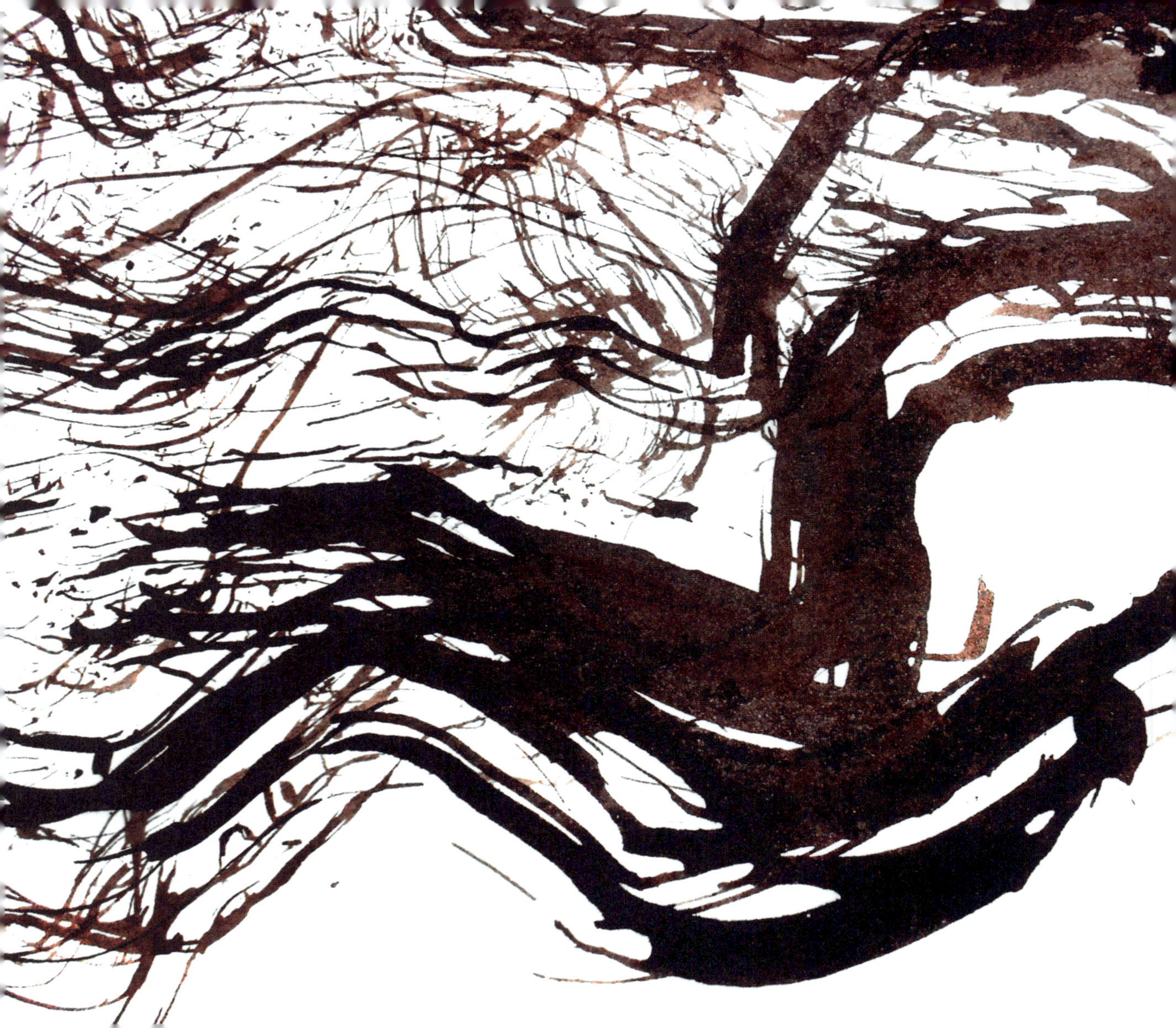

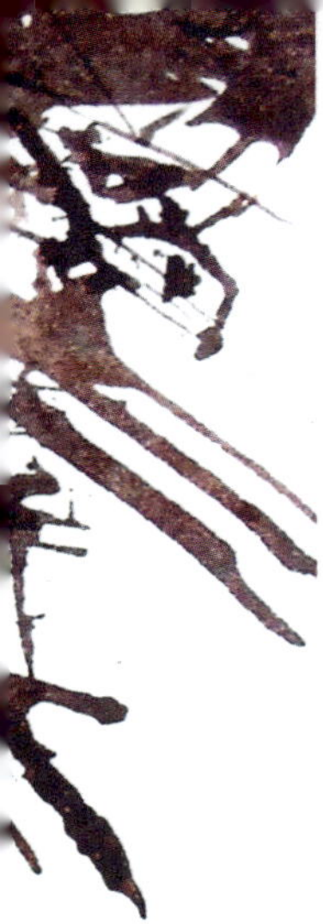

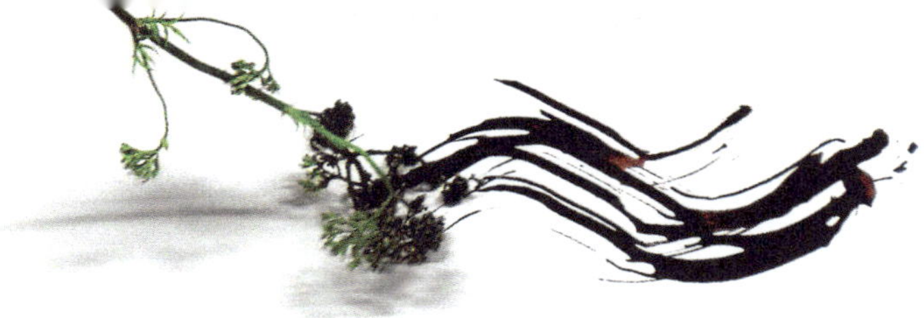

32

■ **BISTRE EVOCADOR** Un trozo de madera vieja, alguna planta o brote y un vasito de bistre: esto es todo lo que necesitas para este experimento de dibujo. La textura de la madera te dará la inspiración para el experimento. La planta como instrumento de dibujo es difícil de controlar, lo cual evita que te preocupes demasiado por los detalles. La tinta de bistre ofrece un rico espectro de preciosos tonos marrones. Ver también consejo 15.

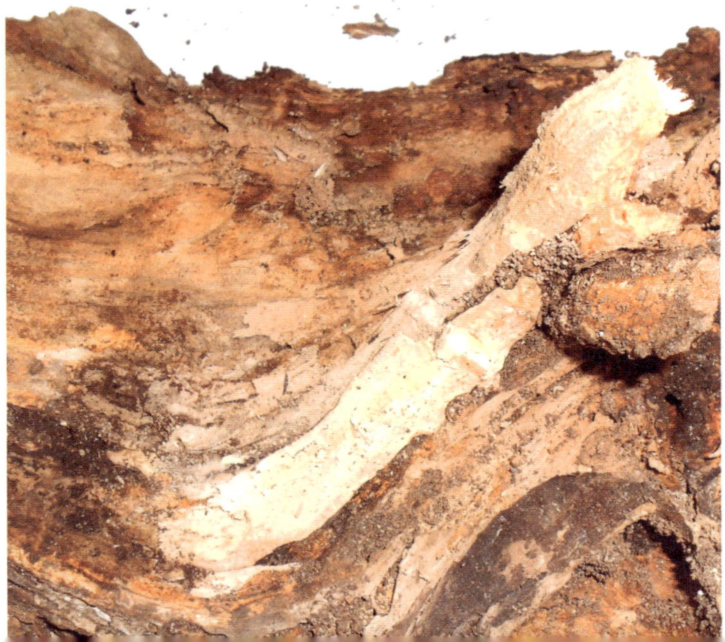

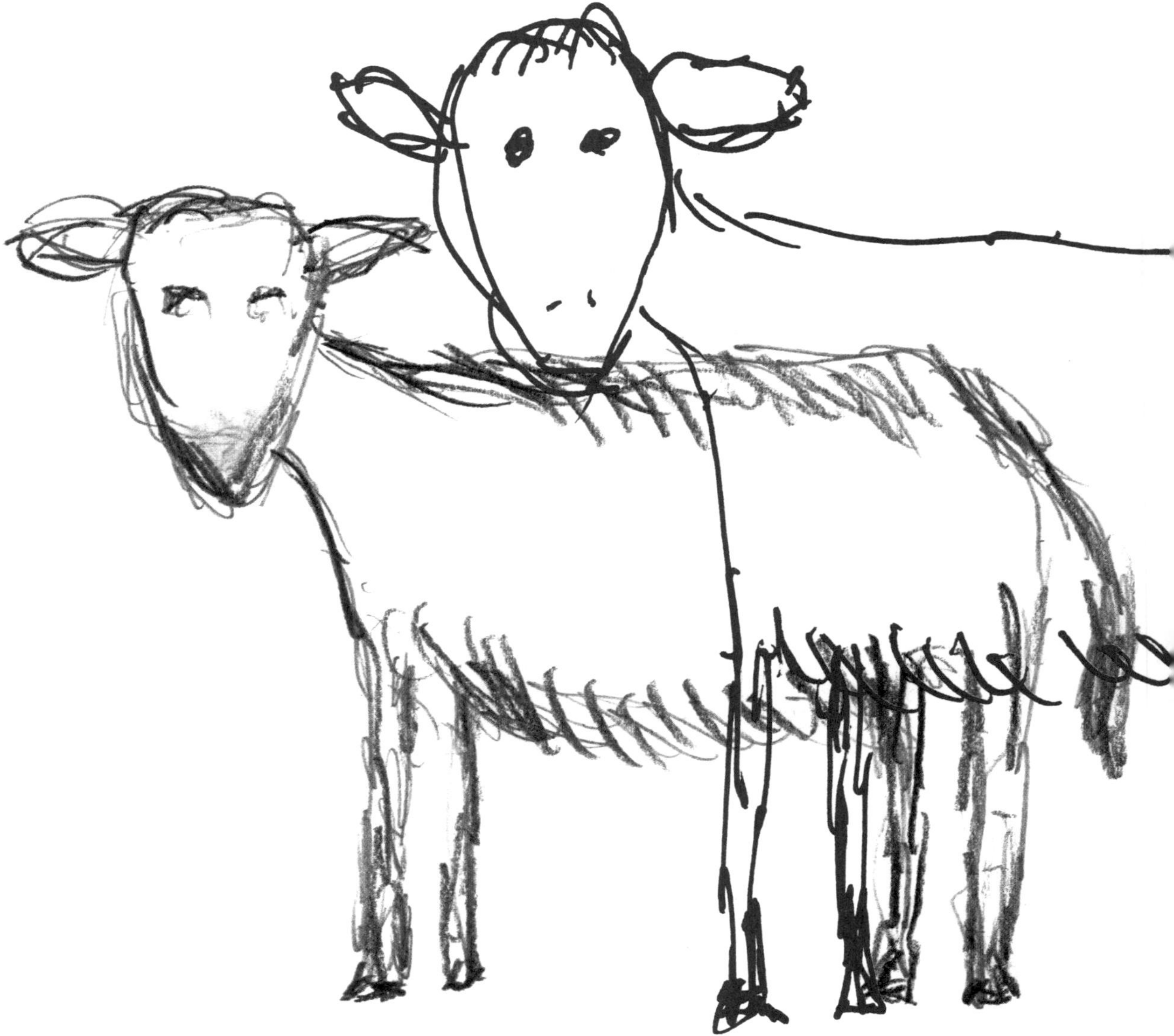

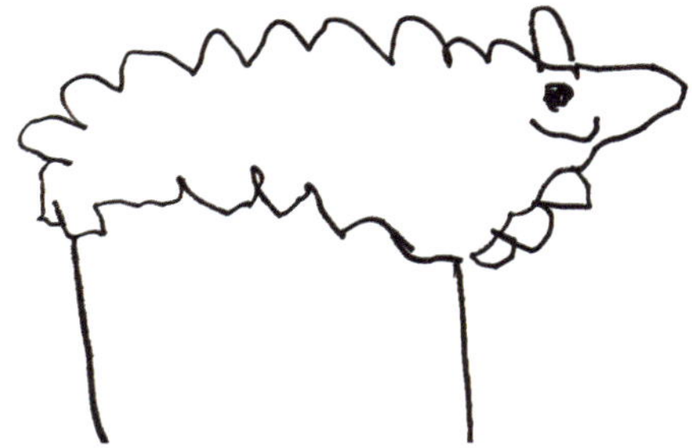

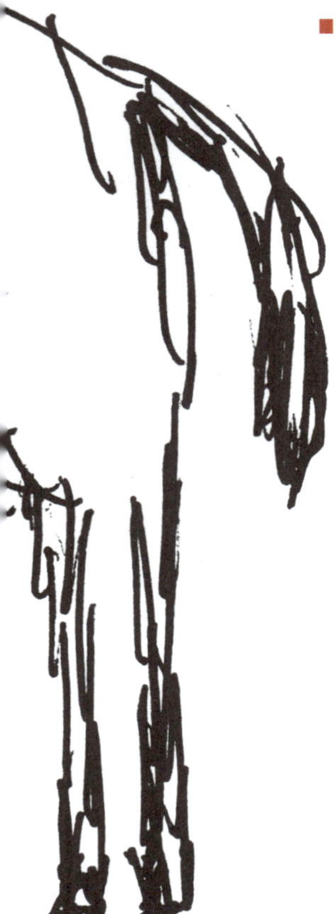

DIBÚJAME UN CORDERO exige una voz a Saint-Exupéry cuando se despierta en el desierto. Pero «el principito» no estaba contento con ninguno de los resultados del accidentado piloto. Saint-Exupéry describe una frustración de muchos adultos que quieren dibujar. Se puede reconocer la dificultad que muchos experimentan en la maraña de líneas que tratan de repetir el contorno hasta que la línea «ideal» se desvanece.

En los dibujos de niños rara vez se ven estos «hilos de lana». Los dibujan con líneas precisas. En el inicio de la pubertad y en el caso de adultos que comienzan de nuevo (63 años, dibujo de la izquierda), la exigencia de rigurosidad merma la espontaneidad originaria. Ser consciente de que se abre una brecha entre la visión y la habilidad puede arruinar la diversión de dibujar.

Si tú también dibujas con hilillos de lana, intenta ahora dejar líneas sin corregir. Verás que un dibujo no es bueno solo porque representa algo «rigurosamente». Benjamin (5) y Linus (8) muestran que en cuestión de corderos también tiene cabida este tipo de rigor.

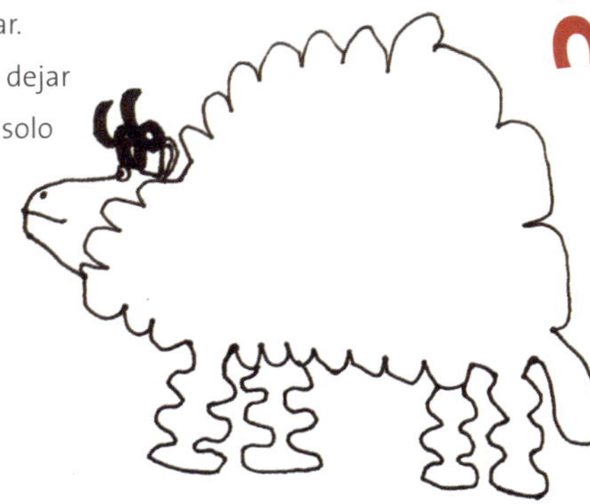

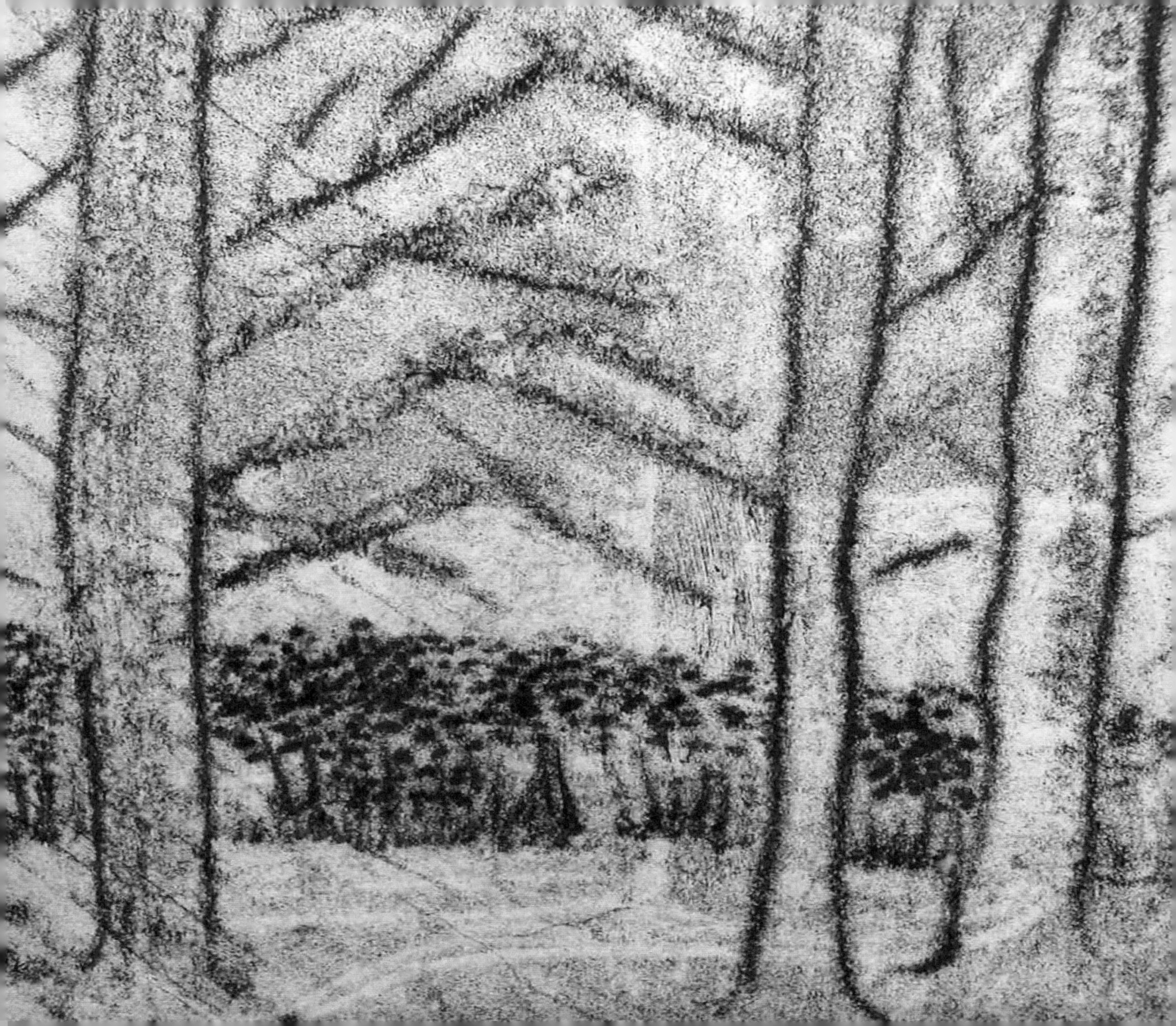

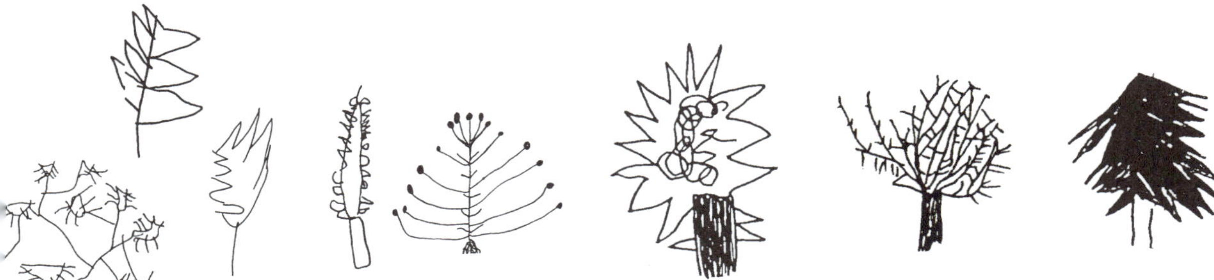

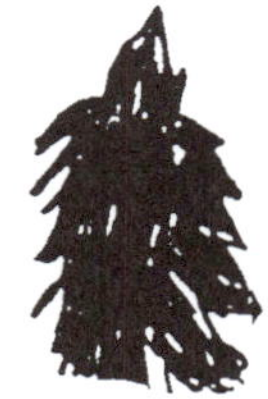

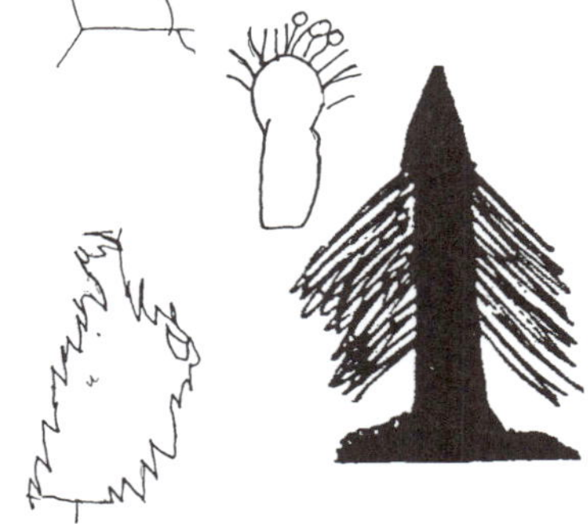

¡NUNCA ES DEMASIADO TARDE! La habilidad temprana de los niños para ilustrar sus impresiones de forma concisa es asombrosa. Cuando además sus dibujos muestran originalidad y buena observación, y no se ven afectados por la avalancha de imágenes que les rodean, es un indicio de su creatividad. Los padres pueden contribuir a mantenerla con una buena elección de material visual y de juego. Con el inicio de la pubertad, el examen crítico de uno mismo y del entorno, así como el cambio de modelos de referencia, hacen que se pierda parte de la independencia pictórica. La educación artística juega aquí un papel importante. Si hay un apoyo que se orienta a la edad y necesidades de los adolescentes, esto se refleja en los trabajos de adultos, que recuerdan su alegría infantil de dibujar y, en consecuencia, se animan a tomar clases. Dado que sus exigencias respecto a un «buen» dibujo han aumentado con el tiempo, se abre con frecuencia una brecha entre querer y poder. La sorpresa al ver que los trabajos parecen hechos por un niño es considerable, pero esto no tiene por qué ser un drama, como muestra en el dibujo de la izquierda. Mi consejo: ¡No te rindas! A través de un entrenamiento visual intensivo y la práctica constante se puede recuperar y aprender mucho. Por cierto, los árboles dibujados aquí son de niños de entre tres y siete años.

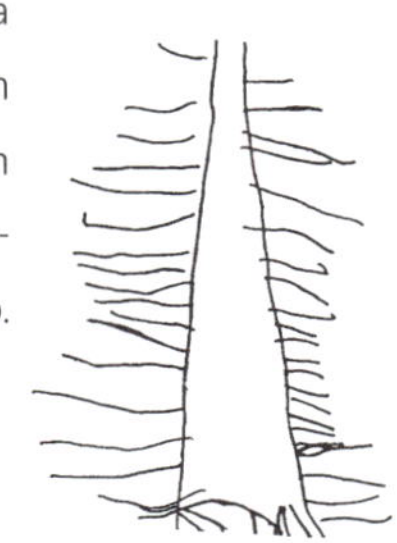

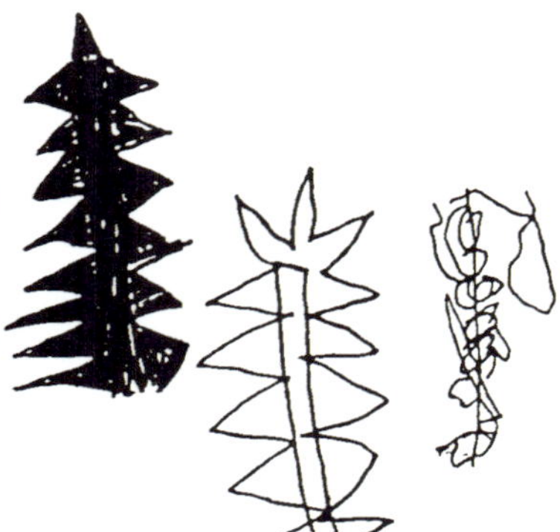

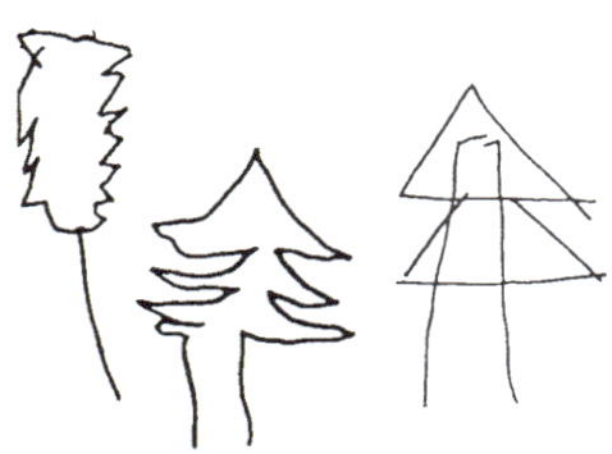

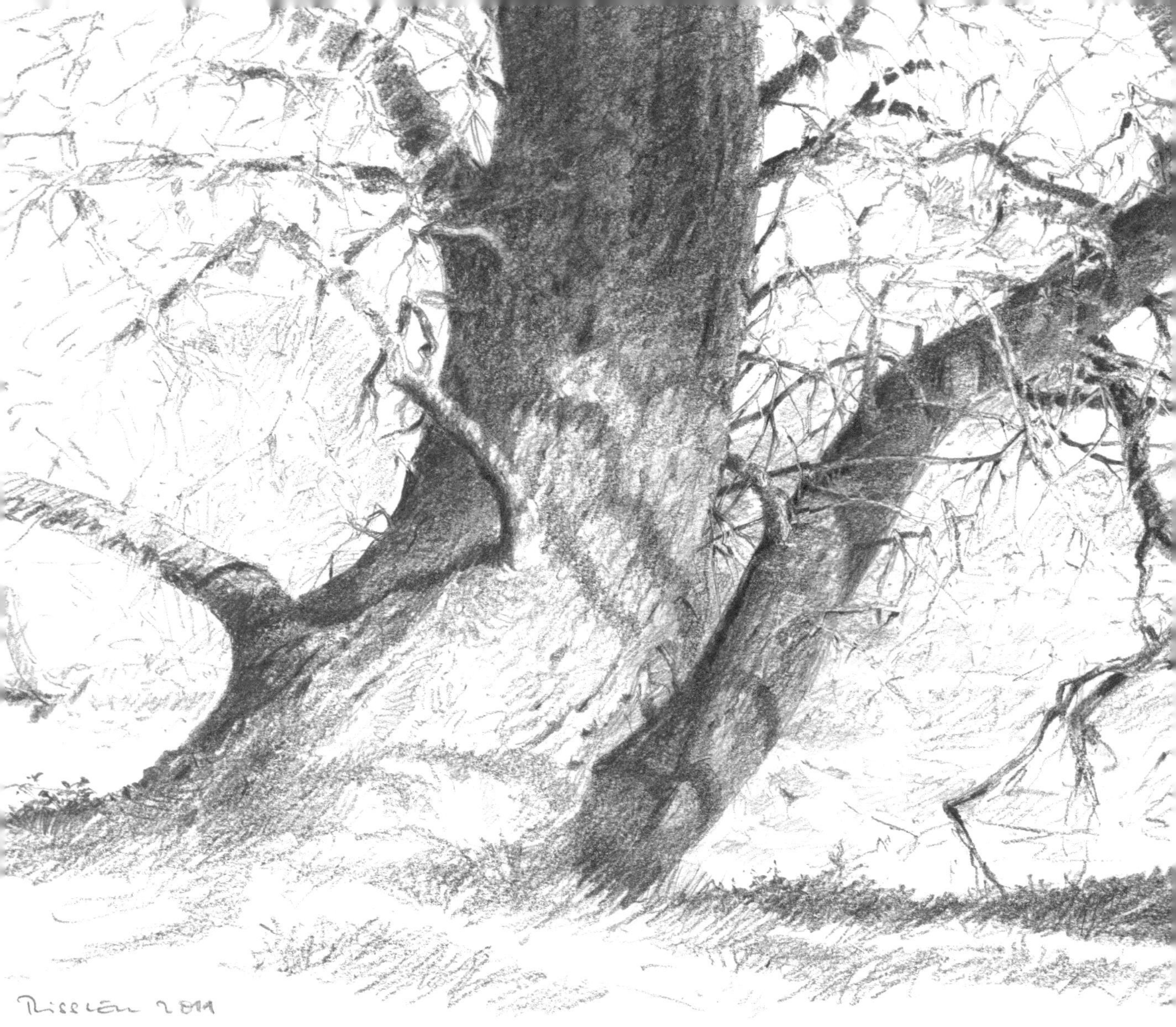
Rissler 2011

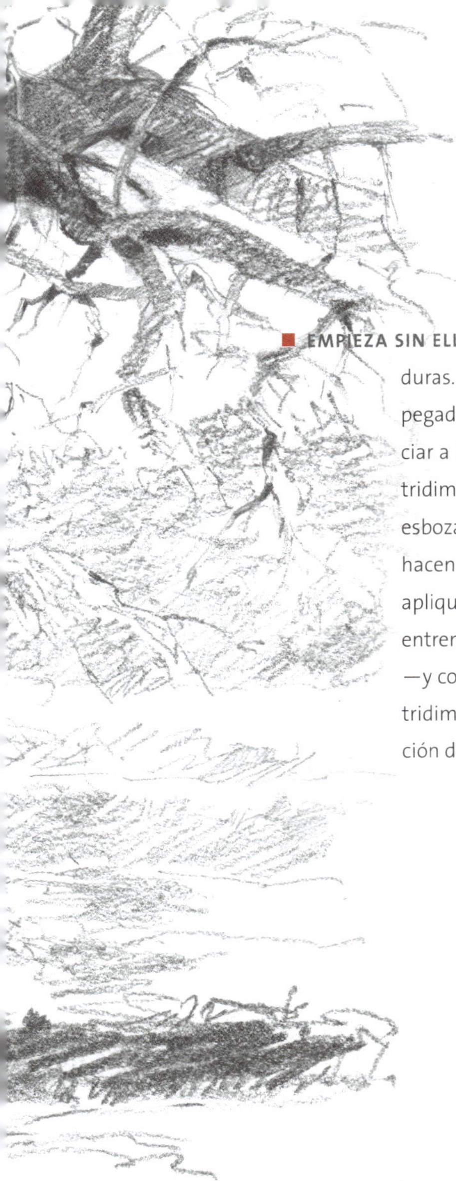

35

EMPIEZA SIN ELLAS La tridimensionalidad es difícil de crear con líneas de contorno muy duras. Los objetos bordeados de esta forma suelen parecer estar recortados o pegados. El que esté acostumbrado a dibujar de esta manera y pruebe a renunciar a la línea de contorno, se sorprenderá de lo fácil que es conseguir el efecto tridimensional. Como mejor se prueba es con un lápiz blando. Lógicamente, se esbozan los contornos de los objetos con algunas líneas, pero cuando estas se hacen prácticamente sin presión y muy claras, desaparecen en el tono que se aplique luego. Estos niveles de brillo, conocidos también como valores, hay que entrenarlos con asiduidad en objetos sencillos. Una pequeña piedra redonda —y con aristas, mejor— es ideal. Después se puede aplicar la técnica de dibujo tridimensional a objetos más complejos, y más tarde intentar hacer la gradación de brillos con sombreados. Ver también consejos 36 y 40.

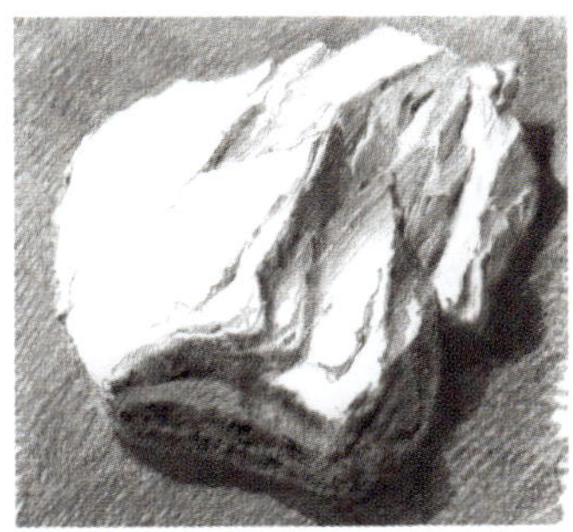

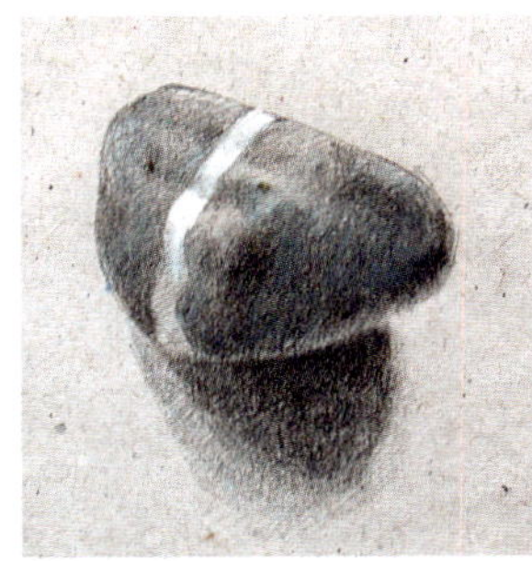

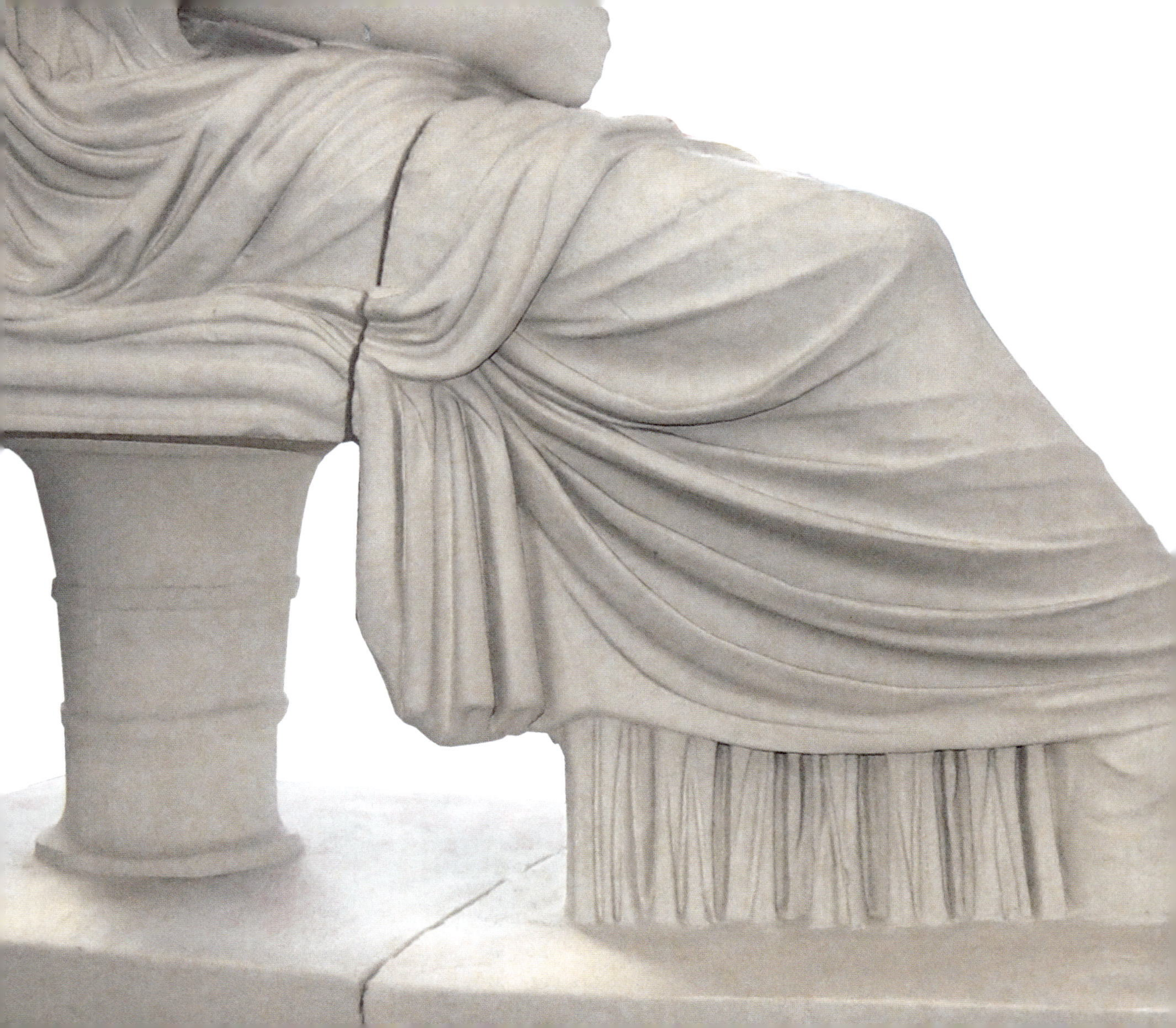

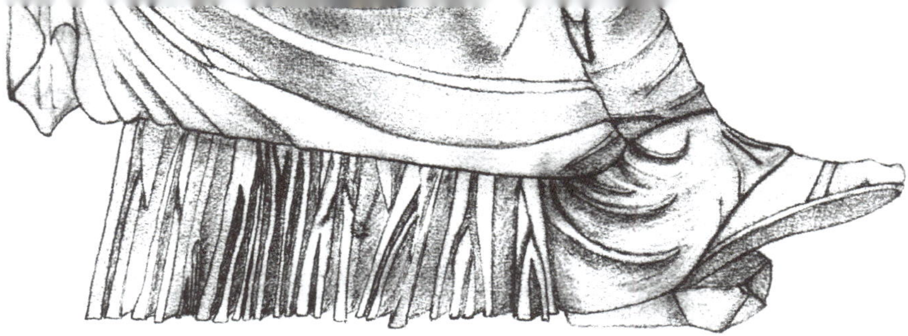

EJERCICIO LLAVE El dibujo a lápiz de arriba lo hizo una estudiante. La tarea en la clase de arte consistía en dibujar la túnica de una señora romana. Se trabajó delante del modelo, una réplica de una antigua escultura de mármol, y a partir de una foto. ¿Ves lo poco expresivo que resulta? Esto se debe a las líneas que bordean los pliegues. No se necesitan muchas explicaciones para reconocer que el objeto original no tiene líneas. Los fuertes contrastes tonales tienen contornos definidos ¡pero no líneas de borde! La túnica se compone más bien de finos gradientes tonales y sombras que dan forma a los pliegues. El estudio a lápiz de abajo, que corresponde a un recorte de la pintura sobre tabla *San Lorenzo* de Matthias Grünewald, muestra lo expresiva que puede quedar una prenda si no se usan líneas de contorno.

El dibujo de pliegues es un ejercicio llave: abre las puertas de todos los retos que el dibujo nos tiene reservados. Ver también consejos 35 y 40.

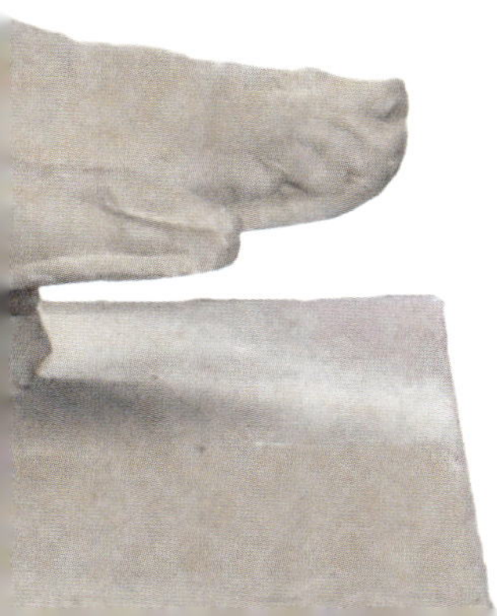

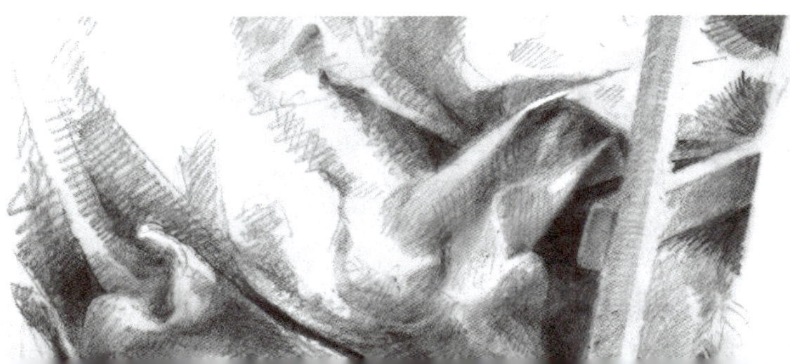

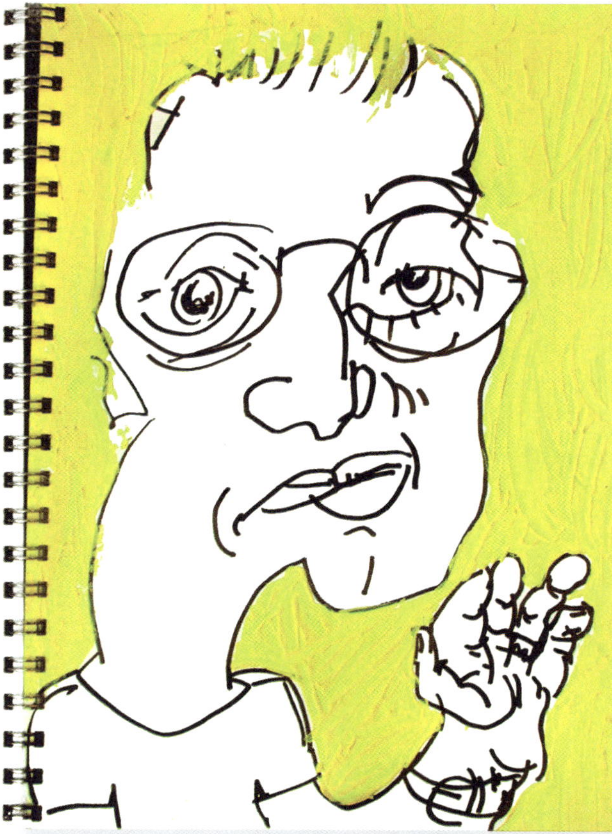
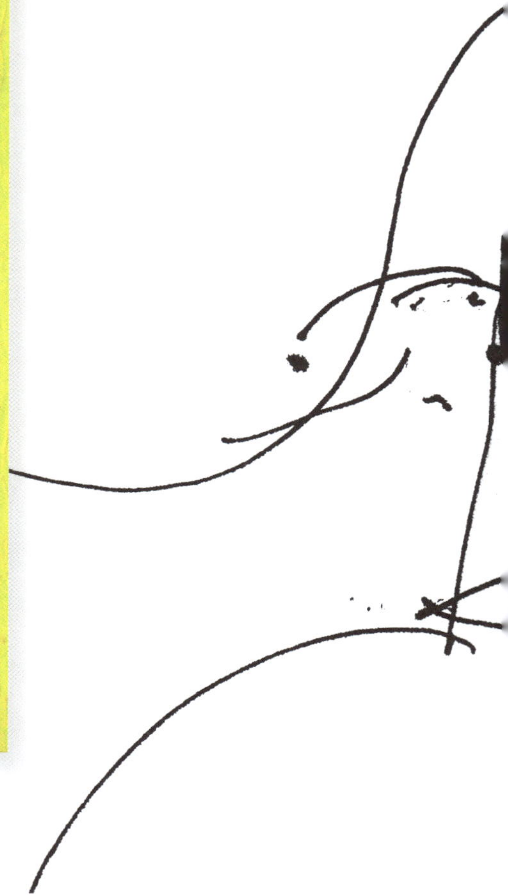

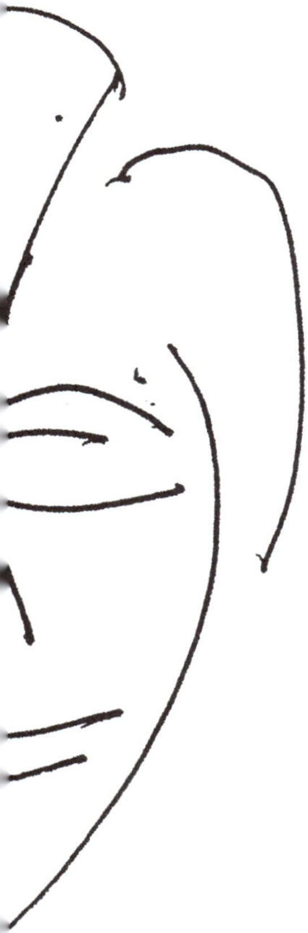

37

■ **DIBUJAR A CIEGAS** Dibujar a ciegas no significa dibujar con los ojos cerrados. Están abiertos. Pero no controlan lo que sucede en el papel. Lo que el dibujante ve fluye directamente a la mano que dibuja. Se omiten las habituales correcciones. He probado este ejercicio yo mismo y con los participantes de mis cursos en numerosas ocasiones. Y siempre con los mismos resultados: los dibujos difieren considerablemente del trazo habitual. Las líneas se ven espontáneas y seguras. Los resultados son, por lo general, sorprendentemente originales.

Pero el dibujo a ciegas no es un fin en sí mismo, sino que hace evidente que lo correcto también puede ser incorrecto o, dicho de otra forma: que la calidad de un dibujo está intrínsecamente condicionada por la capacidad expresiva de las líneas y no solo por el hecho de que el motivo se represente «correctamente». Merece la pena, por lo tanto, utilizar a menudo el dibujo a ciegas para refrescar el trazo habitual. Ver también consejo 38.

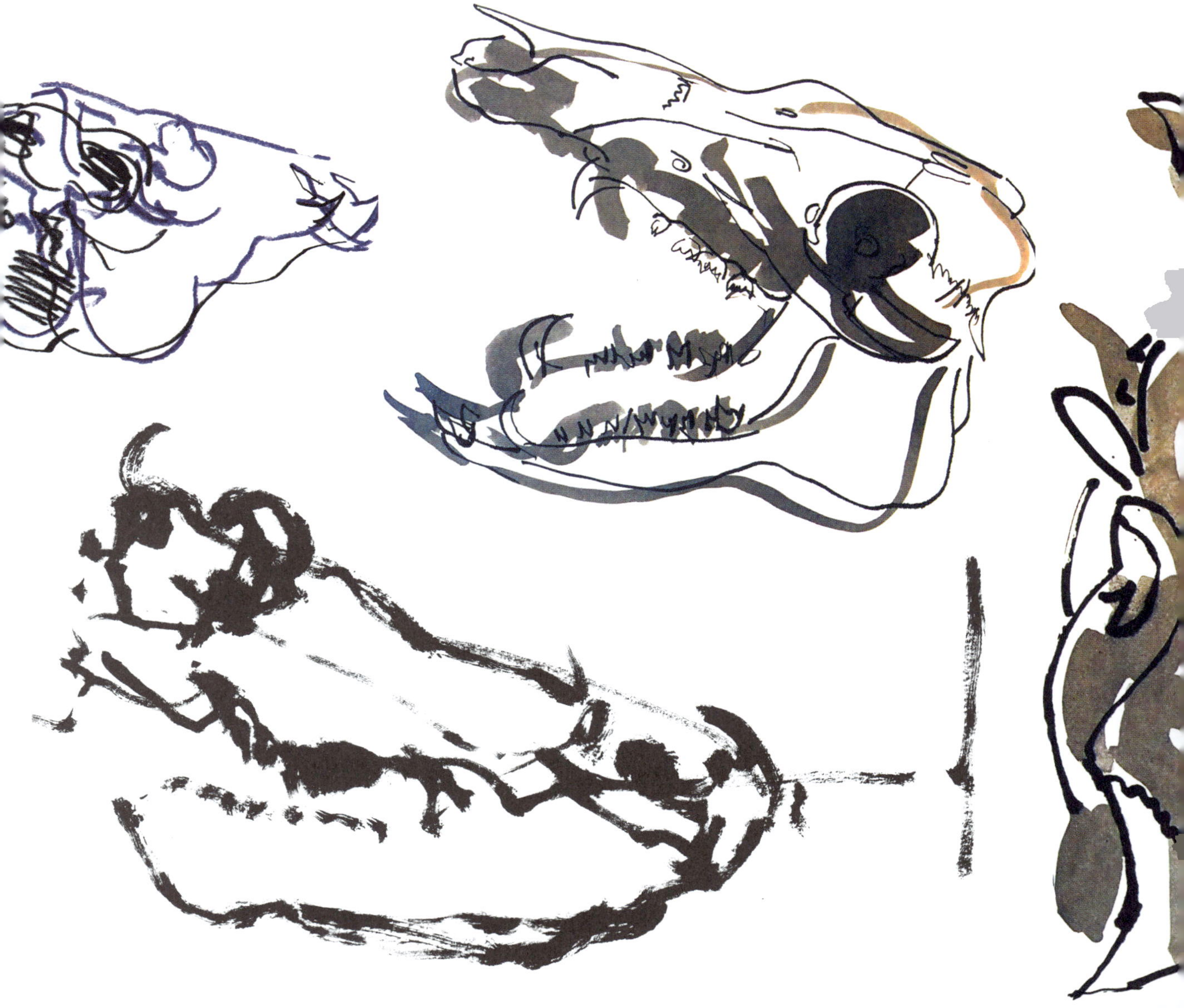

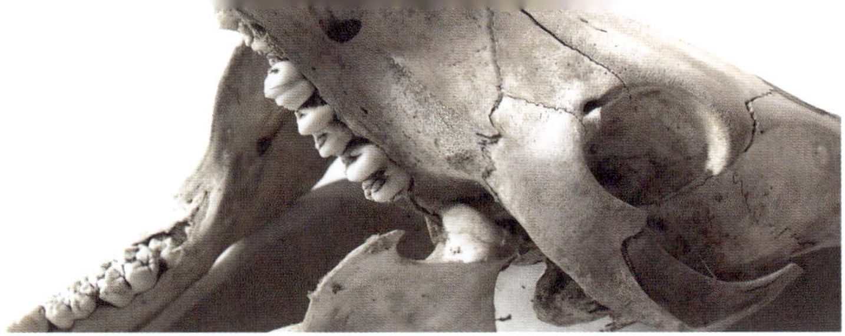

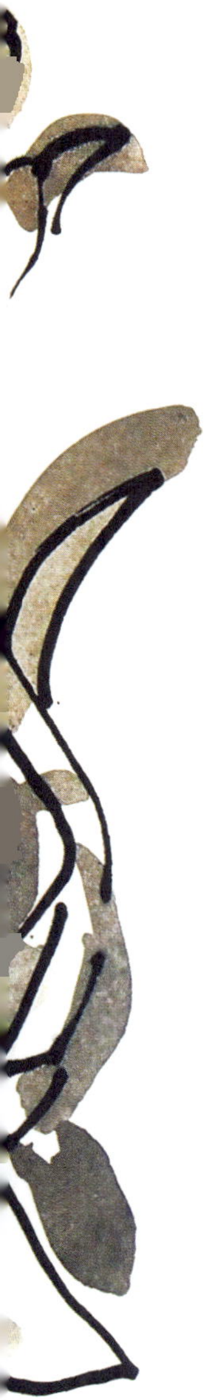

■ **CALAVERA SALVAJE** Se pueden conseguir resultados fuertemente expresivos con cualquier sujeto. Los dibujos que se muestran aquí fueron hechos por un grupo de dibujantes que se reunieron alrededor de la calavera de un jabalí. Las reglas del juego: todos miran el objeto; nadie controla lo que pasa en el papel. El dibujo a ciegas fomenta la confianza en uno mismo, la espontaneidad y la expresividad, lo cual se refleja en cada línea trazada. Aquí queda claro sobre todo que un buen dibujo no depende de la «correcta» reproducción del motivo. Un consejo importante: en el dibujo a ciegas, pon especial atención en no dibujar fórmulas estereotipadas, sino estudia precisamente las características especiales del objeto, aunque no puedas corregirlas en el papel. Ver también consejo 37.

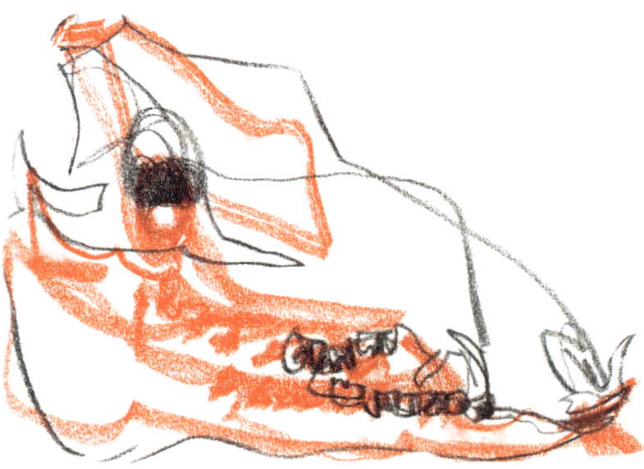

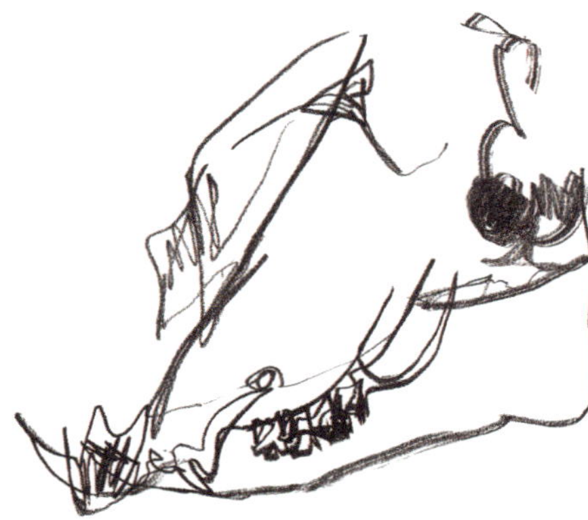

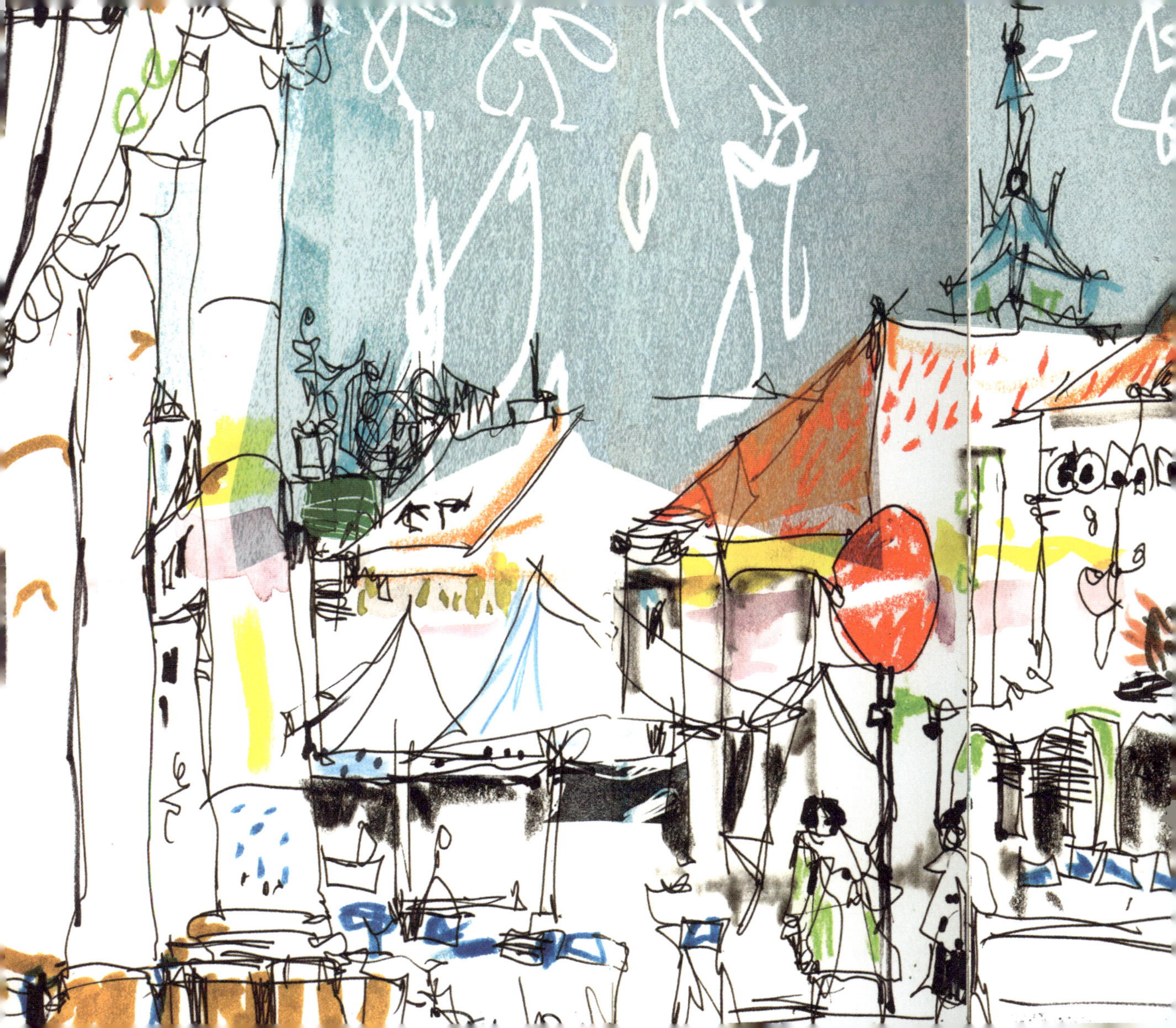

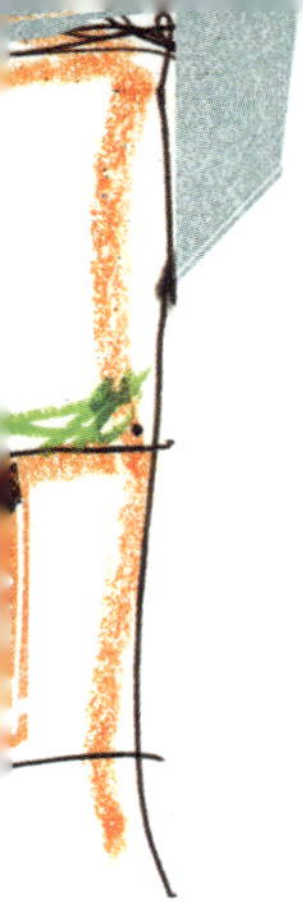

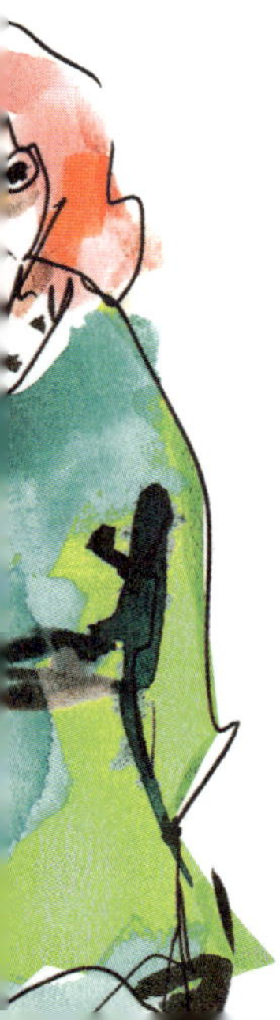

39

RESPUESTA RÁPIDA Con las cámaras, una animada ciudad se puede congelar en un clic. Los dibujantes no lo tienen tan fácil. Un dibujo, según el motivo, estilo y técnica, requiere de cierto tiempo. Las escenas cambiantes se han de capturar con rapidez y ensamblar como un collage. Para ello hace falta experiencia y un repertorio del que echar mano. Karin Schliehe dibujó la escena directamente delante del motivo con un bolígrafo negro. Imagínate cómo corría este por el papel de dibujo. Solo algunas trazas marcan determinados edificios. Pero los residentes de Stuttgart reconocen inmediatamente de qué plaza se trata. Se puede ver dónde se sentó a dibujar y en qué dirección miraba. En el estudio, el dibujo fue completado con colores, escaneado y procesado digitalmente con Photoshop. Si estás acostumbrado a dibujar con gran precisión o a partir de fotografías, te aconsejo que pruebes a dibujar la escena *in situ*. Preferiblemente con instrumentos de dibujo que no se puedan corregir. ¡Dales rienda suelta! La «corrección» no debe ser el objetivo principal. Con frecuencia son las líneas impulsivas las que hacen los dibujos atractivos.

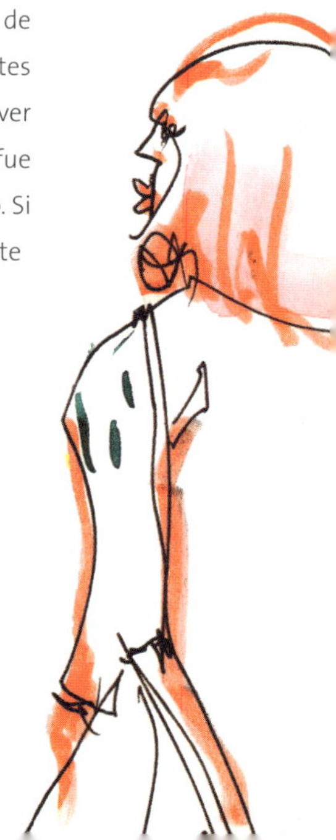

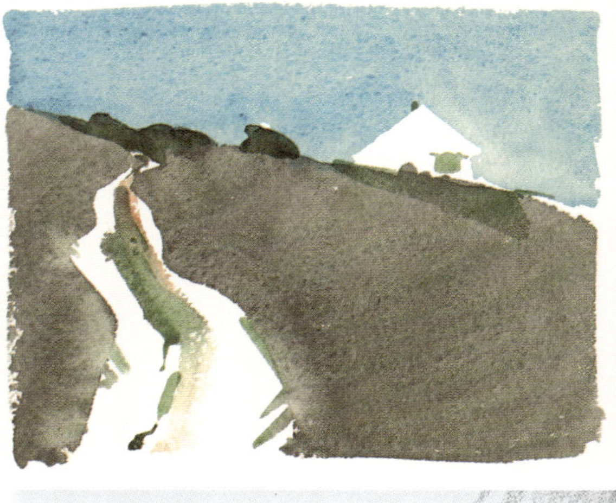

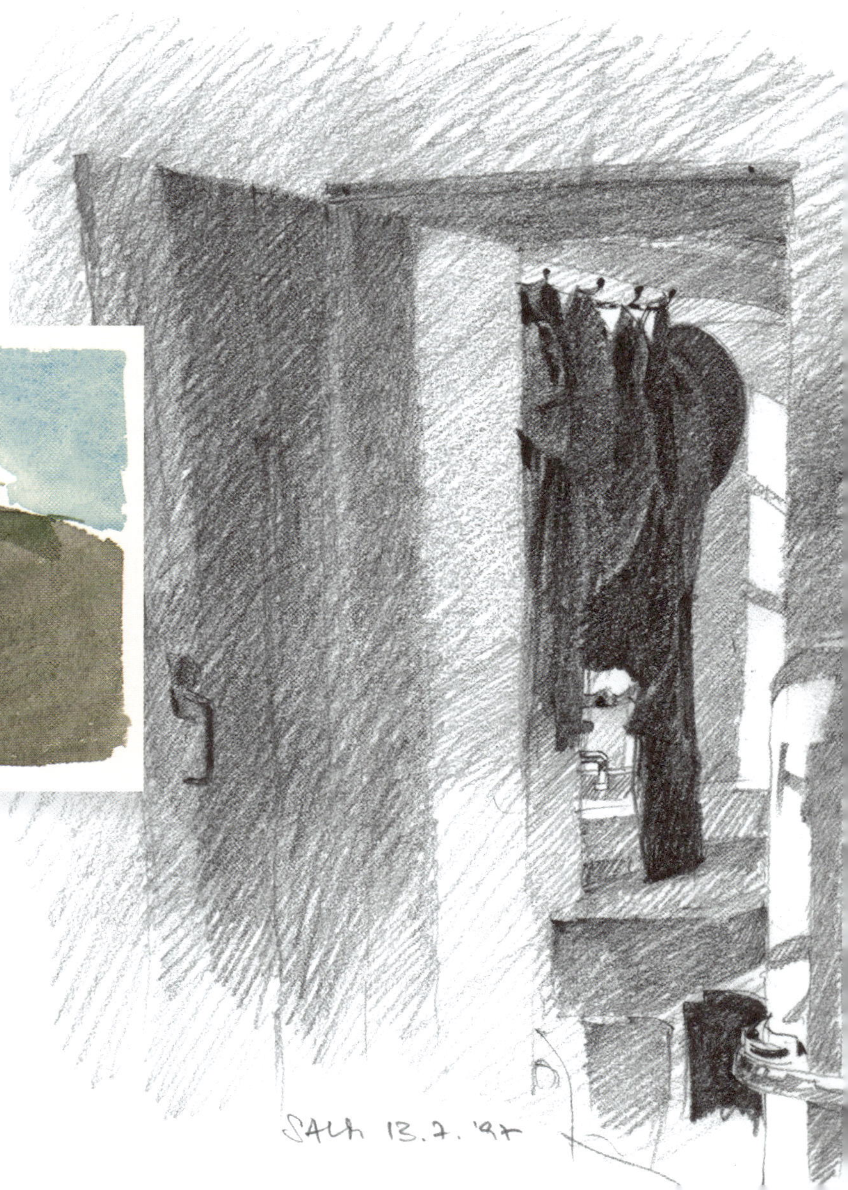
SALA 13.7.'97

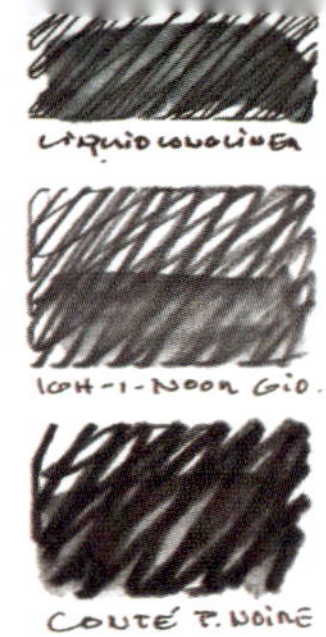

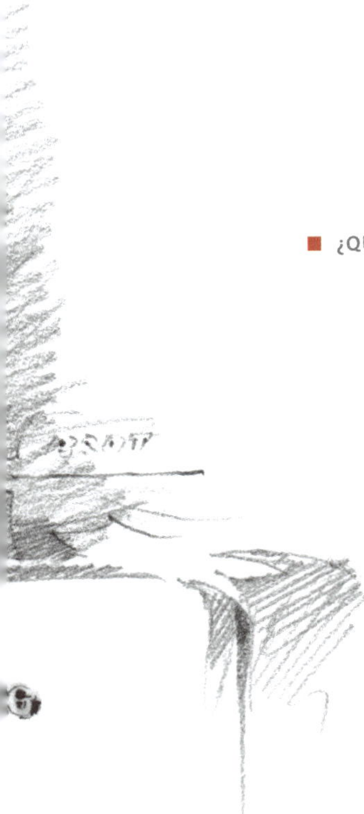

40

¿QUÉ TIENEN QUE VER LAS ACUARELAS CON EL DIBUJO? ¡Bastante! Quien quiera dibujar con la nada fácil técnica de la acuarela, tiene que decidir con rapidez qué partes de la superficie del papel humedecer y cuáles no. El requisito para ello es la capacidad de reconocer la yuxtaposición de áreas positivas y negativas del motivo, para poder, por ejemplo, representar la luz. En la acuarela, son las áreas coloreadas las que delimitan las partes claras del dibujo. Lo mismo sucede con los dibujos en gris, ya sean realizados con grafito, bolígrafo roller, tiza o carboncillo.

El dibujo con valores tonales es un ejercicio previo indispensable para la importante tarea de distinguir las superficies de la acuarela. Por desgracia, se ha extendido la práctica entre los que quieren aprender a pintar, de empezar con la acuarela: ¡con la más difícil de todas las técnicas de pintura! El resultado es la frustración... o la escapada hacia una pintura supuestamente «abstracta» que difícilmente encubre las dificultades. Un paso intermedio adecuado es la combinación de líneas y valores tonales. Utiliza para ello lápices o pastillas de grafito acuarelables. Ver también consejos 35 y 68.

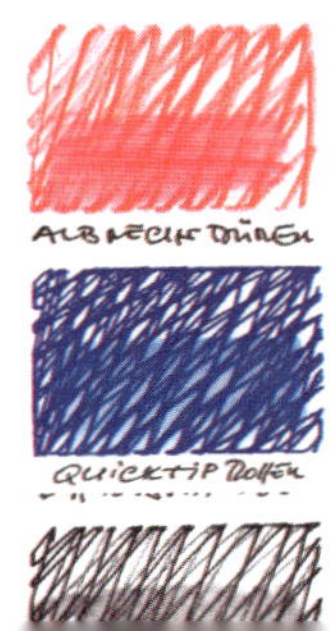

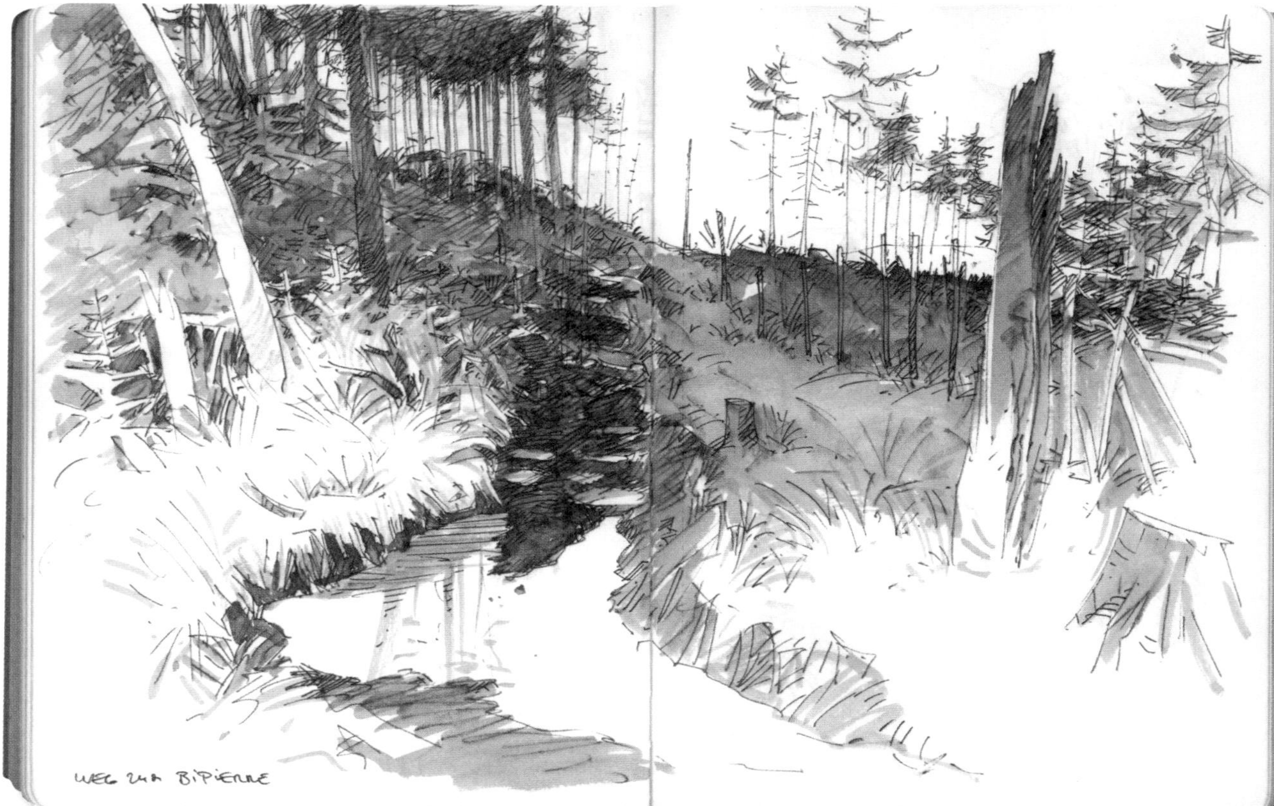
WEG ZUM BIPIERRE

41

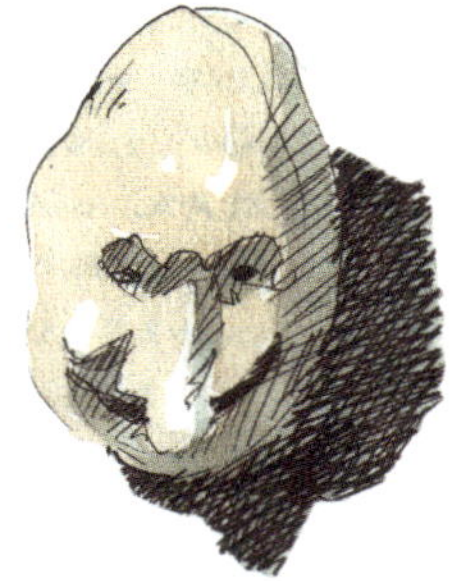

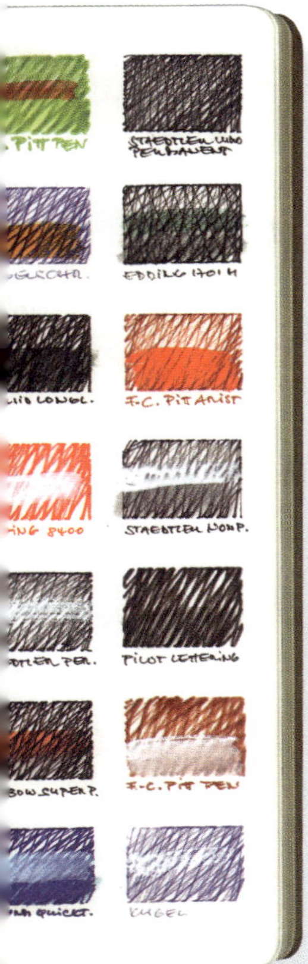

■ **LAVAR** y aun así ir al grano. Por ejemplo, con un rotulador de fibra que no sea resistente al agua, cuyas líneas puedes diluir con ayuda de un pincel húmedo. Así se pueden densificar los sombreados para destacar los valores tonales o las luces en las zonas libres. No todos los rotuladores son adecuados para ello. Algunos dan más color, a otros les cuesta un poco. Lo mejor es probar todo lo que encuentres en el cajón de los rotuladores. El cuaderno de bocetos es el medio ideal para hacer series de pruebas. Si el papel es algo absorbente, aún mejor. Si en el cuaderno designas el nombre de cada rotulador junto al trazo, podrás volver siempre a comprobar cómo reacciona cada tinta al lavado. Se pueden hacer innumerables variaciones si en vez de agua pura se usa un color: los colores de acuarela, témpera semiopaca o acrílico son adecuados para hacer combinaciones. Puedes probar el blanco opaco sobre papeles de color. Con un pincel de cerdas recortadas se hace un lavado más acentuado que con un pincel suave. Ver también consejos 51 y 77.

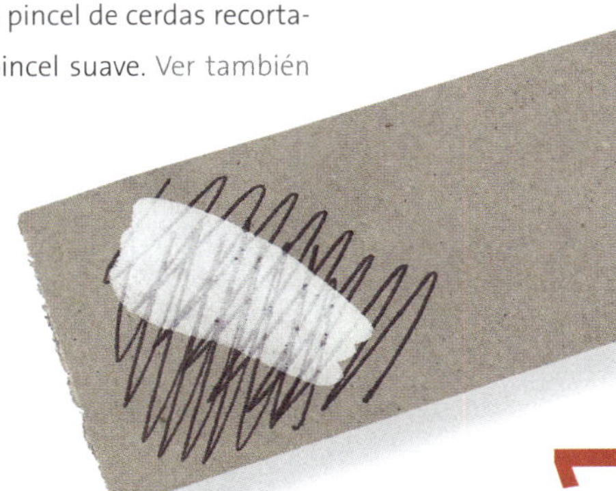

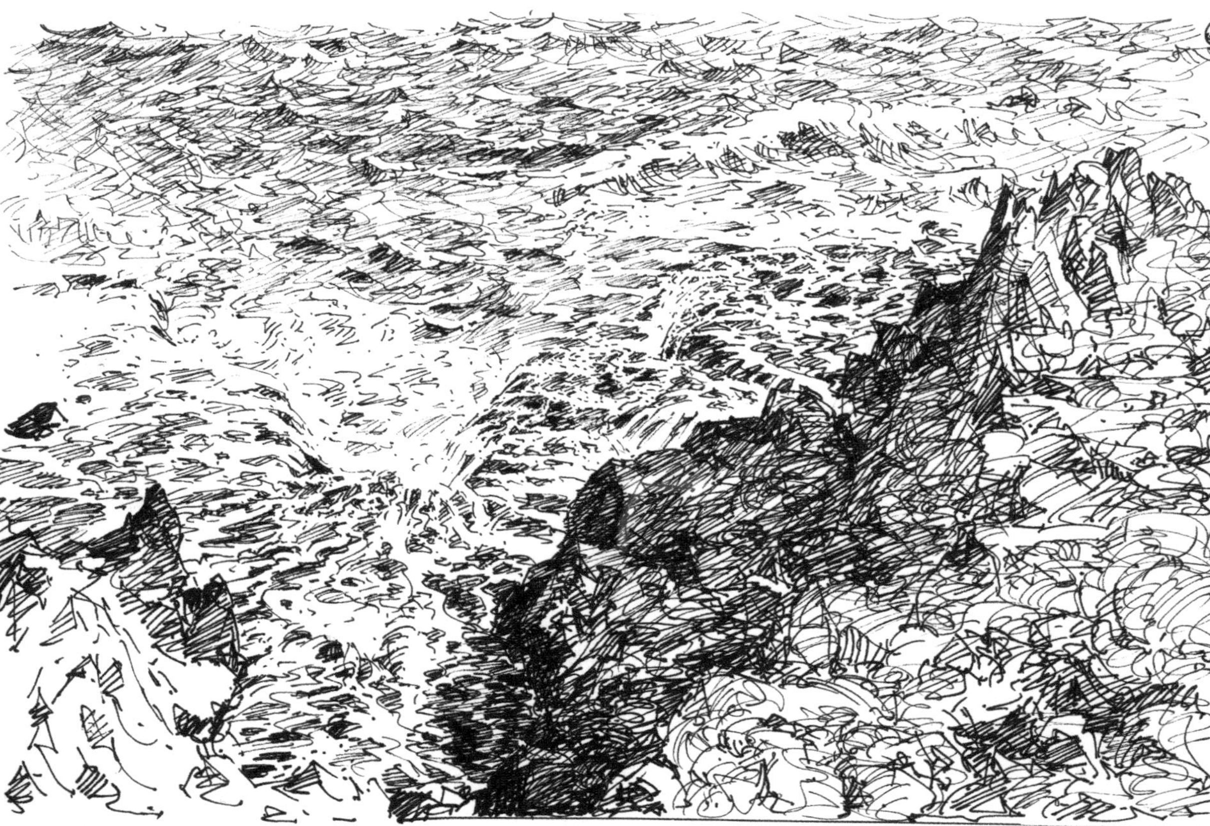

14. MAI 2013 9°°-11°° NACH TAGEN SCHEINT SICH DAS MEER ETWAS ZU BERUHIGEN UND GLEICHZEITIG LÄSST DER KALTE WIND NACH. ES IST WÄRMER...

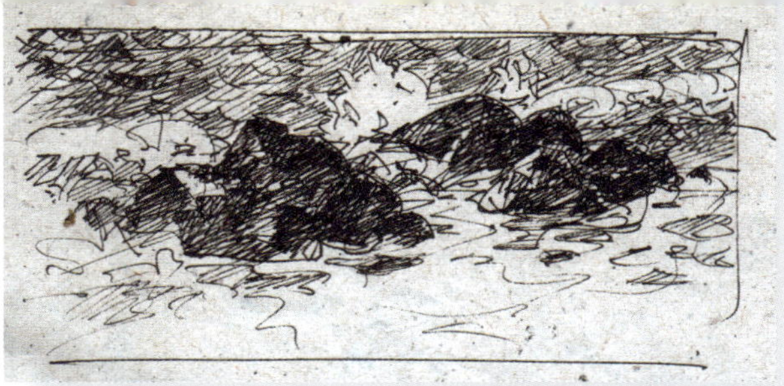

42

■ **¡AHORA MÁS QUE NUNCA!** Cuando el ya en vida admirado pintor, dibujante y grabador japonés Hokusai yacía en su lecho de muerte a los 89 años, se dice que dijo: «Si el cielo me hubiera regalado cinco años más, habría podido llegar a ser un pintor célebre». Detrás de esta frase se esconde una realidad de la que todos los dibujantes serios son conscientes: ¡nunca están satisfechos!
Incluso estando contento por un trabajo bien conseguido, la idea de que podría haber sido mejor puede ser el motor para progresar. La satisfacción sería el estancamiento. Dibujar es un interminable proceso de mirar, aprender y entrenar. Esto significa que los dibujantes no deben evitar los motivos difíciles. ¡Al contrario! Con el músico Miles Davis se podría decir: no toques lo que puedes, sino lo que no puedes. Ver también consejo 27.

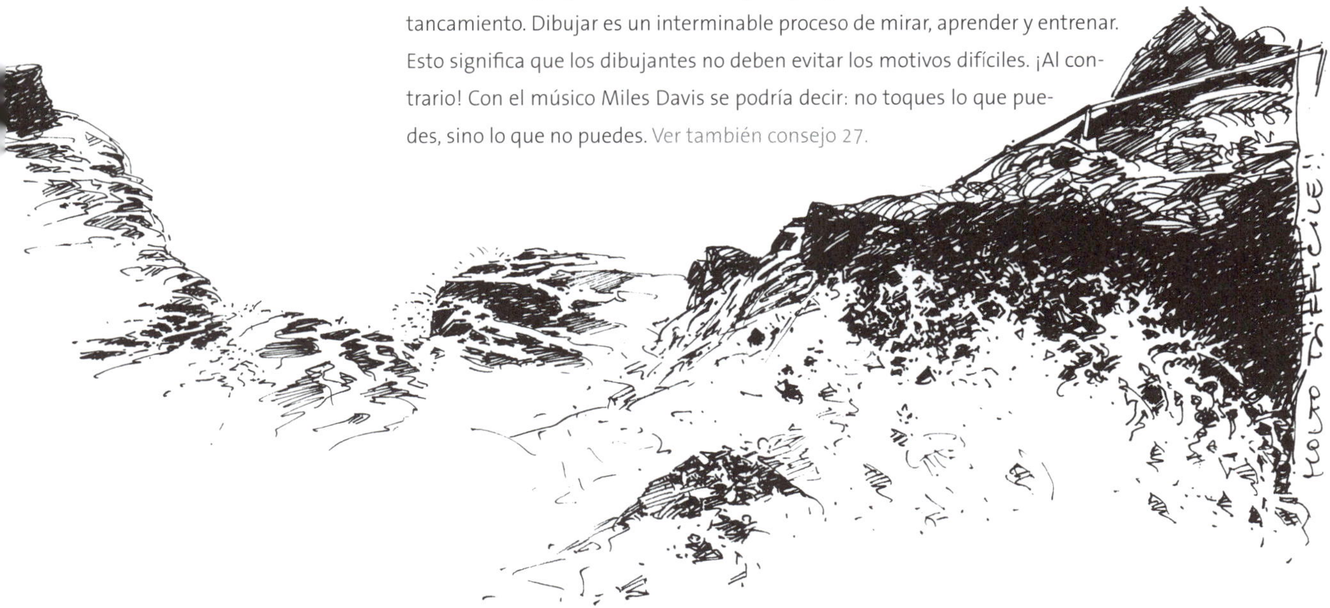

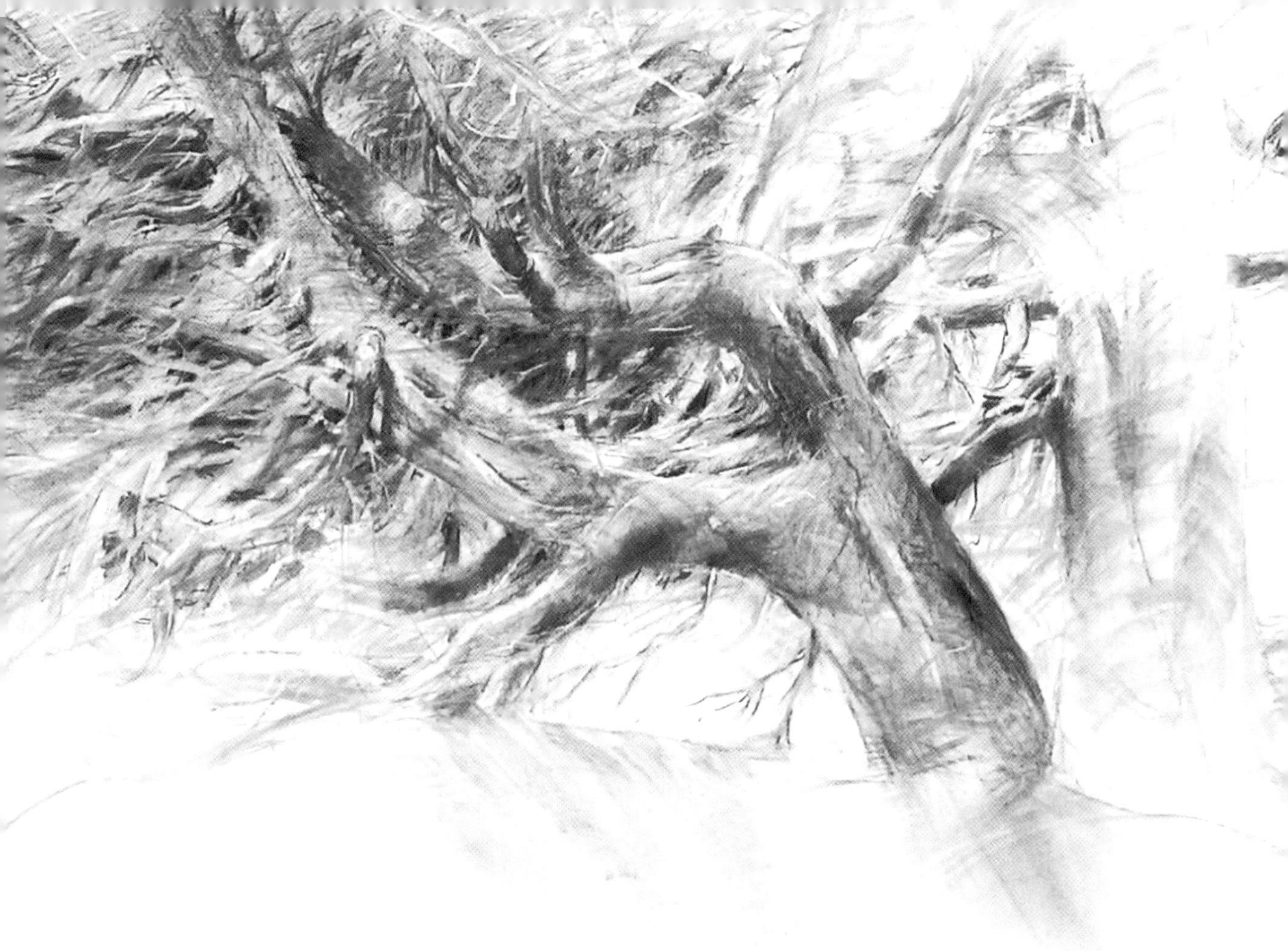

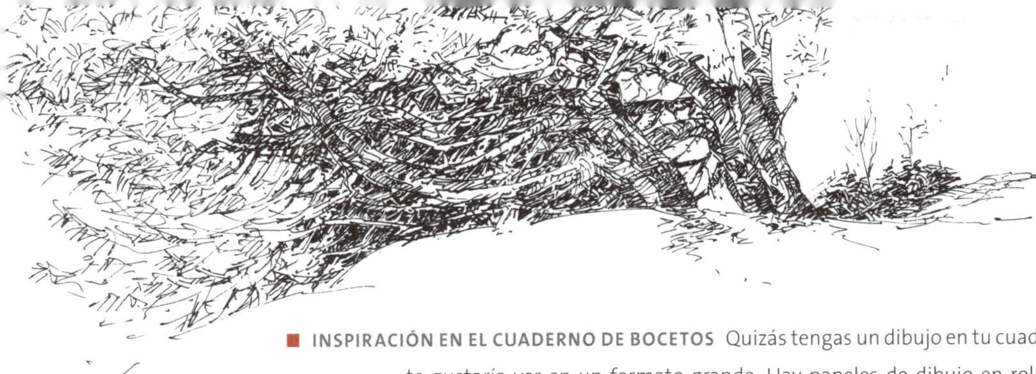

■ **INSPIRACIÓN EN EL CUADERNO DE BOCETOS** Quizás tengas un dibujo en tu cuaderno que te gustaría ver en un formato grande. Hay papeles de dibujo en rollo que se cortan a medida y se pueden fijar en un panel. El trabajo finalizado necesita un marco estable y una protección de vidrio. Una opción algo cara —¡y engorrosa!—. Aquí tienes una solución mucho más simple: dibuja con carboncillo en un lienzo imprimado que no tenga un grano muy grueso. Los hay preparados con bastidores a precios muy económicos. 100 × 100 cm es un buen tamaño, ya que se puede manejar fácilmente en un simple caballete.

No mires el dibujo de tu cuaderno como una plantilla a copiar con exactitud. Descubre las características particulares del dibujo con carboncillo natural. Utiliza tus dedos y un esfumino, además de una goma moldeable —que puedes también usar como instrumento de dibujo—, para difuminar y recuperar las luces en las zonas oscuras. Una vez terminado, puedes proteger el dibujo de forma económica usando un spray fijador.

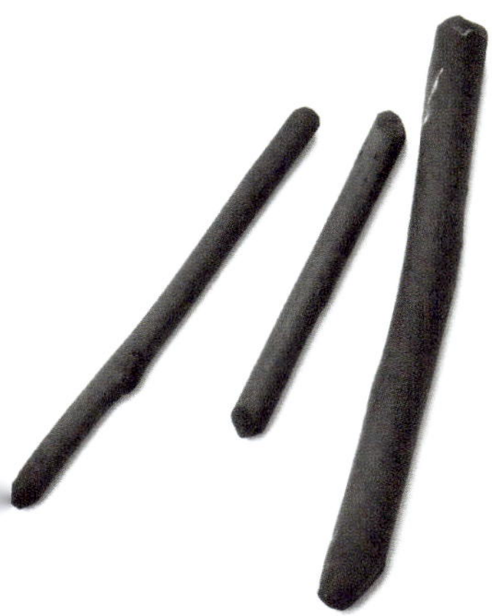

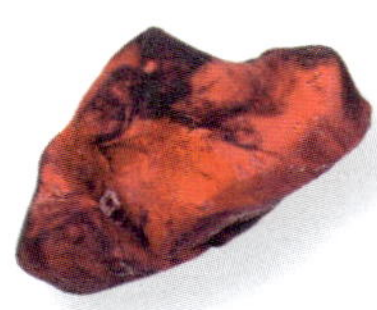

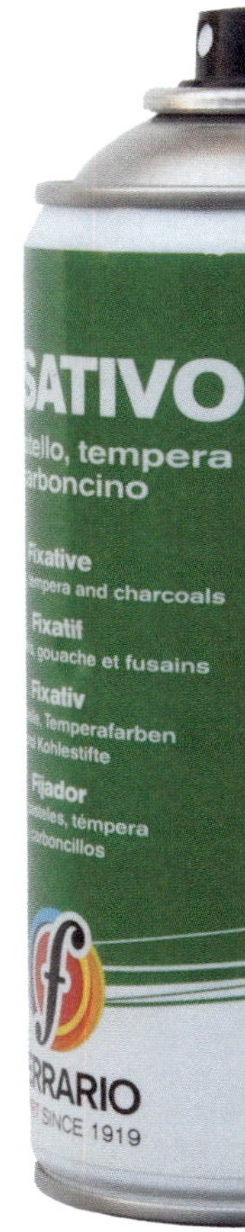

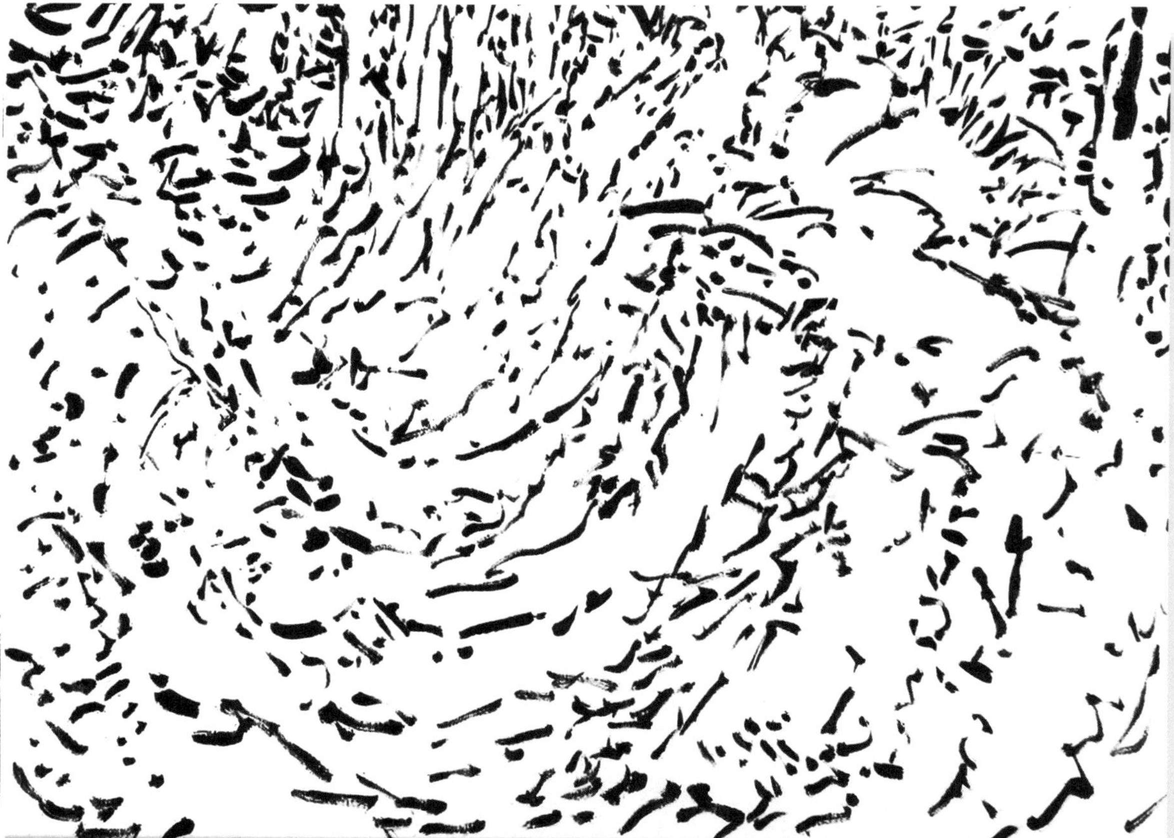

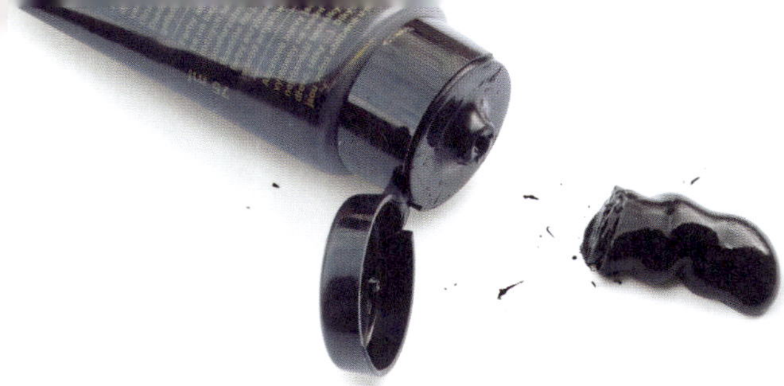

■ **¿PUEDE SER UN POCO MÁS GRANDE?** Hacer dibujos con pincel en un gran lienzo no es lo que se espera de un soporte que se usa para *pintar*. Lo que se muestra en la imagen es un intento de representar un camino excavado utilizando medios económicos. El recurso expresivo para este dibujo son trazos sueltos y densificados, ejecutados con movimientos en distintas direcciones.

Los dibujos con pincel sobre lienzo resultan provechosos cuando se quiere salir del formato habitual de papel de dibujo. Los lienzos imprimados sencillos en tamaños estandarizados son relativamente baratos.

Los lienzos de tamaños o formatos especiales tienen que hacerse por encargo.

Los colores acrílicos son los más fáciles de utilizar. La consistencia adecuada, ya sea directamente del tubo, diluida con agua o combinada con algún medio para pintar, es algo que se averigua rápidamente.

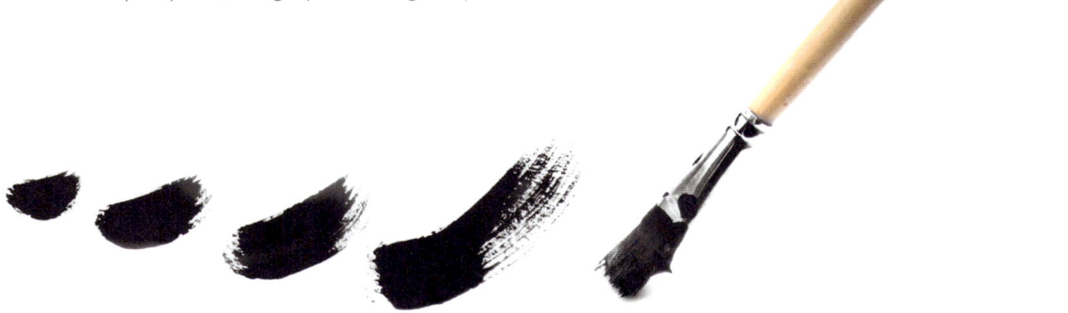

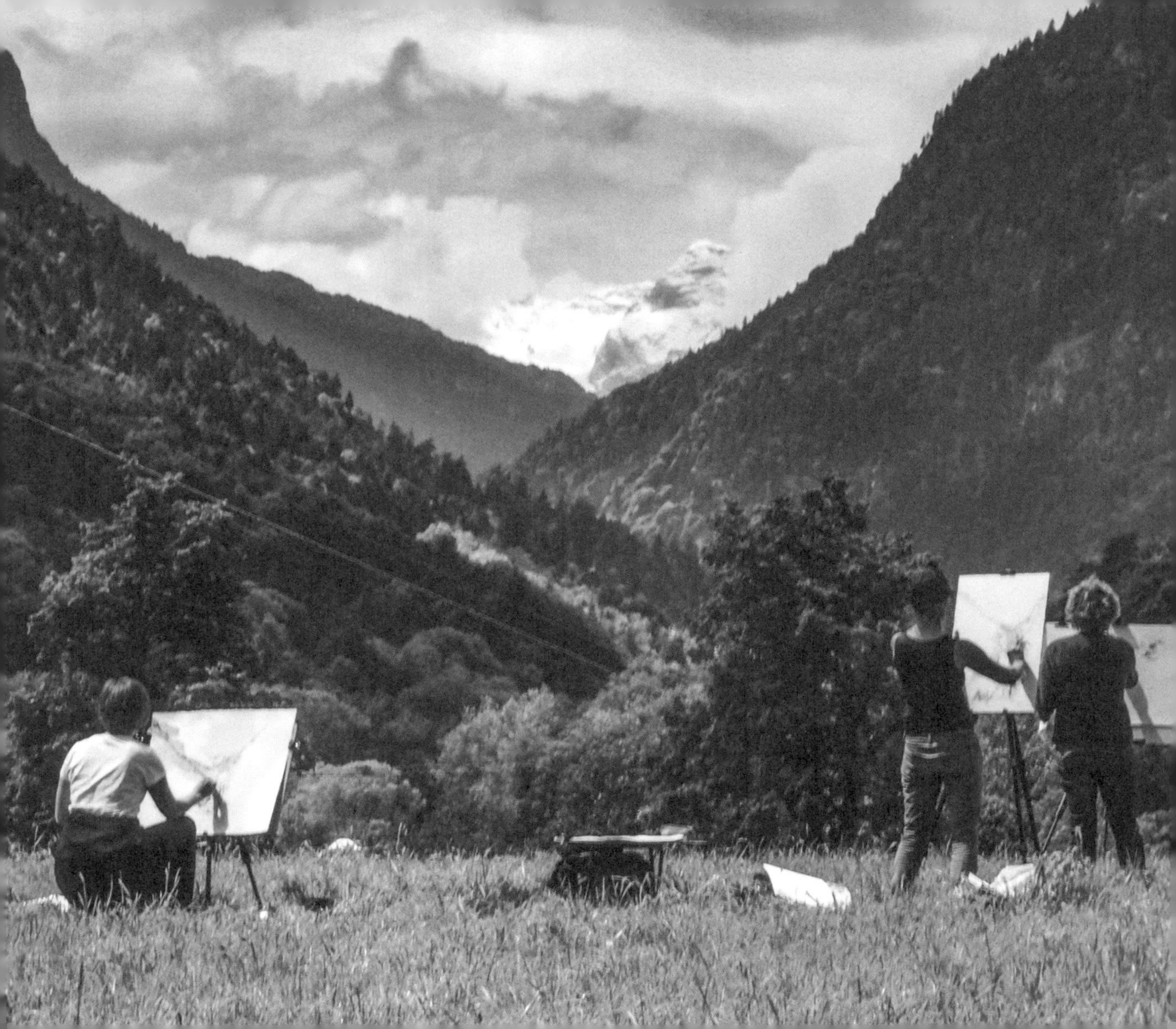

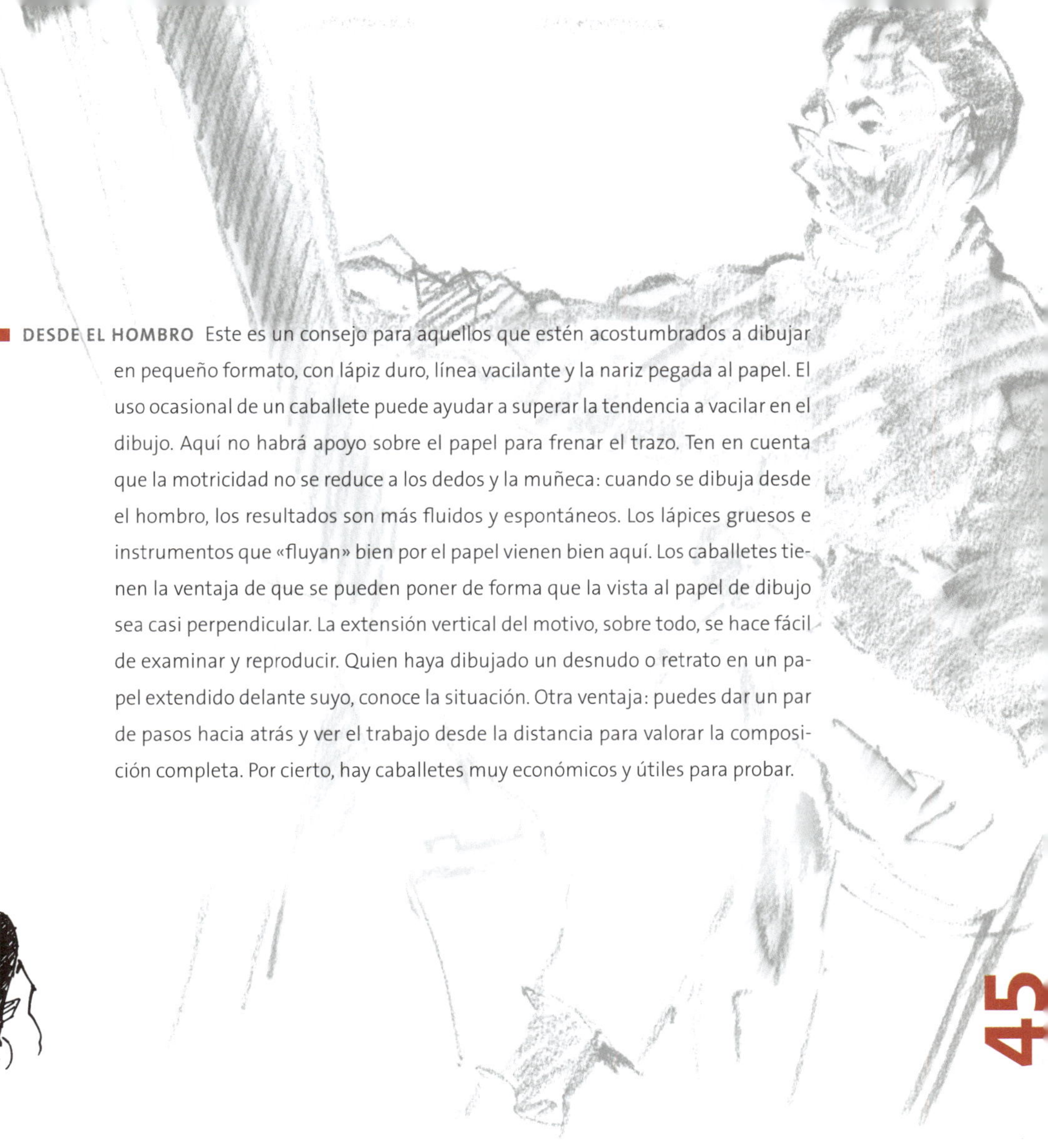

■ **DESDE EL HOMBRO** Este es un consejo para aquellos que estén acostumbrados a dibujar en pequeño formato, con lápiz duro, línea vacilante y la nariz pegada al papel. El uso ocasional de un caballete puede ayudar a superar la tendencia a vacilar en el dibujo. Aquí no habrá apoyo sobre el papel para frenar el trazo. Ten en cuenta que la motricidad no se reduce a los dedos y la muñeca: cuando se dibuja desde el hombro, los resultados son más fluidos y espontáneos. Los lápices gruesos e instrumentos que «fluyan» bien por el papel vienen bien aquí. Los caballetes tienen la ventaja de que se pueden poner de forma que la vista al papel de dibujo sea casi perpendicular. La extensión vertical del motivo, sobre todo, se hace fácil de examinar y reproducir. Quien haya dibujado un desnudo o retrato en un papel extendido delante suyo, conoce la situación. Otra ventaja: puedes dar un par de pasos hacia atrás y ver el trabajo desde la distancia para valorar la composición completa. Por cierto, hay caballetes muy económicos y útiles para probar.

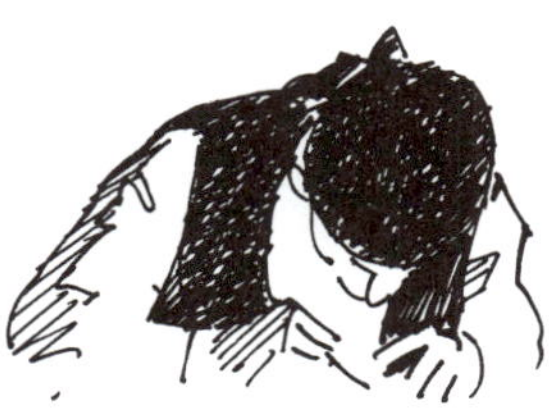

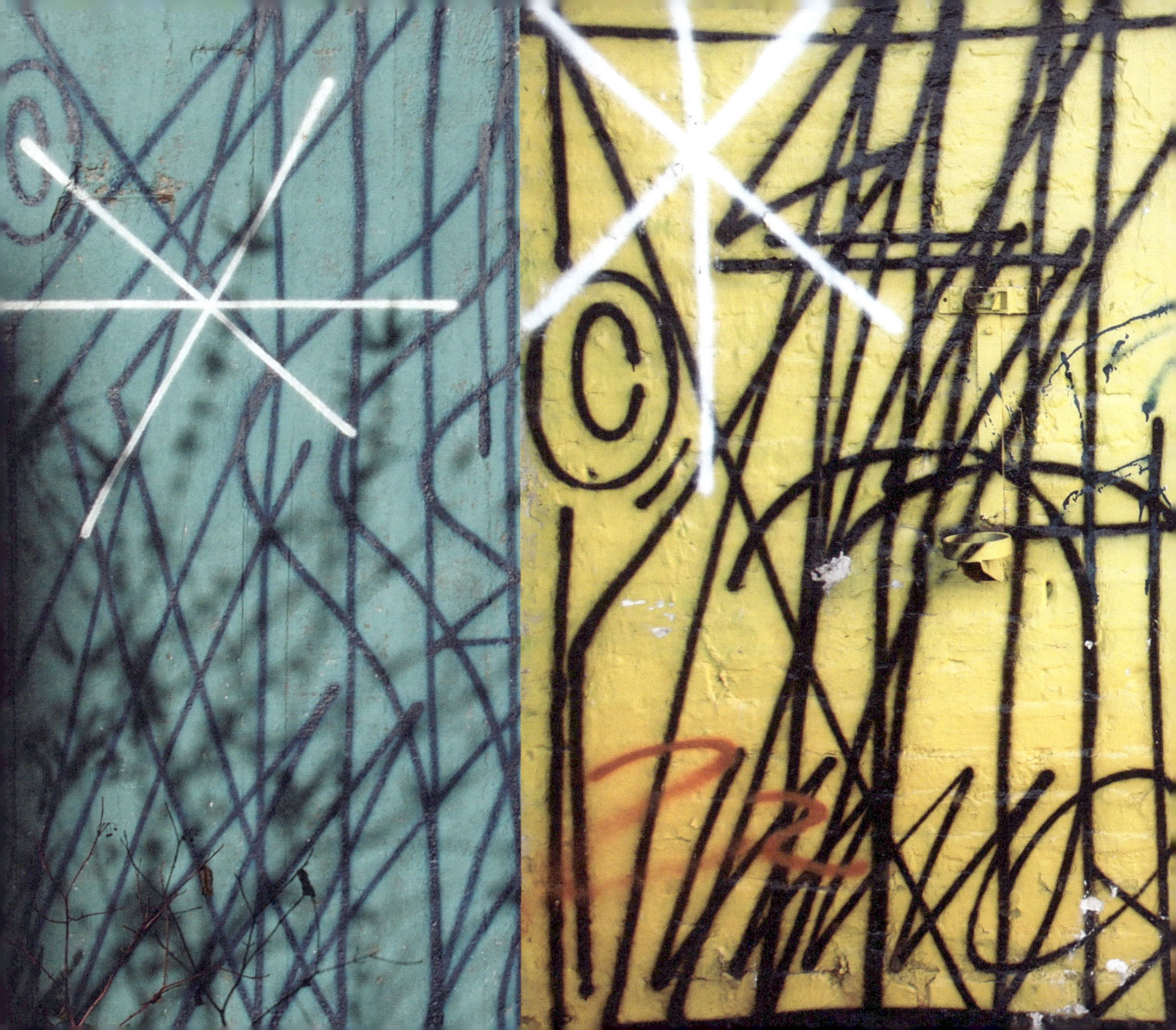

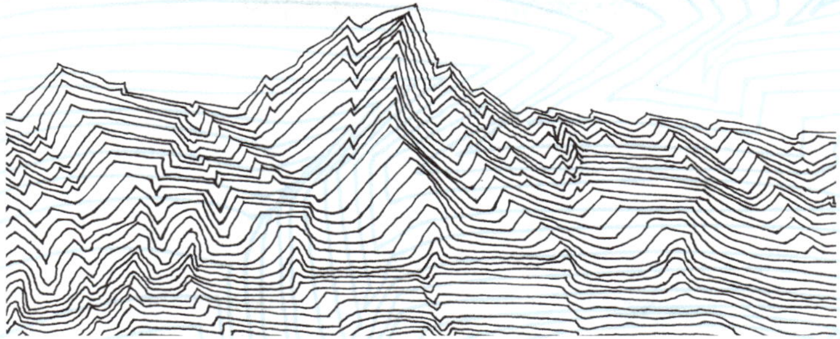

■ **¿ARTE O CONTAMINACIÓN DEL MEDIO AMBIENTE?** La respuesta puede resultar controvertida. Lo cierto es que un graffiti de dos metros de altura lo tiene que hacer alguien con una seguridad motriz asombrosa. No dejan de ser dibujos, aunque estén hechos con spray, y el poder de atracción de estos graffitis es un objetivo al que tú también deberías aspirar. Para ello hace falta un entrenamiento constante de la mano.

Hay ejercicios que ayudarán a que tu capacidad de dibujo «se ponga en forma». Aquí te sugiero uno que puedes hacer con cualquier lápiz o bolígrafo: empieza dibujando en el borde inferior del papel, tan rápido como puedas, una línea con pequeños quiebres o puentes. La siguiente los repetirá a muy poca distancia. Con cada línea se van propagando los picos. Si en el lado izquierdo separas las líneas y en el derecho las juntas mucho, se produce un efecto espacial. Esto requiere concentración, es divertido y constituye un buen entrenamiento para la motricidad de la mano.

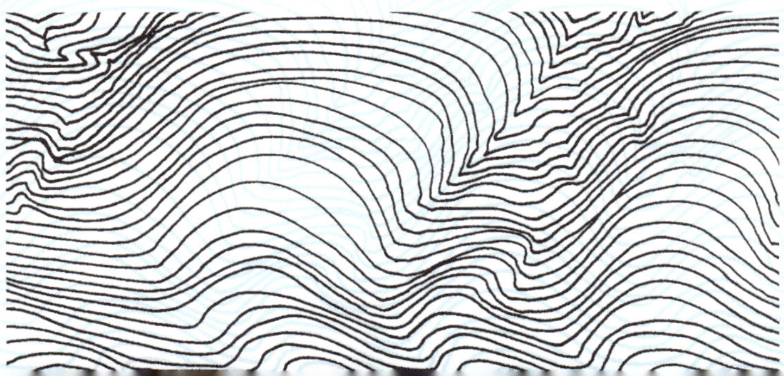

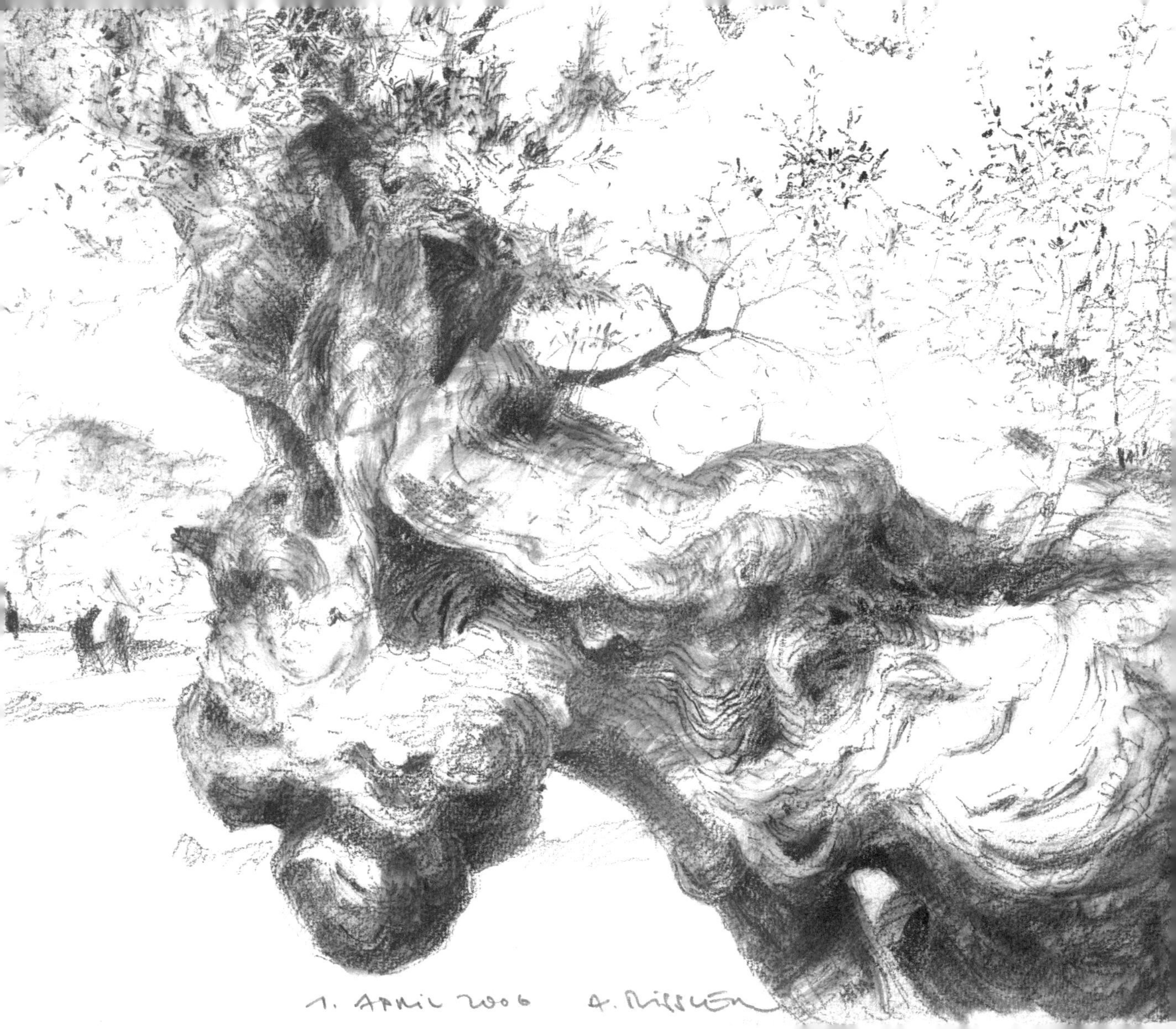
1. April 2006

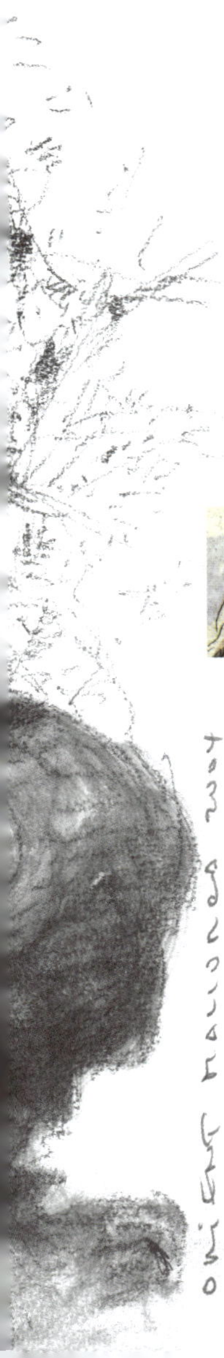

47

CON LIBERTAD Me acuerdo bien de la primera vez que visité un olivar. Caminé de árbol en árbol, eufórico, a la búsqueda del ejemplar más original. Ninguno se parecía a otro. Ni en la forma ni en la textura de la corteza. Dependiendo del punto de

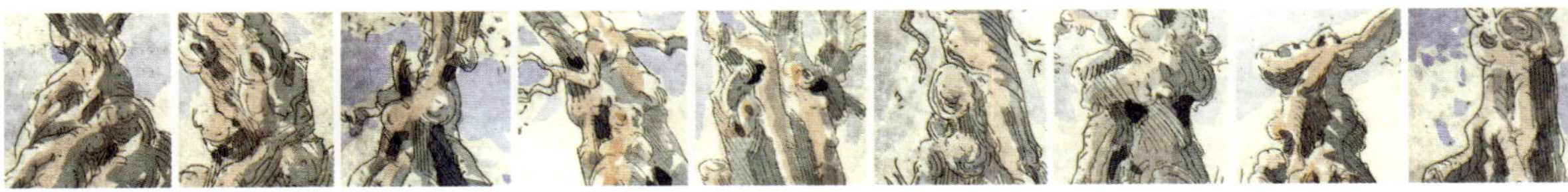

vista, cada árbol muestra un aspecto totalmente diferente. Es difícil no pensar en extremidades humanas, animales o criaturas fantásticas.

Como dibujante hay dos posibilidades para acercarse a las extrañas figuras de los olivos: o tienes la determinación de representar la figura de un árbol concreto en detalle, o bien te dejas contagiar por la «creatividad» del olivo y juegas libremente con lo que el objeto te ofrece. Aquí no hay error o acierto. Con el ejemplo de estos olivos se percibe cuánta libertad se puede uno tomar al dibujar, sin perder por ello la referencia del objeto. Ver también consejos 100 y 111.

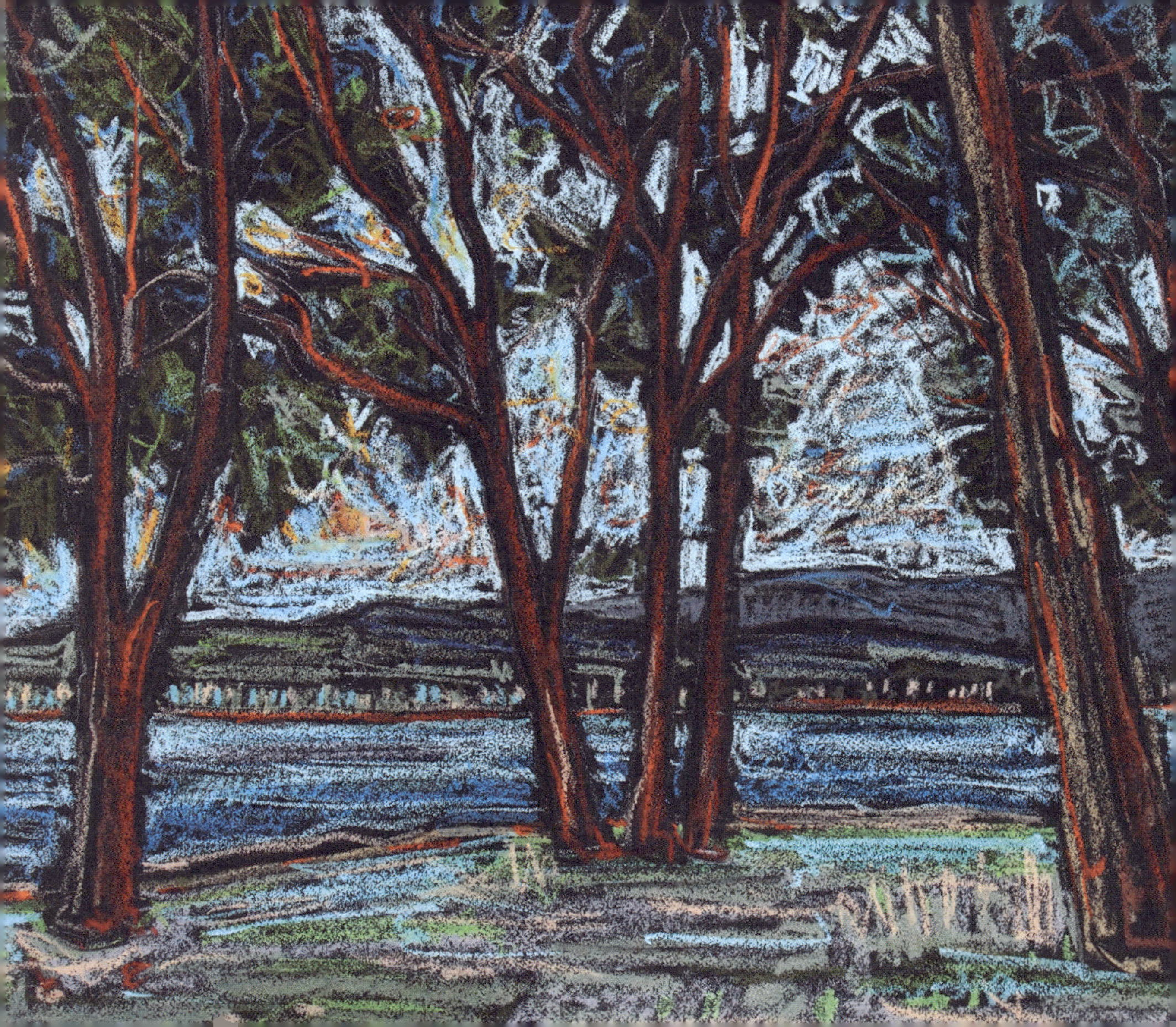

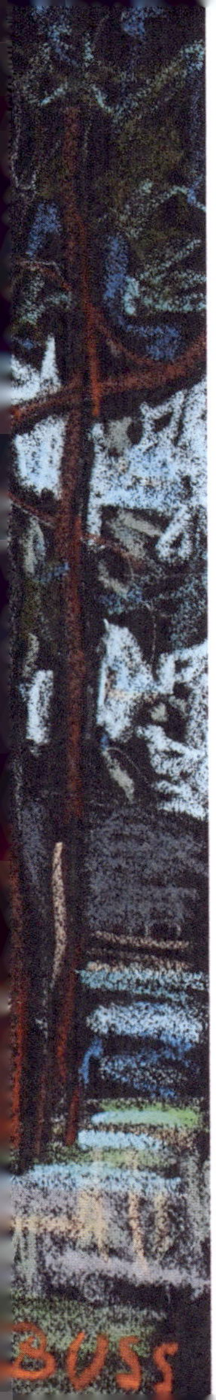

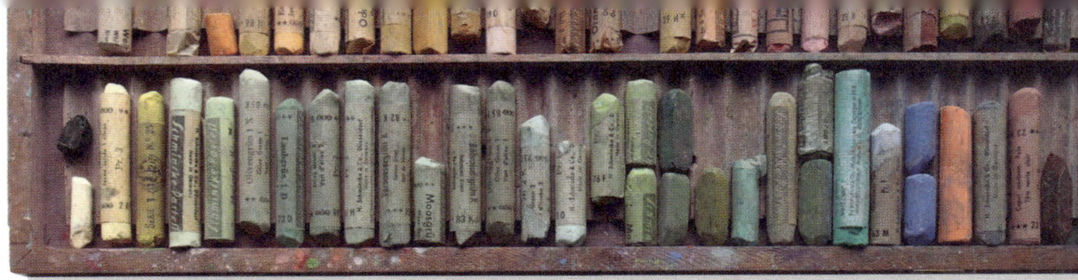

EL DETONANTE Hay varias razones por las que he querido enseñar este dibujo al pastel. Para empezar, llama la atención la línea de árboles rítmicamente estructurada que enmarcan la vista del lago de Constanza y la cordillera de Bodman al fondo. Es un concepto pictórico utilizado por muchos artistas occidentales, después de que la xilografía japonesa desatase el japonismo en Europa a mitad del siglo XIX. ¿Un ejemplo? Busca la pintura *Álamos a la orilla del Epte* de Claude Monet, de 1891.

También merece la pena observar la técnica de Bernhard Buss (1899–1991). En su pintura utiliza crayones pastel sobre un cartón negro intenso. Esto requiere una nueva forma de pensar cuando uno está acostumbrado a dibujar sobre papel blanco. Con esta técnica las partes claras no tienen que dejarse cuidadosamente apartadas: se puede simplemente agregar la luz. Para un trazo rápido como el suyo, esta técnica es ideal.

Otra razón es personal: en presencia del pintor Buss tuve la oportunidad de hacer, con 12 años, mi primer dibujo de paisaje. Un detonante que dio sus frutos. Las experiencias como esta son impagables.

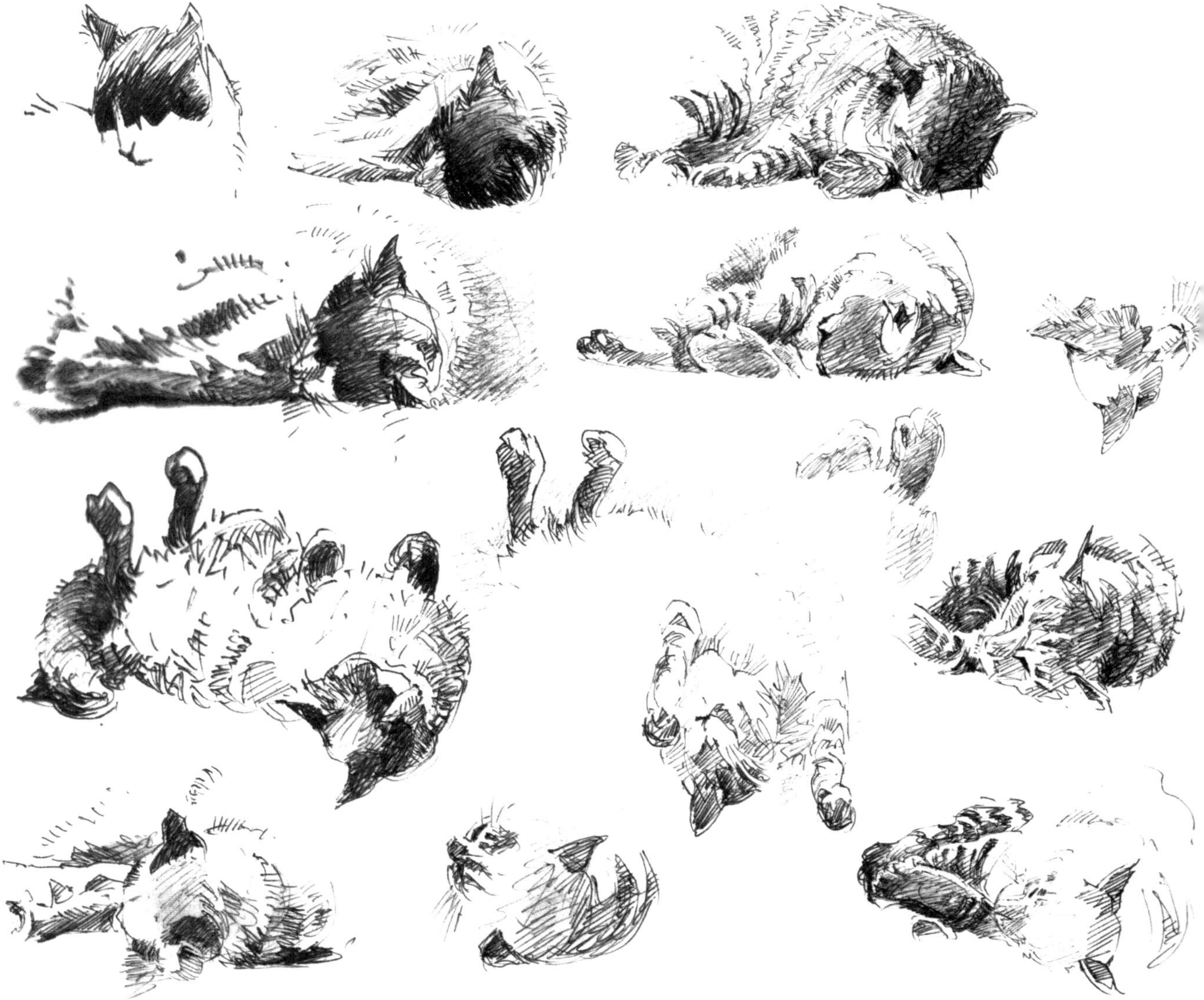

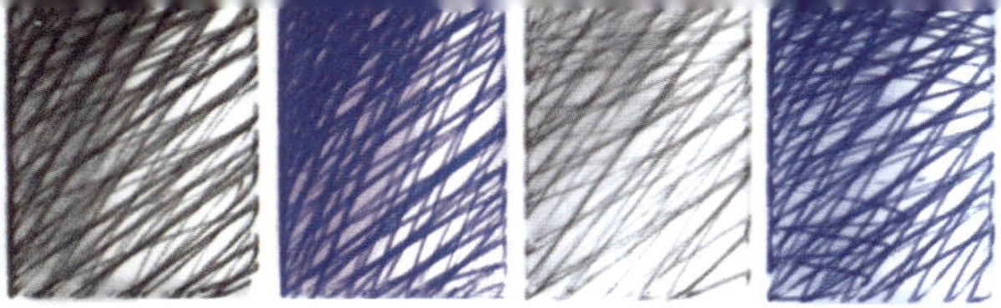

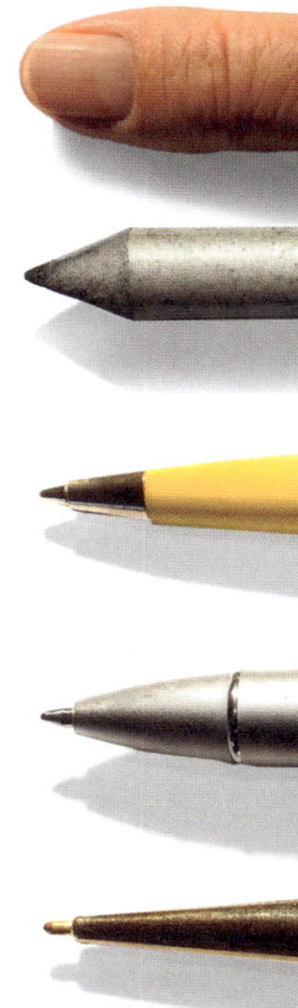

■ **EL SUAVE** El bolígrafo común tampoco sirve solo para escribir, sino que es además un respetable instrumento de dibujo. A diferencia de la línea del roller, cuya tinta fluida proporciona límites claros, los trazos del boli son mucho más suaves. Esto se produce gracias a la pasta oleosa, que en ocasiones puede ser algo viscosa, lo cual no es necesariamente malo. Al contrario: este tipo de trazo se puede difuminar con más facilidad con la ayuda del dedo, o incluso mejor con un esfumino. Este efecto lo ilustran bien los bocetos de gatos que se muestran aquí. Aunque el bolígrafo requiere más presión para dibujar, es preferible utilizarlo con tacto suave. Su punto fuerte está en los dibujos finamente labrados en pequeño formato, por lo que el pelaje suave de un gato resulta un motivo apropiado. Dado que el boli se usa como instrumento de escritura, su tinta suele ser indeleble. Pero no debes confiar por completo en este tipo de artículos de consumo masivo. Los productos baratos suelen tener tonos algo peculiares. Una pequeña serie de pruebas ayuda a hacerse una idea.

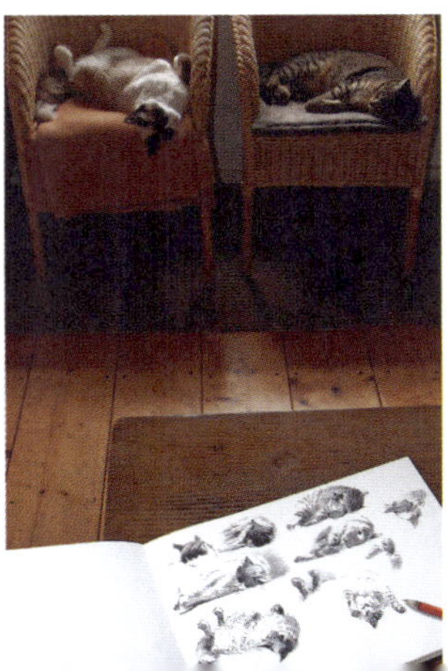

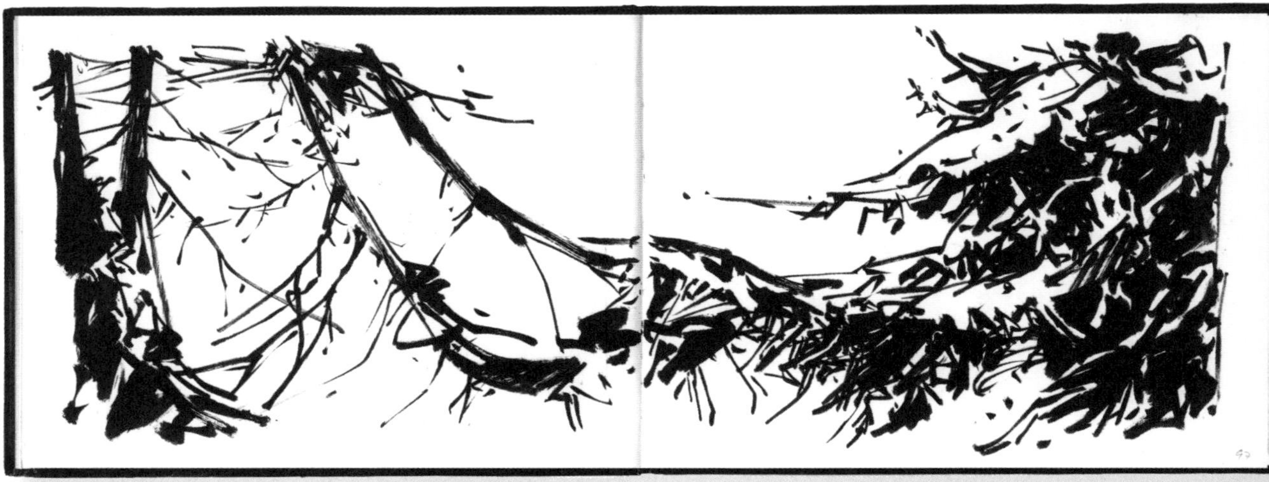

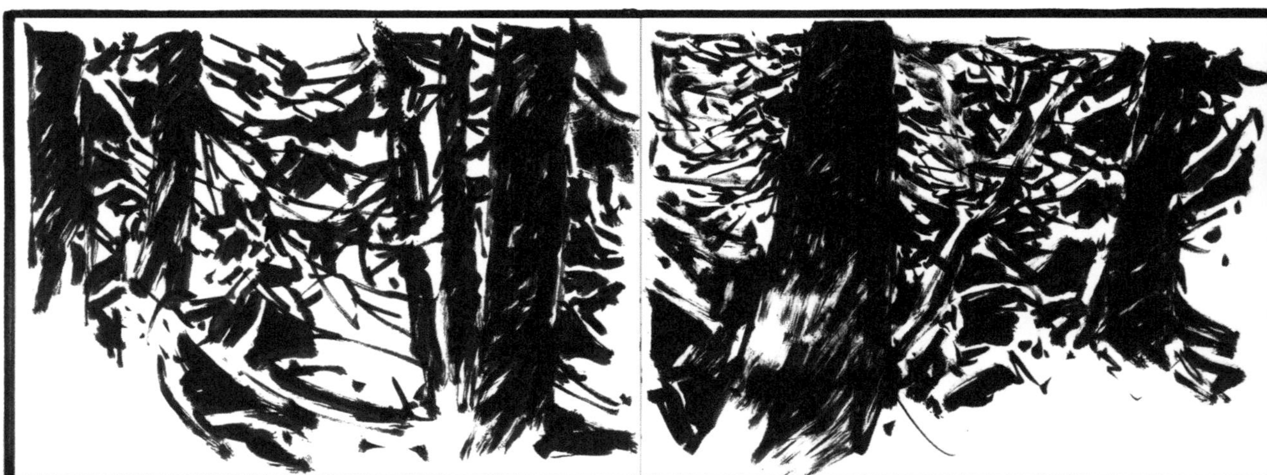

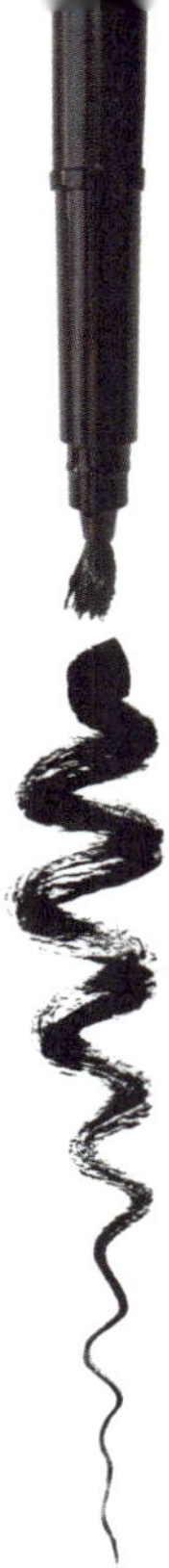

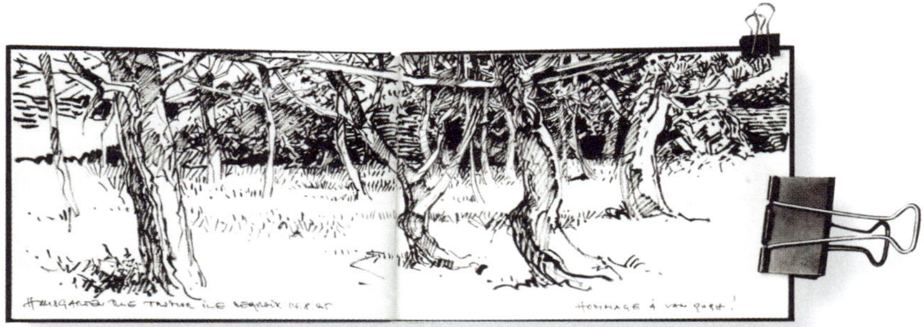

50

UNA IDEA GENIAL Ya estás familiarizado con rotuladores y pinceles. Pues bien, el «brush pen» o rotulador con punta de pincel es un híbrido de ambos. Un gran descubrimiento. El dibujo con este rotulador recuerda a la pintura caligráfica oriental. Con él se pueden crear las líneas más finas. Y si se utiliza el pincel de lado, se obtienen trazos anchos. Es interesante cuando el cartucho se vacía y el cepillo queda algo seco: de esta forma se consiguen trazos de lo más sugerentes, que recuerdan a los tonos del carbón. El trabajo con un rotulador pincel requiere de una ejecución rápida y decidida. Hay que saber lo que se hace. El rotulador pincel presentado aquí está cargado con un cartucho que cunde mucho. La tinta es de color negro intenso y resistente al agua. Una alternativa es el «color brush» o pincel de color, de similares características. Este contiene depósitos intercambiables con tintas hidrosolubles en diferentes colores.

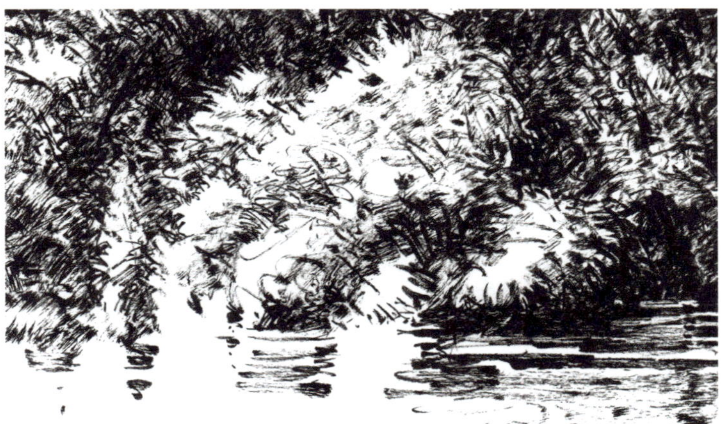

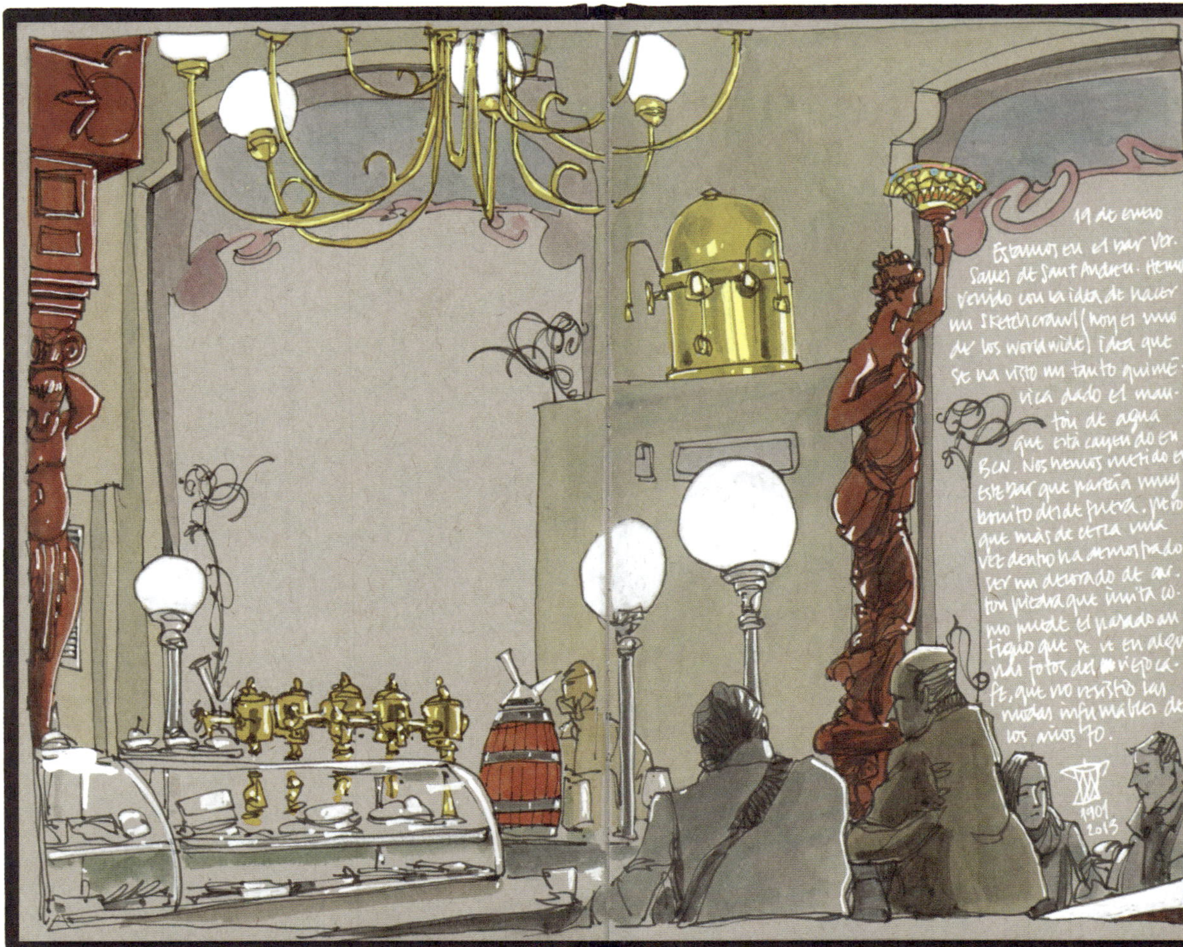
7
19 de enero
Estamos en el bar Ver.
Sanes de Sant Andreu. Hemos
venido con la idea de hacer
un sketchcrawl (hoy es uno
de los worldwide) idea que
se ha visto un tanto quimé-
rica dado el mon-
tón de agua
que está cayendo en
BCN. Nos hemos metido en
este bar que parecía muy
bonito desde fuera, pero
que más de cerca una
vez dentro ha demostrado
ser un decorado de ar-
tón piedra que imita co-
mo puede el pasado an-
tiguo que se ve en algu-
nas fotos del viejo ca-
fe, que no resistió las
modas infumables de
los años 70.
1901
2013

51

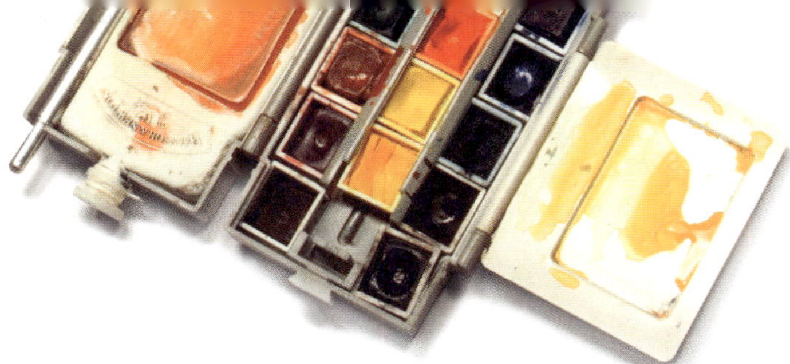

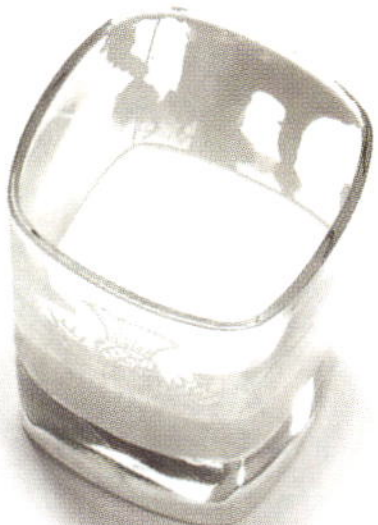

■ **REALZAR** Iluminar una lámpara sobre un papel blanco es difícil. Solo funciona cuando se dibuja o pinta un valor tonal más oscuro alrededor. Más sencillo resulta utilizar un papel con color y «realzar» con blanco opaco las partes brillantes.

El papel de color sirve como valor tonal medio. Los más claros se cubren con blanco opaco puro. Los matices finos se consiguen agregando un poco de témpera opaca o con la superposición de capas en acuarela. Las áreas transparentes se crean simplemente con acuarela —siempre que el papel sea suficientemente absorbente.

Otro consejo: humedece las áreas previstas con agua limpia, deja que se absorba un poco y después agrega el color. Así el tono será más regular.

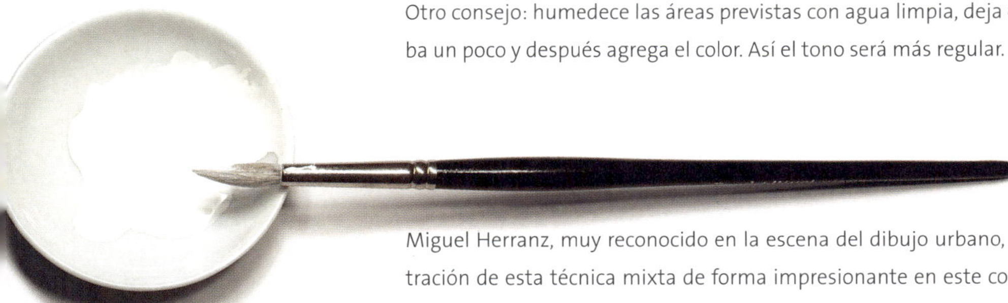

Miguel Herranz, muy reconocido en la escena del dibujo urbano, hace demostración de esta técnica mixta de forma impresionante en este colorido dibujo.

Ver también consejos 41 y 77.

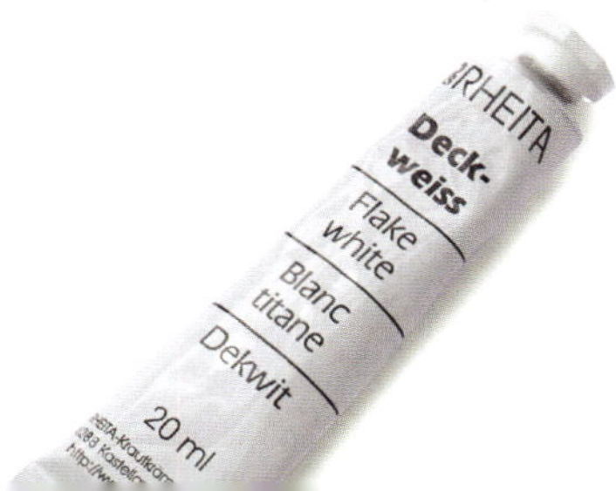

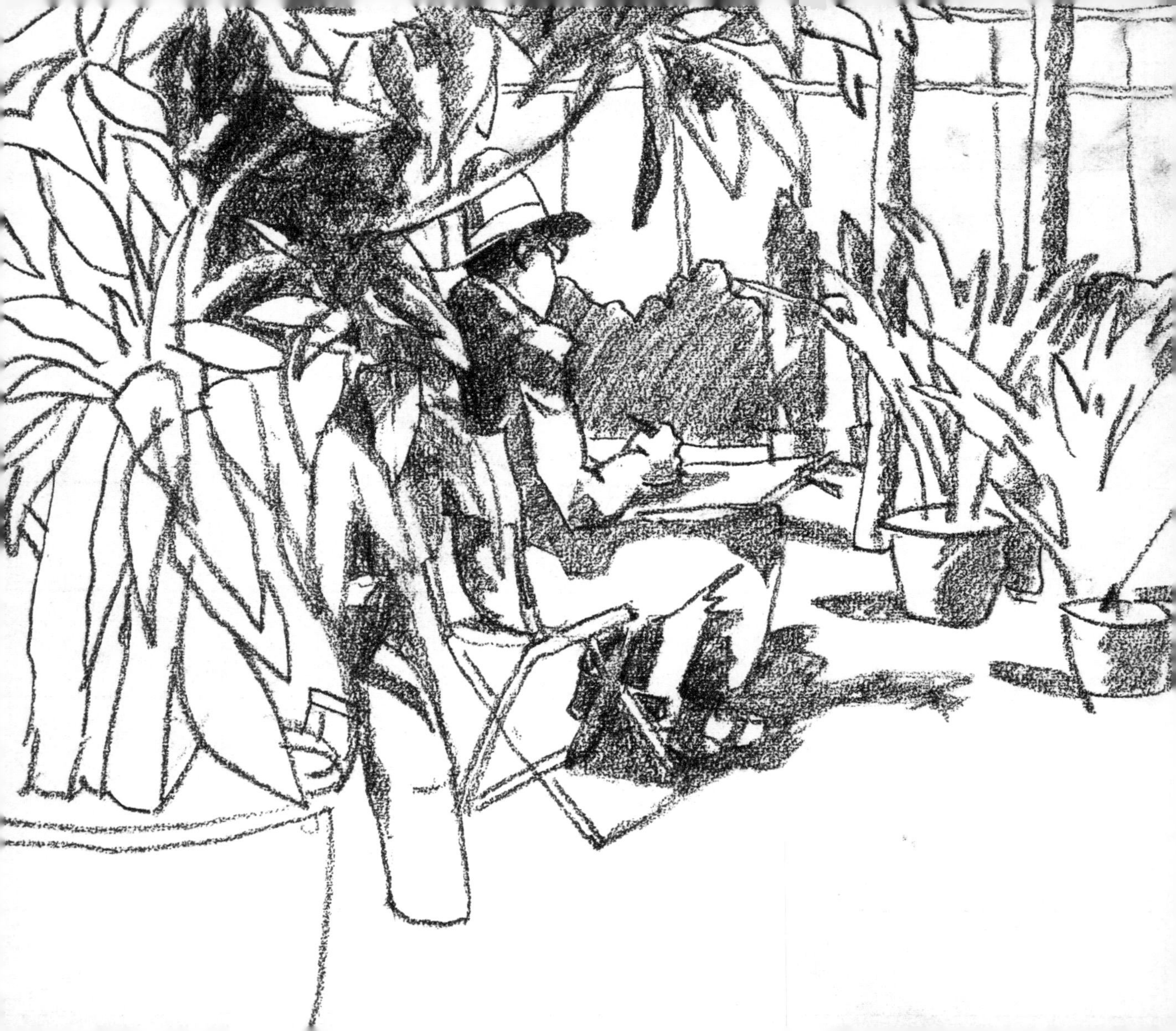

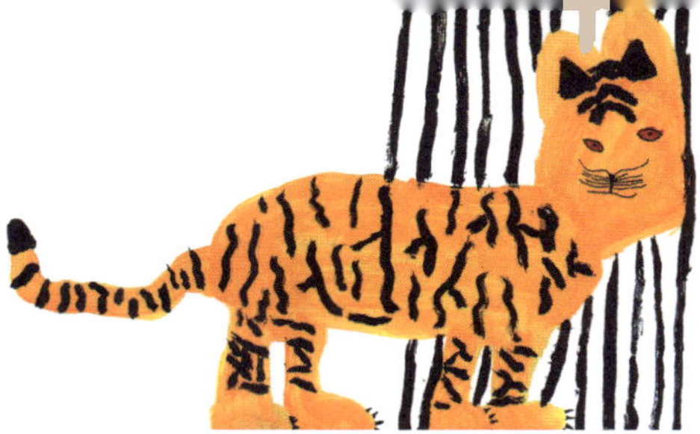

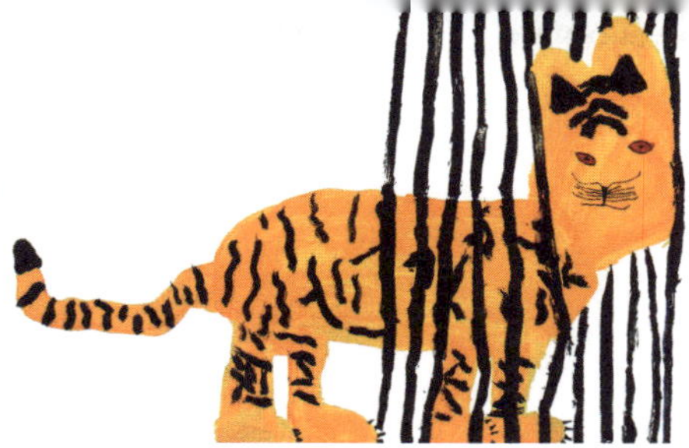

■ **PROCESO DE APRENDIZAJE** Los niños no suelen dibujar superposiciones y menos aún, dibujar encima de algo. Si lo hacen, suele ser copiando a alguien o cuando se les llama la atención sobre un fenómeno espacial. Así sucedió con el tigre de Jo-Ella, de 8 años. Cuando se le dijo que así el peligroso felino todavía campaba a sus anchas, completó —convencida del efecto— una a una las líneas de los barrotes por encima del tigre. Este tipo de revelación también puede sorprender a los adultos sin experiencia.

Incluso a los participantes de los cursos de dibujos hay que convencerlos con frecuencia de que prueben a dibujar superposiciones y a buscar motivos adecuados para ello. Se suelen evitar frustraciones si se empieza con motivos sencillos y poco a poco se van tomando otros más complejos. Dibujar un espacio tridimensional en una hoja de dos dimensiones es un ejercicio realmente entretenido.

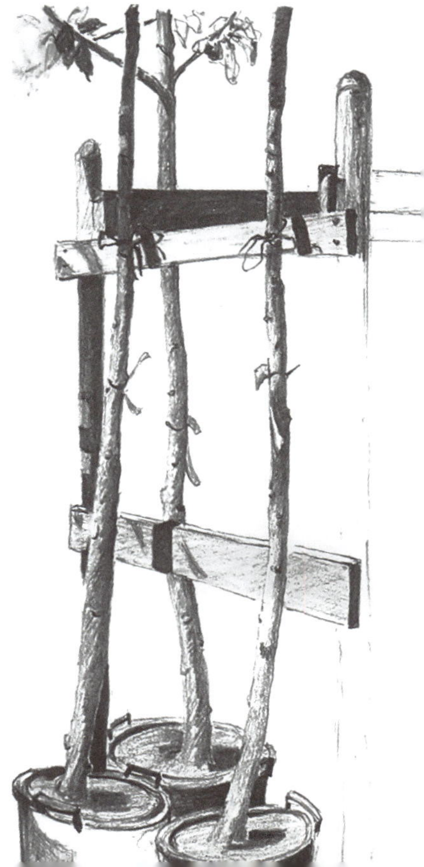

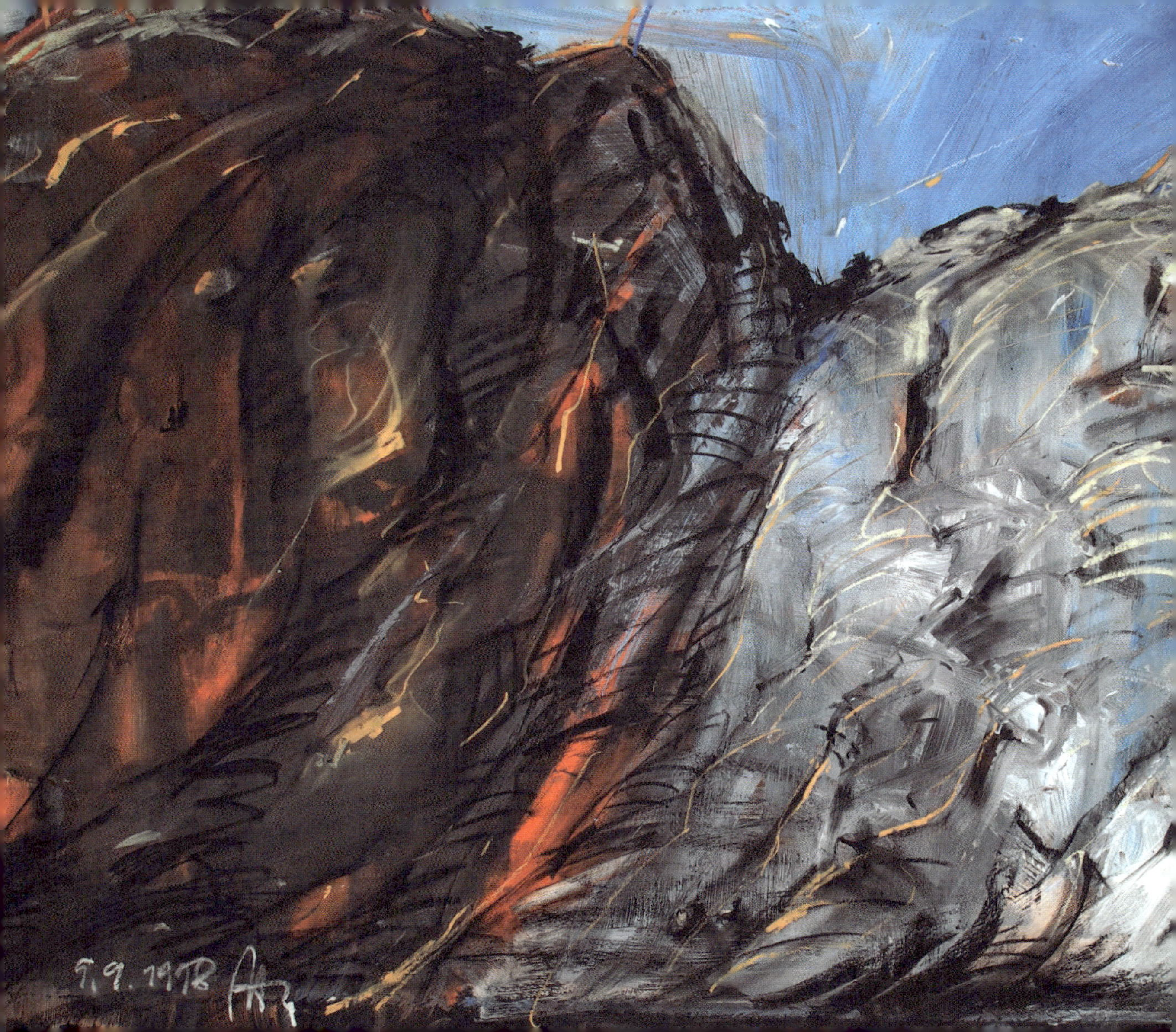
9.9.1998

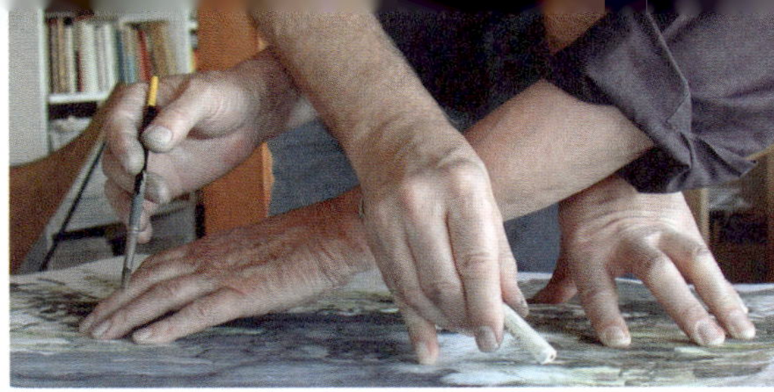

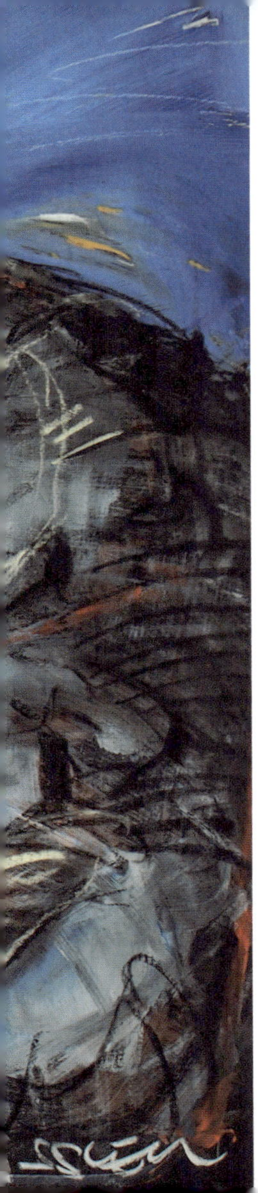

■ **A CUATRO MANOS** ¿Te gusta trabajar con otros artistas? ¿Sí? Pues quizás te interesa esta propuesta: trabaja con otra persona sobre el mismo dibujo o pintura... ¡a la vez! O uno detrás de otro. Tú empiezas arriba a la izquierda, la otra persona abajo a la derecha. Observas un rato y después intervienes. O al revés. Es realmente divertido. Para evitar conflictos, es recomendable establecer las reglas del juego previamente. Por ejemplo, que se admite interferir sobre el trazo del otro. O que se puede utilizar cualquier instrumento de dibujo o pintura. Para la pregunta nada desdeñable de cuándo está el dibujo «terminado», me temo que no hay ninguna regla. En mi experiencia, dos artistas del mismo nivel se ponen de acuerdo rápidamente. Para terminar, cada uno deja su propia firma.

Te preguntarás que para qué sirve todo esto. Míralo como un experimento que no hay que tomarse demasiado en serio. Es una forma de descubrir cómo dos trazos artísticos distintos pueden unirse simbióticamente en un nuevo estilo y enriquecerse mutuamente.

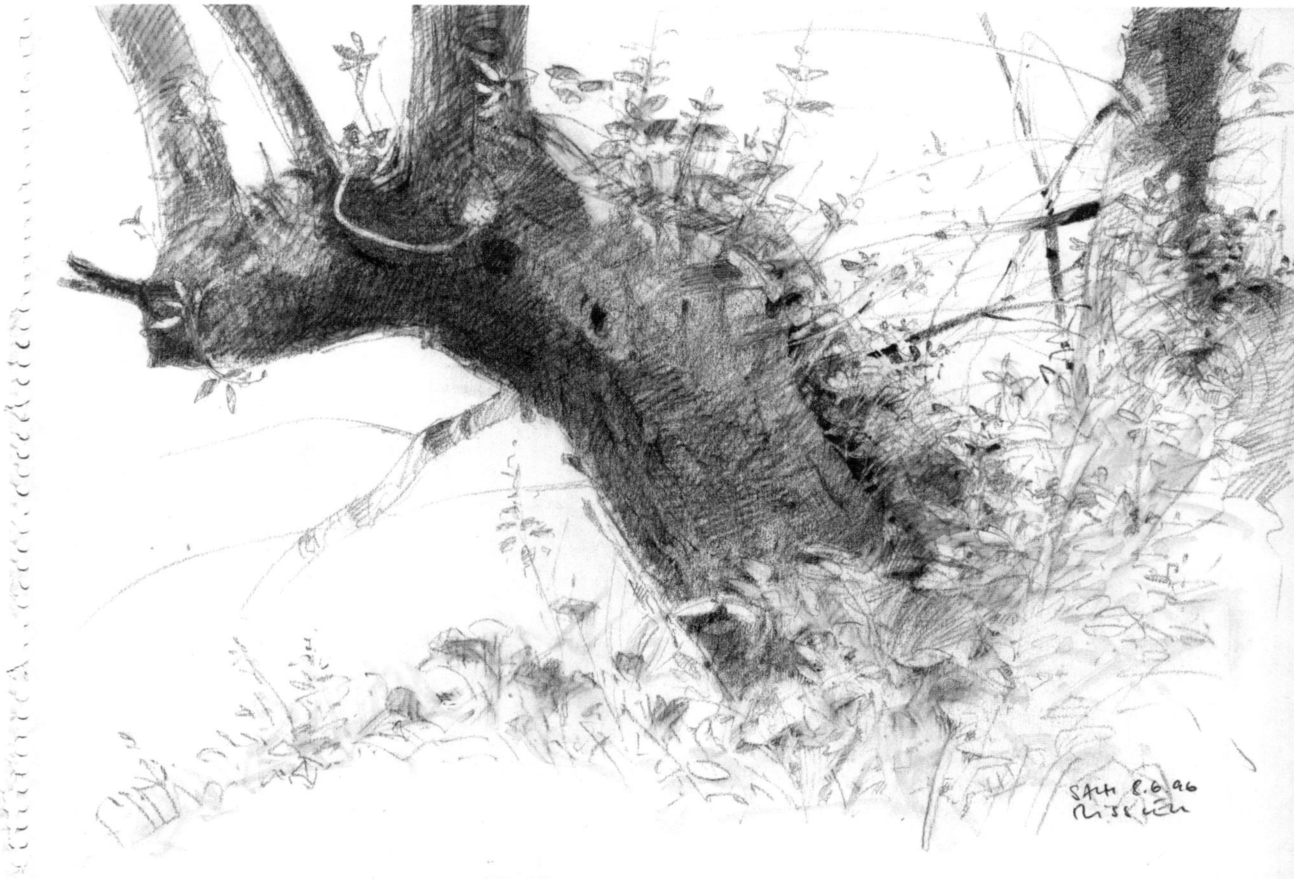
SAH 8.6.96

54

EL PUNTO MEDIO NO SIEMPRE ES DORADO Esa necesidad que se observa tan frecuentemente de colocar un motivo en el centro del formato, reduce el papel a un mero portador del dibujo. El formato del papel es parte de la impresión del conjunto y se tiene que mirar siempre en relación al dibujo. Esta relación figura-fondo, es

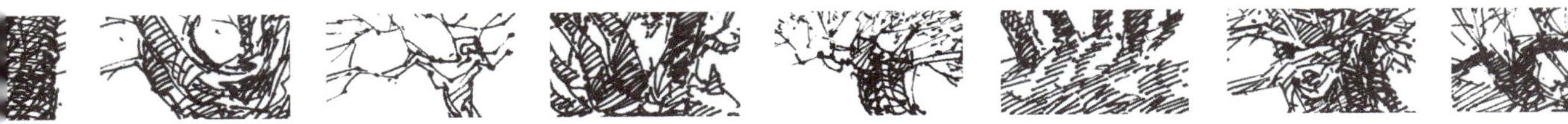

decir, la correspondencia entre el espacio negativo y las superficies cubiertas por el dibujo, se puede estudiar mediante pequeños bocetos de composición. Averigua qué relaciones entre superficies resultan aburridas y cuáles ganan tensión gracias a sus extremas diferencias. Aquí desempeñan un papel importante los efectos de luces y sombras. El contenido de la imagen no se debe olvidar; debe ir en simbiosis con el diseño. Lo importante que son todas estas consideraciones se puede comprobar en los aguafuertes de Rembrandt. ¡Muy instructivo! Ver también consejos 9, 10 y 59.

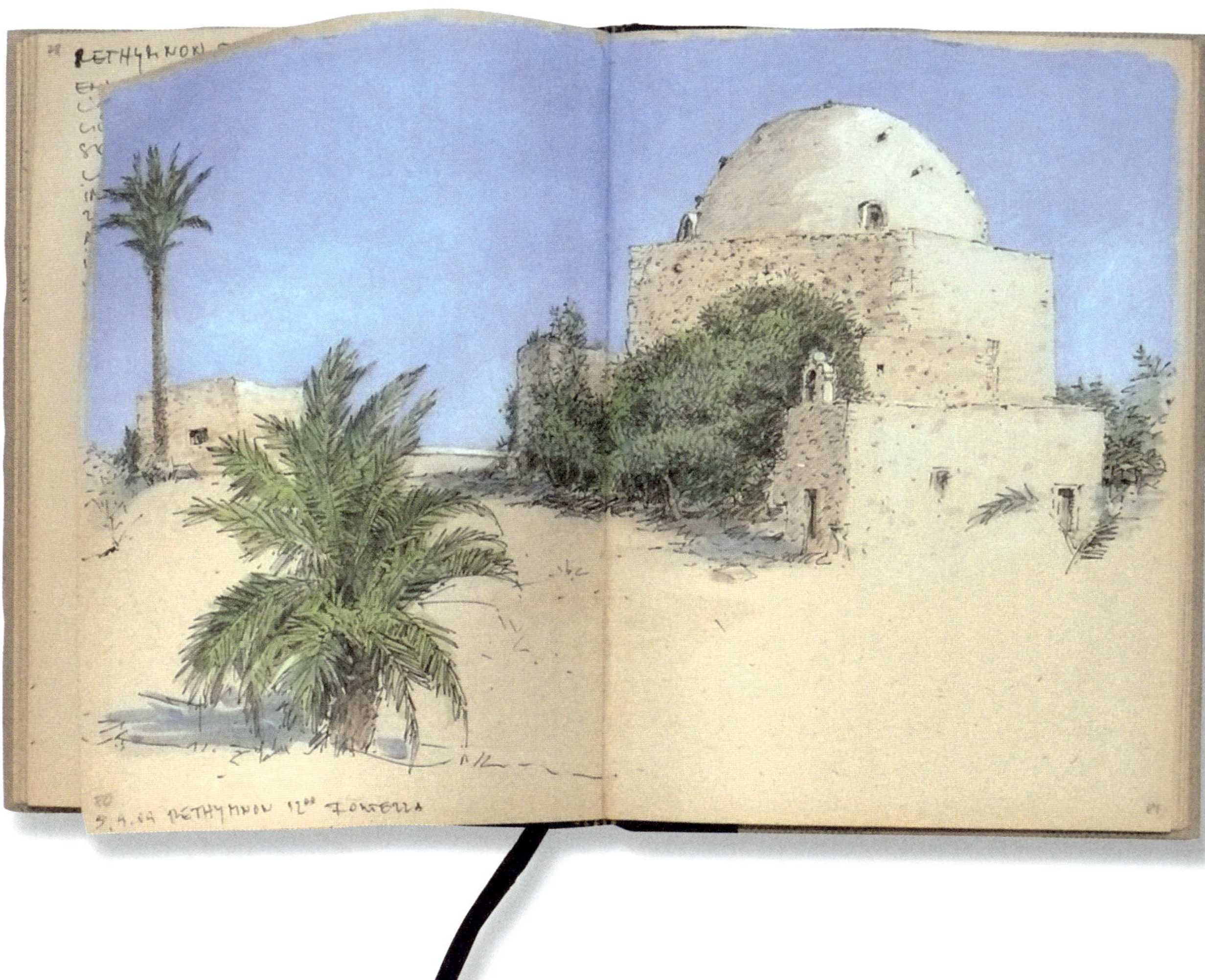
RETHYMNON
9.4.04 RETHYMNON 12°° FORTEZZA

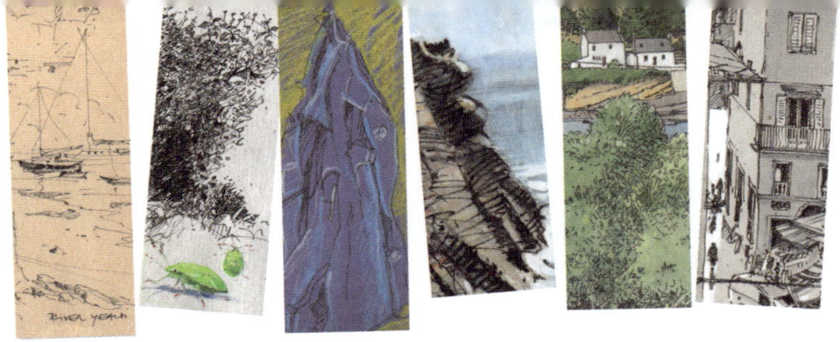

RECICLAR Un papel de bocetos de color arena no es mala elección para una excursión veraniega de dibujo en algún paisaje mediterráneo, si el tono del lugar está en sintonía con el del papel. Los papeles reciclados contienen trazas visibles de virutas de madera o pintura. Encontrar cuadernos así es cuestión de suerte. Una alternativa a comprarlos es encuadernar tu propio bloc. En casi todas las grandes ciudades hay cursos de encuadernación donde poder utilizar los papeles reciclados recopilados. O también puedes llevarlo a un encuadernador y que te haga un cuaderno de bocetos a medida y con encuadernación cosida personalizada.

En comparación con las hojas blancas, los papeles reciclados o con color tienen una gran ventaja: a partir del tono del papel se pueden realizar dibujos más rápidamente, al poder colorear tanto tonos claros como oscuros con lápices de colores, pintura blanca opaca y témperas.

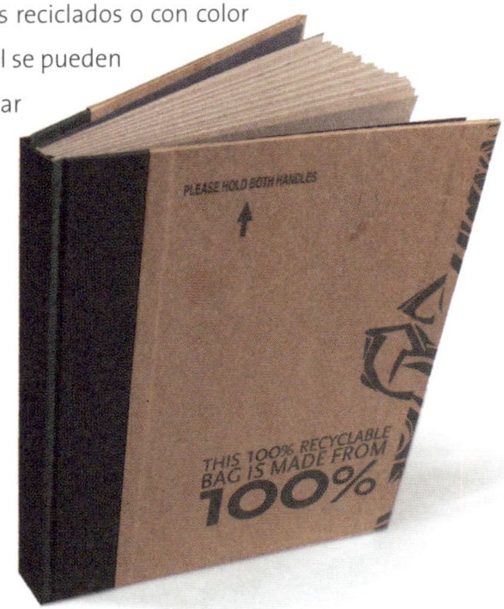

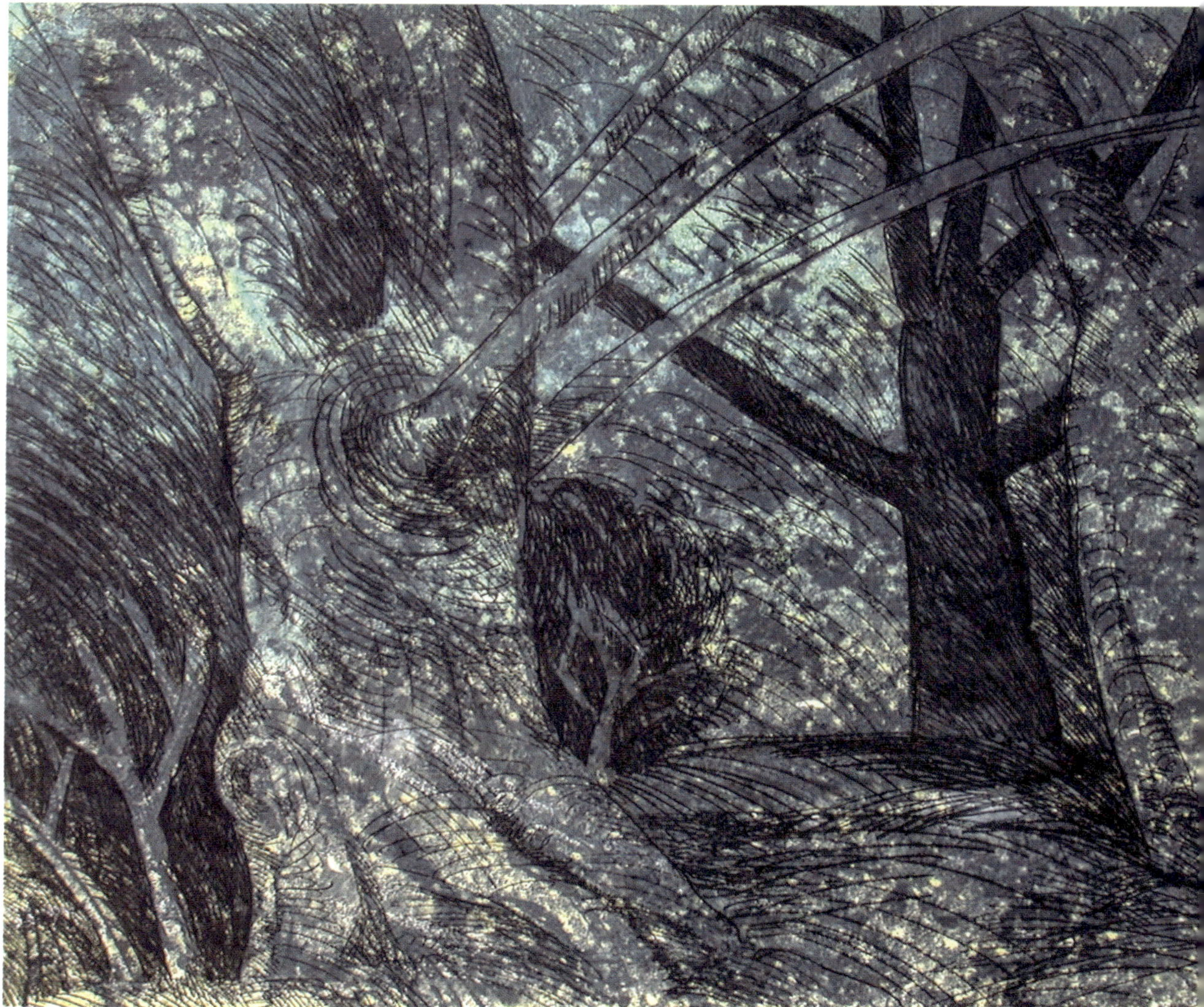

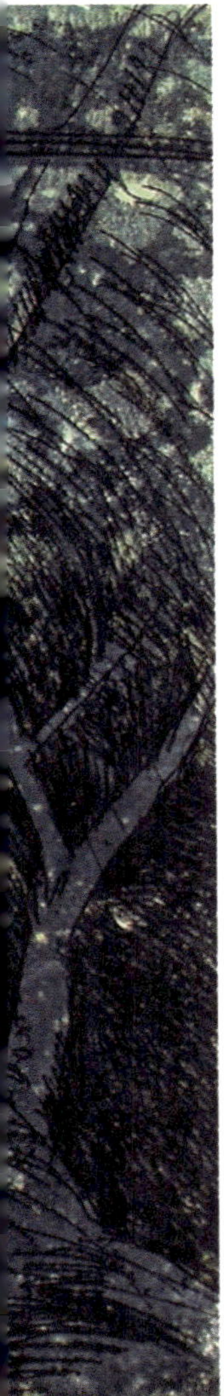

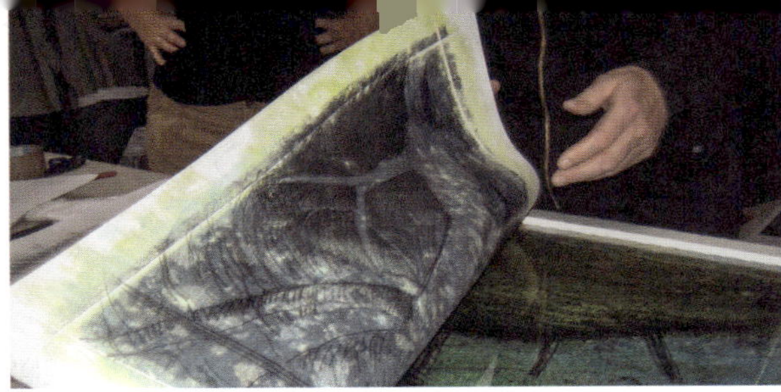

MONOTIPO ESGRAFIADO El procedimiento técnico del monotipo se puede explicar rápidamente: se coloca un papel, con mucho cuidado y sin ejercer presión, sobre una placa de vidrio pintada. Se dibuja sobre el dorso del papel (cualquier instrumento de dibujo es adecuado). En la cara de abajo queda el monotipo, es decir, una copia única. El resultado se puede ver cuando se despega el papel de la placa pintada. Los mejores efectos se consiguen con tintas de impresión ófset y un papel de imprenta muy fino. Buenos cilindros y dos placas de vidrio para extender uniformemente la pintura, garantizan una buena impresión. El ejemplo del profesor Jörg Osterspeys muestra que a partir de los monotipos se pueden desarrollar impresiones multicolor. Por cierto, salen siempre dos originales: el dibujo sobre el dorso del papel y la impresión en sí.

En las impresiones ófset hay que trabajar con disolventes. Hay alternativas pero no producen resultados de tanta calidad. Puedes experimentar con tinta de linóleo hidrosoluble o con acrílico. Por último, puedes agregar un retardante para evitar que la pintura se seque demasiado rápido.

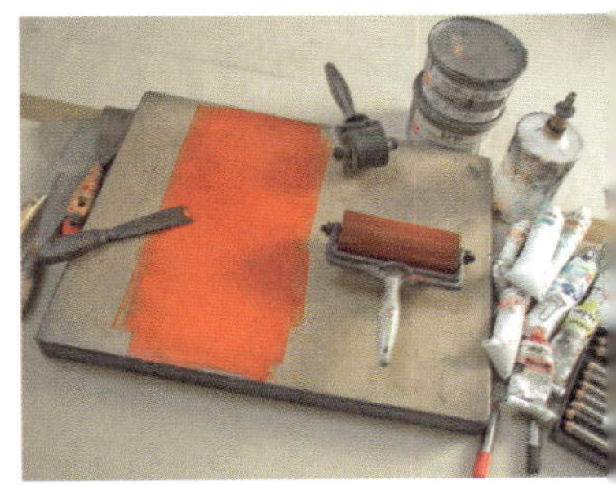

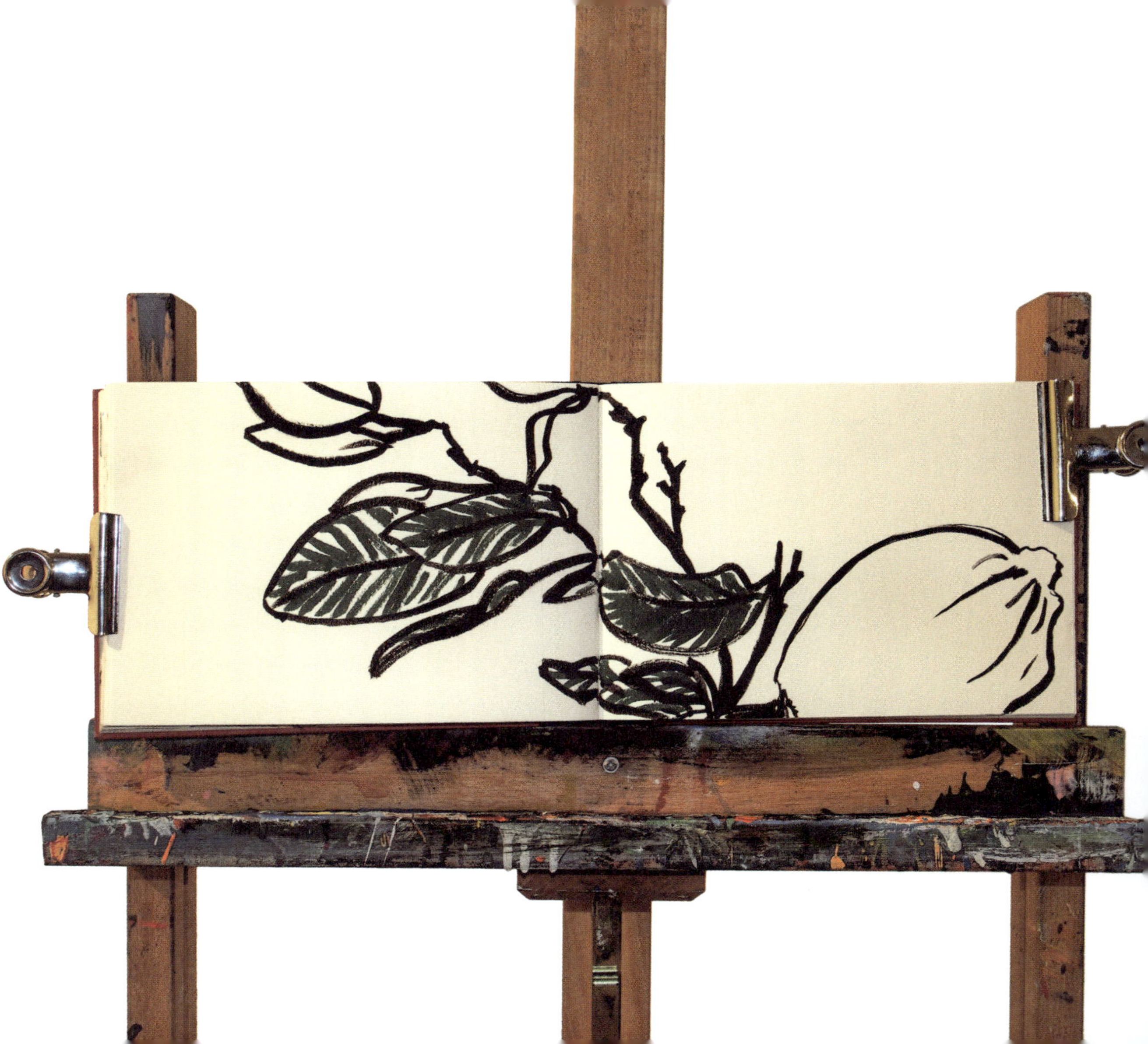

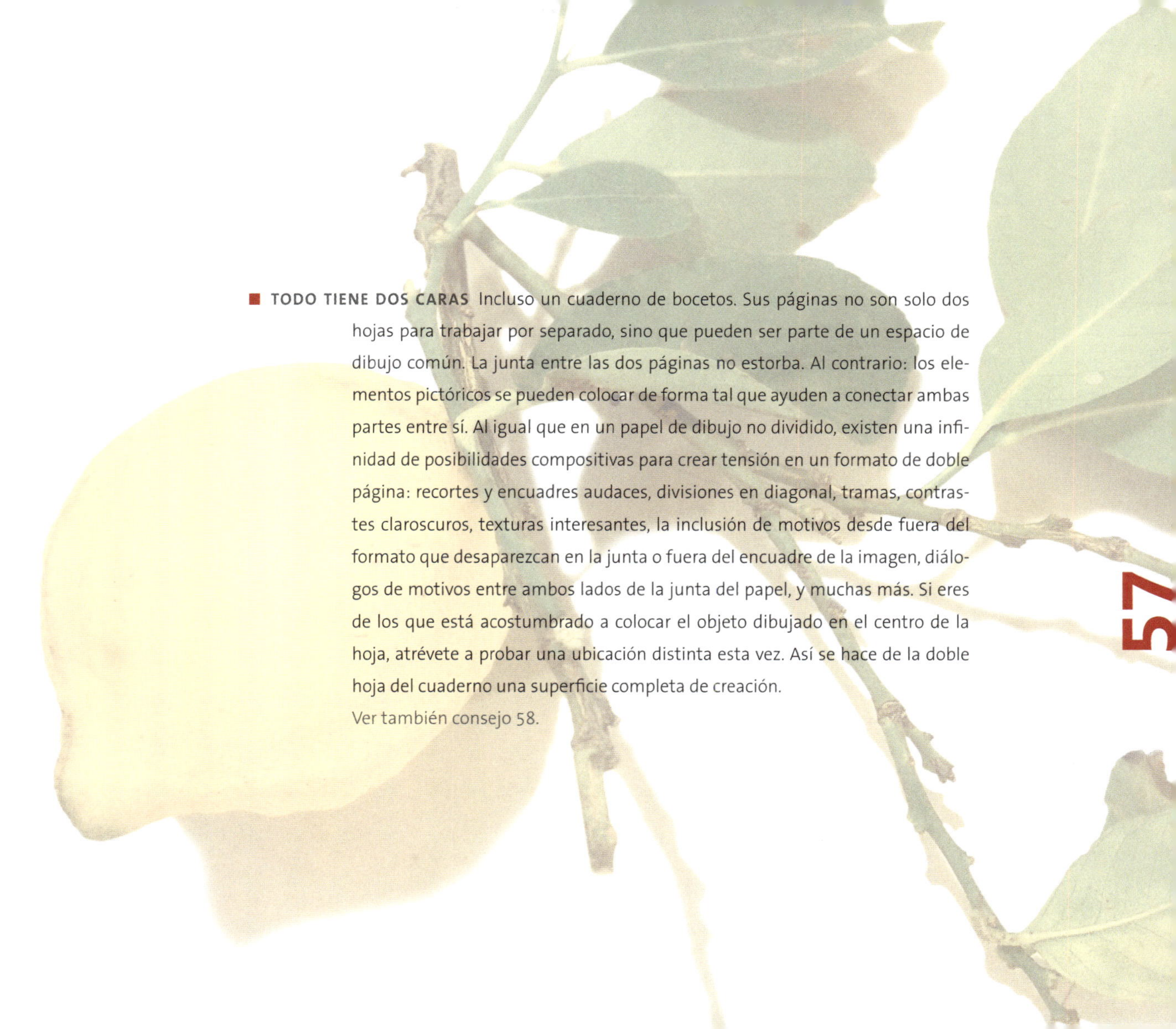

57

TODO TIENE DOS CARAS Incluso un cuaderno de bocetos. Sus páginas no son solo dos hojas para trabajar por separado, sino que pueden ser parte de un espacio de dibujo común. La junta entre las dos páginas no estorba. Al contrario: los elementos pictóricos se pueden colocar de forma tal que ayuden a conectar ambas partes entre sí. Al igual que en un papel de dibujo no dividido, existen una infinidad de posibilidades compositivas para crear tensión en un formato de doble página: recortes y encuadres audaces, divisiones en diagonal, tramas, contrastes claroscuros, texturas interesantes, la inclusión de motivos desde fuera del formato que desaparezcan en la junta o fuera del encuadre de la imagen, diálogos de motivos entre ambos lados de la junta del papel, y muchas más. Si eres de los que está acostumbrado a colocar el objeto dibujado en el centro de la hoja, atrévete a probar una ubicación distinta esta vez. Así se hace de la doble hoja del cuaderno una superficie completa de creación.

Ver también consejo 58.

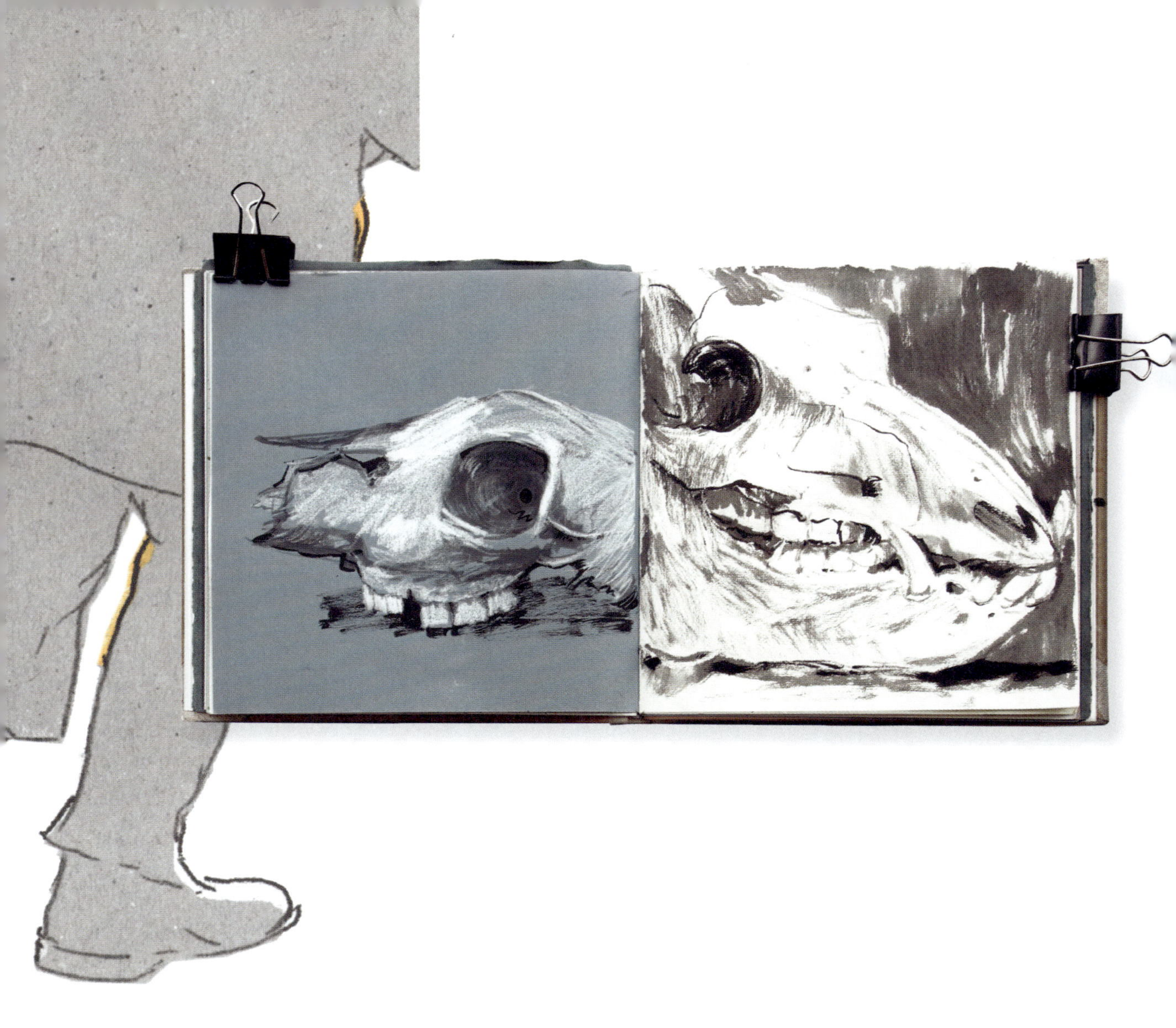

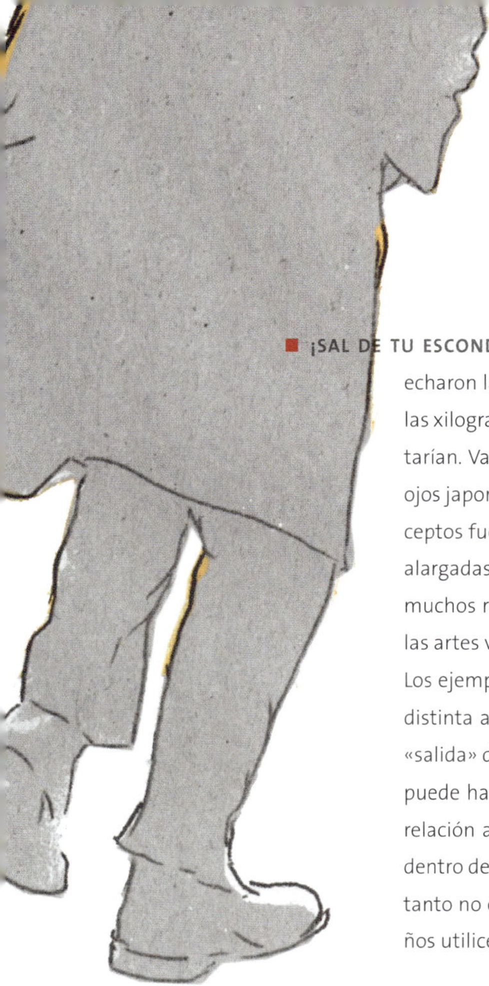

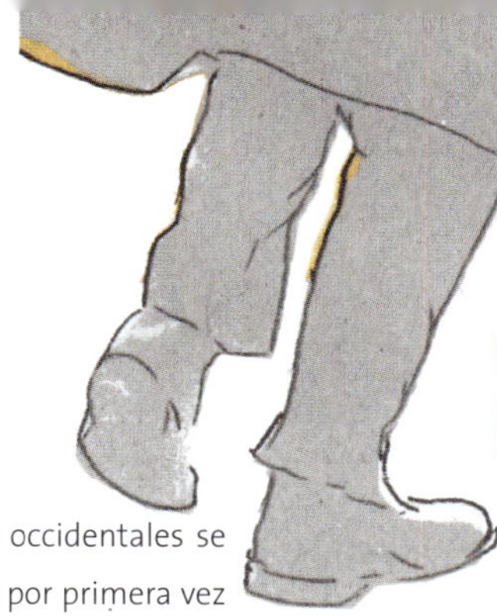

58

■ **¡SAL DE TU ESCONDRIJO!** Es fácil imaginar que muchos de los artistas occidentales se echaron las manos a la cabeza cuando a mitad del s.XIX vieron por primera vez las xilografías japonesas. «¿Cómo no se nos ha ocurrido a nosotros?», se preguntarían. Van Gogh escribía a su hermano Theo que en París solo se miraba con ojos japoneses. La composición japonesa era tan novedosa que este y otros conceptos fueron enseguida adoptados. Planos pictóricos bidimensionales, formas alargadas, tramas espaciales o audaces superposiciones fueron algunos de los muchos recursos de diseño aprendidos y que que aún hoy se utilizan en todas las artes visuales.

Los ejemplos en estas páginas enseñan cómo componer una imagen de forma distinta a la habitual. A través del uso de contornos duros, con la «entrada» o «salida» de un motivo o con texturas superficiales contrastantes, entre otras, se puede hacer el dibujo no solo formalmente más interesante, sino también en relación al contenido que se quiere transmitir. No hay que representarlo todo dentro del formato: algunas cosas quedan fuera y dan alas a la imaginación. Por tanto no es ninguna sorpresa que, por ejemplo, los ilustradores de libros de niños utilicen también este tipo de recursos. Ver también consejos 57 y 65.

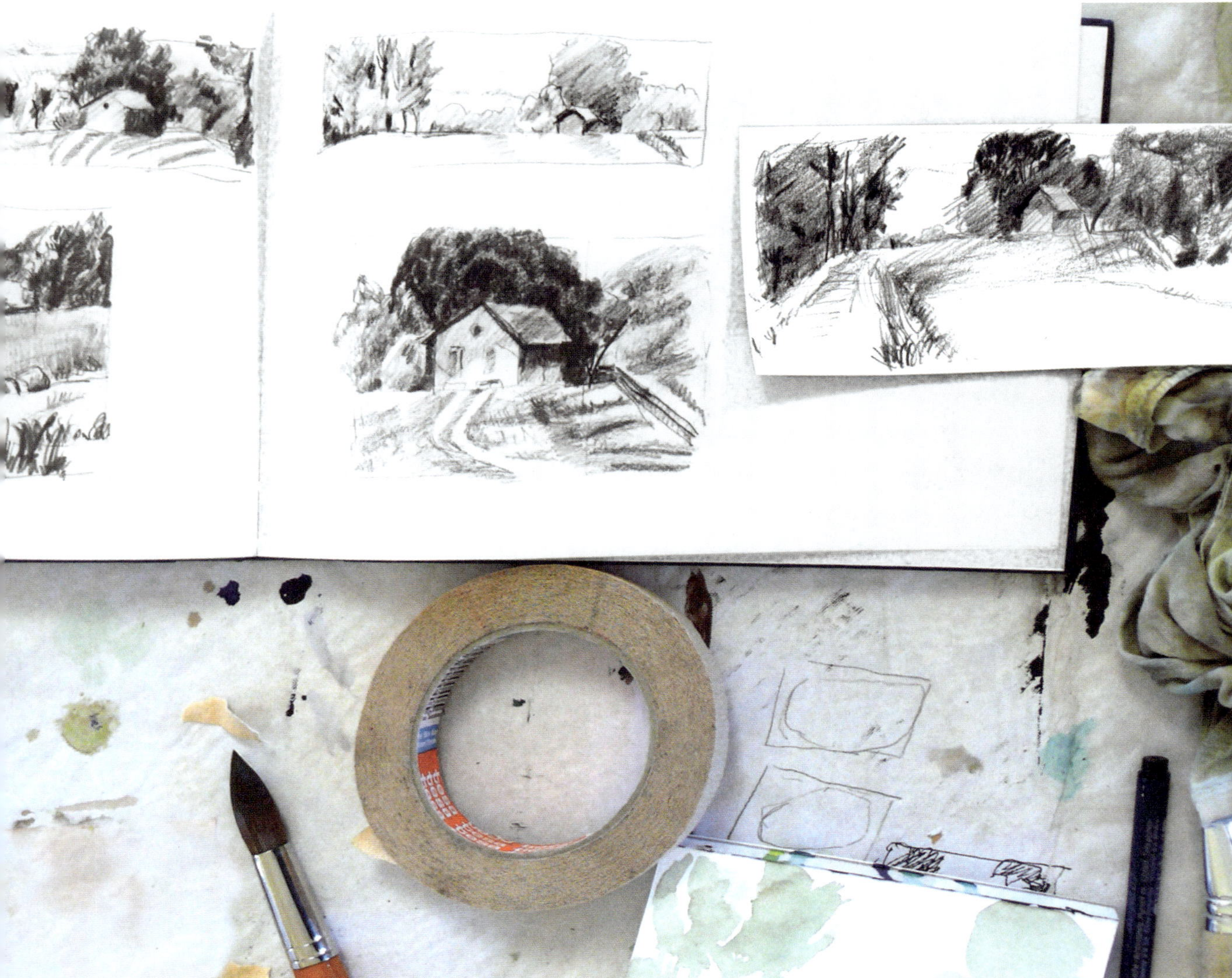

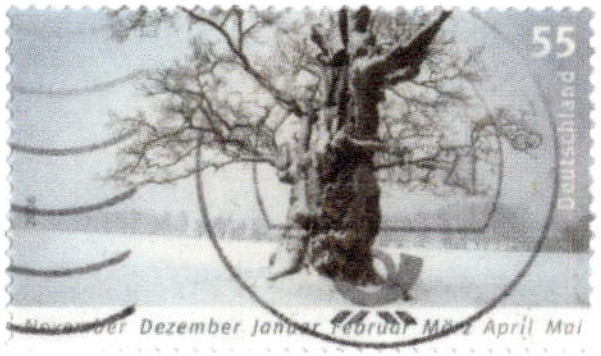

59

■ **DIBUJAR SELLOS** Cada dibujo necesita una estructura. Constrúyela con anticipación: haz bocetos de la composición del tamaño de un sello, antes de empezar un dibujo de gran formato desde la esquina superior izquierda y darte cuenta —con sorpresa— de que no puedes resolverlo con el espacio del que dispones. Además, así se aclara rápidamente la estructura de la imagen, que te servirá para orientarte en el papel más grande. Es práctico documentar estos intentos compositivos en tu cuaderno de bocetos. Así estarán siempre disponibles para poder consultarlos. También puedes fotografiar distintas opciones con la cámara digital. Guarda las distintas alternativas y compáralas entre ellas. De esta forma entrenarás tu instinto para estructuras compositivas interesantes.

Ver también consejos 9, 10 y 54.

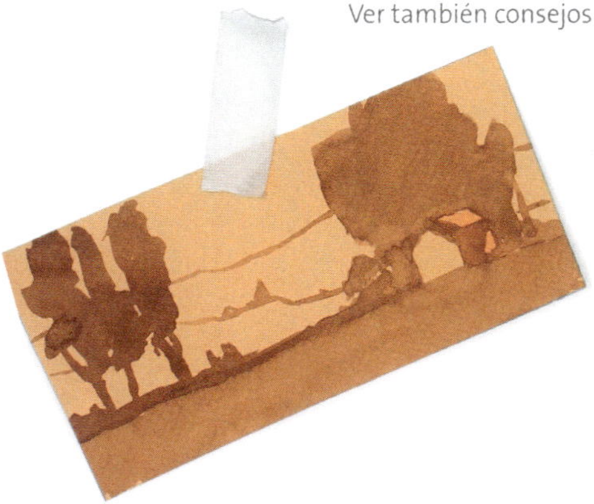

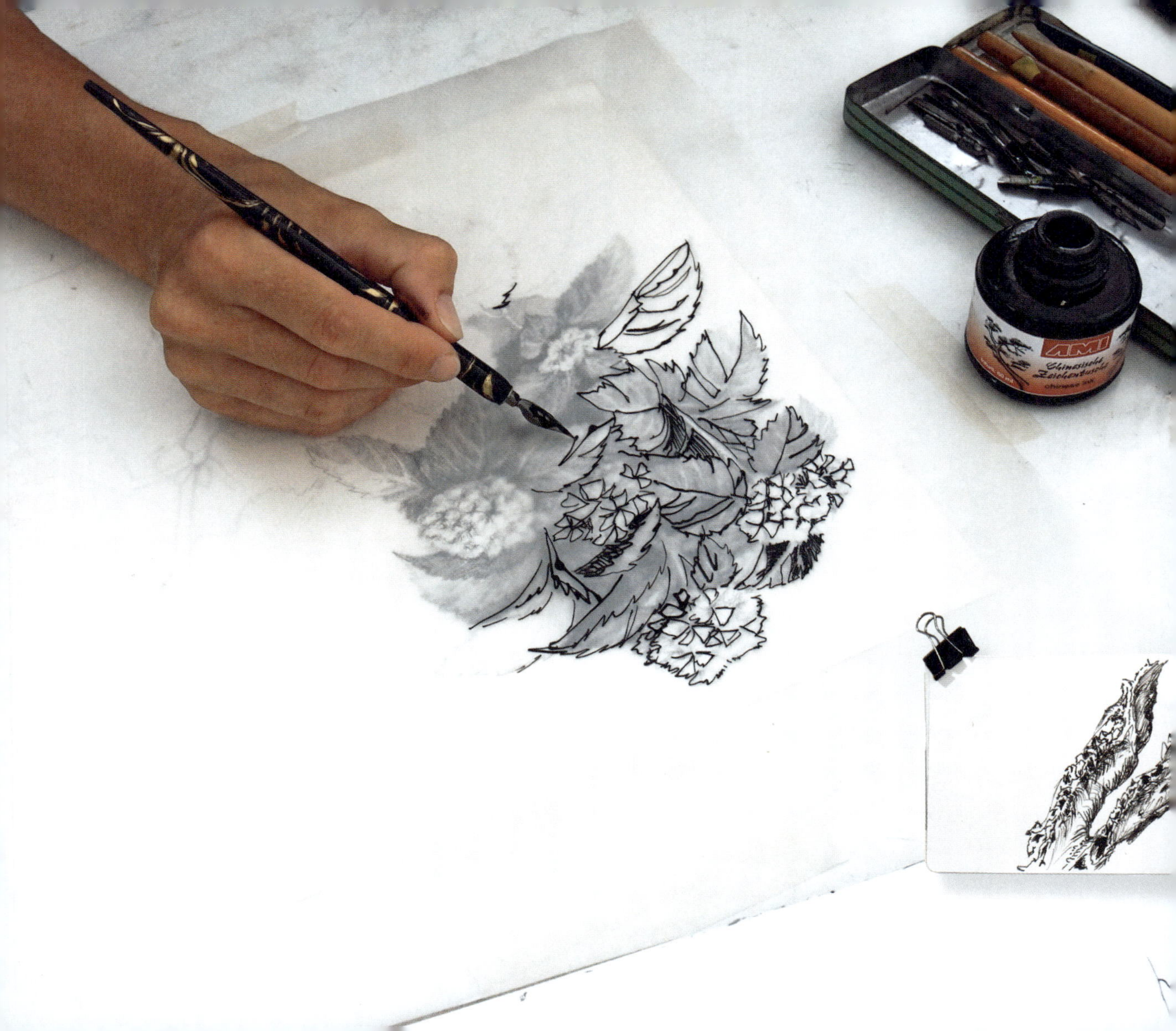
AMI

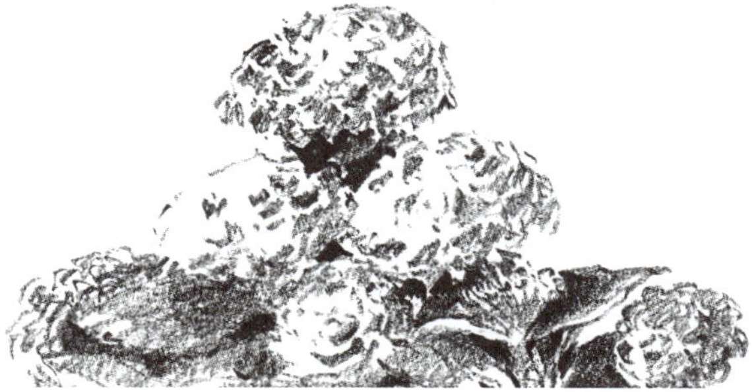

09

CON TRANSPARENCIA Toma de entre tus dibujos uno que consideres que podría haber sido más espontáneo. Coloca sobre este trabajo un papel translúcido que no sea muy fino y fija ambas hojas con cinta adhesiva.

No utilices ninguna foto como plantilla. La razón es que en un objeto dibujado ya te has «reconocido»; no te es ajeno. Esto es una ventaja que no hay que desestimar, ya que puede dar más espontaneidad a tus dibujos.

Con instrumentos de dibujo que «fluyan» bien podrás seguir la plantilla que tienes bajo el papel translúcido. Cuanto más rápida y despreocupadamente lo hagas, mejor. Trata de averiguar con qué lápices o bolígrafos te sale mejor. Cuando después de algunos intentos estés contento con los resultados, puedes probar a hacerlo sin ayuda del papel transparente.

Con un método similar puedes probar cómo quedarían tus dibujos al aplicarles color. Coloca de nuevo una hoja de papel translúcida sobre tu trabajo y colorea las partes deseadas.

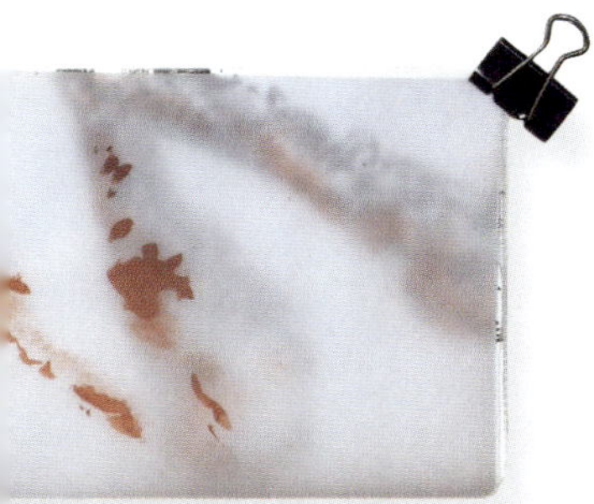

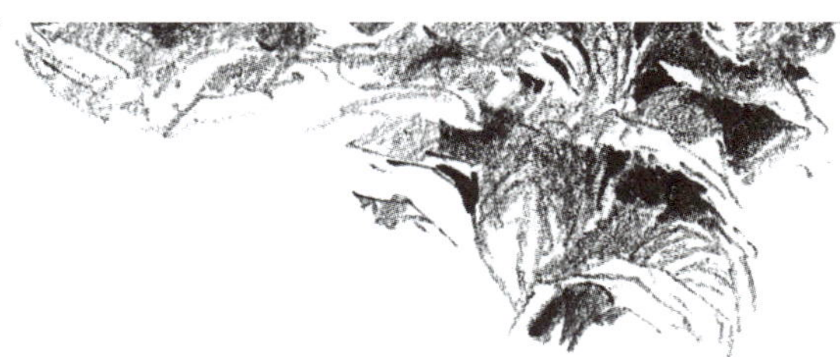

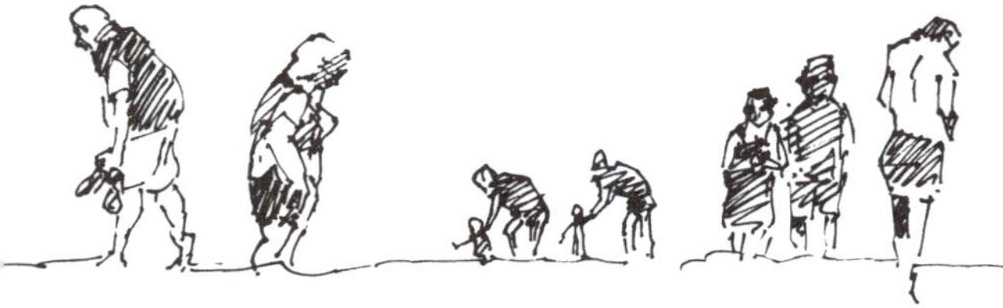

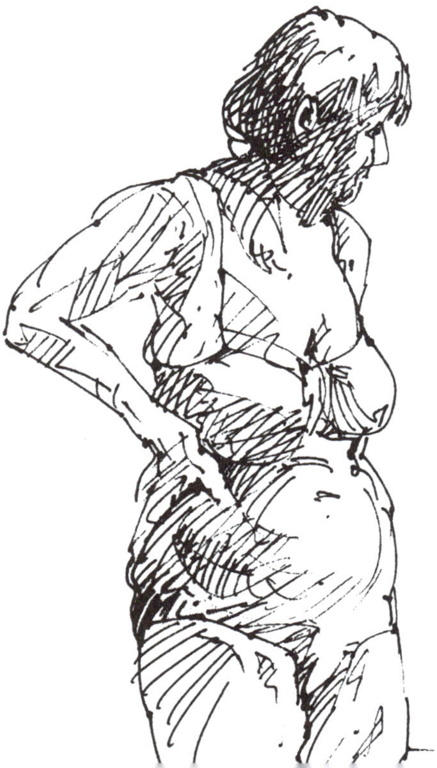

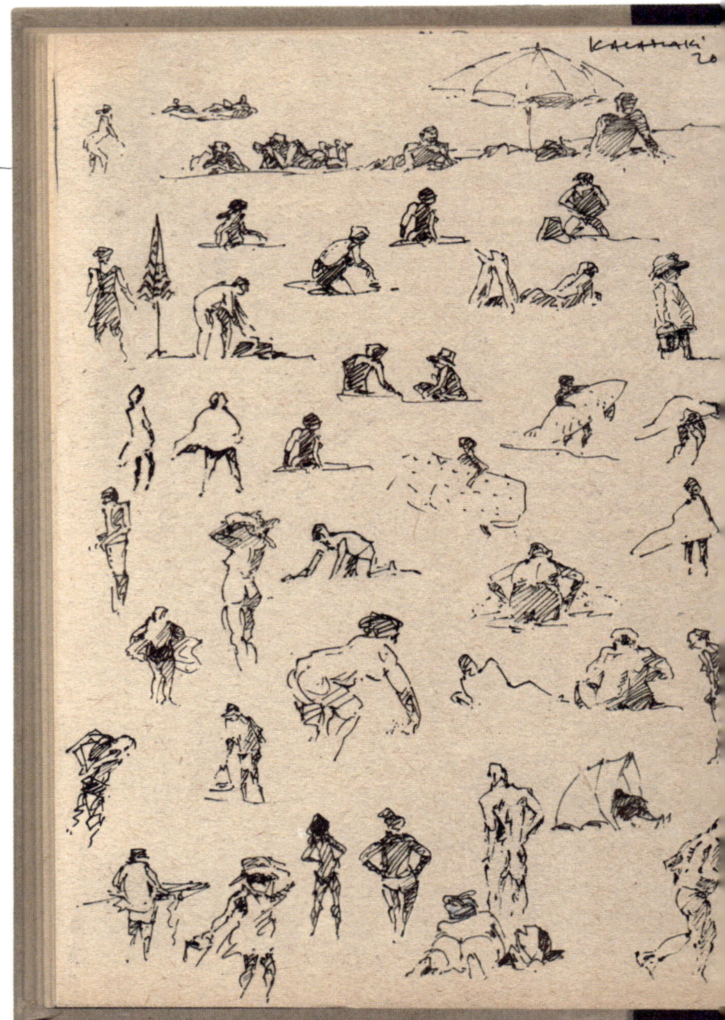

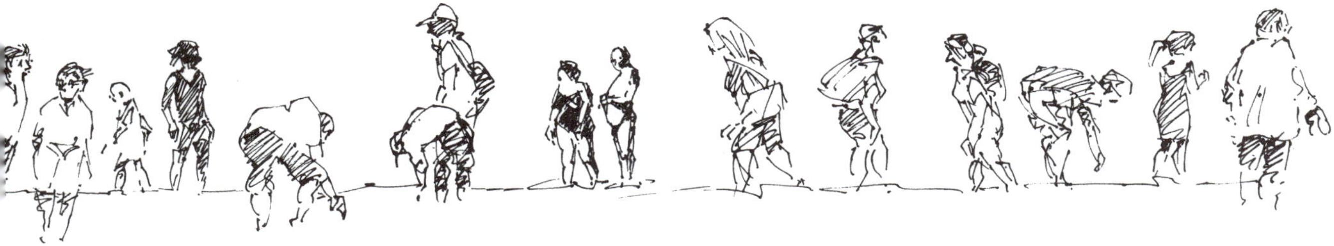

LA REINA DE LAS DISCIPLINAS de las artes visuales es el dibujo. Y la coronación es la representación del cuerpo humano. La necesidad de dominar su anatomía es tan antigua como el arte mismo. Y no es fácil.

Los niños empiezan temprano a dibujar personas, los jóvenes se esfuerzan en dibujarlas en cómics, los adultos lo hacen en clases de dibujo en academias y centros de formación, así como en innumerables grupos de dibujo independientes.

En estos grupos se organizan a menudo ejercicios muy cortos, de apenas unos minutos, en los que el modelo permanece en una pose o incluso se mueve. Dibujar así puede ser verdaderamente frustrante pero es uno de los mejores ejercicios que puedes hacer. Los aprendizajes visuales que se extraen son mucho más importantes que lo que se ve en el papel, así que saca partido al dibujo del natural siempre que tengas la oportunidad. Evita dibujar copiando fotos. ¡Dibuja en vivo! Más adelante, cuando te sientes en la playa con gafas de sol, un sombrero calado hasta la frente y un cuaderno de bocetos para dibujar a los veraneantes, te beneficiarás de ello. Lo mejor es usar lápices que puedan seguir la mano con velocidad.

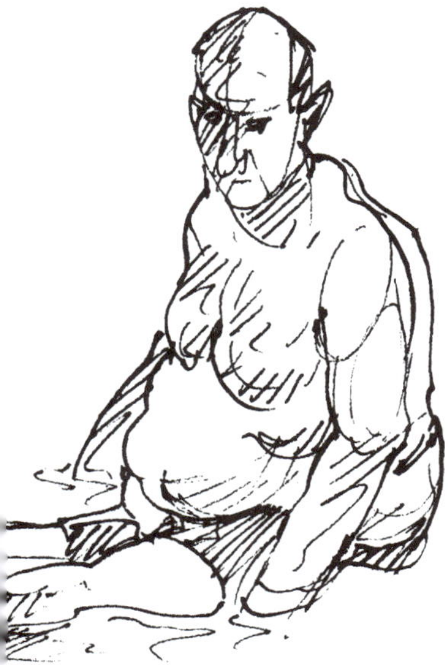

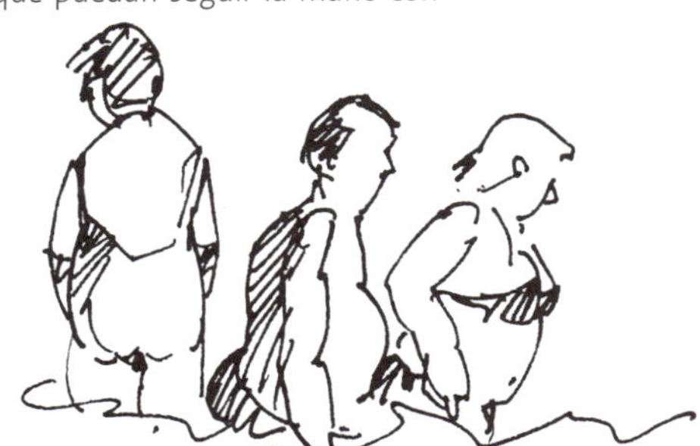

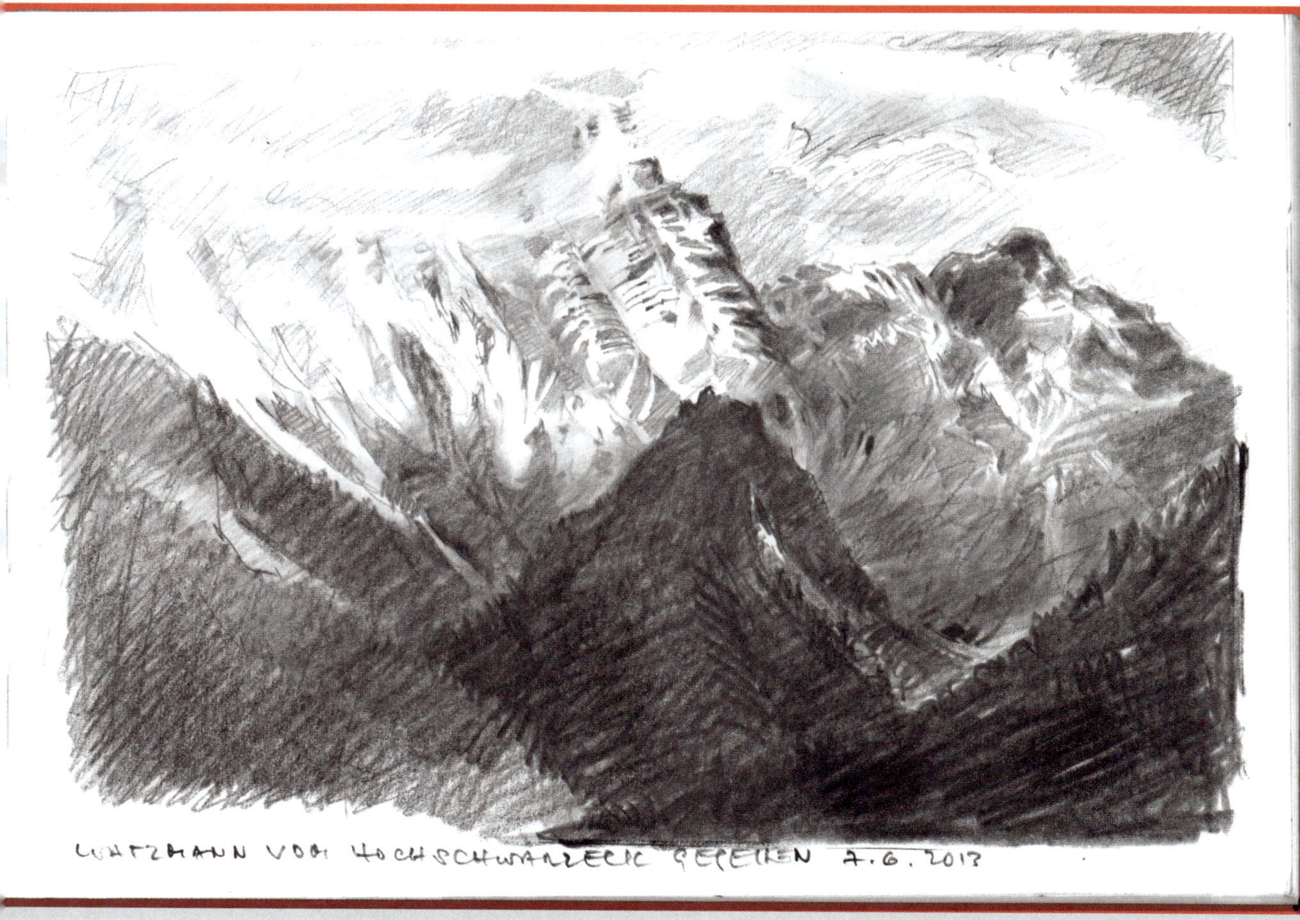
WATZMANN VOM HOCHSCHWARZECK GESEHEN 7.6.2013

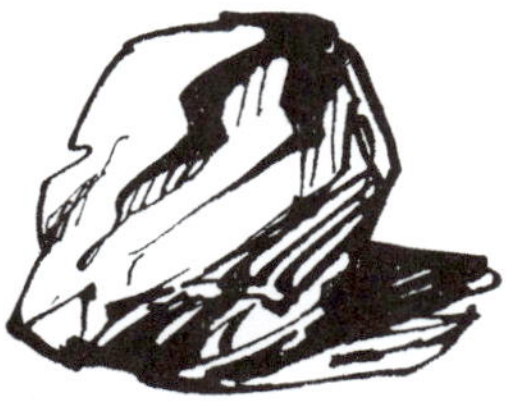

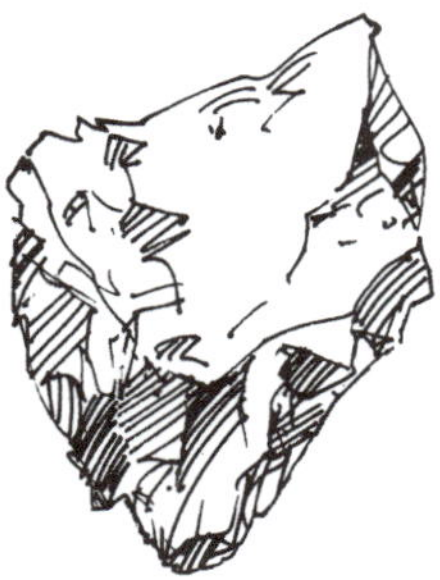

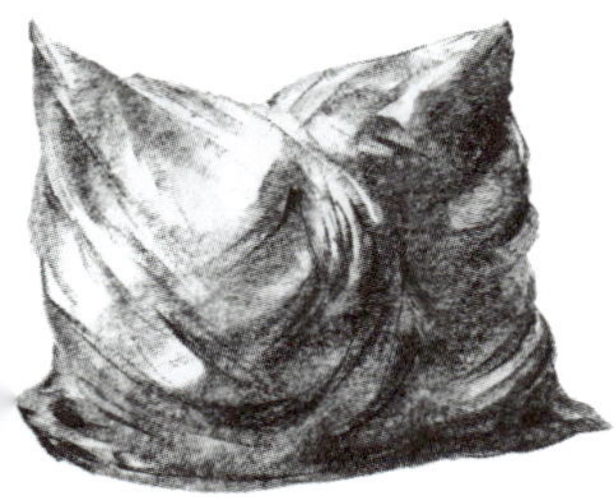

PLIEGUES POR TODAS PARTES Si estás interesado en aprender a dibujar pliegues de tejidos, es imprescindible empezar por los valores tonales. Observa con atención las suaves transiciones de claro a oscuro y las sombras que tienen un contorno definido. Esta diferencia funciona especialmente bien cuando, por ejemplo, alumbras una tela blanca lisa con una luz brillante.

Dibuja con lápices muy blandos: lo mejor es un 8B. Los contornos se producen únicamente a través del contraste entre diferentes valores tonales. Las pocas líneas auxiliares que utilices para construir el objeto desaparecerán al aplicar el primer valor tonal.

Dominar el dibujo de pliegues sin líneas de contorno hará que el dibujo de motivos similares sea mucho más sencillo. Más adelante, cuando te sientes frente un telón rocoso en la costa o en la montaña, te beneficiarás de ello. También te saldrá mejor el modelado de un desnudo o un retrato sin hacer líneas de contorno duras entre los valores tonales.

Mirar y dibujar superficies es importante: podrás llegar a dominar las sombras usando un estilógrafo, bolígrafo o cualquier otro instrumento de dibujo lineal.

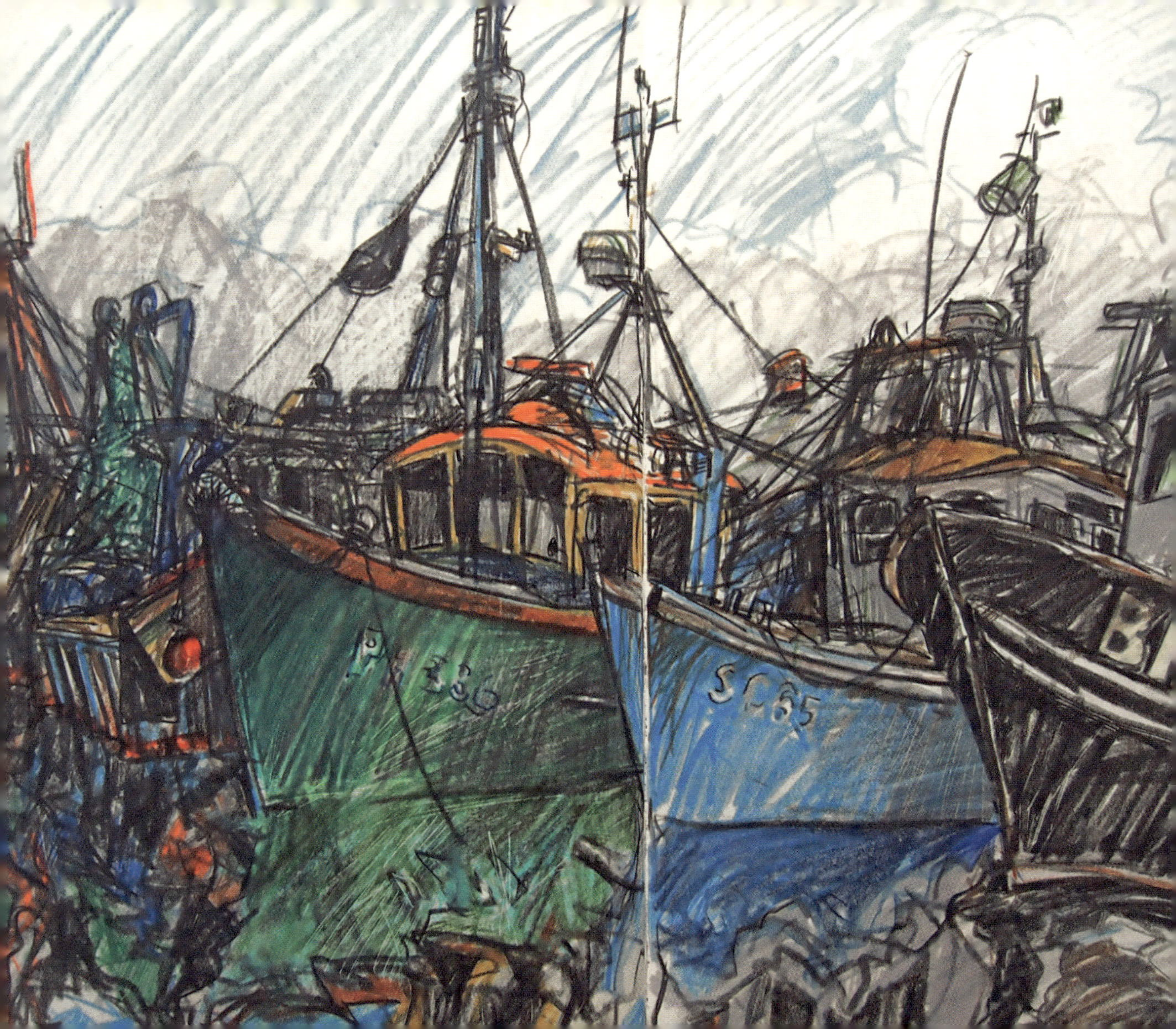
SC65

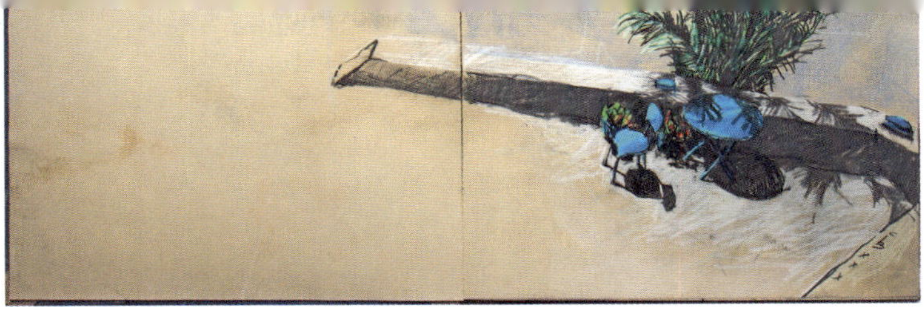

NO SOLO PARA CRÍOS Los lápices de colores forman parte del equipamiento estándar de cualquier estuche escolar. Pero pueden desplegar toda su magia en la mano de un dibujante profesional. Los dibujos del cuaderno de mi antiguo alumno Christian Barthold lo demuestran espectacularmente.

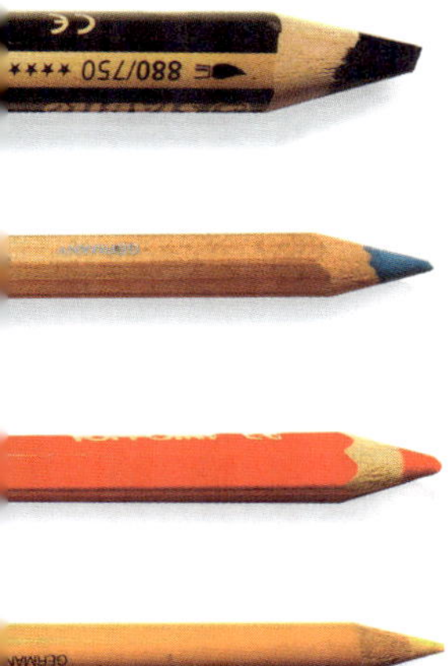

La oferta de lápices de colores es abrumadoramente grande. A la hora de elegir, debe estar claro para qué tipo de dibujo se van a utilizar. Los hay desde muy blandos hasta bastante duros. Estos últimos son perfectos para pequeños formatos y para anotaciones precisas. Todos los tipos se pueden mezclar entre sí. Y por experiencia: dibuja siempre con el lápiz duro sobre el blando. La calidad del papel también es determinante. Si es demasiado blando, el papel se «cansa» rápidamente. Sobre un papel demasiado duro la mina del lápiz no tiene buen agarre.

Por lo general, los lápices de colores están recubiertos de madera. Se sujetan mejor los lápices gruesos, cuyas minas pueden ser de hasta 10 mm de grosor. Algunos de ellos se pueden pintar muy bien con agua. Cuando solo tienen la mina, se les llama lápices sin madera. Si tienen sección cuadrangular, se pueden usar muy bien tanto el canto como la superficie plana para dibujar.

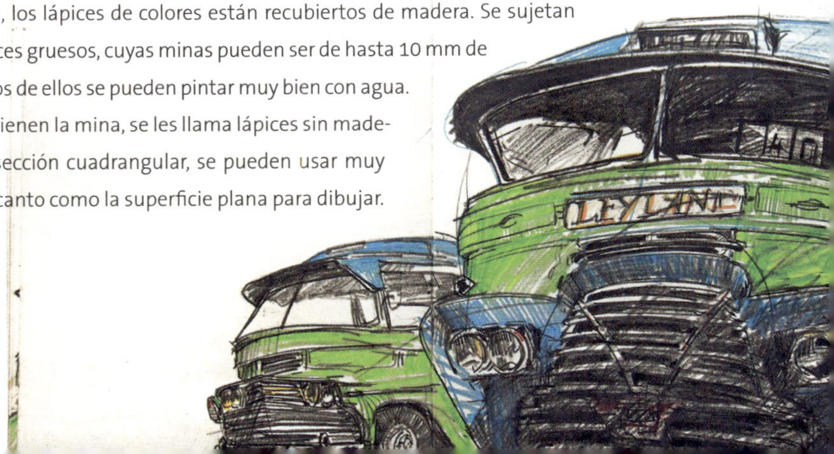

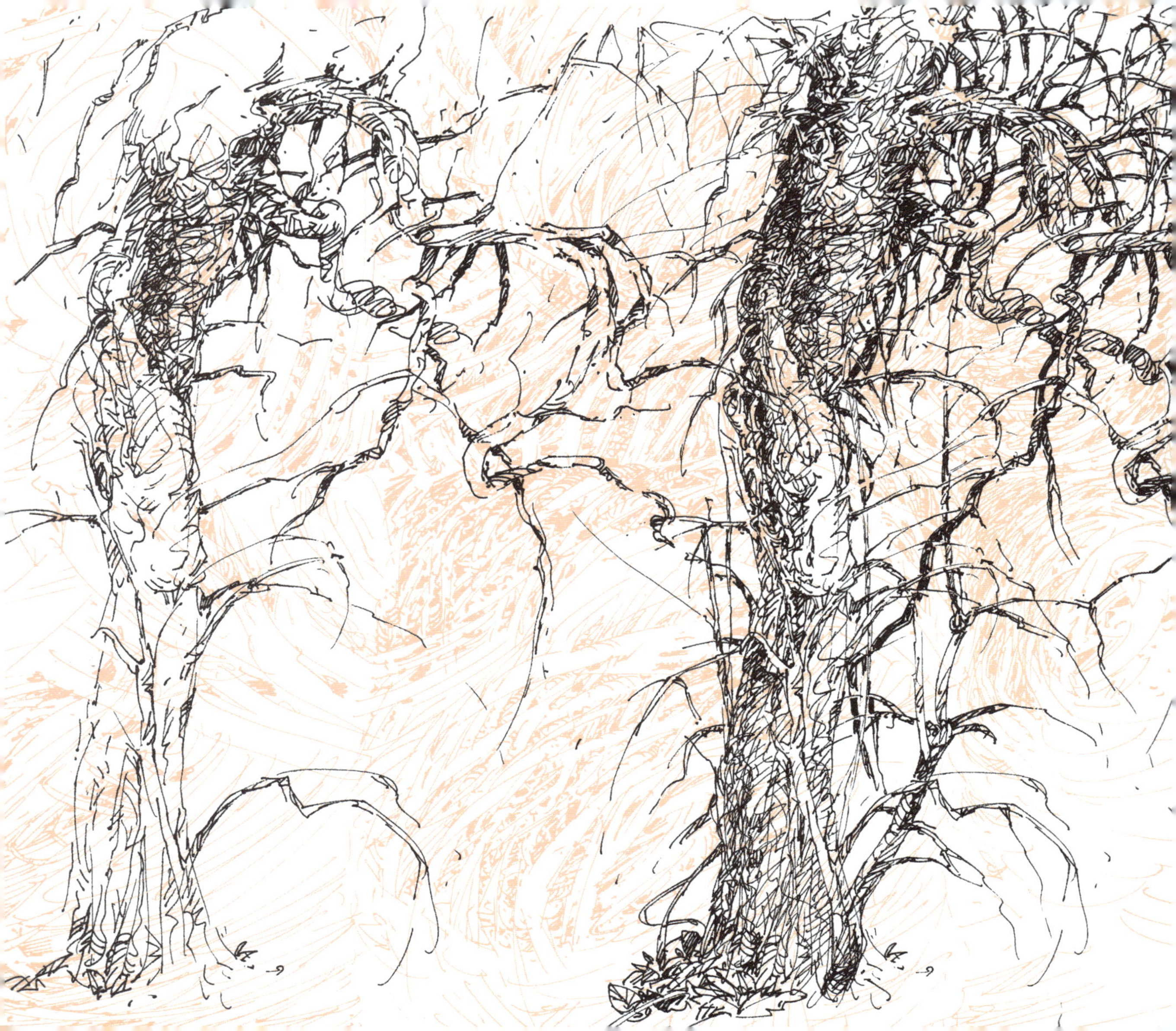

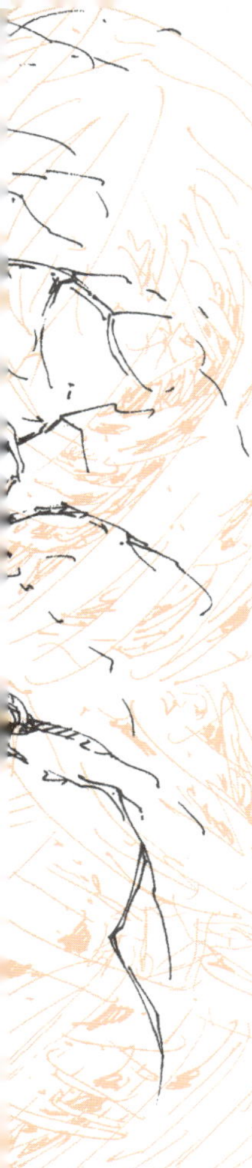

CAPACIDAD DE ALMACENAMIENTO Cuando dibujas mucho en la naturaleza, vas creando una especie de herbario que se almacena en tu disco duro cerebral y que puedes descargar en cualquier momento. Es un repertorio formal que facilita cada vez más el dibujo *in situ* y que ayuda a dirigir la mano sobre el papel sin tener que pensar demasiado. Cuando el trazo «fluye» y el dibujo se desarrolla sin tensiones, se llega a sentir un disfrute incomparable. Y si además consigues despegarte del motivo, resulta aún más satisfactorio.

Tras acumular algo de experiencia, comprendes que no eres esclavo del motivo. Tú diseñas tu imagen como te parezca. Con el material acumulado en tu cabeza, incluyes lo que le viene bien al dibujo y dejas fuera lo que sobra. Es tu dibujo, tú creas *tu* imagen.

Dibujar formas de la naturaleza sin estar delante de ellas es un desafío. En los resultados podrás ver hasta qué punto el entrenamiento visual en la naturaleza da sus frutos. Cuanto mejor eduques el ojo *in situ*, más libertad sentirás para interpretar las formas naturales después. Esto se refleja en cada una de las líneas.

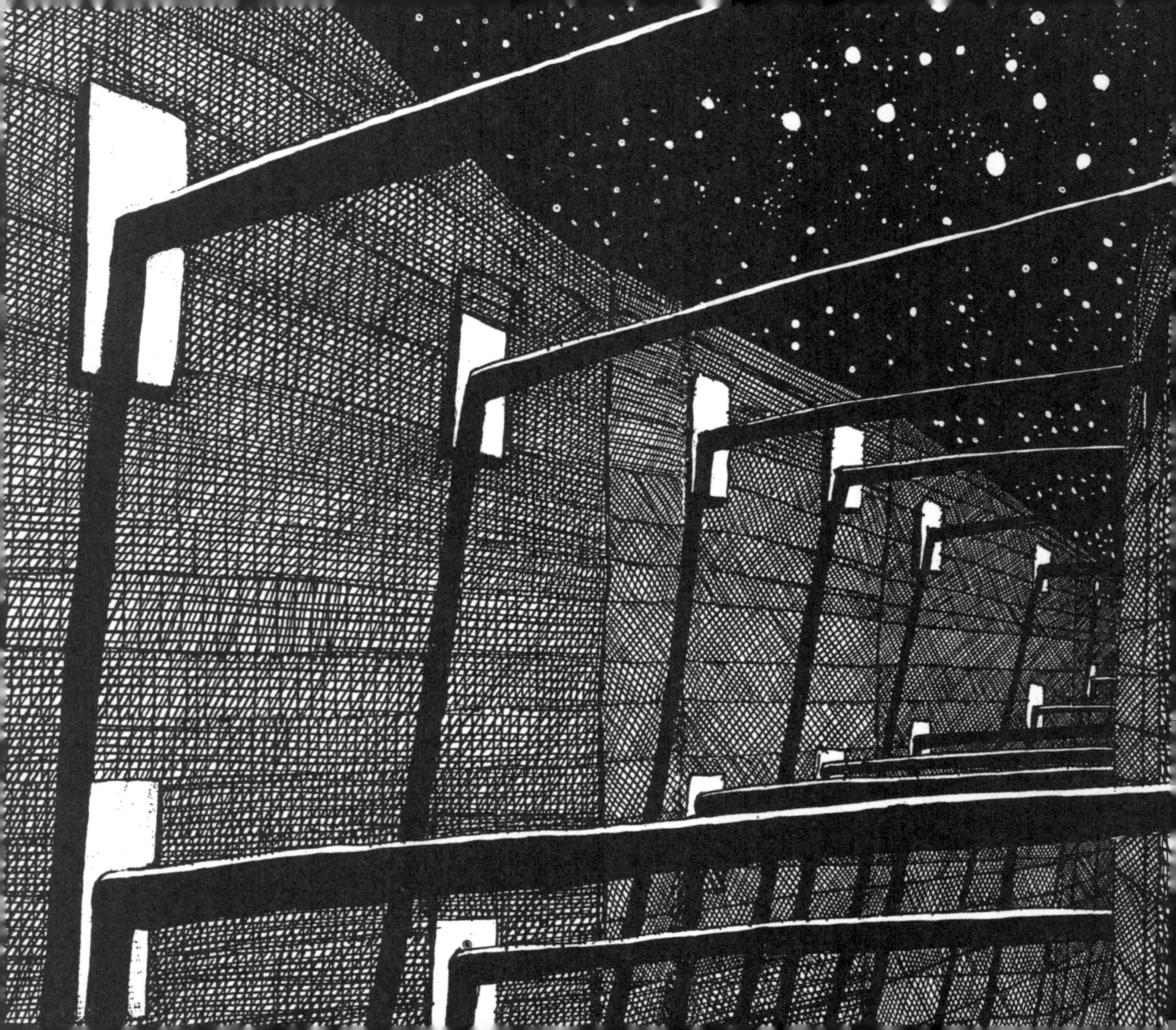

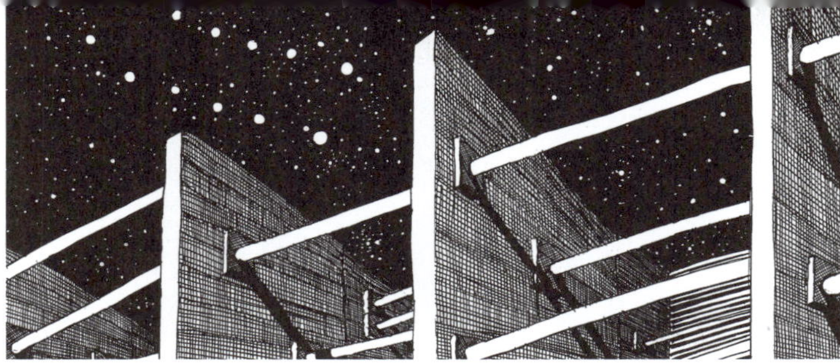

■ **INFLUJO DESDE EL LEJANO ORIENTE** Vienes de hacer compras. Descubres que los productos están envueltos en xilografías japonesas —originales de gran calidad artística. Empiezas a coleccionarlas. Tú y tus colegas artistas estáis tan fascinados con los trabajos que adoptáis conceptos pictóricos que hasta ahora os eran desconocidos. Eso deviene un influjo que pone patas arriba la escena artística.

Esto es lo que ocurrió en 1870. Hacer arte siguiendo el modelo japonés se convirtió en el «último grito». Y resuena hasta el día de hoy. El entramado del espacio pictórico es uno de los conceptos visuales que pintores, dibujantes de cómics, ilustradores, dibujantes, fotógrafos y filmadores siguen utilizando hoy en día. El artista Jörg Hülsmann es uno de ellos. Nos lo muestra en su magnífico trabajo sobre el libro de Italo Calvino «Las ciudades invisibles». La palabra mágica es japonismo. ¡Búscala!

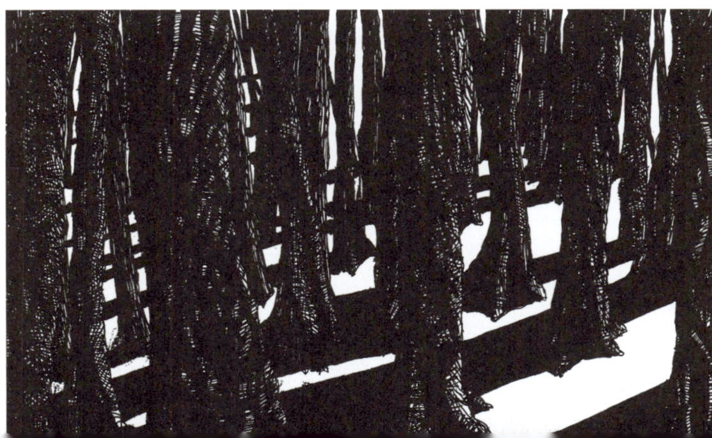

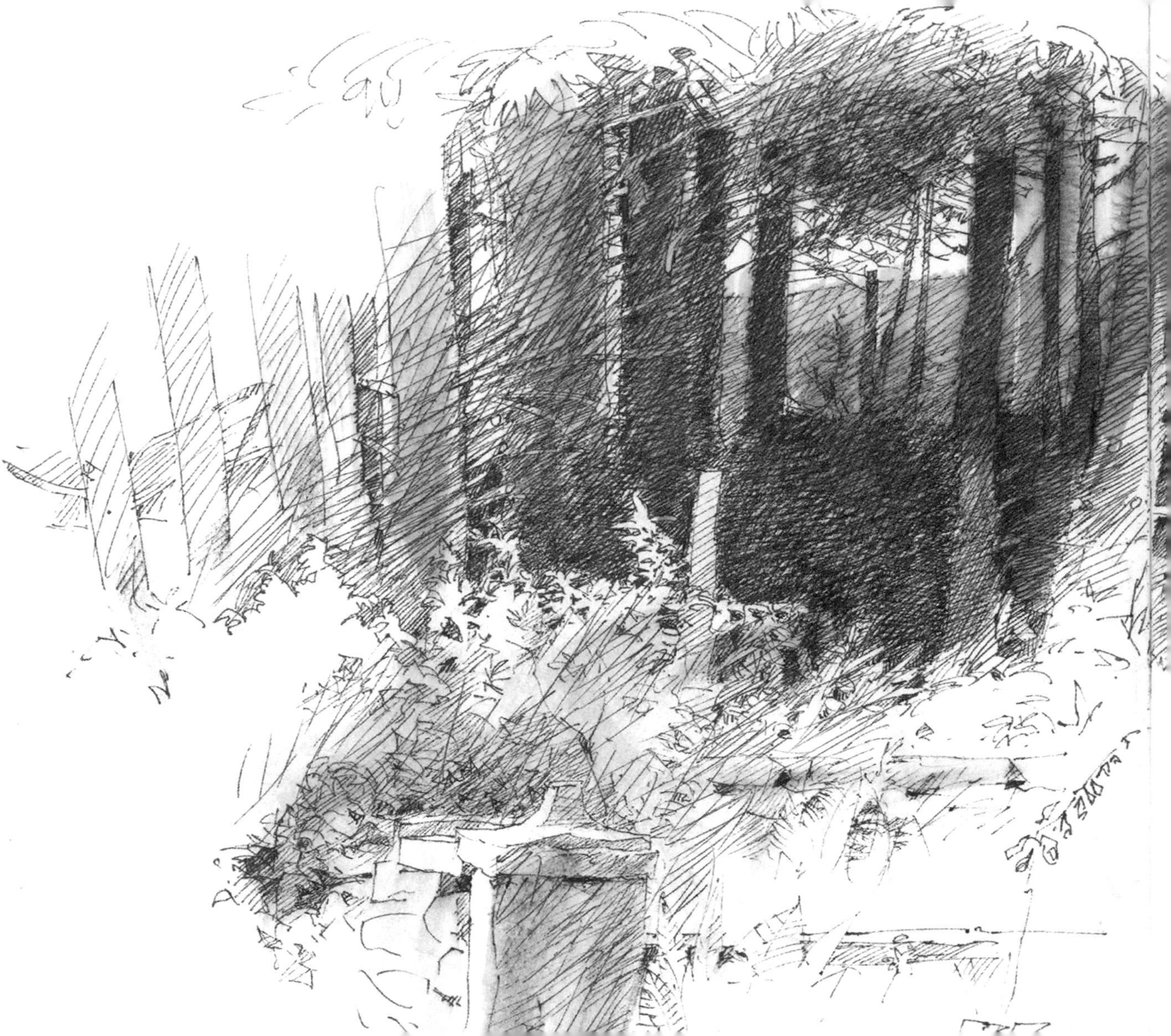

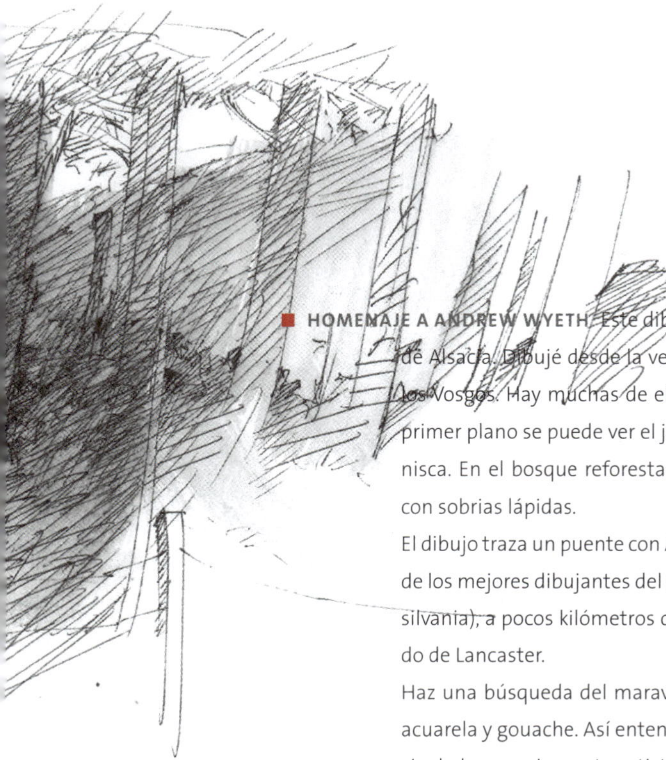

HOMENAJE A ANDREW WYETH Este dibujo proviene de uno de mis cuadernos de bocetos de Alsacia. Dibujé desde la ventana de una granja menonita en la cordillera de los Vosgos. Hay muchas de ellas en la meseta cultivada por los menonitas. En primer plano se puede ver el jardín de la granja con los postes originales de arenisca. En el bosque reforestado hay que imaginarse un cementerio menonita con sobrias lápidas.

El dibujo traza un puente con Andrew Wyeth (1917 - 2009), al que considero uno de los mejores dibujantes del siglo XX. Él pasó toda su vida en Chadds Ford (Pensilvania), a pocos kilómetros del asentamiento menonita americano del condado de Lancaster.

Haz una búsqueda del maravilloso cuadro *Spruce Grove*, de 1970, pintado con acuarela y gouache. Así entenderás por qué entiendo mi dibujo como una especie de homenaje a este artista casi desconocido para nosotros. Espero que encuentres tantos ejemplos de su obra de dibujo como sea posible. De ella valoro especialmente su amplio espectro entre la veracidad realista y el gusto por la exploración de los límites de la abstracción.

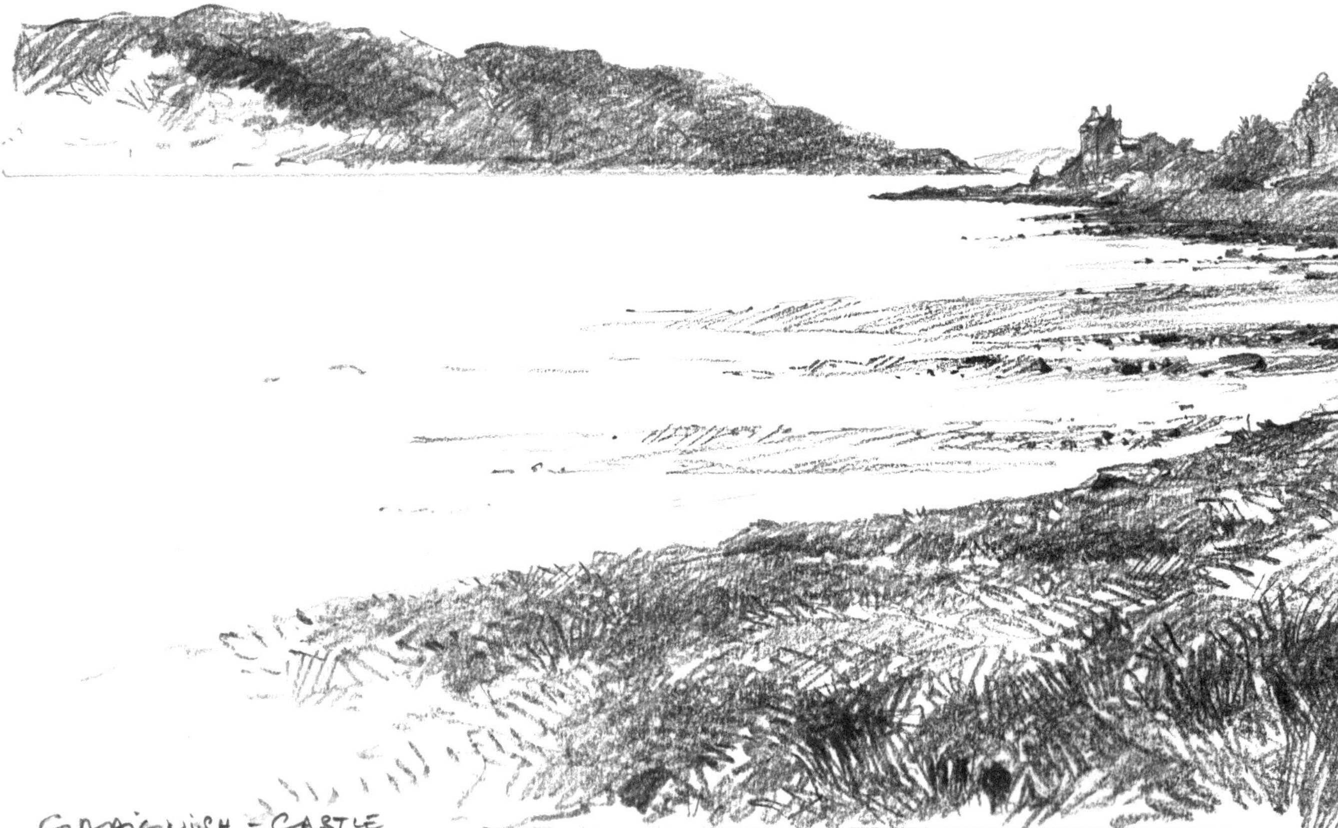
CRAIGNISH - CASTLE

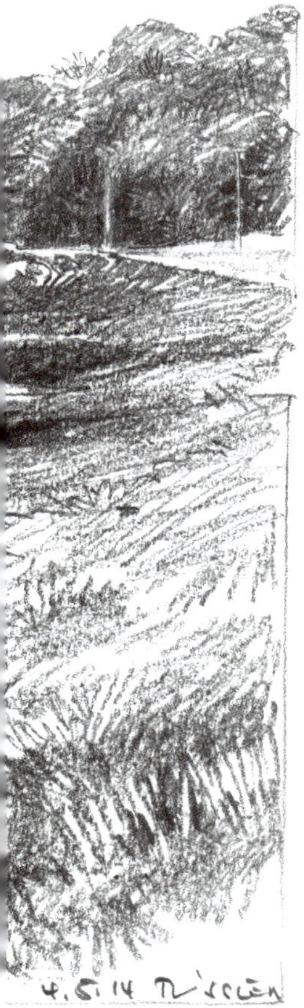

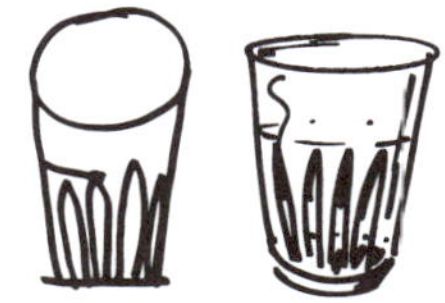

A LA ALTURA DE LOS OJOS Un fenómeno que se observa con frecuencia en los dibujos de espacios interiores y paisajes, es que el horizonte está desplazado hacia arriba. Esta representación da la impresión de que estuvieras observando desde un punto elevado, cuando no directamente a vista de pájaro. Así, se dibujan vasos cuyas aberturas se representan más desde la imaginación que desde la observación precisa. Esto recuerda a los dibujos de niños, que entienden que como la parte superior de un vaso está abierta, es un círculo, y que la base debe ser plana como la mesa. También es interesante la comparación con una xilografía de Urs Graf, poco antes de que la perspectiva cónica fuera descubierta en Italia en el año 1500.

A la izquierda puedes ver la relación con el dibujo de una bahía en Escocia: para mantener el horizonte a la altura de los ojos, los óvalos de la bahía deben dibujarse muy planos. Para comprobar la relación de distancias puedes usar un lápiz, sosteniéndolo con el brazo extendido delante del motivo. Un curso sobre perspectiva en el dibujo o un buen libro especializado puede ayudar a superar las dificultades iniciales.

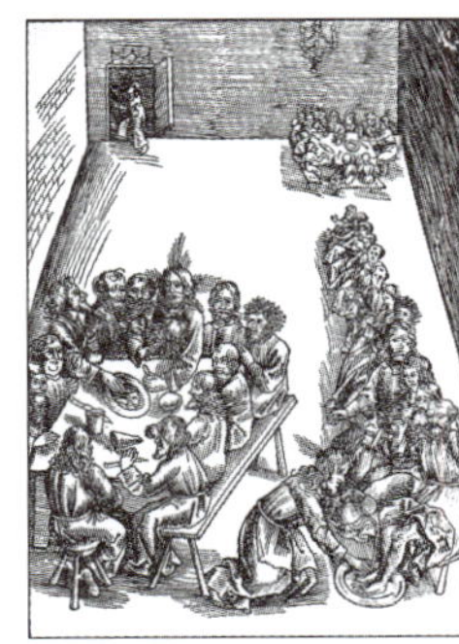

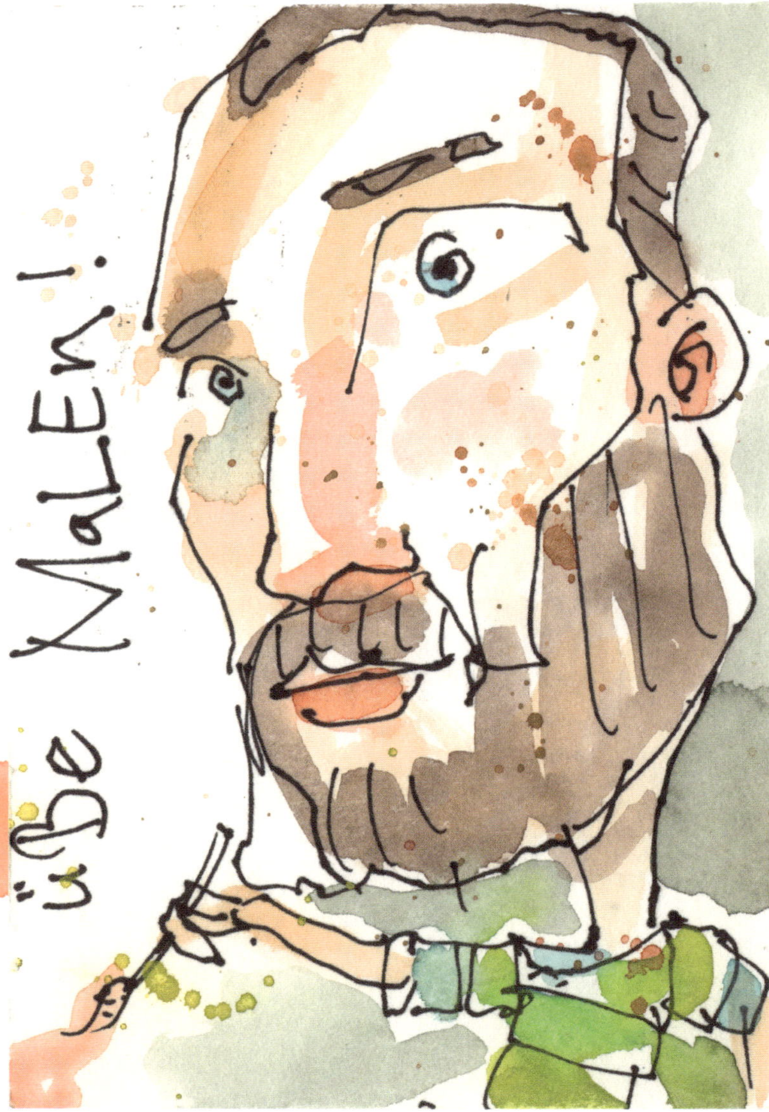

¡Practica la pintura!

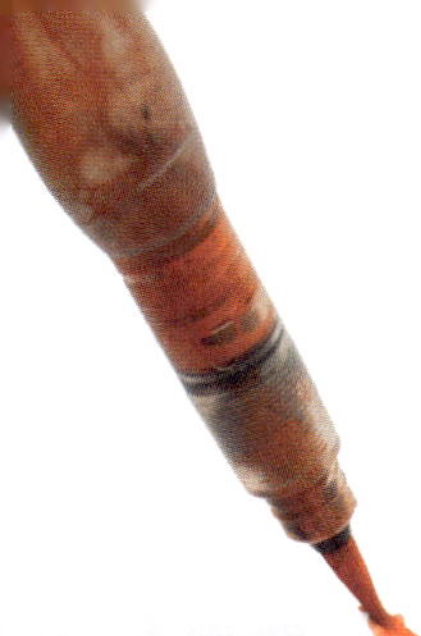

■ **¡PRACTICA LA PINTURA!** Esta postal me la envió mi estudiante Christian Felder, un buen dibujante y un pintor con talento. Él sabía que yo prefiero dibujar y que no me consideraría a mí mismo un pintor. Pero a pesar de todo, su alentador llamamiento está absolutamente justificado. Ambas técnicas están relacionadas de muchas formas y se pueden combinar maravillosamente, como se ve en esta postal. Es aconsejable ver el dibujo y la acuarela de forma independiente. Colorear el dibujo exactamente hasta la línea le quitaría la espontaneidad al trabajo. Los dibujos a color funcionan especialmente bien en bocetos que se realizan fuera de casa y para los que no tienes demasiado tiempo. Puedes añadir los colores también una vez de vuelta en el alojamiento, así que recuerda llevar siempre una caja de acuarelas en la mochila.

Una alternativa simple pero útil a los pinceles de acuarela normales son los llamados pinceles recargables: pinceles sintéticos con un depósito de agua. Puedes rellenar un puñado de ellos con los colores más importantes y dejar el agua, el vaso y la caja de pinturas en casa.

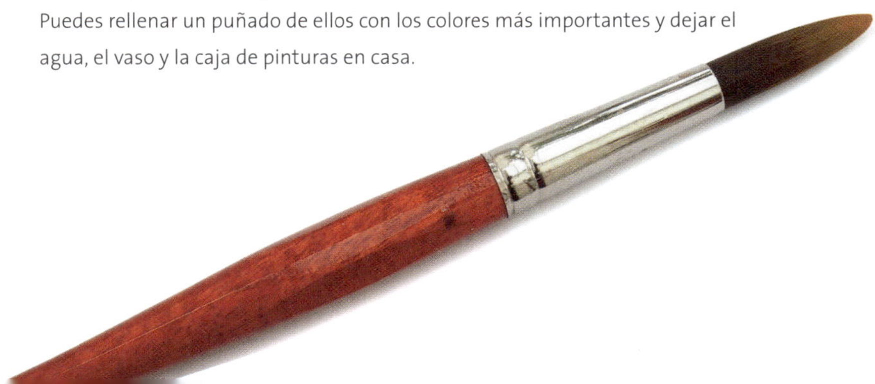

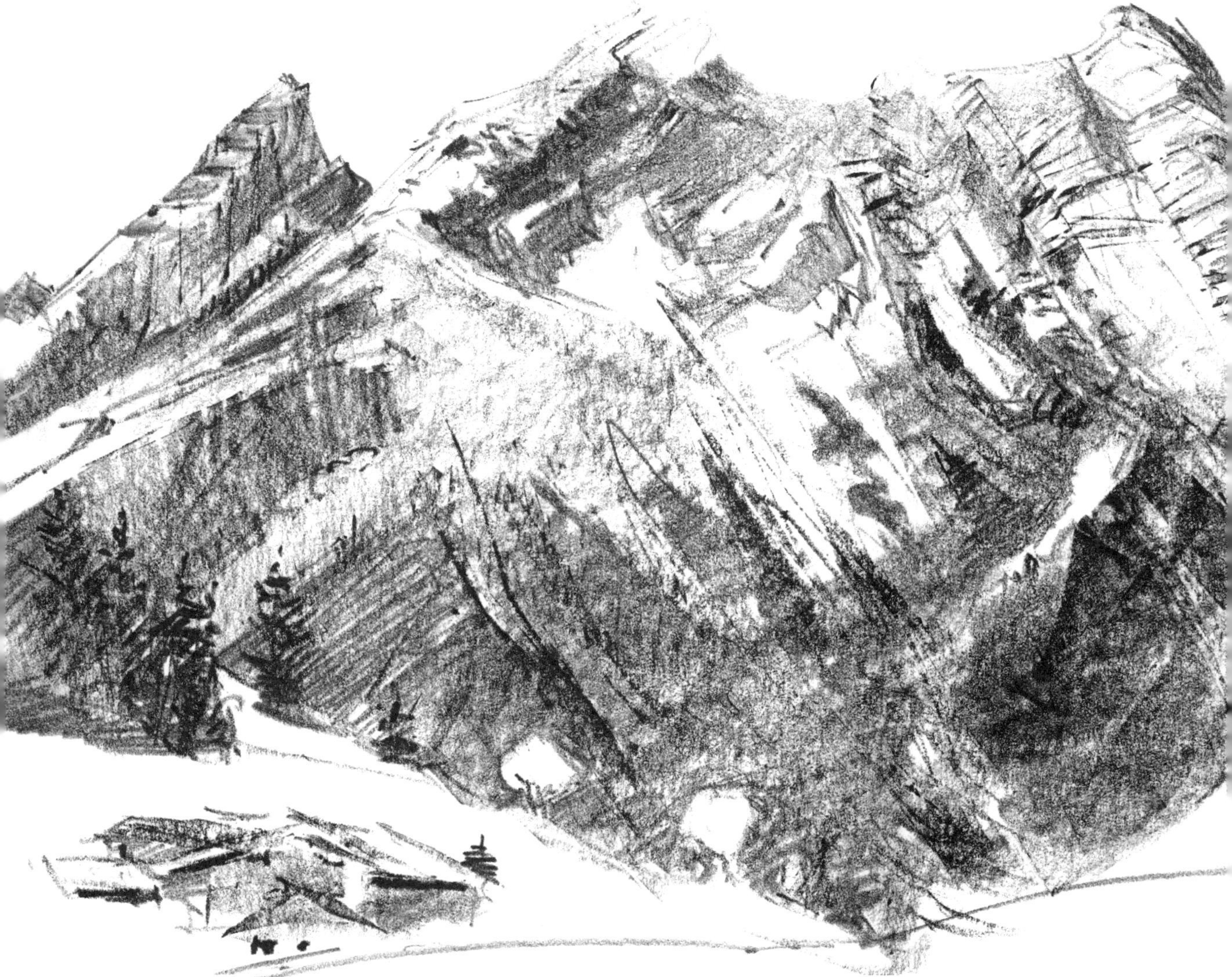

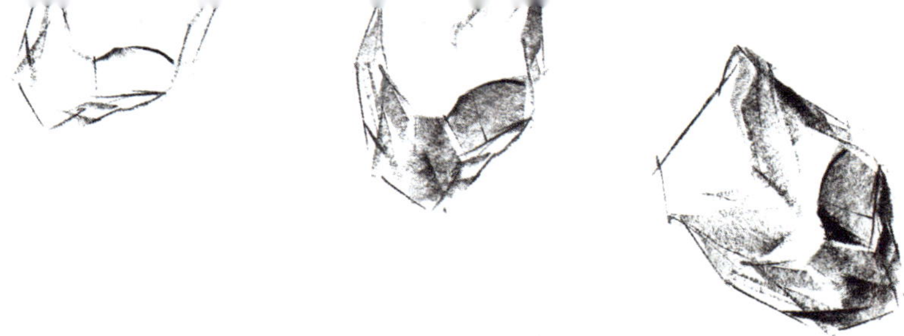

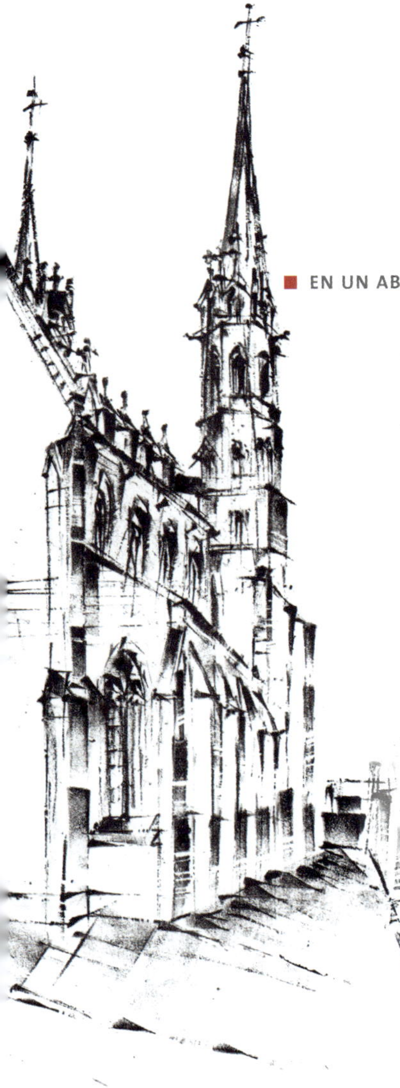

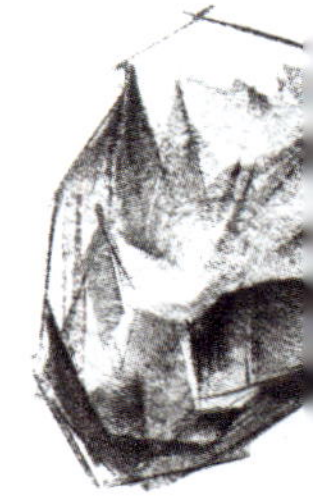

EN UN ABRIR Y CERRAR DE OJOS una sencilla barra de grafito puede dibujar un macizo montañoso espectacularmente. Las líneas trazadas con los cantos definen los contornos de las rocas. Los laterales planos del grafito crean los valores tonales y hacen destacar las zonas iluminadas. El resultado recuerda a la forma de un cristal de roca, lo cual va bien con el motivo. Esto seguramente no funcionará al primer intento: hacer un par de ejercicios con pequeñas piedras de cantera, que se puede dibujar desde todos los lados, prepara para dibujos de motivos más complejos.

La arquitectura también se puede trabajar con relativa facilidad usando la barra de grafito. Lo indispensable es conocer las reglas básicas del dibujo en perspectiva. El arquitecto Alfred Görstner lo ha puesto de manifiesto de forma espectacular en el ejemplo de la iglesia de San Galo en Ladenburgo.

Dibujar en perspectiva libre, sin ayuda de regla, es muy fácil de aprender con ayuda de un libro. Las plantas y en general los motivos redondeados, no son los más adecuados para esta técnica pero, ¿por qué no intentarlo? El único riesgo es que el dibujo con esta «varita mágica» se convierta en un estilo en el que la técnica misma está en primer plano.

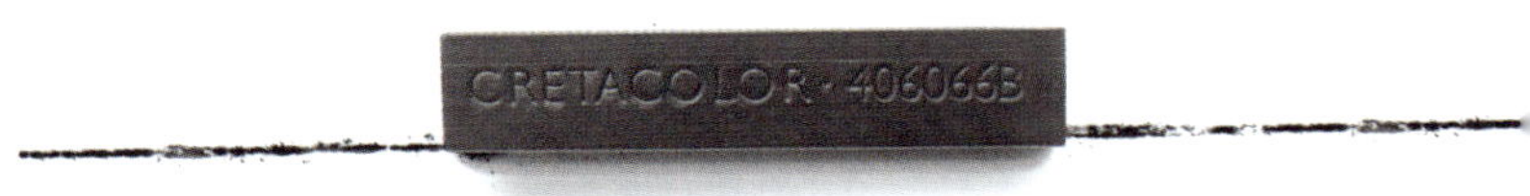

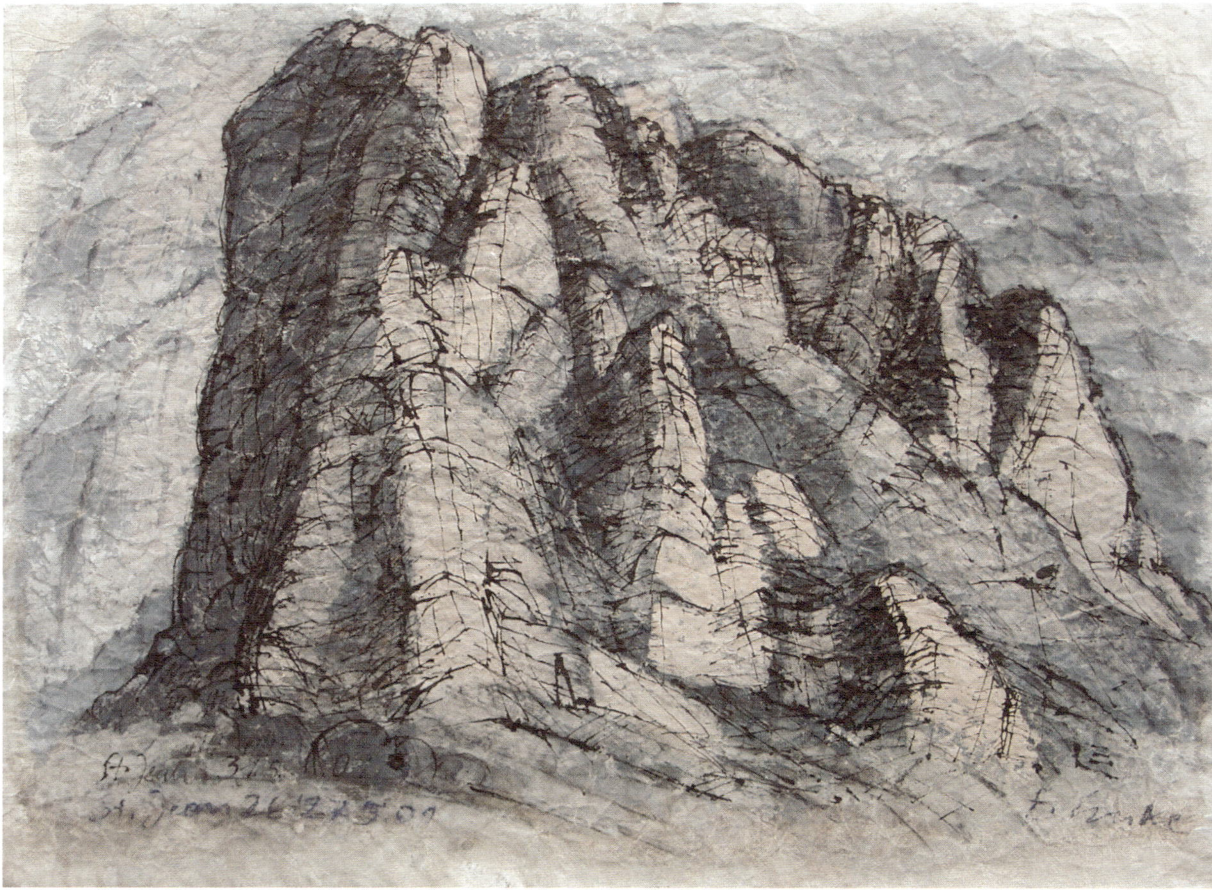

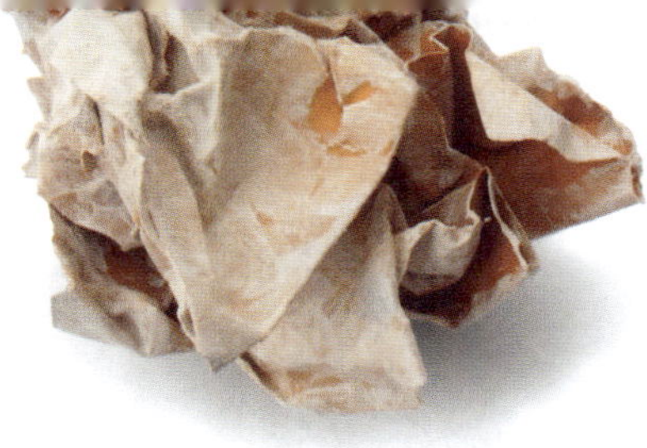

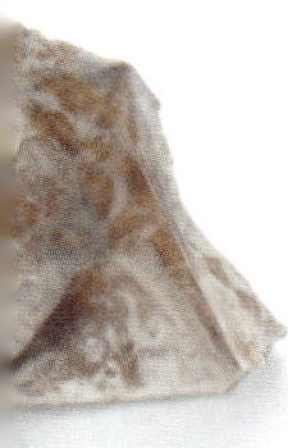

MONTAÑAS DE ARRUGAS Imagina que estás sentado frente a un enorme macizo de piedra caliza y lo quieres dibujar. Los grupos de rocas parecen estar cubiertos con un craquelado de grietas. ¿Cómo abordas a este reto de dibujo? Desde luego, no representando cada línea: la excesiva preocupación en cada línea se haría muy obvia. Además, se perdería la orientación y uno no sabría ya qué detalle estaba dibujando.

Aquí te propongo *un* consejo, de los muchos posibles, para enfrentarte a la montaña: sumerge algunos papeles de embalar, hechos una bola, en pintura de dispersión y después extiéndelos. Al día siguiente, ya secos, ligeramente arrugados y rígidos, estarán listos para que dibujes sobre ellos. Preparados de esta forma, son un material de soporte ideal para dibujos a pluma con lavados, ya que muestran el carácter de las rocas en la textura misma e invitan a la libre interpretación del motivo.

A la izquierda, la roca caliza sobre el pueblo de St. Jean de Buèges en el sur de Francia la ha dibujado el escultor Prof. Eberhard.

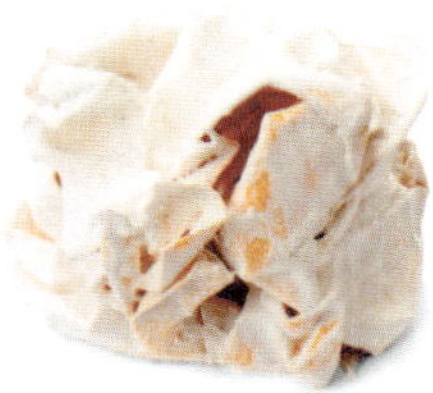

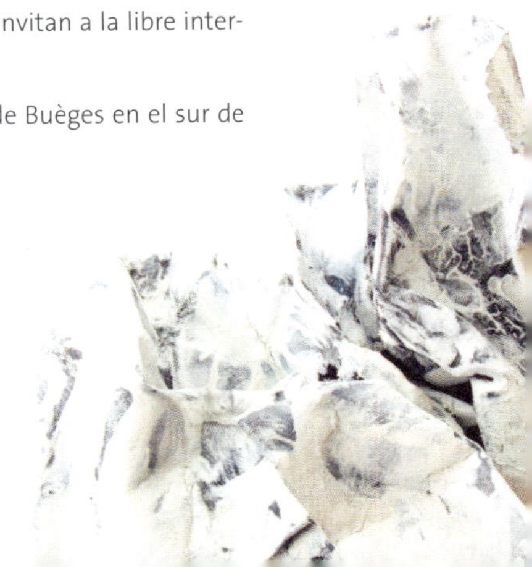

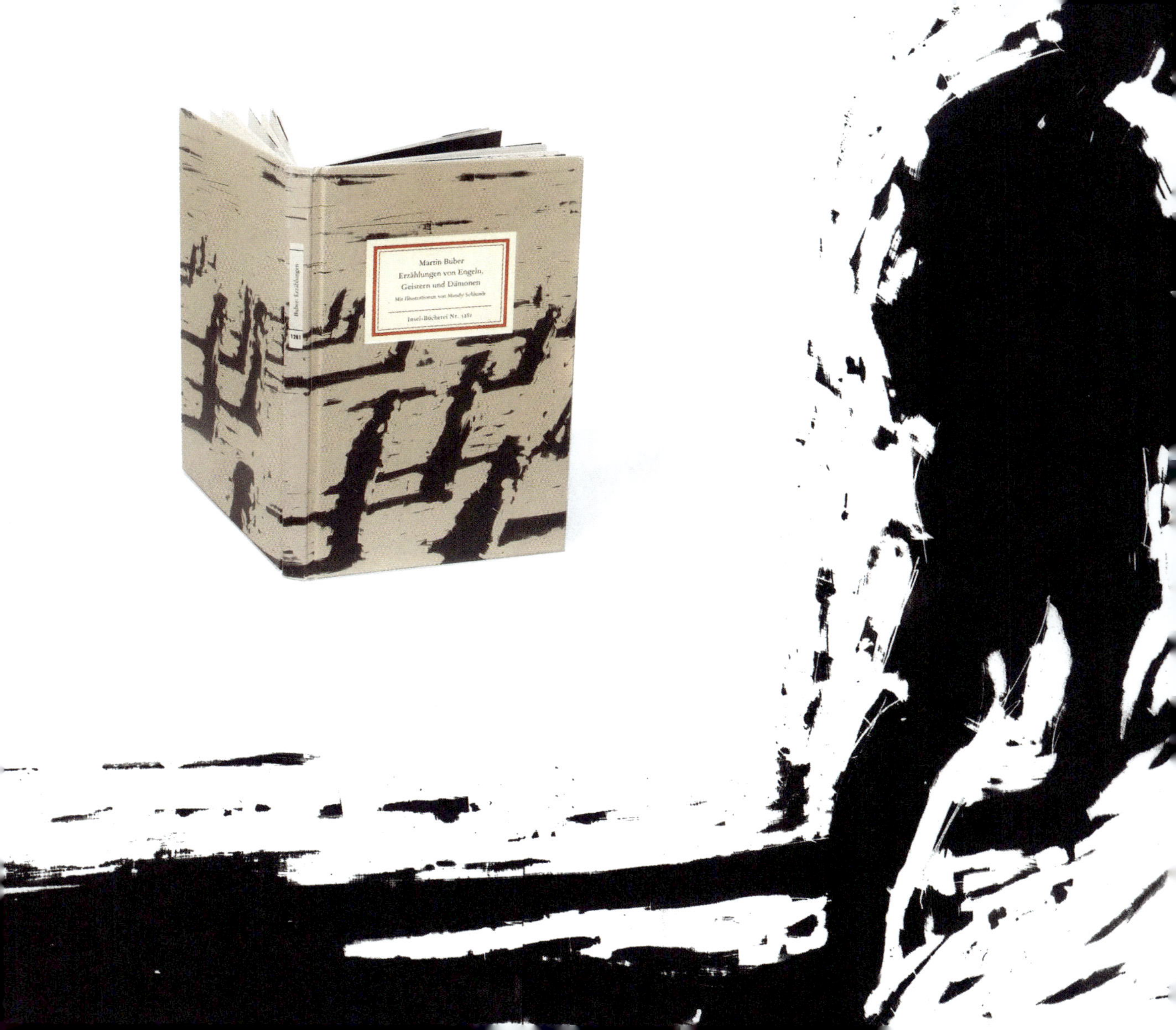
Martin Buber
Erzählungen von Engeln,
Geistern und Dämonen
Buber Erzählungen

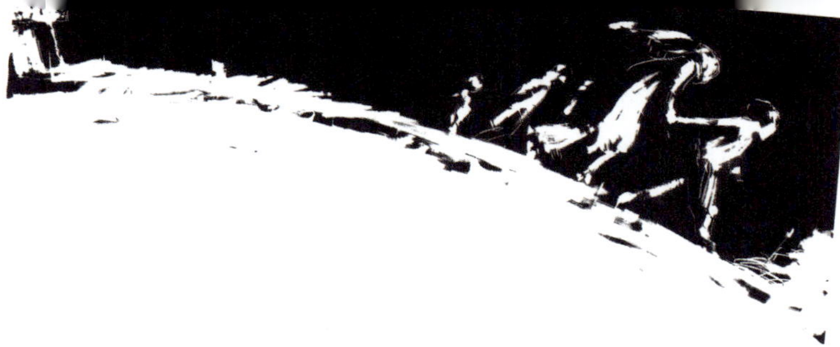

NO ES CASUALIDAD Los talentos por sí mismos no bastan. Quien tenga oído absoluto, tendrá que practicar si quiere hacer carrera con ello. Lo mismo sucede con el dibujo. Un talento es una apelación a usarse con responsabilidad. Las ilustraciones dibujadas por Mandy Schlundt que aparecen a la izquierda no han caído del cielo: son el resultado de muchos años de práctica de dibujo con los que no contaba al iniciar sus estudios. La nada fácil técnica del esgrafiado era nueva para ella. Sus años de experiencia de dibujo la ayudaron a tomar las decisiones adecuadas a la hora de adentrarse en un terreno desconocido.

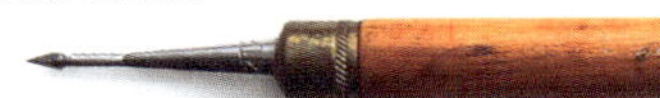

Como mejor funciona la técnica del esgrafiado es sobre una lámina sensible expuesta a la luz. Lamentablemente, en la industria de la impresión apenas se usa ya la película fotosensible. Una alternativa disponible en el mercado son las cartulinas de esgrafiado. Están recubiertas con una mezcla de tiza blanca y aglutinantes sobre los que se imprime una capa negra mate. Sobre esta superficie se pueden rascar finas líneas con un buril, un escalpelo o una cuchilla de afeitar, e incluso conseguir tonos ligeramente transparentes.

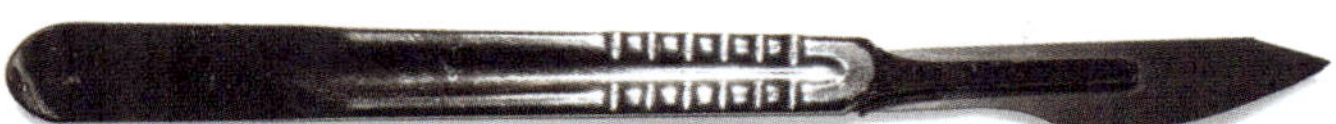

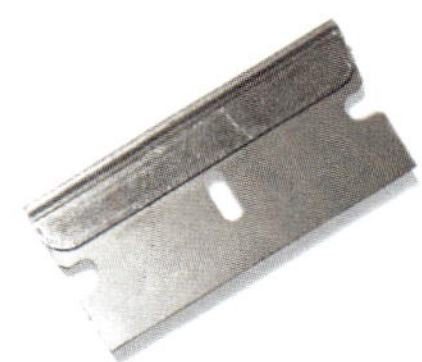

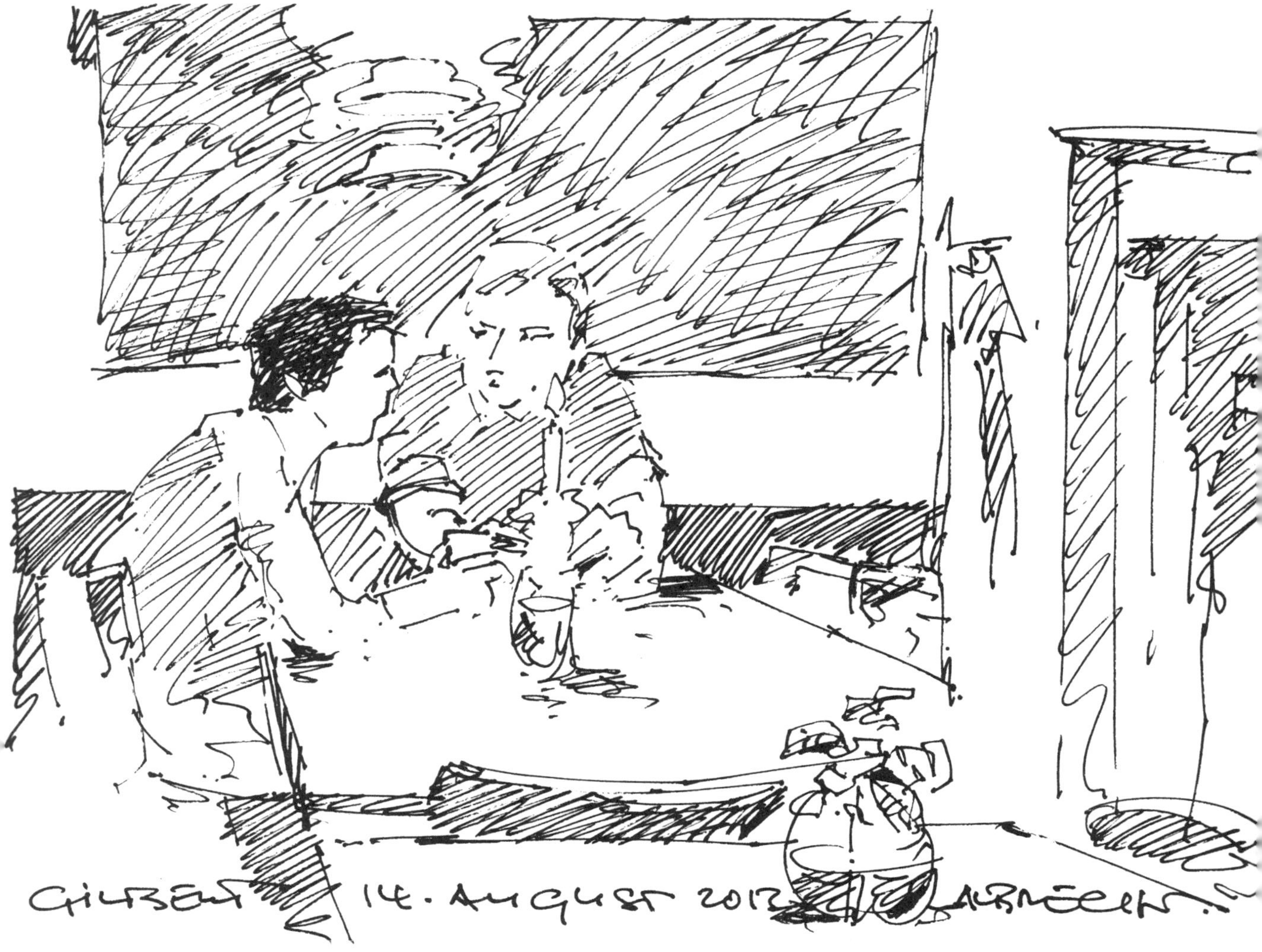
GILBERT 14. AUGUST 2013

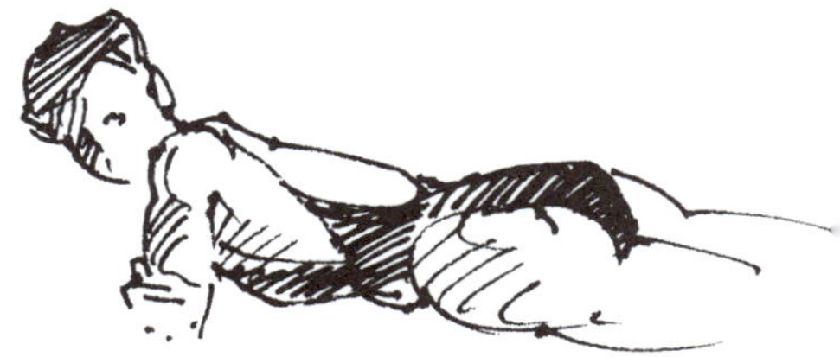

72

LO MÁS SIMPLE ES LO MÁS DIFÍCIL Para poder dibujar a la gente en la calle con un par de trazos sueltos sin caer en una uniformidad estereotipada, hace falta un considerable entrenamiento. Aprovecha cada oportunidad que tengas para dibujar con tranquilidad retratos, desnudos y gente. Acorta poco a poco el tiempo que necesitas para realizar los dibujos. Utiliza instrumentos que no puedas borrar. Practicar este tipo de estudios a partir de fotos trae pocos resultados porque no tienes el modelo tridimensional frente a ti. Un buen libro puede ayudar, pero no sustituye al dibujo hecho desde la experiencia directa. Con el tiempo aprendes a ver en qué detalles individuales se diferencian los modelos y cómo caracterizarlos con pocos trazos. Es sorprendente que sean diferencias milimétricas las que determinan si una mano, un gesto, una mirada o una postura resultan logradas.

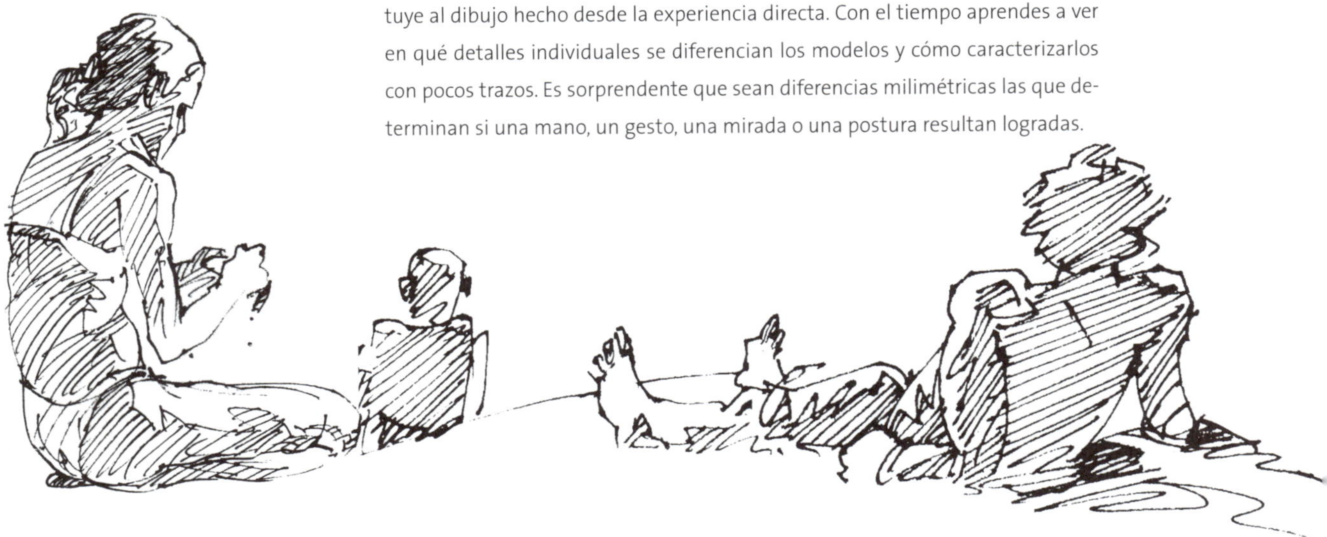

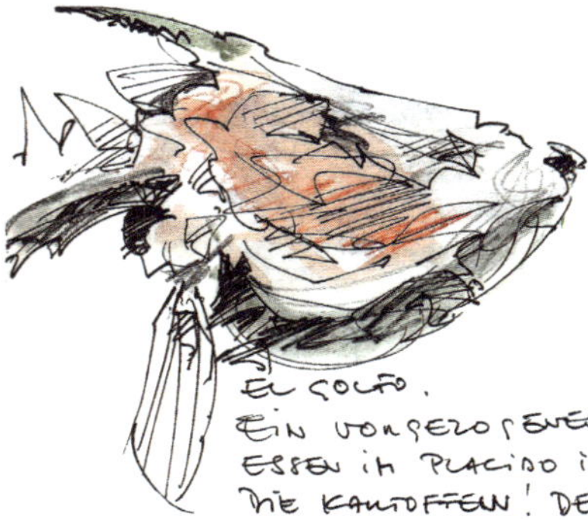

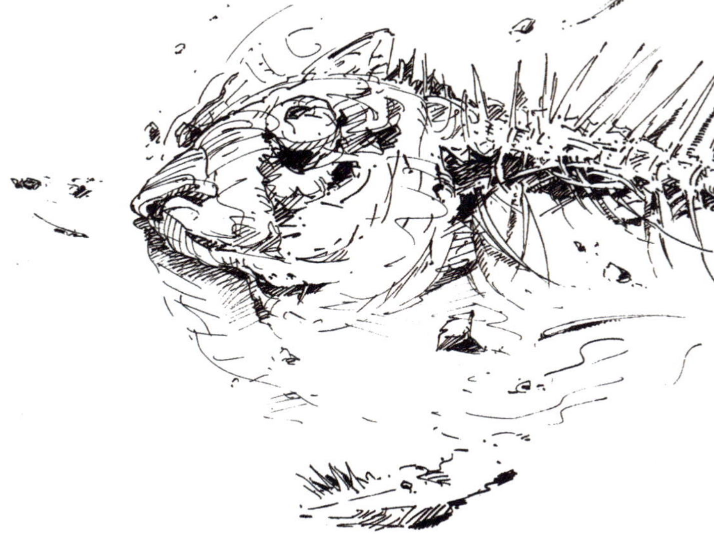

EL GOLFO.
EIN VORGEZOGENES ABEND-
ESSEN IM PLACIDO IN EL GOLFO.
DIE KARTOFFELN! DER FISCH DAS
GEMÜSE DER SALAT! DIE SOSSEN!
DIE TINTENFISCHE! DER KAFFEE!
DER FISCHHÄNDLER BRINGT
FRISCHE WARE. NICHT NUR
DER RESTAURANT-BOSS KAUFT –
AUCH LEUTE AUS DEM DORF.
DIE RANDGEFÜLLTEN KÖRBE
WERDEN SOGLEICH ZUM
WASSER-STRAND GETRAGEN
UND ENTSCHUPPT. ZIG-
MÖWEN LAUERN AUF EINEN
HAPPEN. DARÜBER GLÄNZT
DAS MEER WIE FLÜSSIGES
BLEI IM GEGENLICHT.

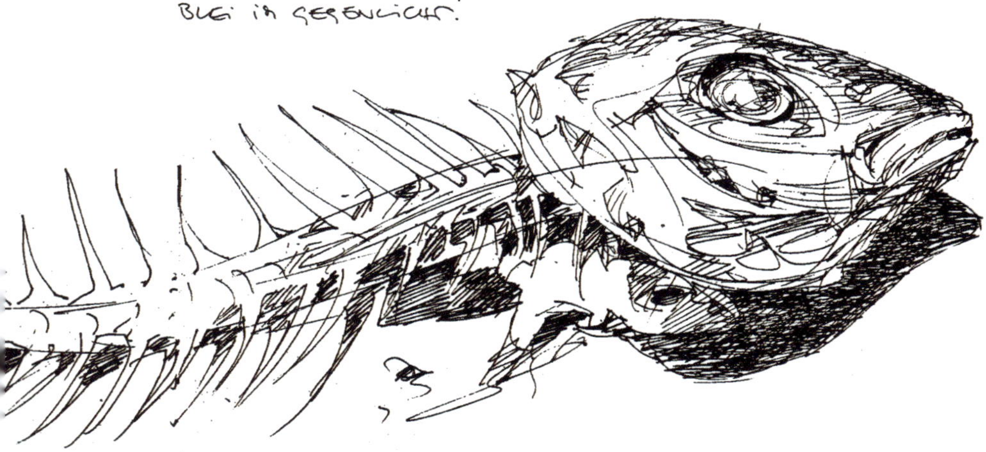

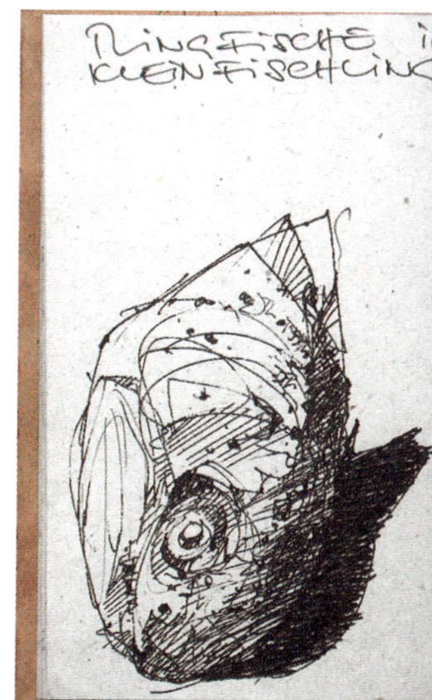

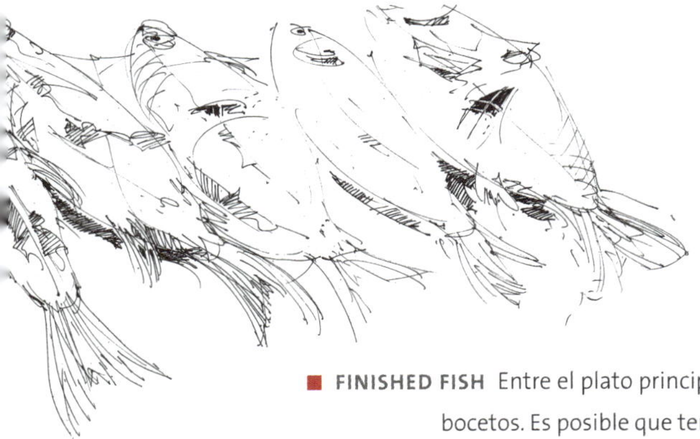

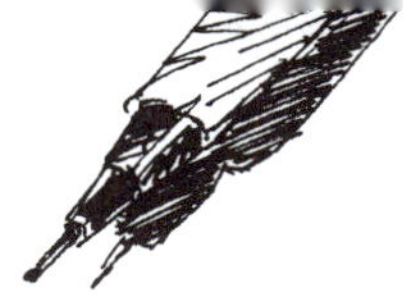

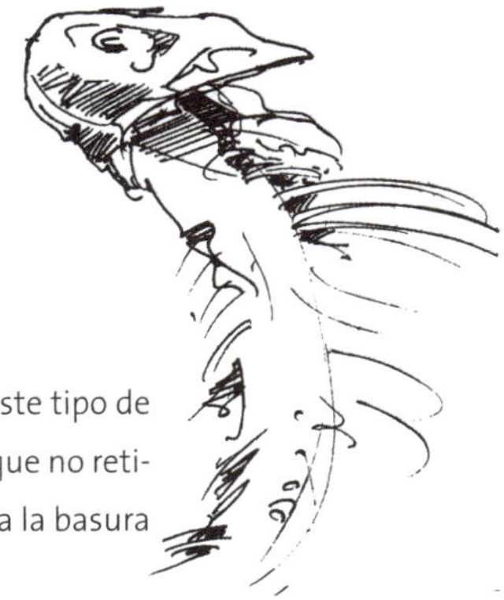

■ **FINISHED FISH** Entre el plato principal y el postre no hay mucho tiempo para este tipo de bocetos. Es posible que tengas que pararle los pies al camarero para que no retire de la mesa los atractivos objetos de dibujo. Sería una pena tirarlos a la basura (o, al menos, hasta que no se hayan dibujado).

Todo lo que necesitas son bolígrafos que deslicen fácilmente por el papel, un cuaderno que no ocupe media mesa y compañía con suficiente paciencia. En el caso de que estés dibujando en un restaurante y la tarea te prive de una conversación interesante, puedes terminarlo más tarde en casa. Si utilizas acuarelas necesitarás un papel adecuado. O bien puedes utilizar un rotulador pincel en su lugar. Pero cuidado: dependiendo de la calidad del papel de dibujo, los rotuladores pueden traspasar el papel.

Dado que este tipo de cuadernos son como un diario, funciona muy bien acompañar los dibujos con la tarjeta de visita, una crítica del restaurante, o alguna receta que el chef pueda desvelar.

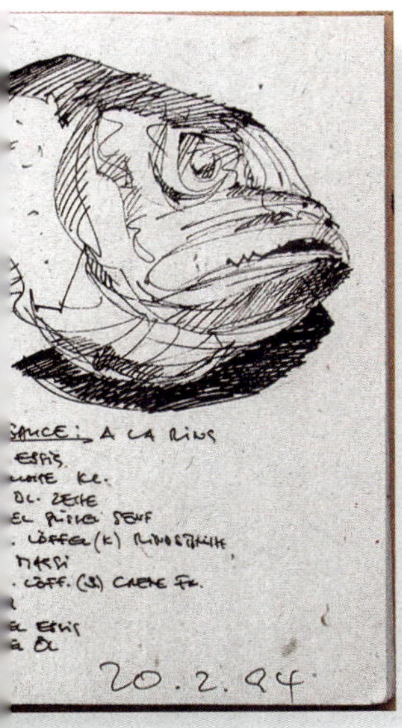

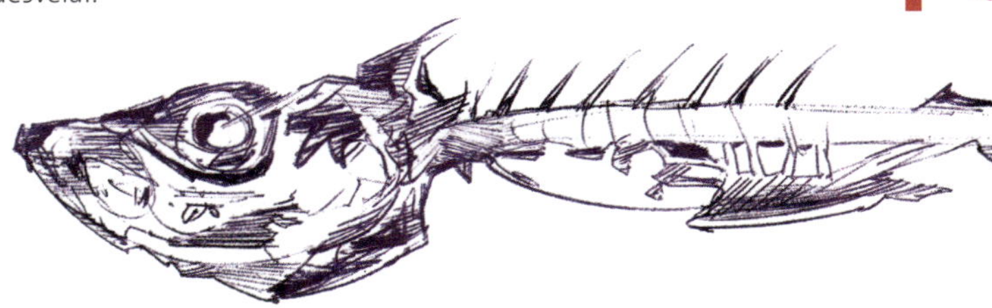

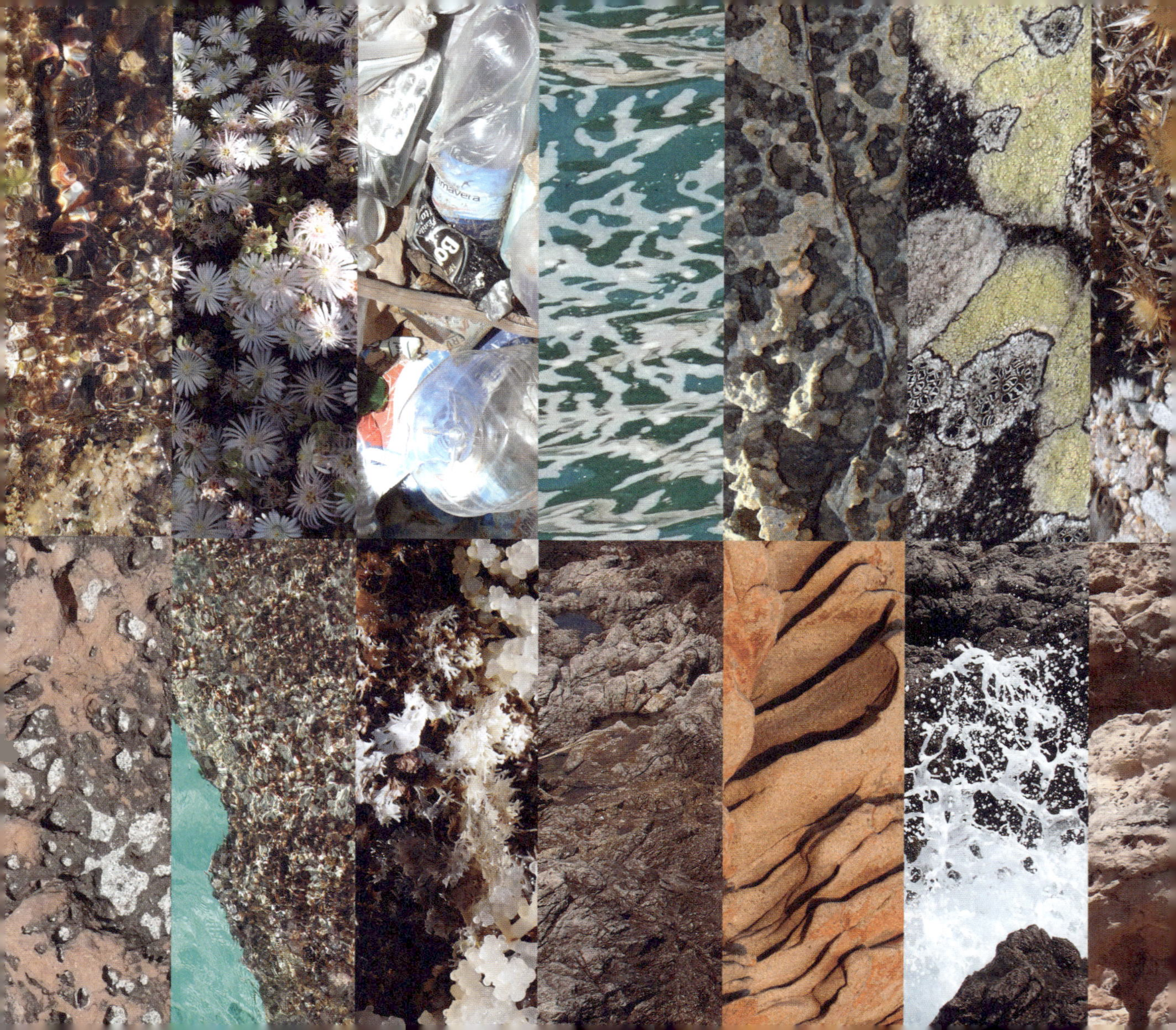

74

BÚSCAR HUELLAS Cuando uno habla de dibujos, se piensa normalmente en trabajos compuestos de líneas singulares, ¡pero dibujar es mucho más que eso! Los dibujos también pueden hacerse con valores tonales creados a partir de miles de trazos, sombreados con tramas, o a través de texturas de diferente densidad e intensidad.

Las texturas son las más interesantes y exigentes en términos de dibujo, porque reproducen las propiedades superficiales de los materiales. El que quiera representar por ejemplo un árbol, tendrá que detenerse en las características de las hojas o la corteza y encontrar para ello las abreviaturas o formas simplificadas correspondientes. Estas son la mínima expresión de elementos individuales y permiten representar un motivo complejo de forma concisa. Dependiendo de la densidad con que se hagan, se pueden representar las zonas iluminadas o en sombra y darles cualidad espacial.

Sensibiliza tu percepción yendo con tu cámara a la búsqueda de superficies interesantes. Investiga dibujos de los grandes maestros de la historia. Te ayudarán a comprender *in situ* las características gráficas de determinadas superficies.

Ver también consejos 28, 29 y 105.

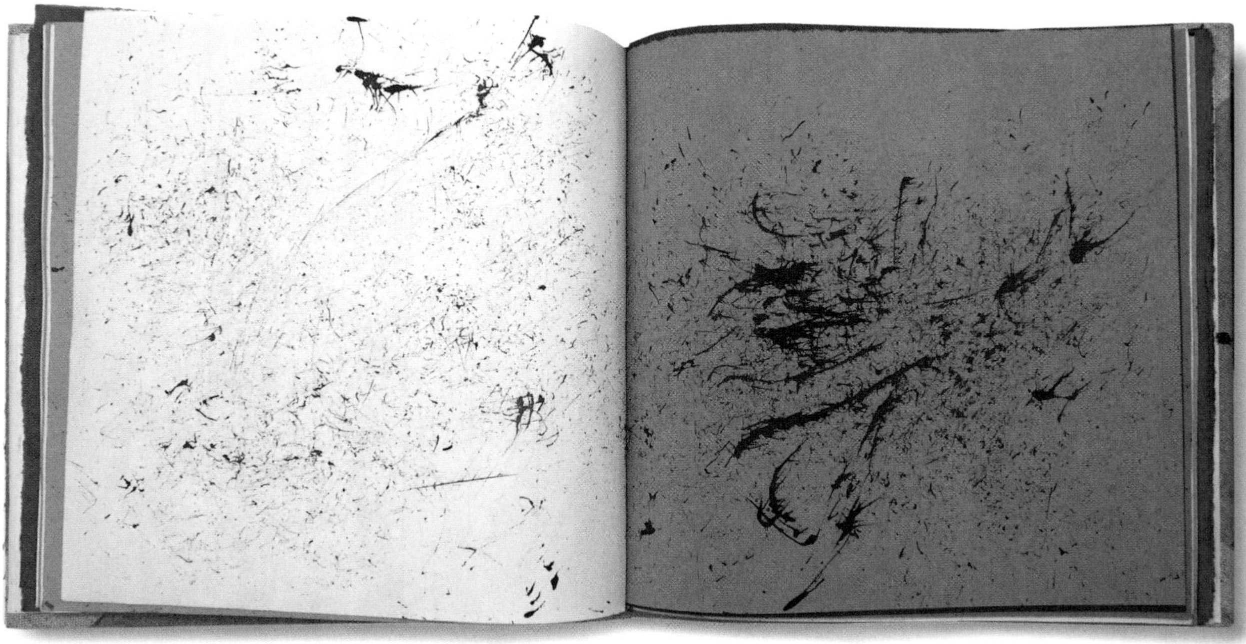

75

ECHA MANO DEL FLORERO Bolígrafos, roller, plumas, rotuladores pincel, marcadores y lápices acuarelables son magníficos productos de alta tecnología que aparecen constantemente en el mercado con variantes nuevas.

Pero ahórrate el próximo viaje a la tienda de arte. Tampoco los encargues por Internet. Simplemente echa mano de un florero. O del árbol más cercano. En tu próximo paseo tal vez encuentres una pluma, un brote hermoso, tallos de paja, un racimo de flores o quizás una planta primitiva como la cola de caballo, que puedas atar en forma de pincel. Hasta una escuálida rama sirve para pintar. Si es una rama de saúco, podría ser hueca. Una buena alternativa a una pluma de caña comprada. Te sorprenderás de lo distinto e interesante que puede ser el dibujo. Ver también consejo 109.

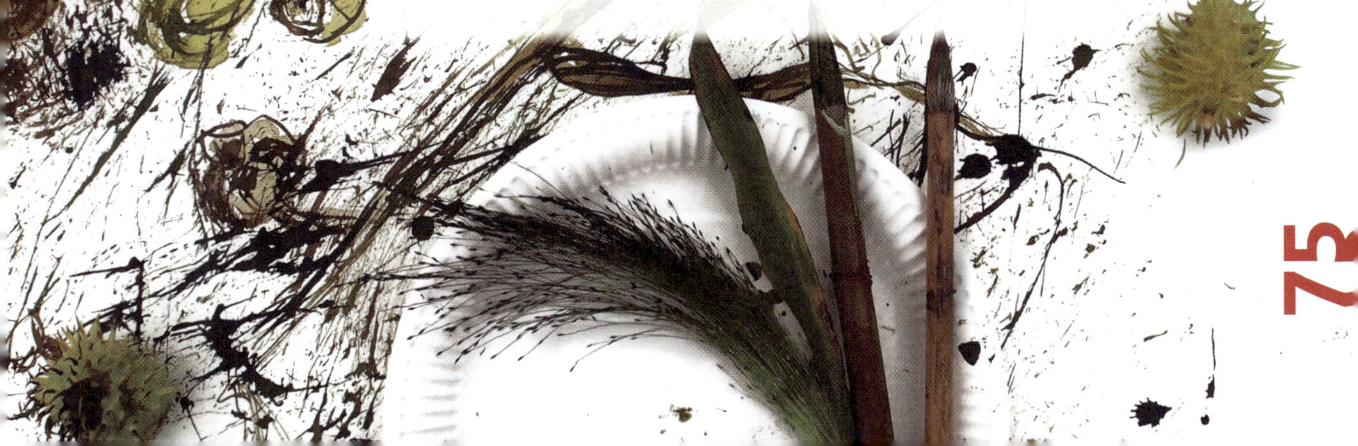

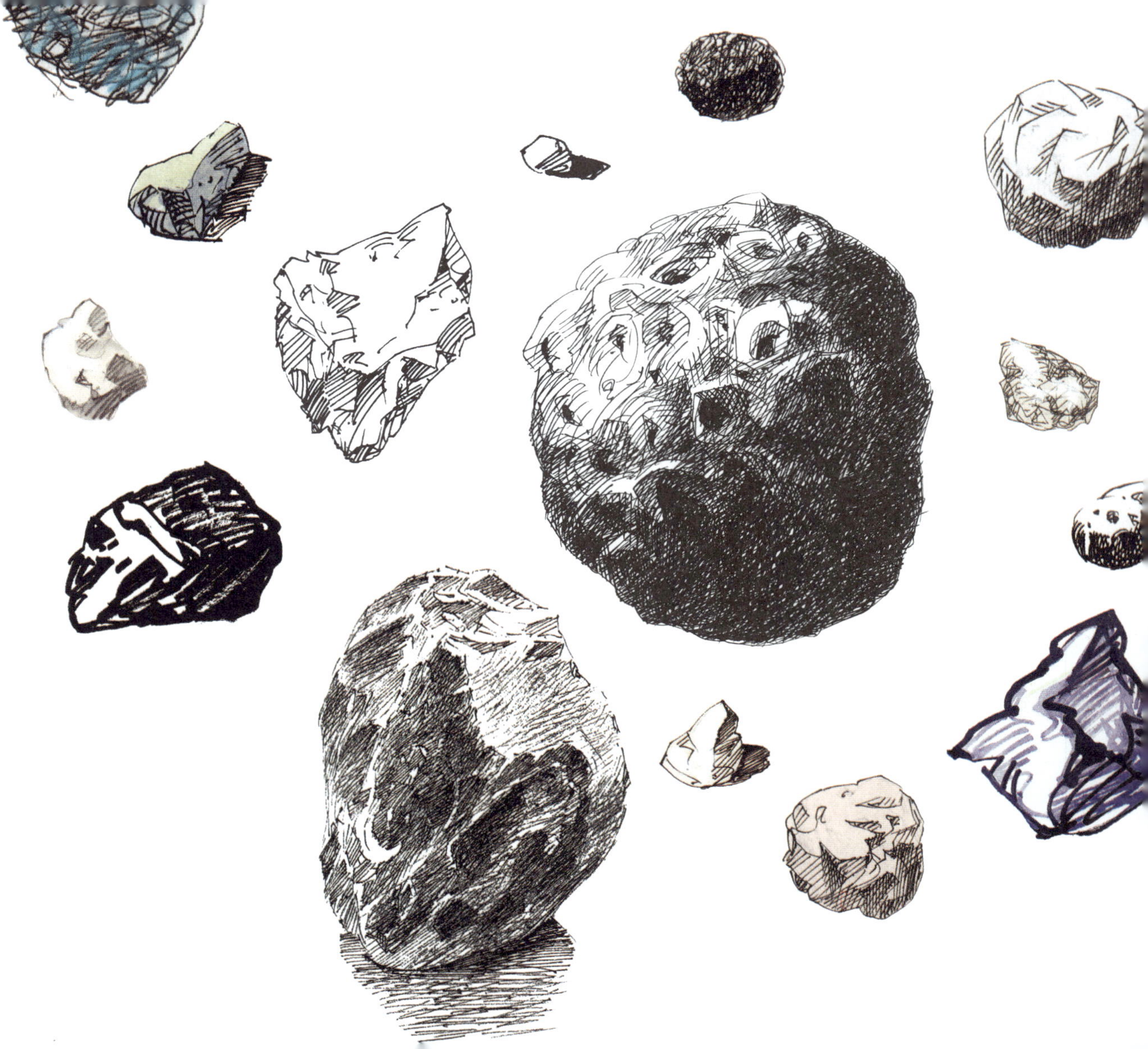

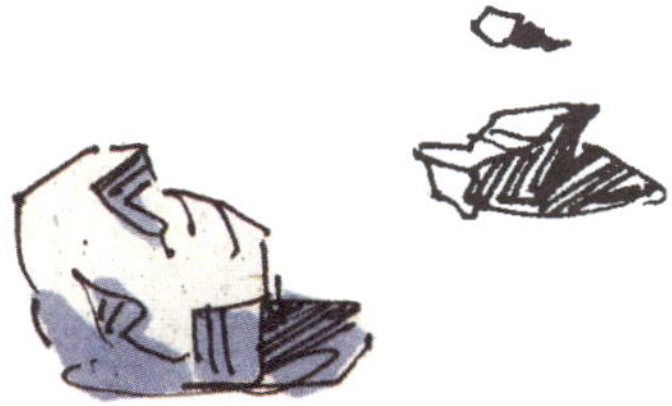

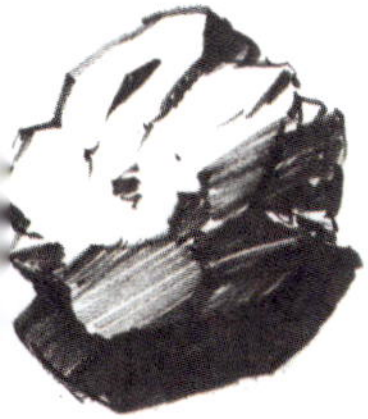

■ **PRACTICAR, PRACTICAR, PRACTICAR** Si no, no sale.

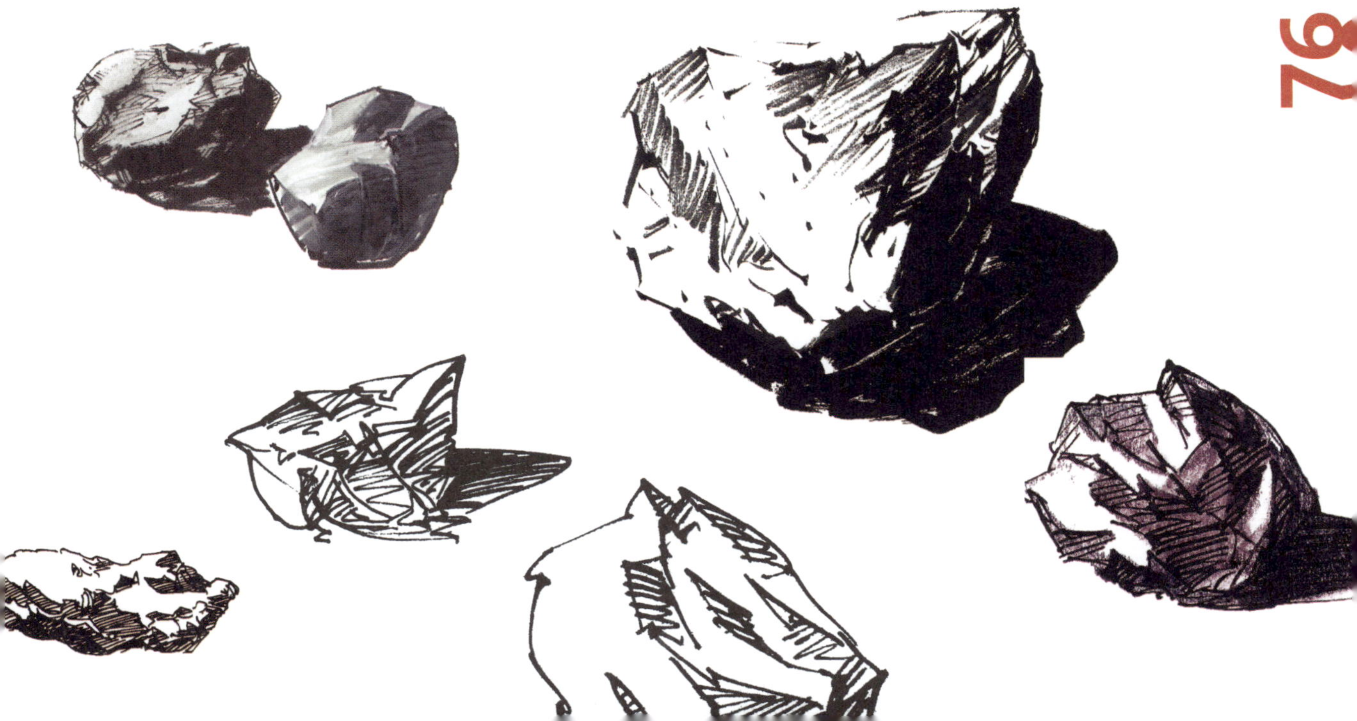

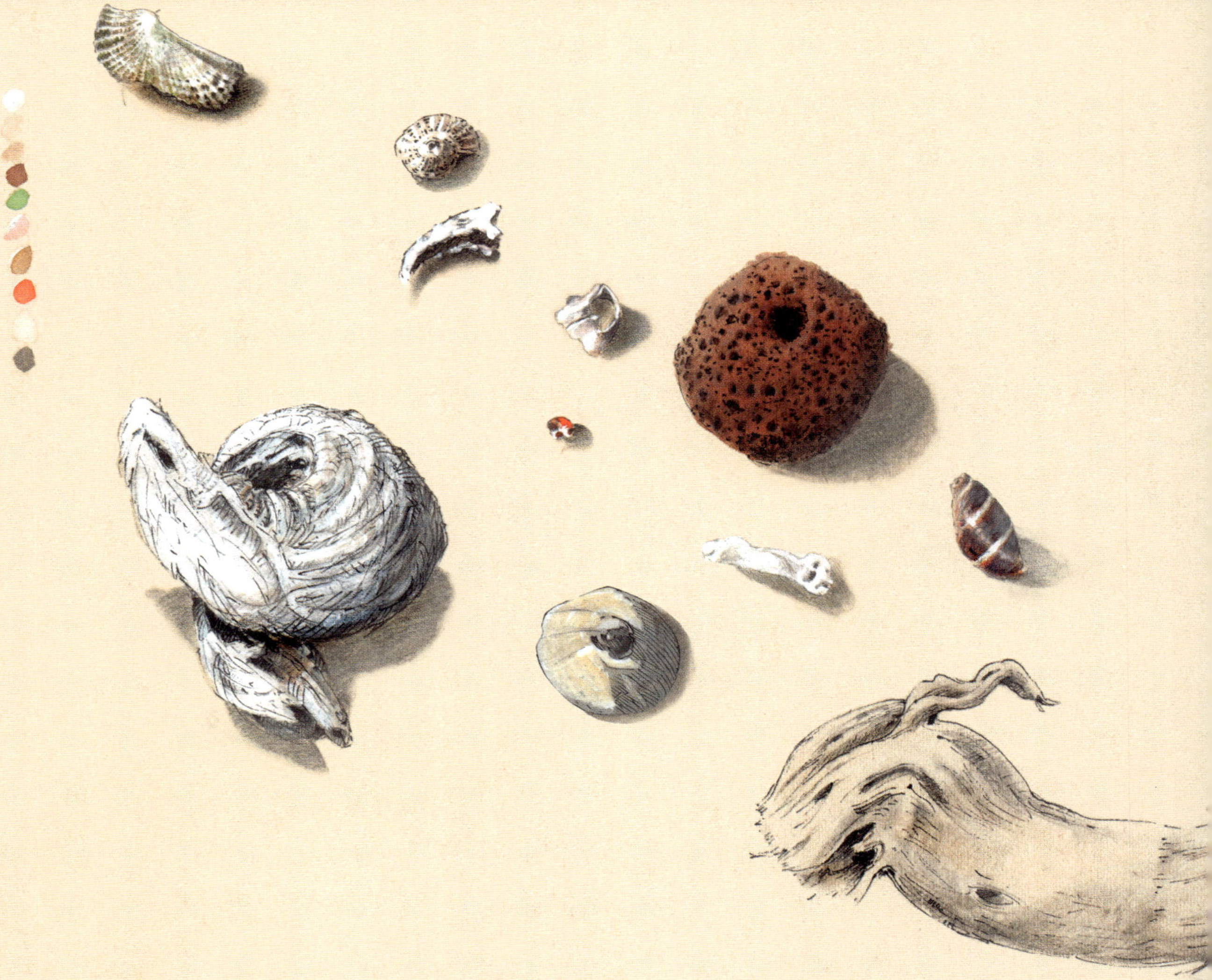

AUA!

* ← SOLCH EIN SEE-
IGELSTACHEL SASS
MIR TAGELANG IN
MEINEM LINKEN
RINGFINGER. MIT
SPECK UND HEILSALBE*
KAM ER SCHLIESSLICH
WIEDER ZUM VORSCHEIN

* VON WELEDA!

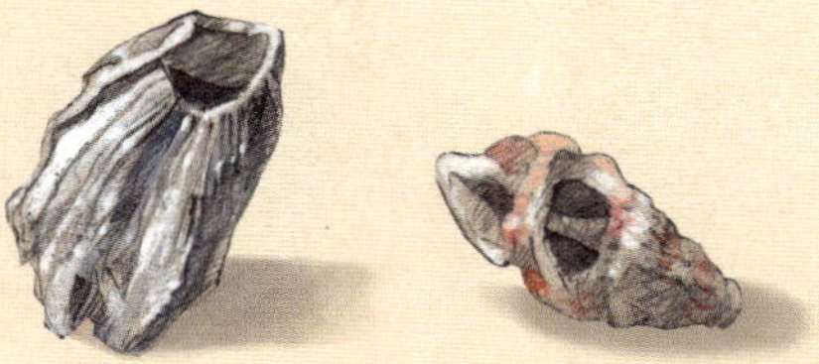

■ **BELLEZAS DE PLAYA** Trozos de madera, conchas, caracolas, pinzas de cangrejo, piedras de lava porosas, conchas de erizos de mar, fragmentos de vidrio pulido modelados por el agua... todas estas cosas pueden adornar tu cuaderno de bocetos de viaje. Con el lápiz te familiarizas primero con la forma. Luego puedes hacer algunos dibujos desenfadados con un lápiz o boli que sea rápido. O bien trabajas tu paciencia y tratas de representar estas bellezas de la forma más elaborada posible. Si tienes un bloc de papel de color, utiliza el lápiz para definir el objeto principalmente a través de sus áreas sombreadas. Luego puedes aplicar encima el color con acuarela. Termina utilizando un color blanco para realzar las zonas iluminadas. Una sugerencia especial si quieres dibujar objetos brillantes en un papel de color: imprima primero la superficie con un blanco opaco diluido. 77

Ver también consejos 82 y 51.

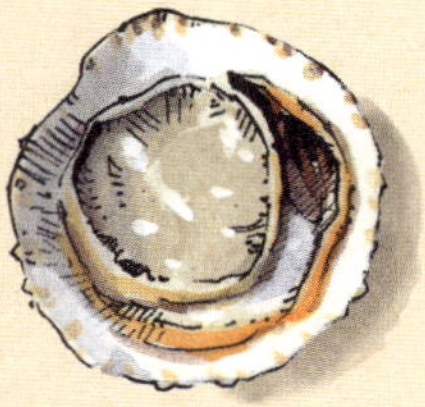

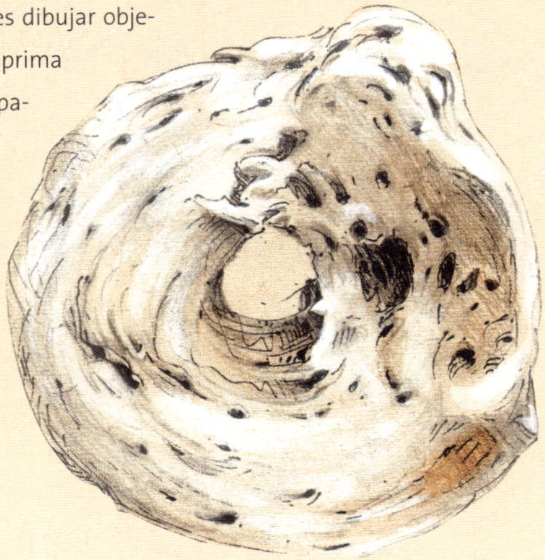

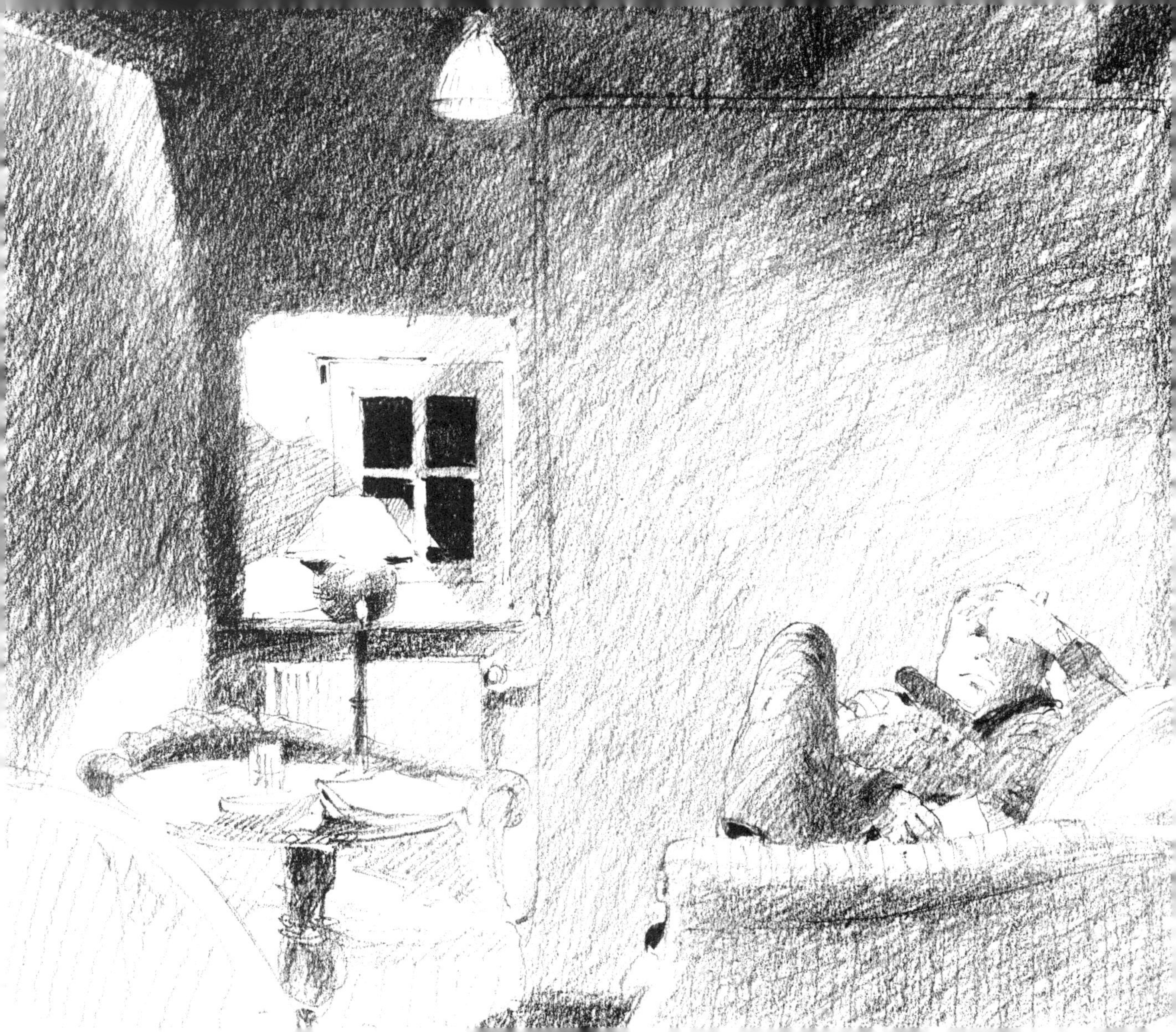

78

EN PARALELO ES COMO MEJOR SALE Hay muchas formas de dibujar sombreados. Cada artista tiene su propio trazo. Leonardo da Vinci dibujaba principalmente con la mano izquierda. Sus sombreados se reconocen fácilmente en la cadencia de sus líneas trazadas desde arriba a la izquierda hacia abajo a la derecha. Alberto Durero fue un maestro del sombreado de formas, con las que lograba el efecto de volumen. Hace falta concentración para conseguir que las líneas curvadas hacia arriba o hacia abajo salgan paralelas. Menos laboriosos son los sombreados y tonos que se realizan con la mano relajada.

Los sombreados en trama quedan muy técnicos pero en las zonas de más densidad se pierde esa impresión. Los sombreados con varias capas de líneas paralelas resultan más homogéneos cuando las líneas de cada capa forman un ligero ángulo entre ellas. Cuanto más oscuro sea el valor tonal a conseguir, menos importante es la dirección de la línea.

Mi consejo: los sombreados rápidos son más convincentes que los que se hacen con precaución. Es útil hacer un entrenamiento de sombreados en una hoja de tamaño A4 —como mínimo—. ¡Con un bolígrafo roller funciona estupendamente! Ver también consejo 46.

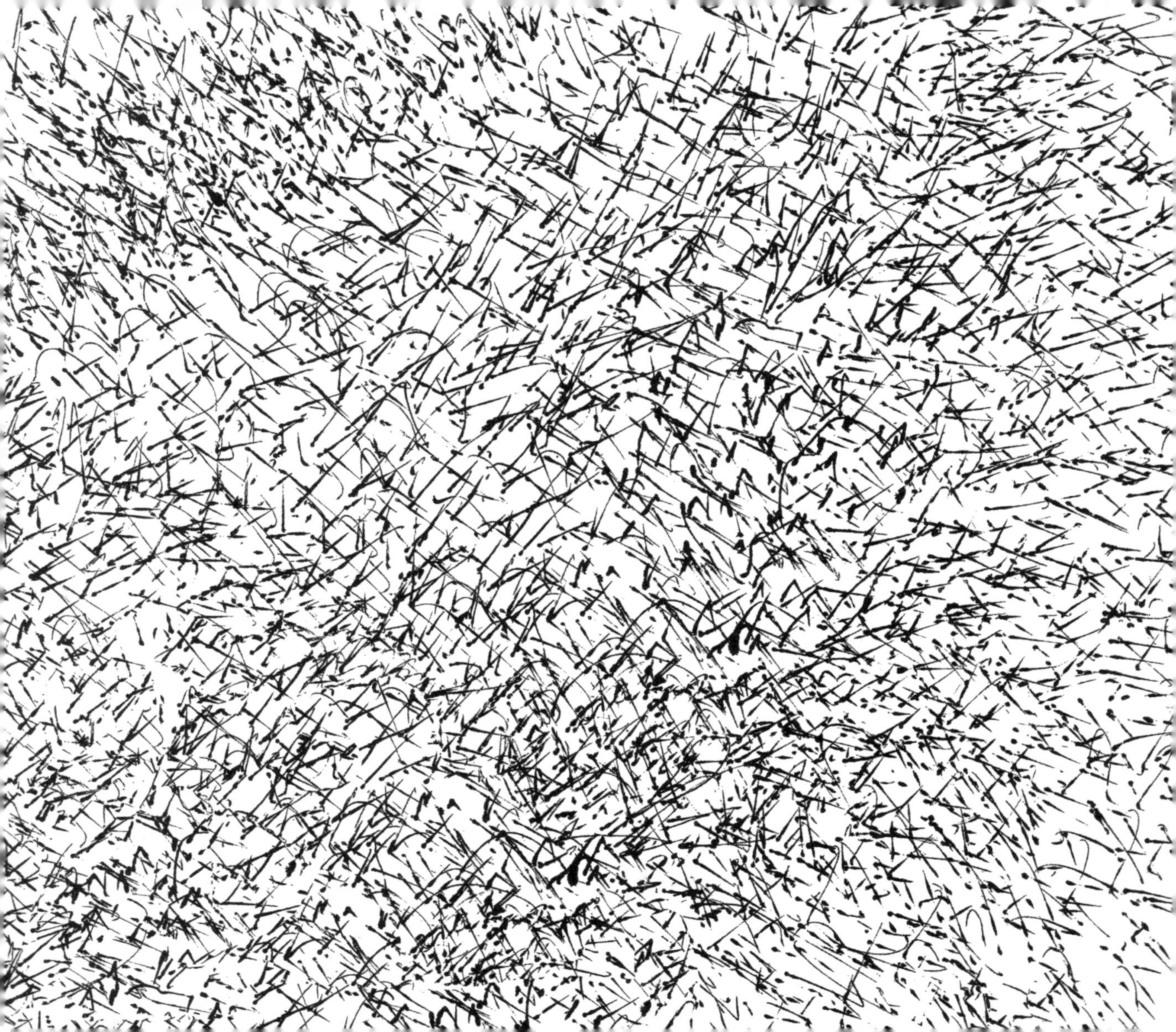

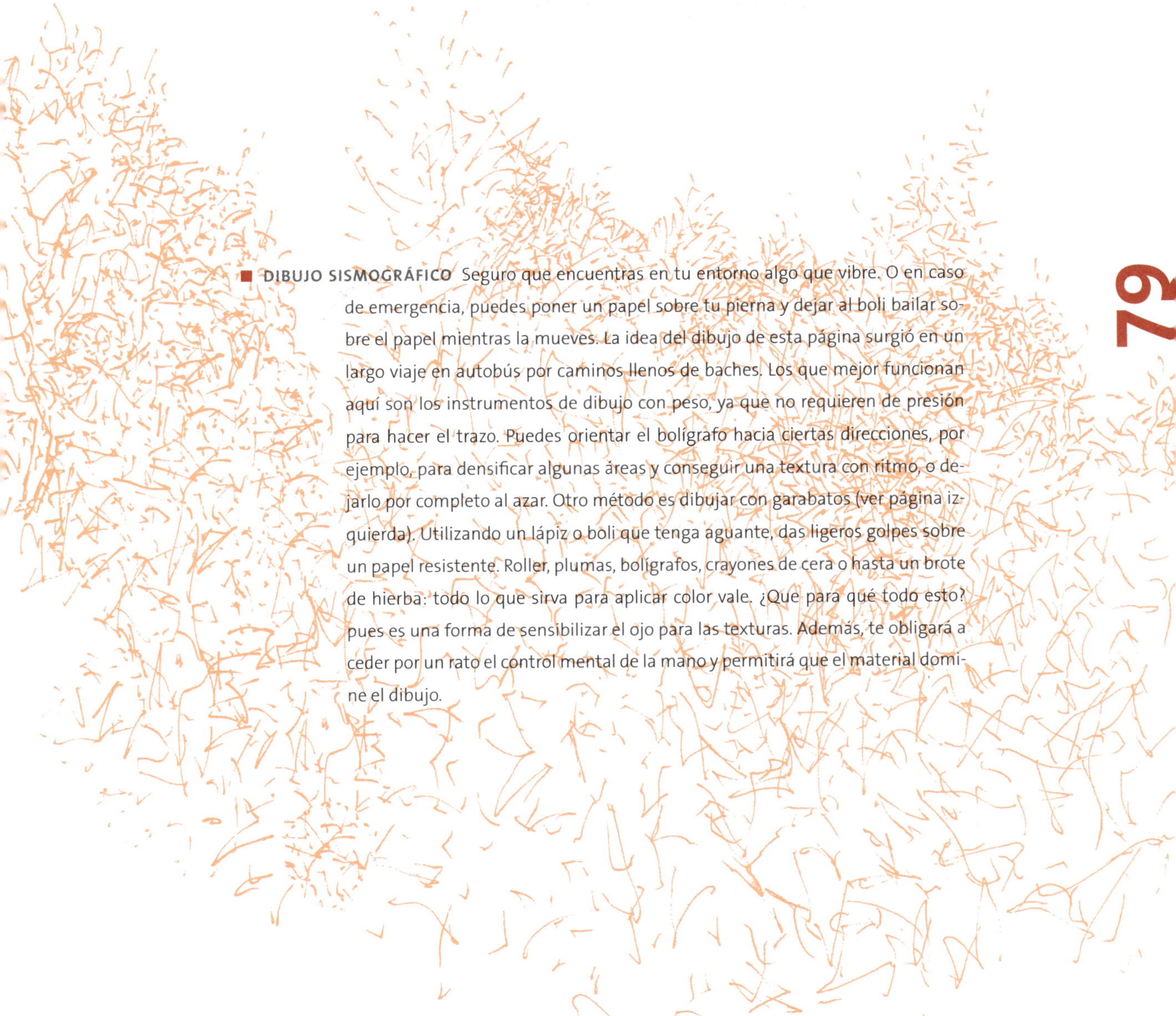

■ **DIBUJO SISMOGRÁFICO** Seguro que encuentras en tu entorno algo que vibre. O en caso de emergencia, puedes poner un papel sobre tu pierna y dejar al boli bailar sobre el papel mientras la mueves. La idea del dibujo de esta página surgió en un largo viaje en autobús por caminos llenos de baches. Los que mejor funcionan aquí son los instrumentos de dibujo con peso, ya que no requieren de presión para hacer el trazo. Puedes orientar el bolígrafo hacia ciertas direcciones, por ejemplo, para densificar algunas áreas y conseguir una textura con ritmo, o dejarlo por completo al azar. Otro método es dibujar con garabatos (ver página izquierda). Utilizando un lápiz o boli que tenga aguante, das ligeros golpes sobre un papel resistente. Roller, plumas, bolígrafos, crayones de cera o hasta un brote de hierba: todo lo que sirva para aplicar color vale. ¿Que para qué todo esto? pues es una forma de sensibilizar el ojo para las texturas. Además, te obligará a ceder por un rato el control mental de la mano y permitirá que el material domine el dibujo.

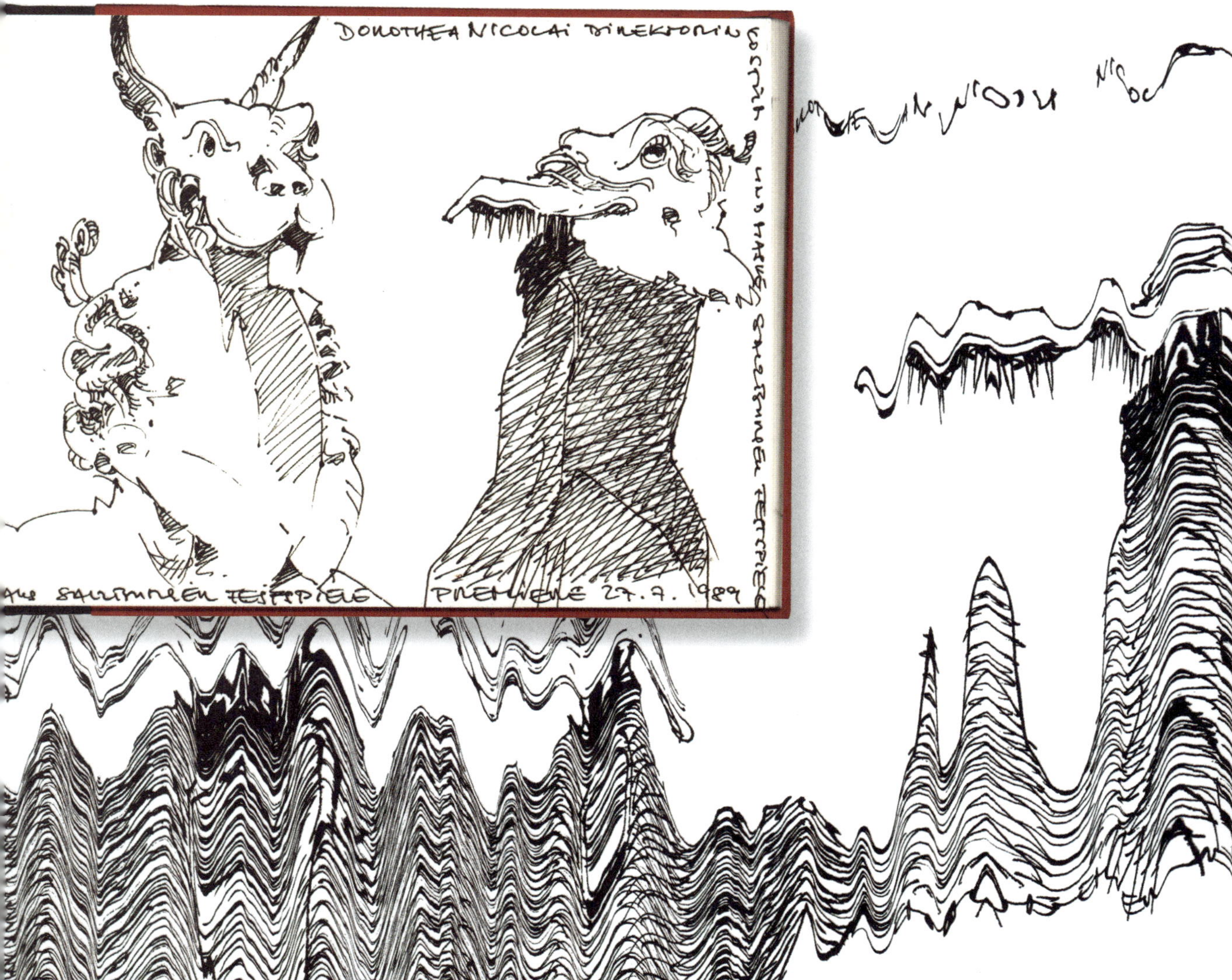

DOROTHEA NICOLAI DIREKTORIN
KOSTÜM UND MASKE SALZBURGER FESTSPIELE
AUS SALZBURGER FESTSPIELE
PREMIERE 27.7.1989

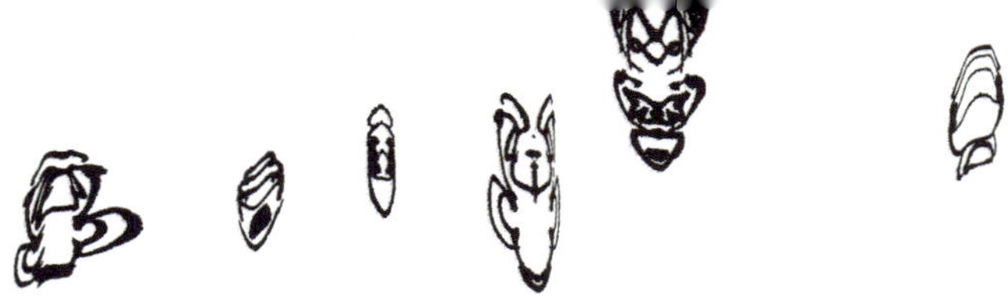

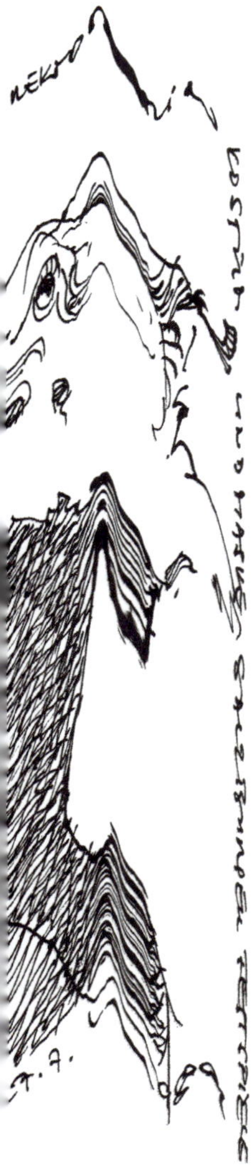

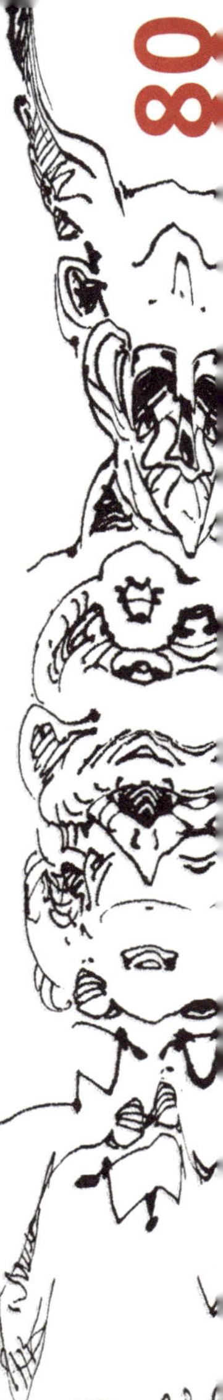

SIEMPRE EL MISMO ZAPATO No es fácil dar un aire nuevo a tu forma habitual de dibujar, sobre todo cuando el resultado son obras demasiado correctas o inseguras. Pero cambiar a otro instrumento de dibujo o a un formato de papel más grande puede abrir nuevos caminos. Te propongo un método lúdico pero con la seria intención de estimular tu dibujo a través de un pequeño rodeo.

Coloca un dibujo terminado en una fotocopiadora o escáner. Mientras se copia, mueve la hoja en distintas direcciones —descubrirás sobre la marcha cuál es la mejor velocidad—. El efecto gráfico es más potente si utilizas un bolígrafo roller negro o tinta y pluma. Los resultados, a menudo algo extravagantes, enseñan que el motivo se puede interpretar de una forma radicalmente distinta y alejada de la representación. El mensaje que quiero transmitir es: ¡date más libertad para los dibujos que hagas desde la observación directa!

Esta técnica permite además experimentar con distintas variaciones. Prueba a dibujar sobre la copia manipulada. O úsala como material de collage para diseños imaginativos. ¡Que te diviertas!

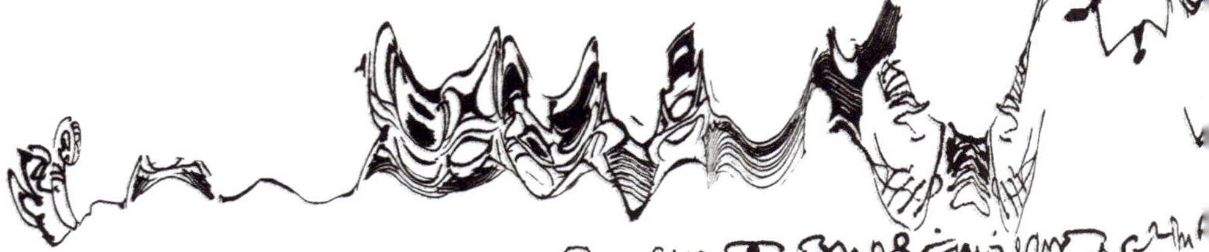

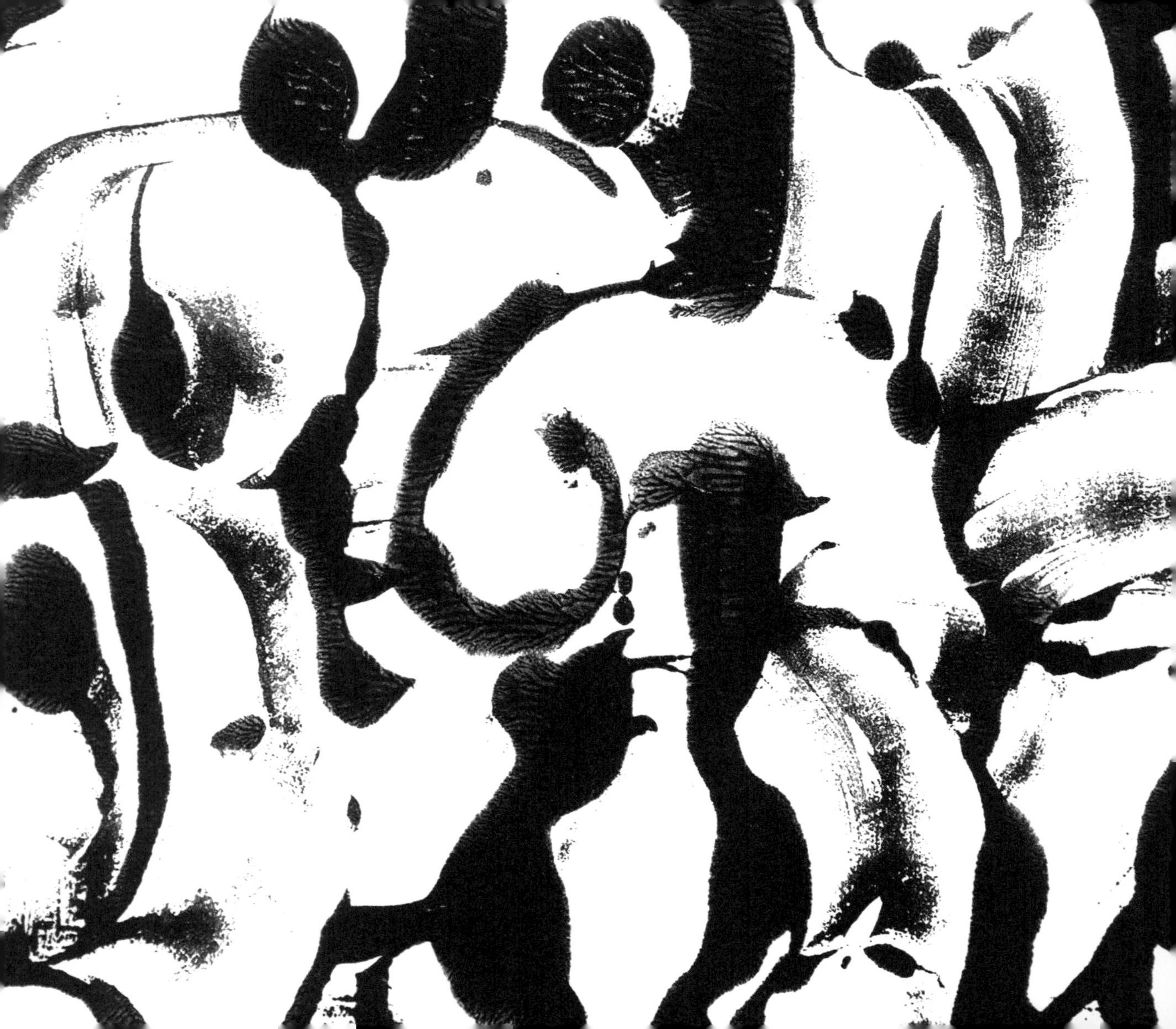

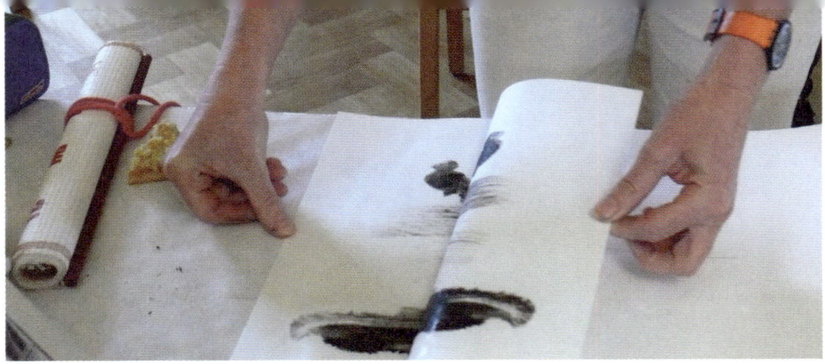

■ **DIBUJOS PEGADOS** El juego de los elementos positivos y negativos del dibujo se puede complementar con el experimento que te presento a continuación. Los ingredientes: cola para empapelar, un cubo, un vaso de tubo, pintura acrílica, un vaso para mezclar, una brocha y un buen papel. Mezcla la cola con el agua hasta que quede cremosa, extiéndela sobre el papel procurando que no queden grumos y después pinta encima con el color acrílico. Apoya firmemente el vaso tumbado sobre el papel pintado y deslízalo generosamente. Usa el resultado como base de impresión, colocando un papel nuevo encima sobre el que ejercerás presión cuidadosamente con la mano. Después despega ambos papeles uniformemente. Esta es la primera impresión (una variante del monotipo). Ambas hojas se pueden reutilizar hasta que ya no suelten más color. Se pueden realizar impresiones multicolor y sobreimpresiones usando dos bases de impresión distintas. ¡No querrás parar!

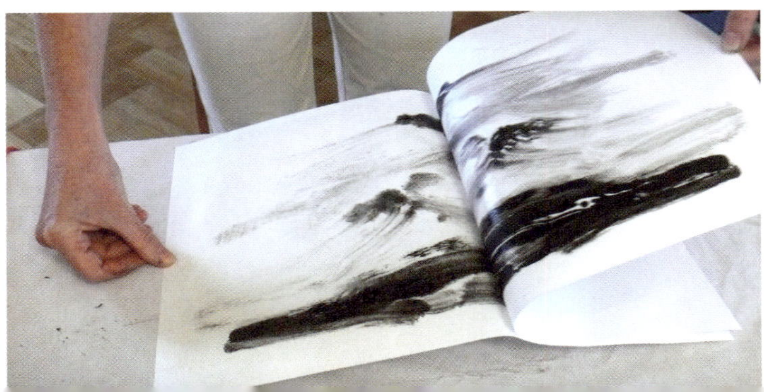

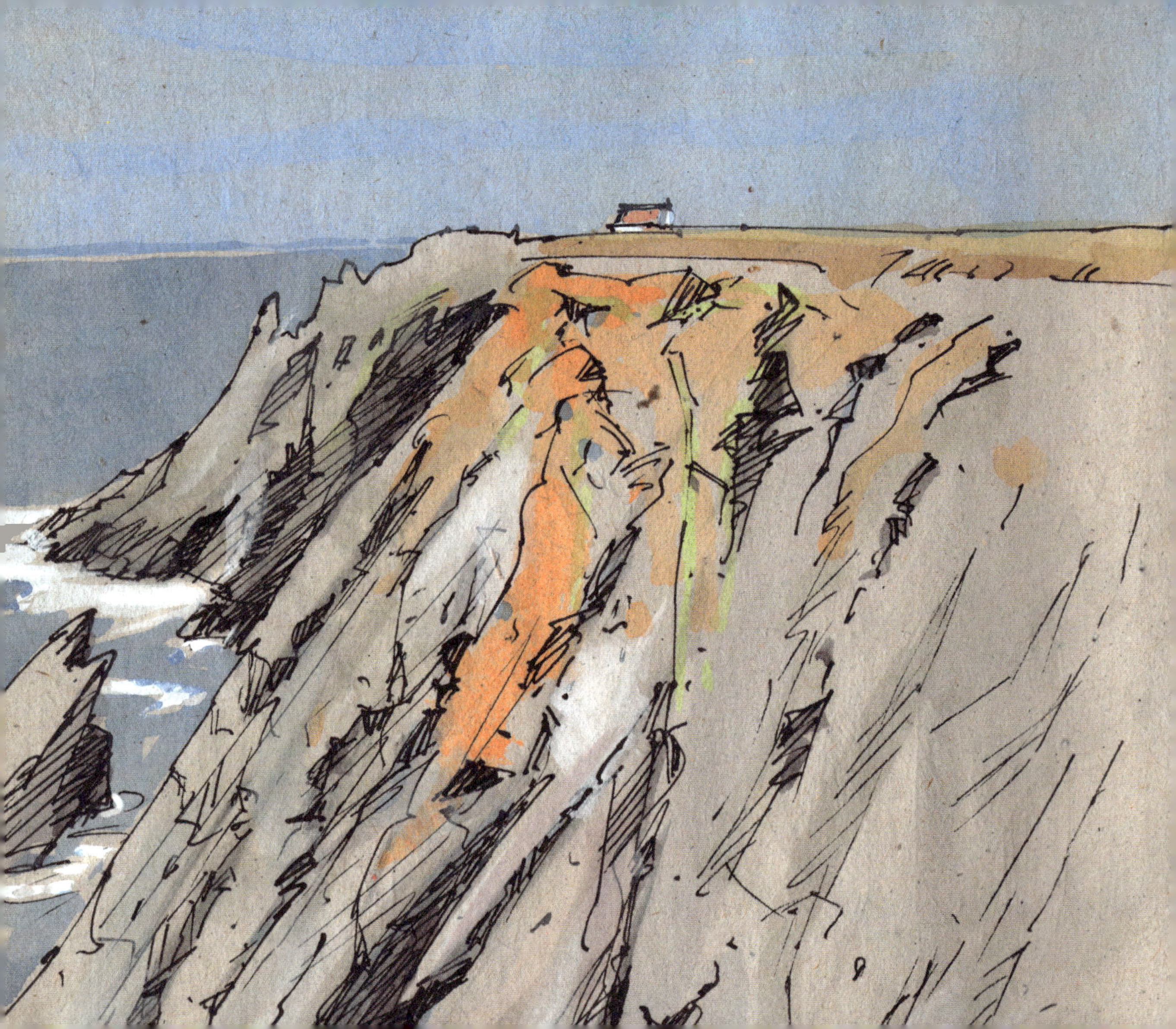

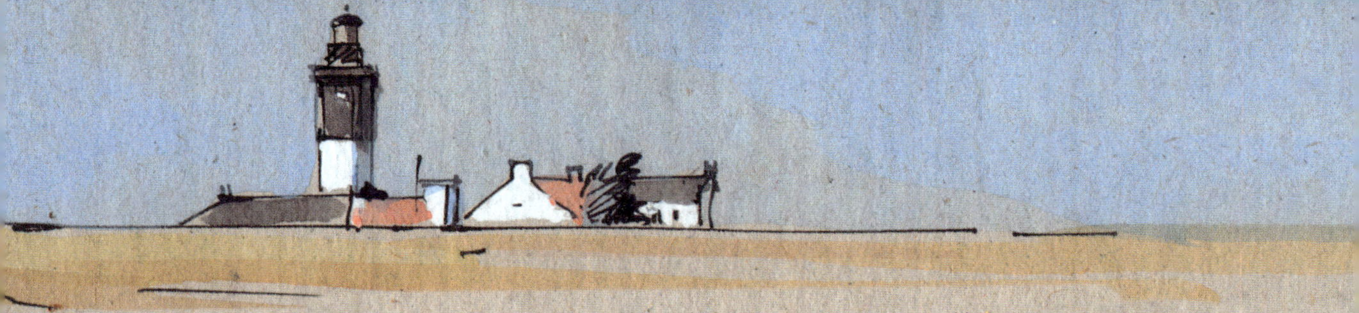

PLAYERO A la pregunta de en qué lugar disfruto más como turista y dibujante siempre respondo lo mismo: en una playa rocosa. En ningún otro sitio están mis sentidos estimulados de una forma tan completa. La luz brillante, la vista que alcanza a ver la curvatura de la tierra, el sabor de la sal en los labios, patrullas de gaviotas volando, su clamor quejumbroso y el palmeo del agua. Me encanta prestarle atención a todo. Todo es interesante. Y en gran medida, difícil: las complicadas formas de las olas danzantes y su espuma salpicando son muy difíciles de retener gráficamente. También se encuentran rocas agujereadas por el agua salada, guijarros hermosamente pulidos, madera flotante que brilla como la plata, conchas, caracoles, pedazos de cangrejos, plumas de aves, algas —y en muchos lugares, desgraciadamente, también basura—. Mi consejo para unas fructíferas vacaciones de dibujo en la playa: en la medida de lo posible, quédate en un solo lugar. Las islas pequeñas son ideales. Aquí se muestra la isla bretona de Groix. En el contorno de esta manejable isla hay más que suficiente para capturar. Ver también consejo 77.

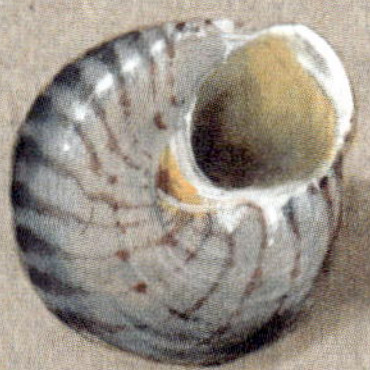

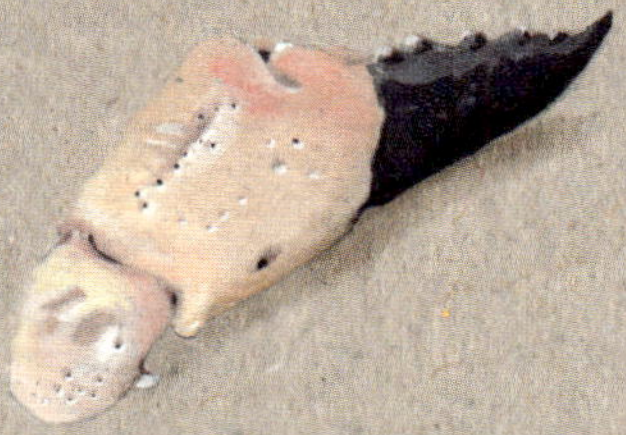

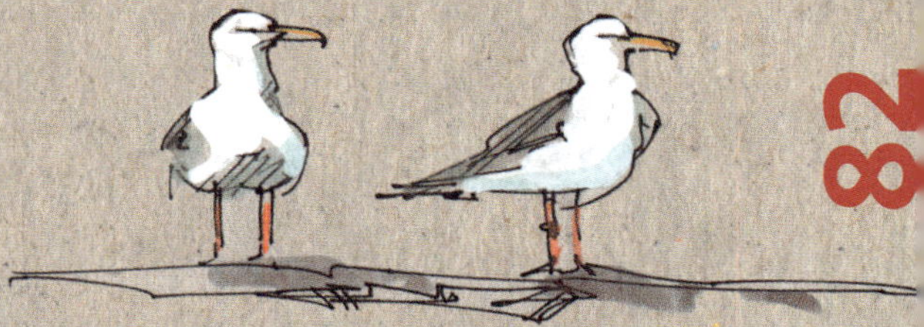

82

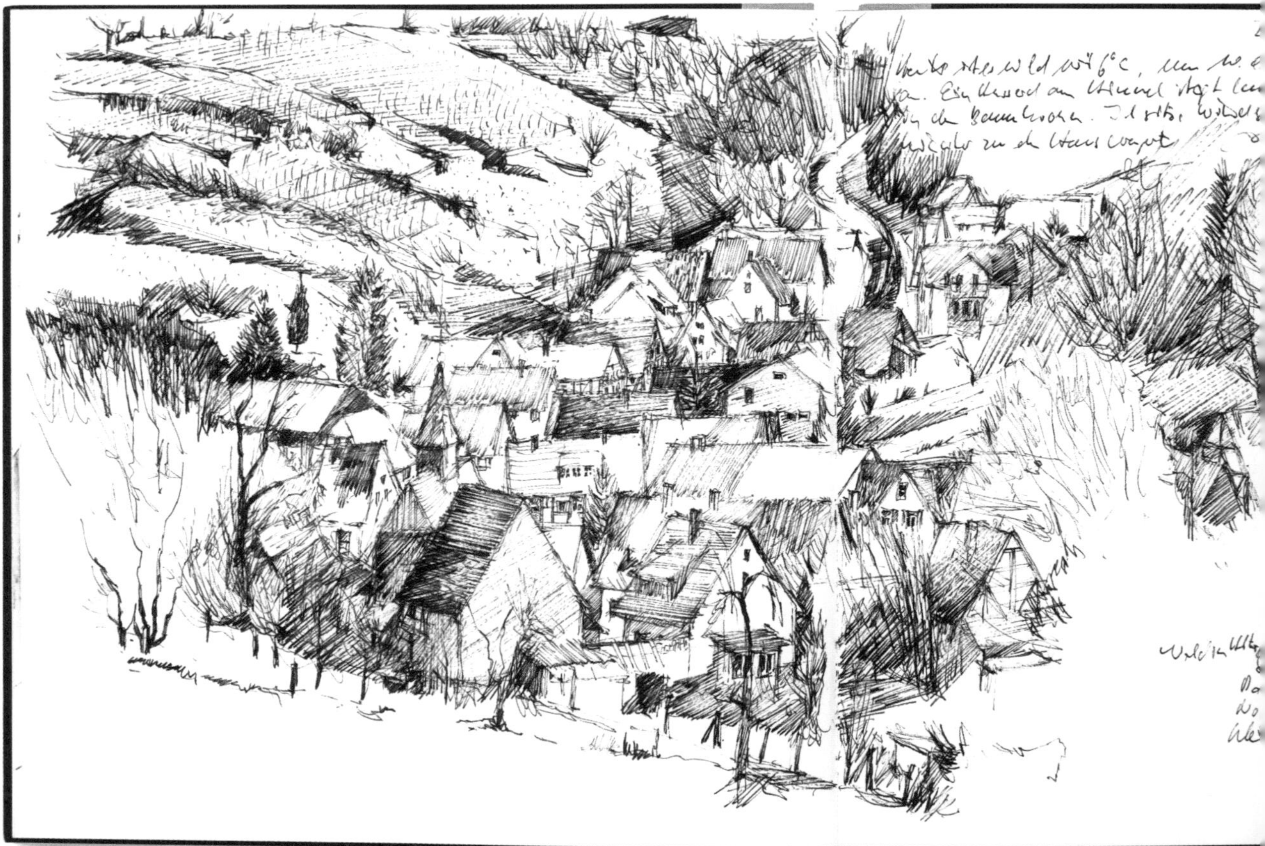

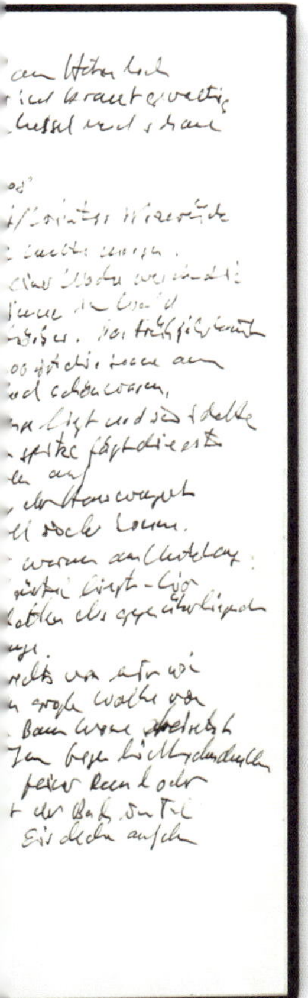

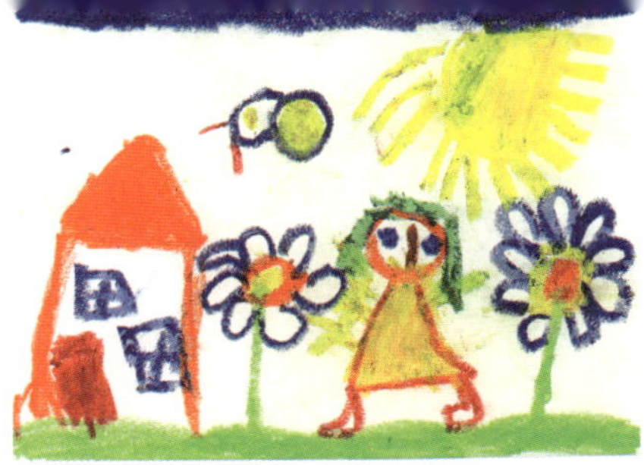

83

DE LO BIDIMENSIONAL A LO TRIDIMENSIONAL La forma en que los niños descubren y van perfeccionando la visión espacial y el dibujo es un aspecto apasionante de su desarrollo general. Al principio descubren la divertida experiencia de que los lápices crean trazas. Después producen garabatos a los que dan nombre o interpretan. La etapa del dibujo de pictogramas de personas, animales y objetos es la más fascinante del arte infantil. Durante mucho tiempo, para representar una casa les basta con un cuadrado y un triángulo encima. Más tarde, al lateral de la casa se le añaden uno o dos gabletes.

Con el inicio de la pubertad consiguen hacer representaciones espaciales en una especie de perspectiva paralela. Se quedarían ahí si no recibieran ayuda desde fuera. Solo enseñando las nociones de perspectiva pueden superar los obstáculos y así llegar a nuevos hallazgos. Horizonte, altura de los ojos, punto de fuga, líneas de fuga, acortamientos o perspectiva central son conceptos de una técnica de representación cuyo descubrimiento en el Renacimiento dio un enorme impulso al arte. El dibujo en perspectiva no es cosa de magia. Un libro o curso especializado e Internet pueden ser de ayuda. Memoriza las cosas más importantes. Con una práctica constante se hace de la teoría una actividad rutinaria.

Ver también consejo 108.

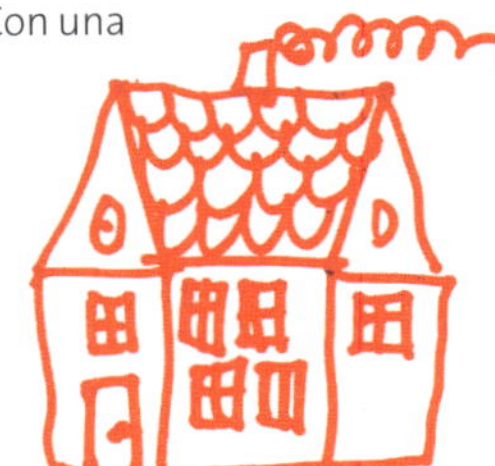

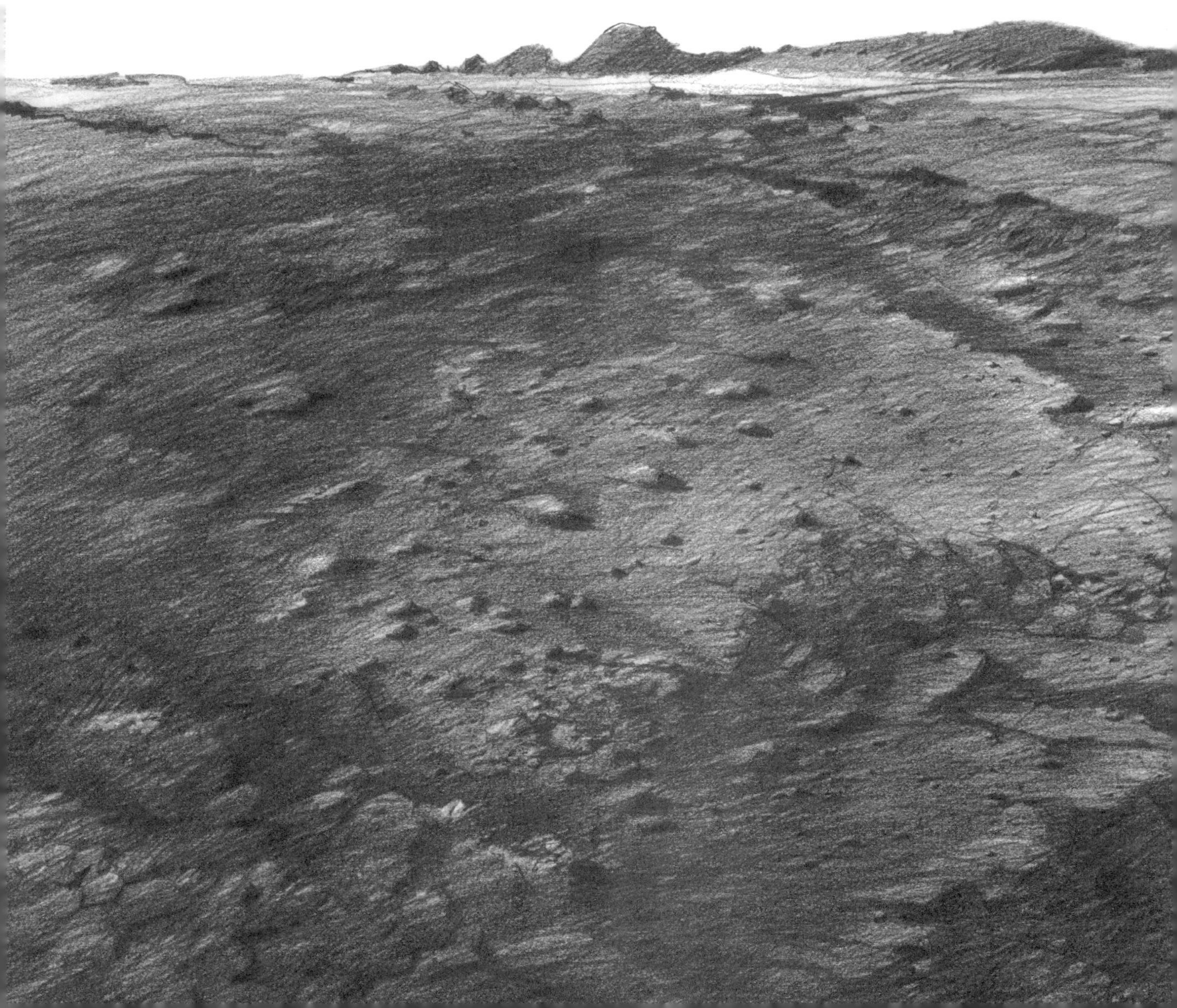

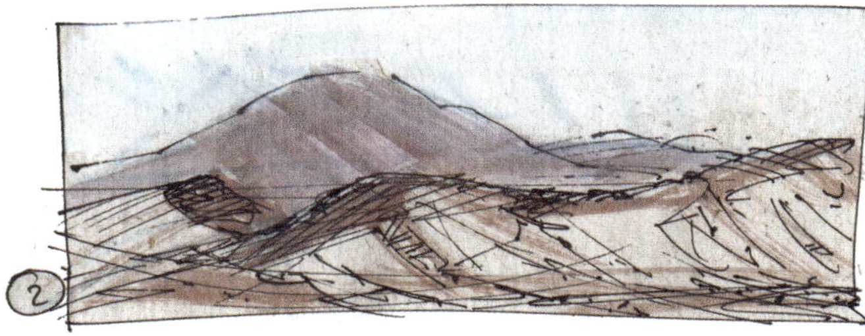

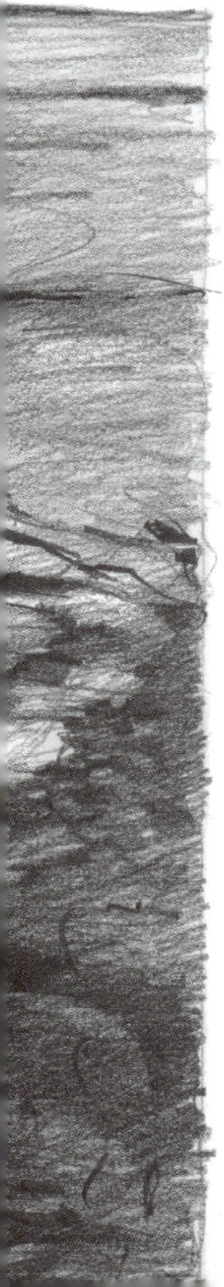

■ **DIBUJAR DONDE NO HAY NADA** Aterrizar en Lanzarote es como saltar de una colina de hierba a una montaña de piedras. En muchas zonas la isla parece una hogaza de pan oscuro con cantos afilados; por eso hay turistas que no vuelven nunca —y por eso muchos otros la adoran—. Pero descubres también que Lanzarote no es solo el paisaje apocalíptico que vemos en las películas.

Alfombras de kilómetros cuadrados de lapilli modelan un paisaje de innumerables volcanes con espléndidos colores minerales. Los agricultores usan la grava negra como hidrocultivo para producir vinos exquisitos y sabrosas verduras. Por todas partes se ven plantas pioneras abriéndose camino a través de la corteza de lava. La mezcla de irrealidad apocalíptica y paisaje cultivado es una joya para el dibujo. Aquí los mejores utensilios de dibujo son el lápiz de grafito, un bolígrafo roller negro intenso o la pluma, ideales para las desconcertantes texturas que invitan a la concentración pero estimulan también la libre interpretación.

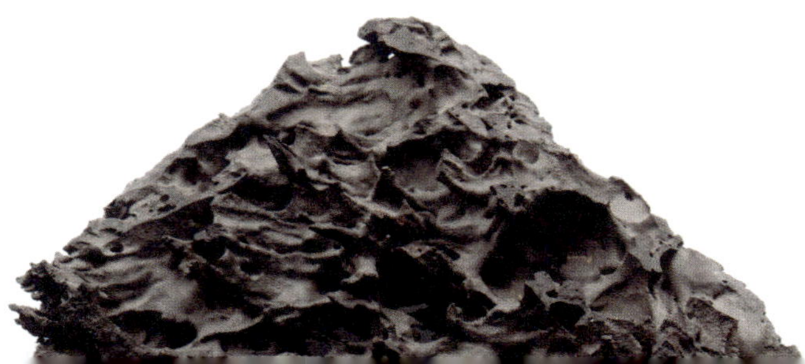

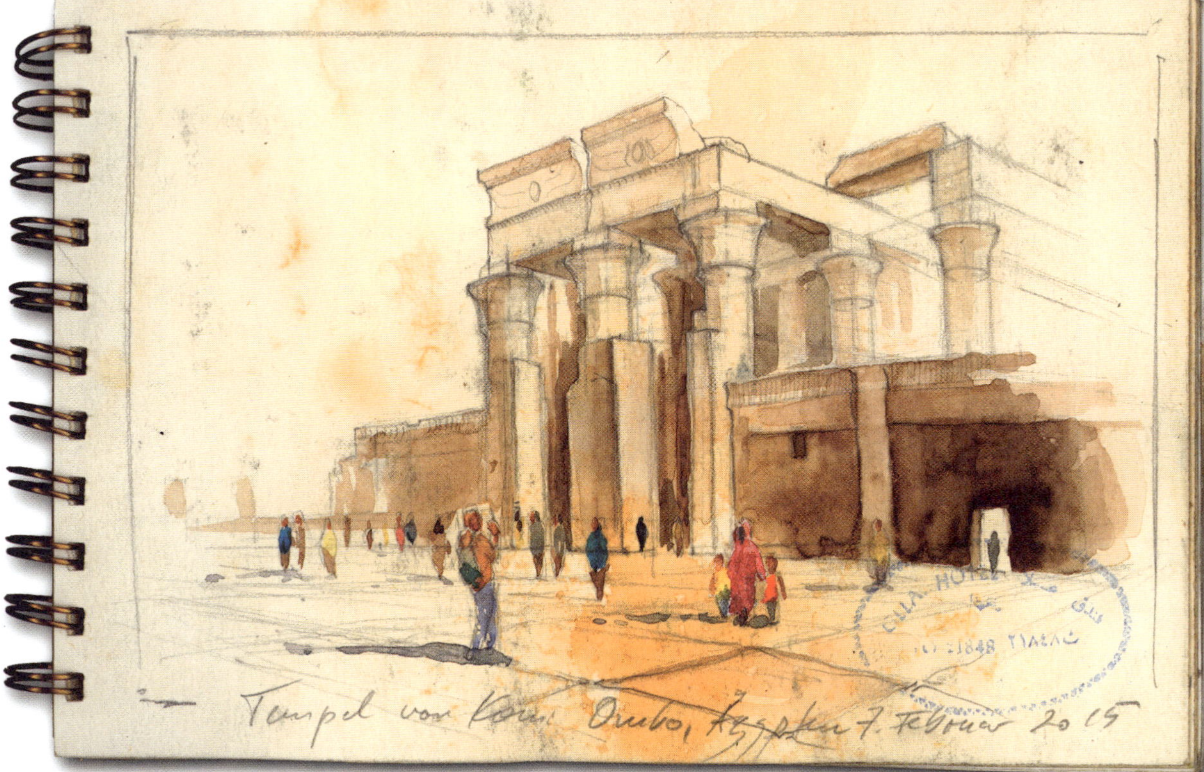
Tempel von Kom Ombo, Ägypten 7. Februar 2015

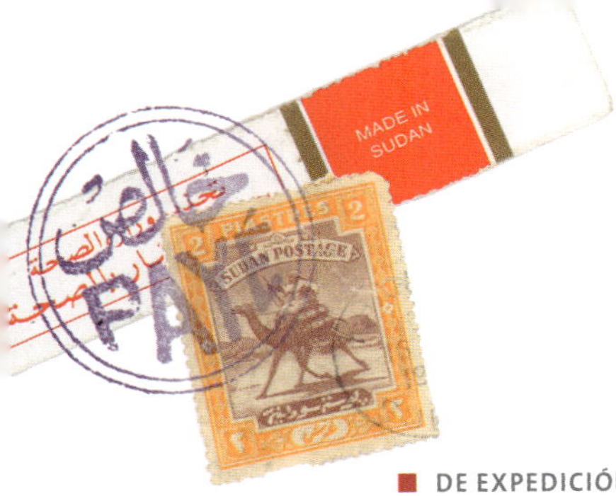

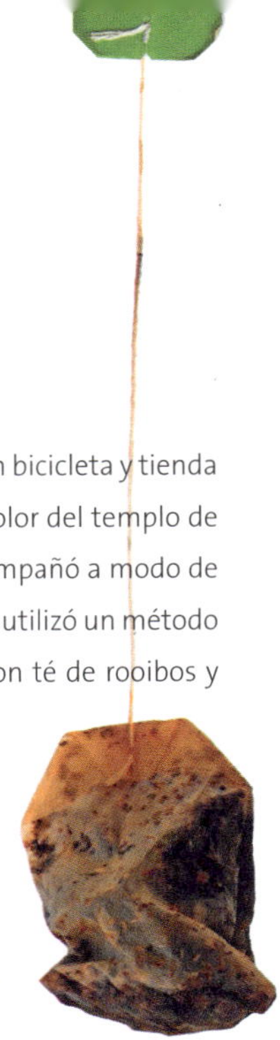

DE EXPEDICIÓN CON EL CUADERNO DE DIBUJO La ruta de Jens Hübner en bicicleta y tienda de campaña por el Sahara empezó en Egipto. Este dibujo en color del templo de Kom Ombo está sacado de su cuaderno de dibujos, que le acompañó a modo de diario durante todo el viaje. Para captar el tono base del paisaje utilizó un método muy sugerente: tiñó muchas zonas del papel del cuaderno con té de rooibos y después trabajó con acuarela encima.

Los dibujos y acuarelas de Jens Hübner continúan la tradición de la pintura de viajes, particularmente popular entre los artistas del s. XIX que viajaron a zonas que eran en gran medida desconocidas en Europa. Sirva de ejemplo el pintor Mauricio Rugendas, nacido en Ausburgo en 1802. Mientras que los pintores románticos viajaban en masa a Italia y Grecia, a él le atrajo América del sur y central, donde produjo más de 6000 dibujos y pinturas. Estos fascinaron tanto al famoso científico naturalista y trotamundos Alexander von Humboldt que se convirtió en mentor, mecenas y amigo de Rugendas.

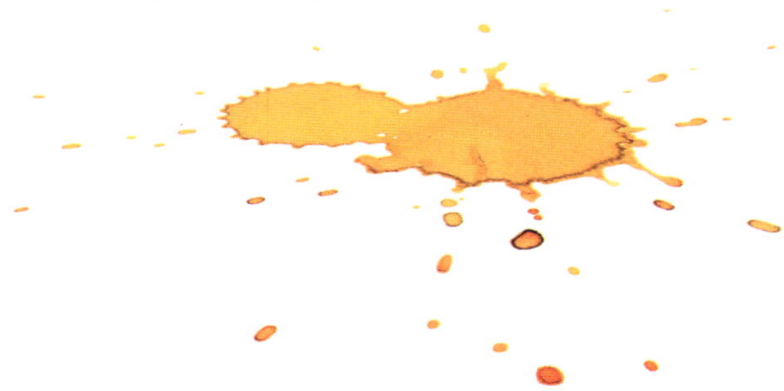

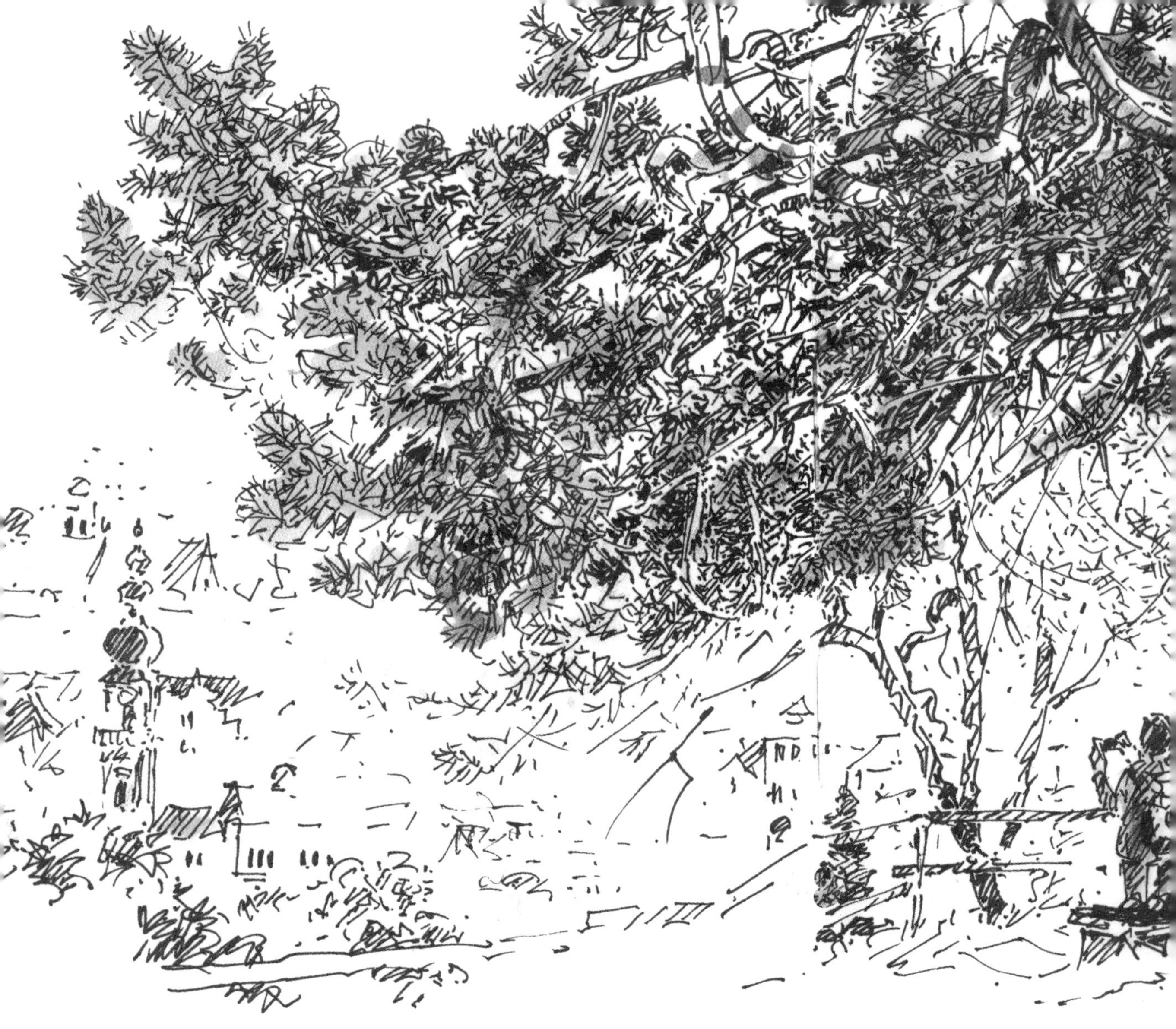

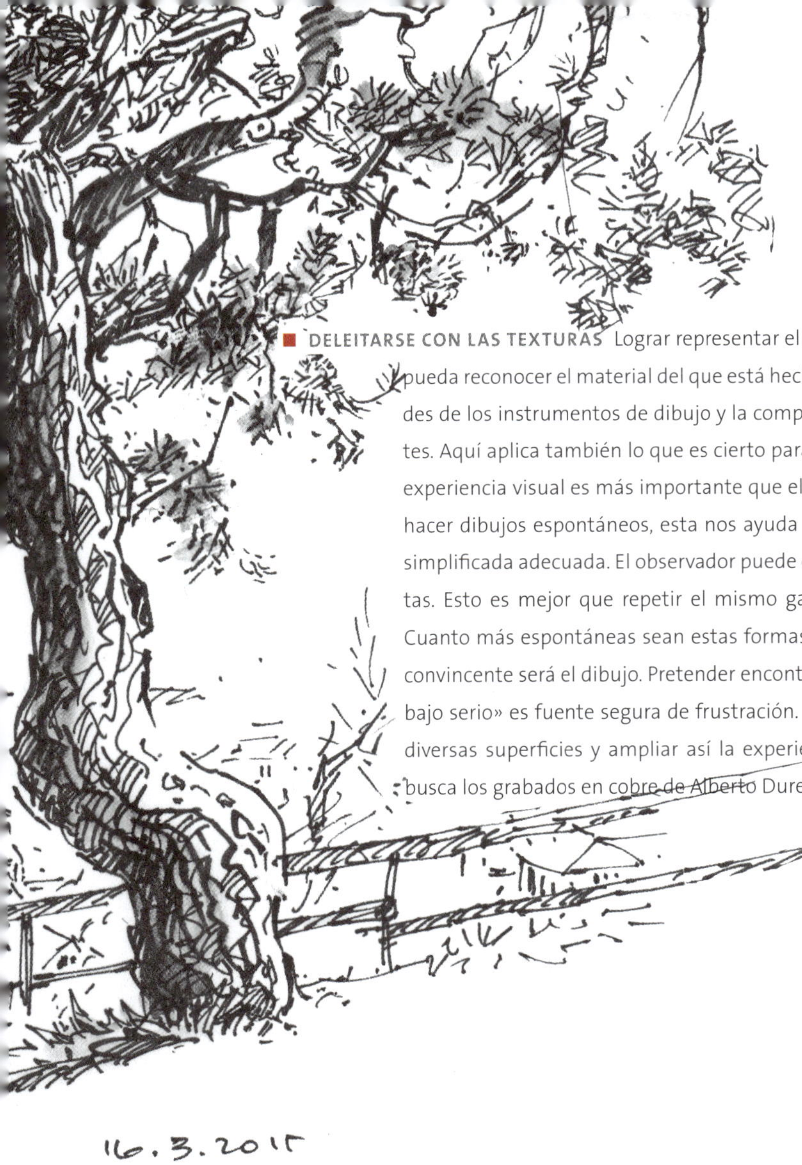

98

■ **DELEITARSE CON LAS TEXTURAS** Lograr representar el carácter de una superficie y que se pueda reconocer el material del que está hecha no es nada fácil. Las singularidades de los instrumentos de dibujo y la complejidad del motivo establecen límites. Aquí aplica también lo que es cierto para el resto de ejercicios de dibujo: la experiencia visual es más importante que el resultado en el papel. A la hora de hacer dibujos espontáneos, esta nos ayuda a encontrar rápidamente la forma simplificada adecuada. El observador puede descifrarlas aunque sean imperfectas. Esto es mejor que repetir el mismo garabato para todas las superficies. Cuanto más espontáneas sean estas formas simplificadas o abreviaturas, más convincente será el dibujo. Pretender encontrar el truco a la primera en un «trabajo serio» es fuente segura de frustración. Así que es mejor «enzarzarse» con diversas superficies y ampliar así la experiencia visual. Un consejo adicional: busca los grabados en cobre de Alberto Durero... ¡Muy instructivos!

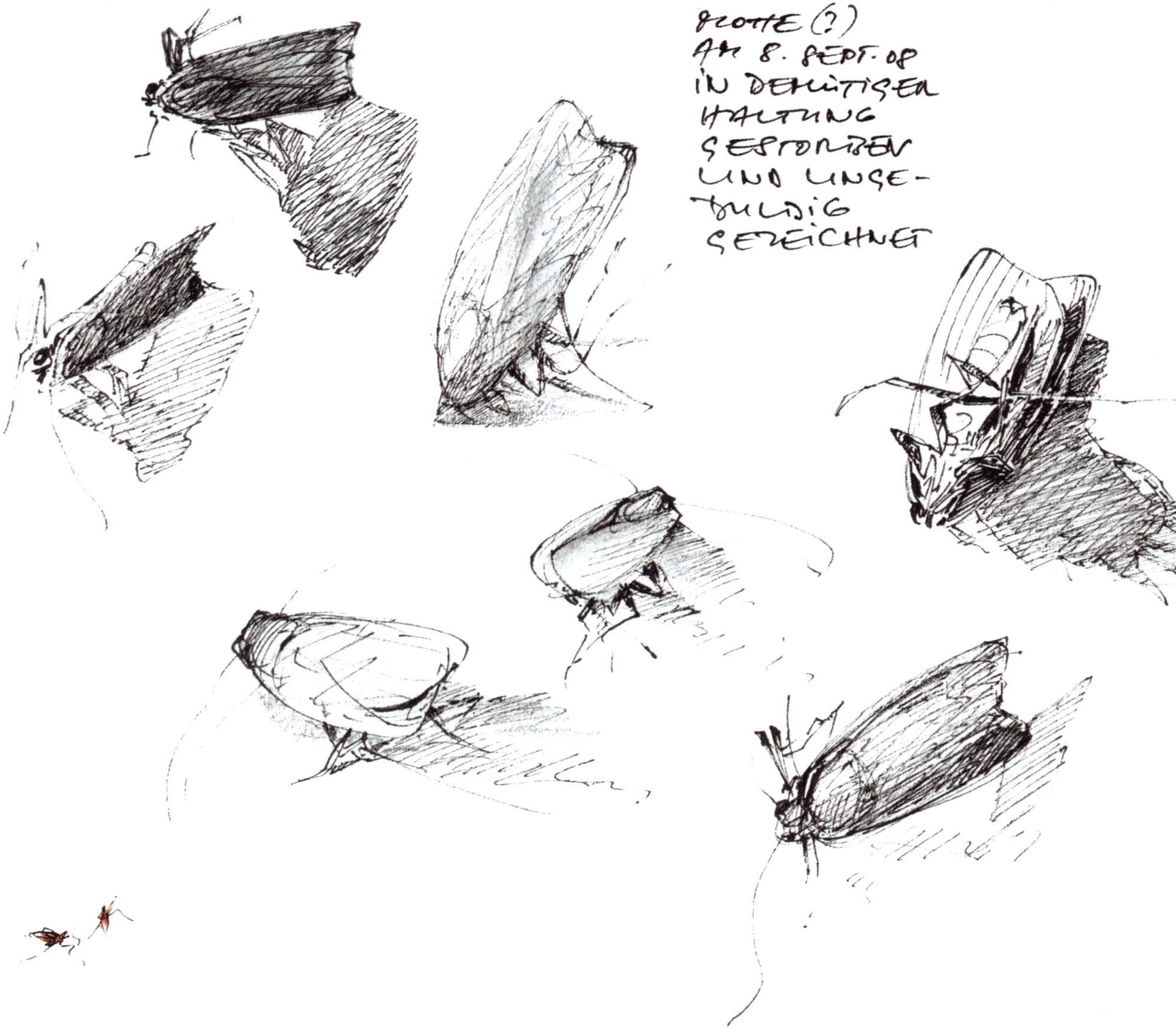
MOTTE (?)
AM 8. SEPT. 08
IN DEMÜTIGER
HALTUNG
GESTORBEN
UND UNGE-
DULDIG
GEZEICHNET

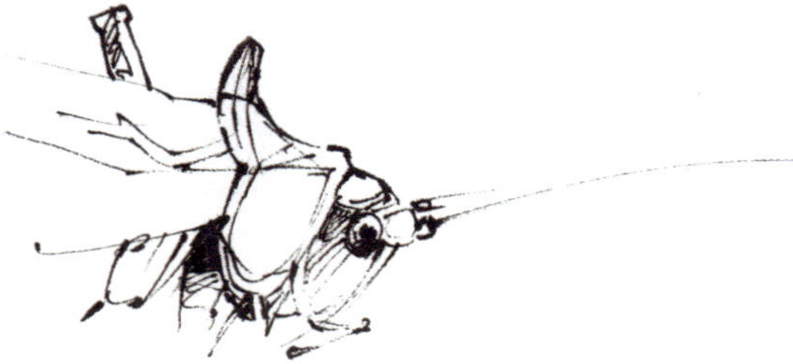

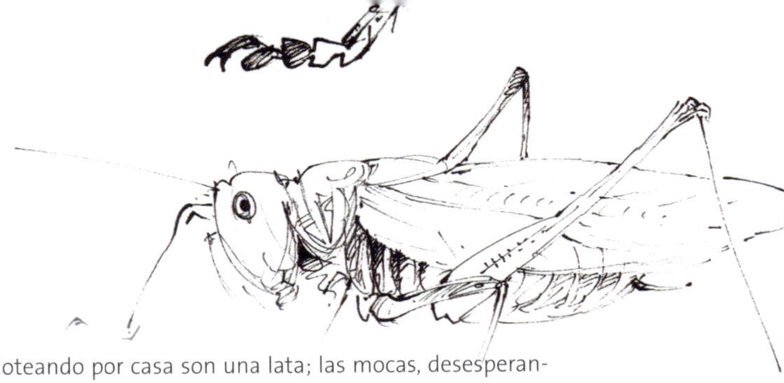

BELLAS BESTIAS Las polillas revoloteando por casa son una lata; las mocas, desesperantes; de los mosquitos podría uno prescindir; las arañas mejor verlas fuera que dentro; un gusano blanco viscoso en una maceta de flores no es bienvenido; también los noctámbulos pececillos de plata pueden convertirse en una plaga. Y sin embargo, vistos de cerca —preferiblemente con una lupa—, estas bestias se descubren como hermosos objetos de dibujo.

Ahí va un consejo: dedica un cuaderno de dibujo especialmente a todos los bichos que pululen por casa, en el balcón, en la terraza o en el jardín. Te sorprenderás de todo lo que se consigue reunir al final del año. Quizás te interesas especialmente por algún tipo, como por las variantes de mariquitas. Descubre sus larvas y pupas, que son también fascinantes (además de muy útiles: lo que más les gusta comer son pulgones). O consigue una planta carnívora en una floristería y observa desde el punto de vista pictórico cómo una planta se come un saltamontes. Sí, sé que suena un poco inquietante... ¡pero un dibujante no debe acobardarse ante nada! Ver también consejo 24.

87

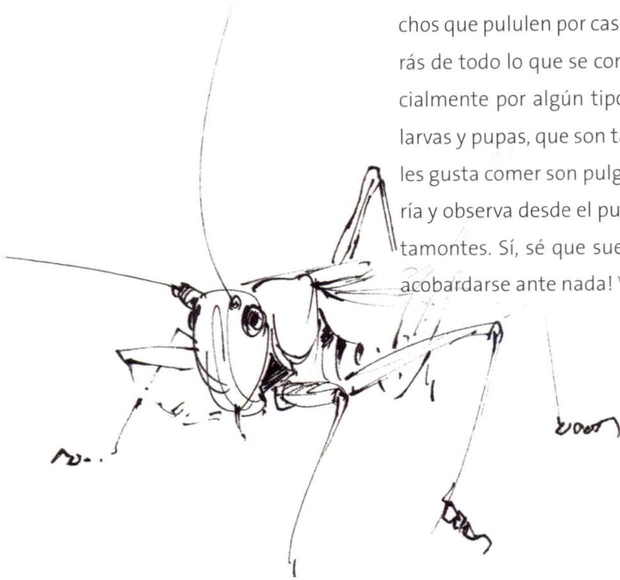

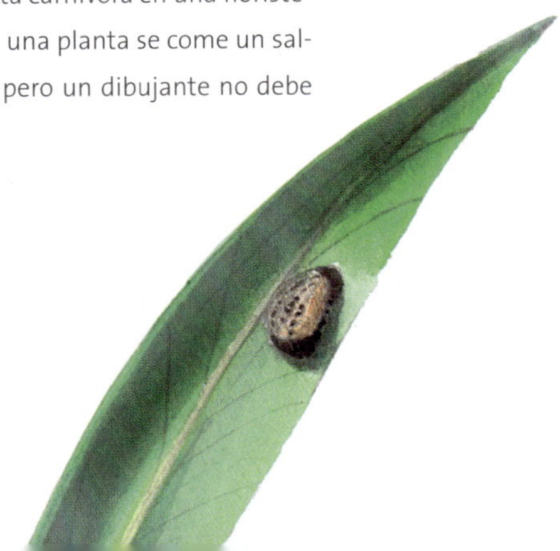

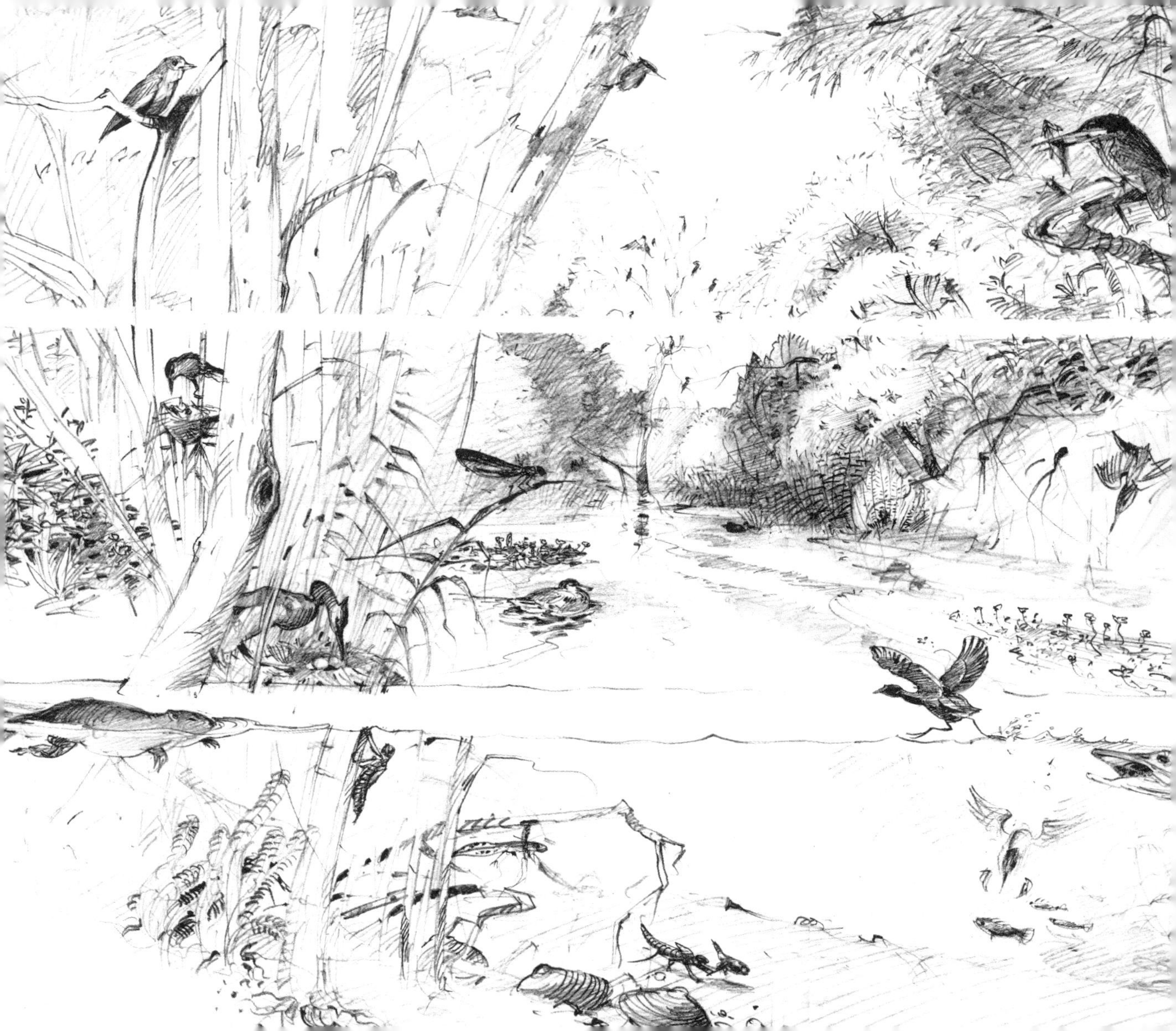

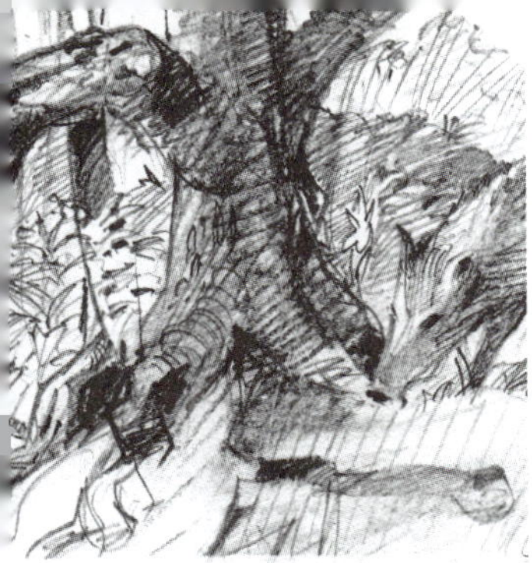

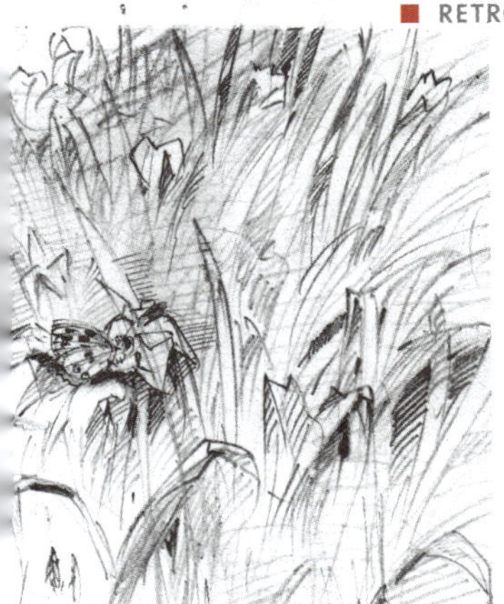

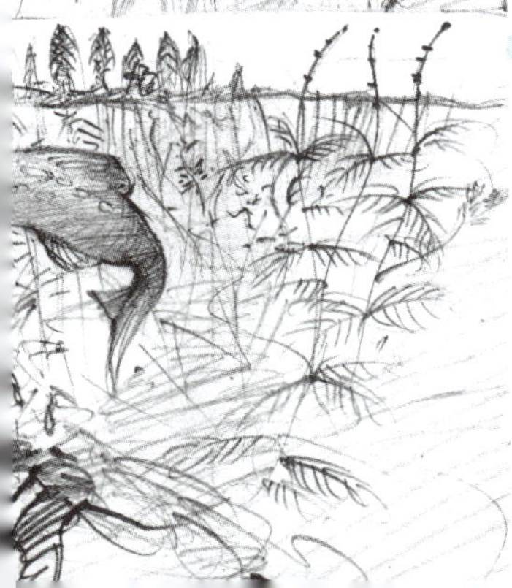

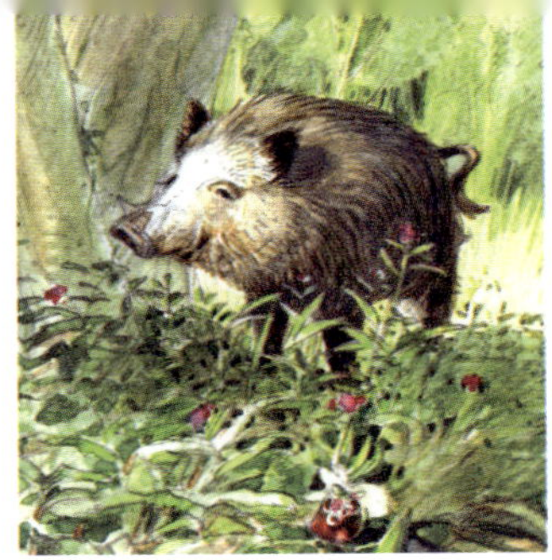

RETROSPECTIVA Los años 80 del pasado siglo: un encargo para una revista de gran tirada. El tema es la cuenca del Rin en capas —sobre y bajo el agua—. La referencia era la reserva natural de Taubergießen, de gran riqueza de especies.

No había Internet; ningún buscador que facilitara la investigación. Por aquél entonces, para este tipo de encargos los ilustradores necesitaban una amplia biblioteca y tener buenas relaciones con institutos zoológicos y botánicos. Tenías mucha suerte si tu estudio estaba cerca de una universidad.

Los bocetos se enviaban por correo. La posibilidad de enviar el diseño terminado con un clic de ratón todavía no existía. Así que el primer intento tenía que funcionar. Si algo salía mal, había que hacerlo todo de nuevo. (Photoshop, por supuesto, tampoco había).

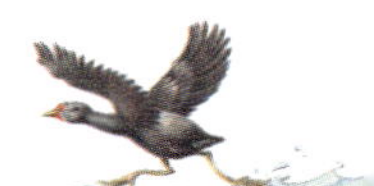

Lo que no ha cambiado es que los ilustradores familiarizados con los estudios naturales tienen ventaja, ya que son capaces de interpretar los no siempre expresivos modelos. Además, siempre pueden confiar en sus experiencias perceptivas, sin importar que los trabajos se hagan en papel o en una tableta digital.

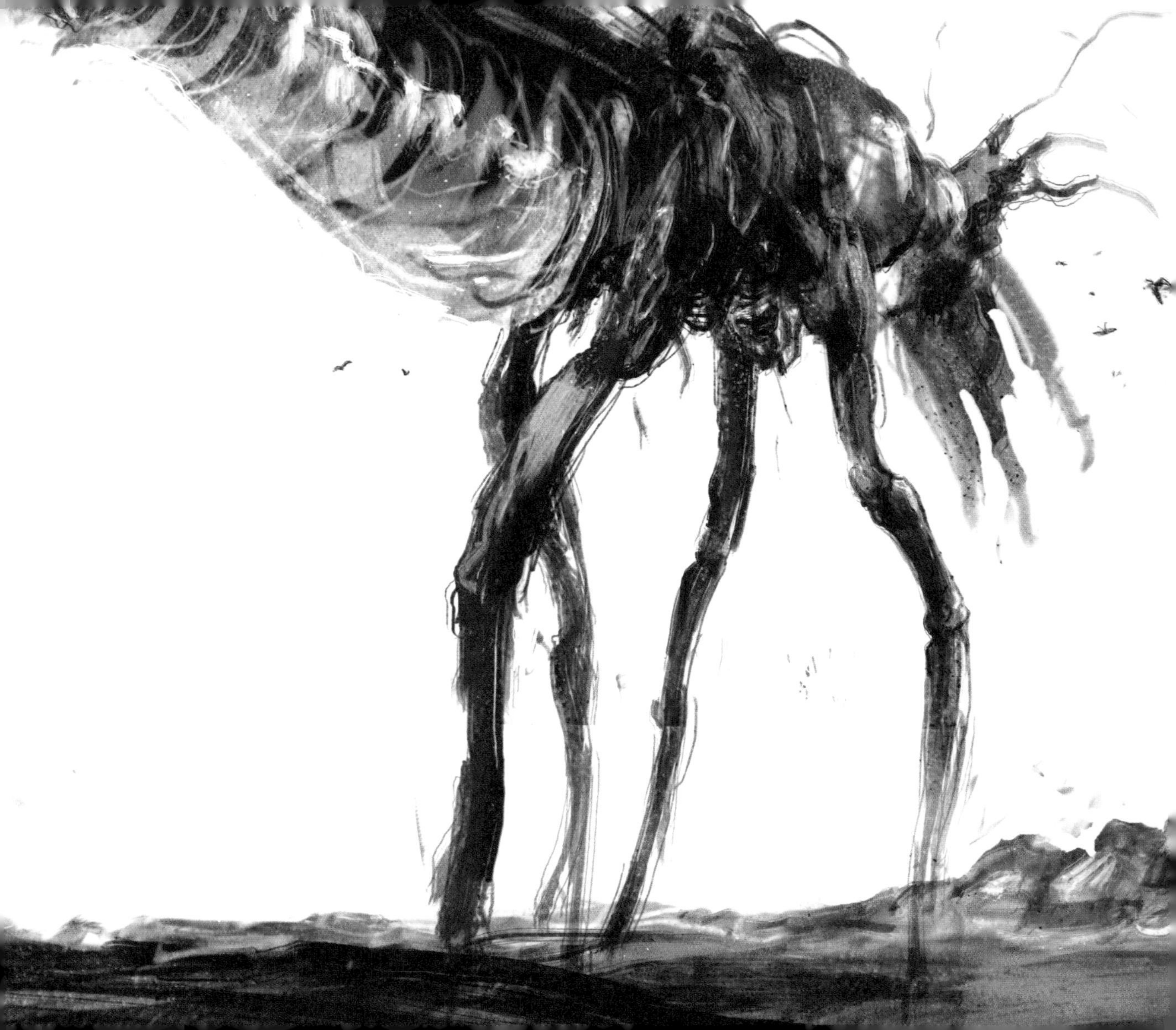

DA IGUAL LÁPIZ O RATÓN, DE LO QUE DEPENDE ES DE LA CABEZA Y LA MANO Las xilografías de Alberto Durero muestran cómo experimentó con dispositivos que le facilitaron el dibujo en perspectiva. Al igual que David Hockney hoy en día, los artistas del Renacimiento no hubieran tenido ningún problema en utilizar una tableta gráfica. Los dibujantes jóvenes del s.XXI ya no hacen distinción entre un dibujo a mano hecho en papel o con un puntero sobre una pantalla táctil. Si en la próxima visita al zoo o de vacaciones llevas contigo una tableta digital, podrás dejar la caja de materiales en casa. Viene con un programa de dibujo integrado. Sin embargo, hay algunas experiencias «analógicas» que nos invitan a prescindir del dibujo digital: la agradable sensación de un buen papel de dibujo entre los dedos, el sonido del carboncillo, el grafito o el crayón pastel al deslizarse por la superficie, el sonido áspero de una pluma, el olor como de alquitrán de la tinta... ¿Pura nostalgia? Puede ser. Tal vez sea como con la lectura en un E-Book: nunca sustituirá la experiencia táctil del libro... ¡esperemos!

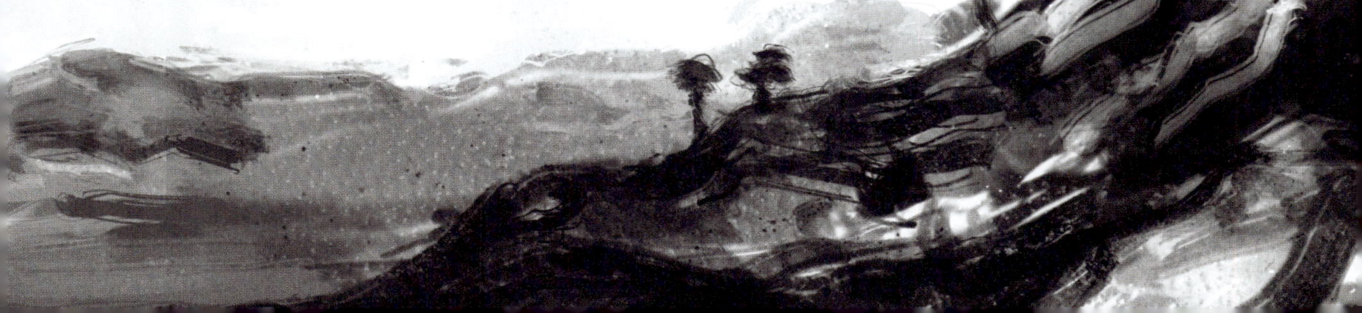

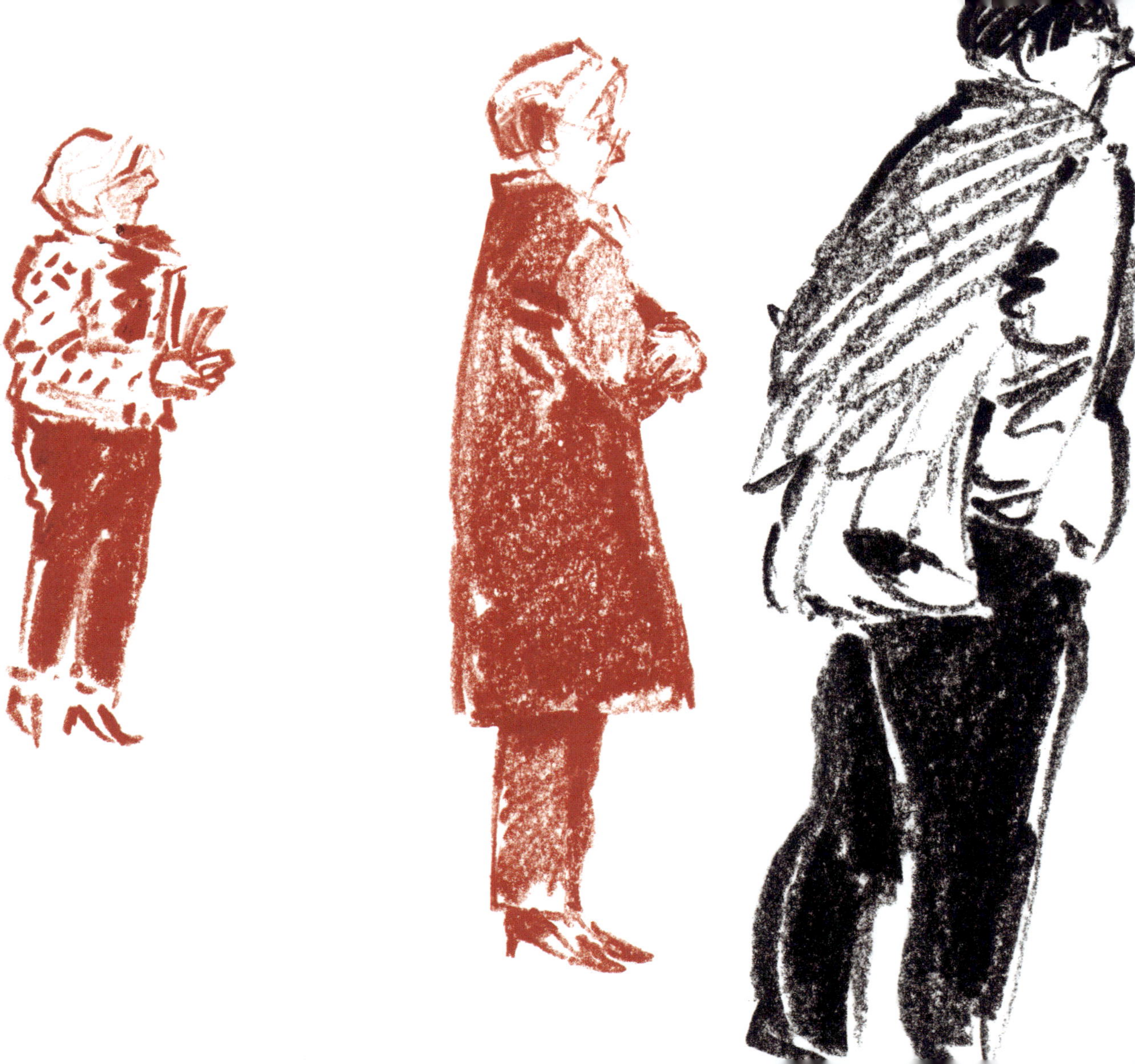

90

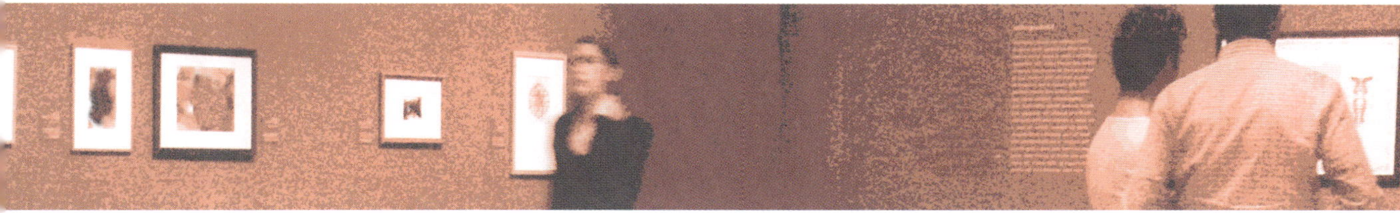

■ **SOBRE LOS HOMBROS** Ordena los y las siguientes artistas cronológicamente según su fecha de nacimiento: Peter Paul Rubens, Leonardo da Vinci, Max Beckmann, Mary Cassatt, Giovanni Battista Tiepolo, Francisco Guardi, Jean Giraud alias Moebius, Albrecht Dürer, Käthe Kollwitz, Francesco de Goya, Hans Holbein der Jüngere, Rembrandt Harmenszoon van Rijn, Heinrich Kley, Max Slevogt, Wolfgang Reitherman, Katsushika Hokusai, Paul Flora, Edgar Degas, Gustave Doré, Egon Schiele, Isabel Quintanilla, Lyonel Feininger, Andrew Wyeth, Félix Valloton, Olaf Gulbransson, John Constable, Adolph von Menzel, Jean-Jacques Sempé, Henri de Toulouse-Lautrec y Horst Janssen.

¡Bobadas! Esto no es ni la pregunta de un programa de preguntas y respuestas ni una propuesta seria. No obstante, deberías interesarte por las obras de dibujo de estos artistas. Estas han establecido estándares que sirven de referencia a muchos dibujantes. La observación, y no solo de obras maestras, agudiza tu sentido de la calidad y te ayuda a tomar decisiones correctas en tu trabajo. Toma consciencia de lo que te cautiva y lo que te deja indiferente.

Ver también consejo 91.

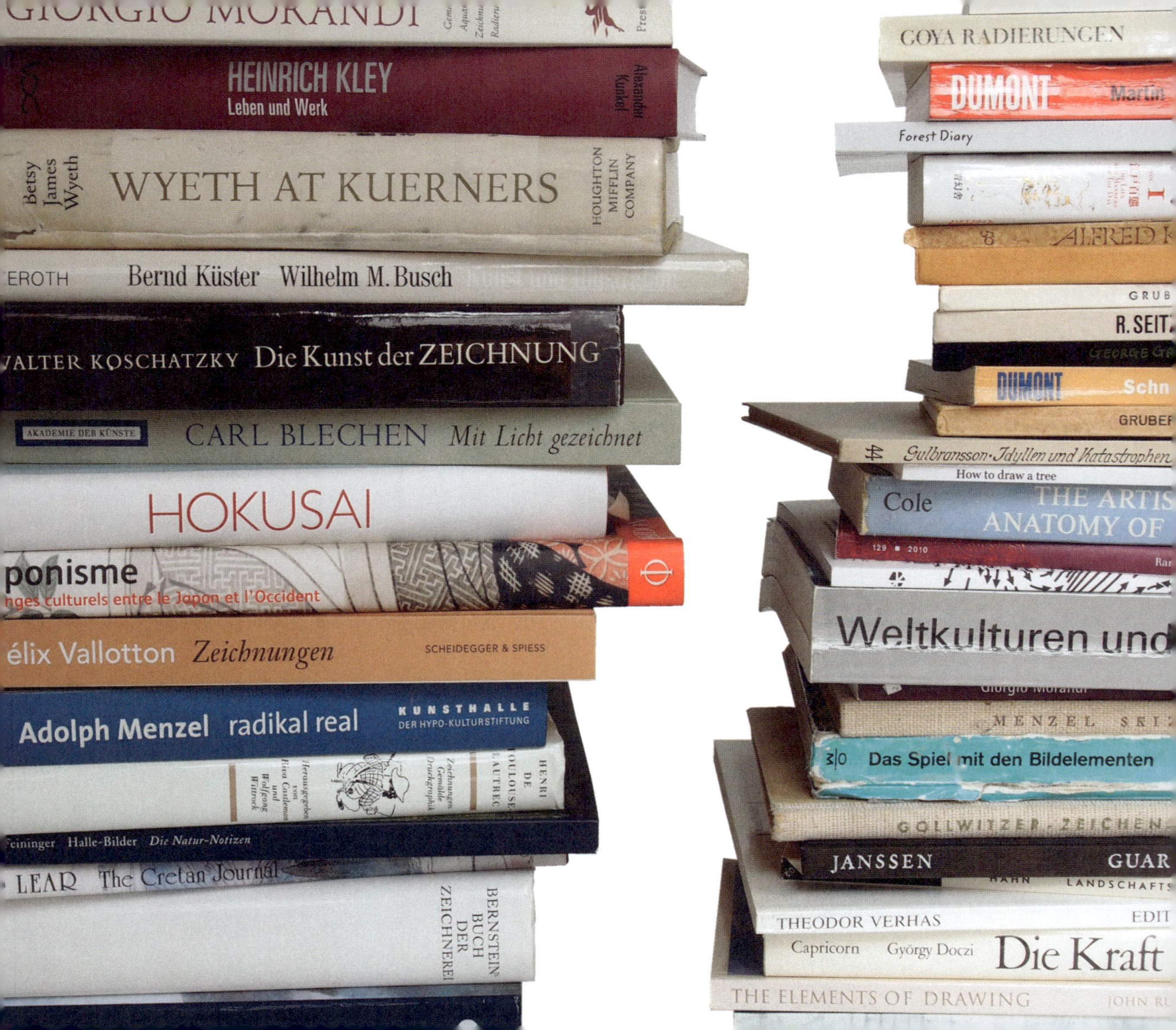
HEINRICH KLEY
Leben und Werk
Alexander Kunkel
Betsy James Wyeth
WYETH AT KUERNERS
HOUGHTON MIFFLIN COMPANY
Bernd Küster Wilhelm M. Busch
WALTER KOSCHATZKY Die Kunst der ZEICHNUNG
AKADEMIE DER KÜNSTE
CARL BLECHEN Mit Licht gezeichnet
HOKUSAI
ponisme
nges culturels entre le Japon et l'Occident
élix Vallotton Zeichnungen
SCHEIDEGGER & SPIESS
Adolph Menzel radikal real
KUNSTHALLE
DER HYPO-KULTURSTIFTUNG
HENRI DE TOULOUSE LAUTREC
Feininger Halle-Bilder Die Natur-Notizen
LEAR The Cretan Journal
BERNSTEIN BUCH DER ZEICHNEREI
GOYA RADIERUNGEN
DUMONT
Forest Diary
R. SEIT
DUMONT
GRUBER
Gulbransson · Idyllen und Katastrophen
How to draw a tree
Cole
Weltkulturen und
Das Spiel mit den Bildelementen
JANSSEN
THEODOR VERHAS
Capricorn György Doczi
Die Kraft
THE ELEMENTS OF DRAWING

91

ALIMENTO PARA LOS OJOS Los dibujos de Andrew Wyeth son una revelación y en el libro *Wyeth at Kuerners* se publican en abundancia. Aún actuales resultan los textos de Gerhard Gollwitzers en su breve libro 1952 *Zeichenschule für begabte Leute*. El libro *Bernsteins Buch der Zeichnerei* nunca lo voy a dar por terminado. El devoto silencio de muchos de los visitantes durante la exposición de los maravillosos trabajos de Hokusai en Berlín fue inolvidable, y el catálogo, un deleite para los ojos. Y ningún libro sobre la proporción áurea es más asombroso que *El poder de los límites*, de György Doczi, cuantiosamente ilustrado.

Los que ves en la imagen son algunos libros de dibujo importantes para mí y que me han acompañado en mi trabajo, incluso desde hace décadas. Algunos son auténticas joyas para apreciar con todos los sentidos. Los libros no son comida rápida. Nos permiten apreciar cosas en contexto. Sorprende, por ejemplo, el trabajo de Adolph Menzel, que dibujaba con un lápiz de carpintero. Esto se percibe muy bien en el catálogo de la exposición *radikal real* de Múnich, donde las reproducciones son tan buenas que parece que estuvieras mirando un facsímil de su cuaderno de bocetos. Mi consejo: rebusca en alguna tienda de libros antiguos libros sobre dibujantes y dibujo. ¡Es puro alimento para los ojos! Ver también consejo 90.

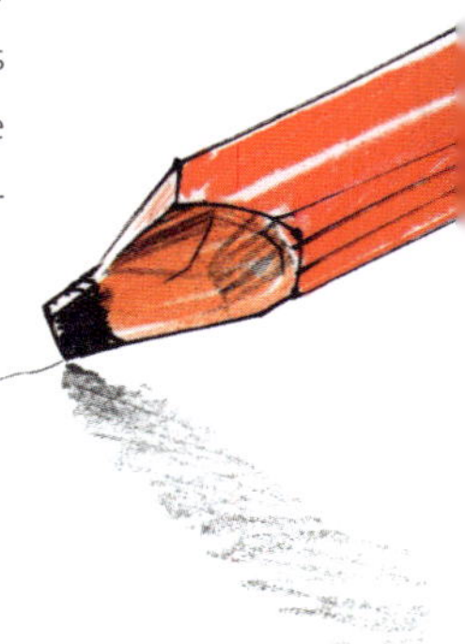

u it is of secondary importance if a work
a success or a failure. If I have learned to
little more accurately, I shall certainly
omething and the world around me will have
ched ... Because I have come to understand that
d is so far beyond my grasp that I don't even
ngth to approach it.

Giacometti

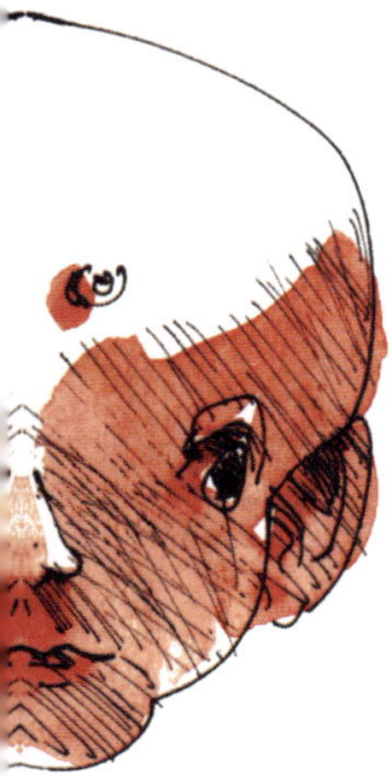

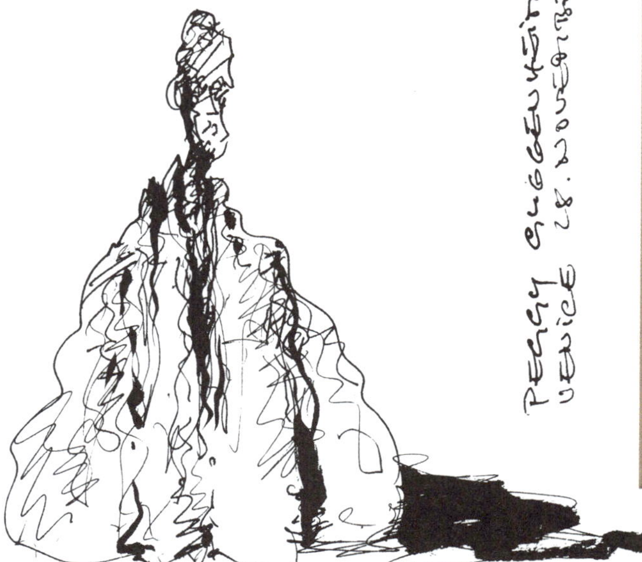

Peggy Guggenheim Collection
Venice 18. November 1995

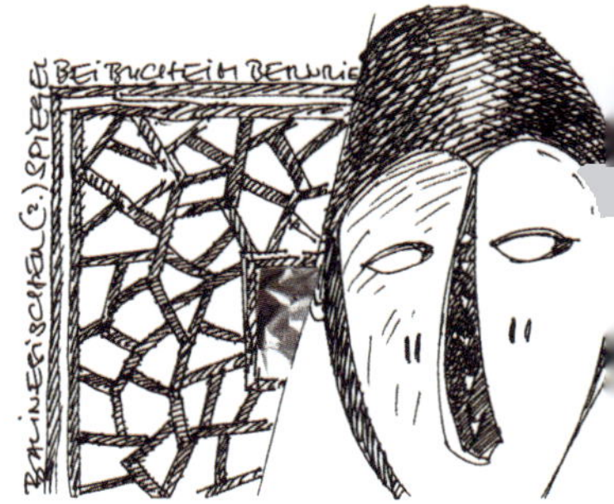

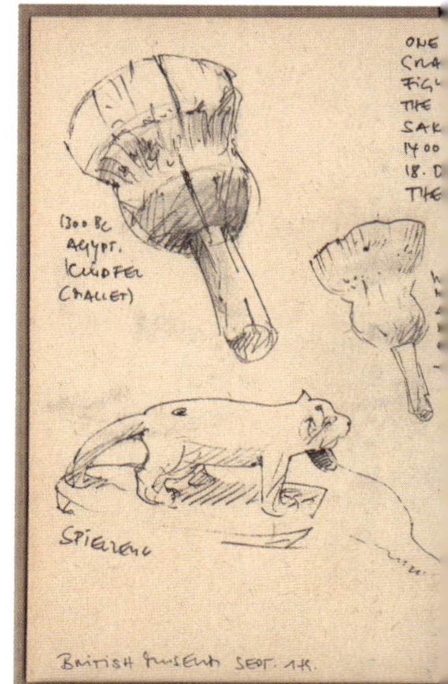

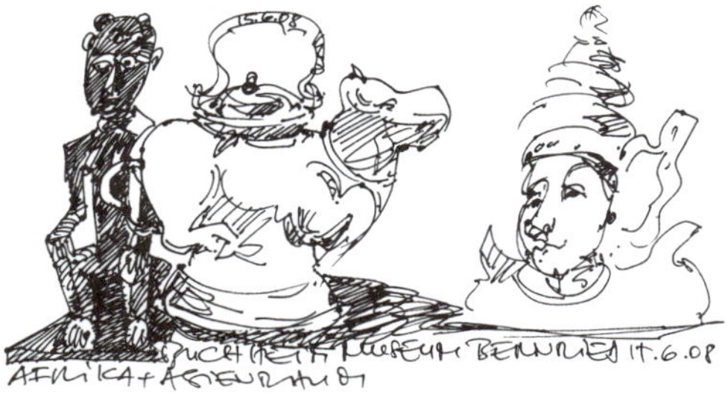

■ **DIBUJAR EN EL MUSEO** Los artistas están subidos en los hombros de aquellos que trabajaron antes que ellos. Así lo expresó una vez el pintor, grafista y autor Oskar Kokoschka. Para mí, dibujar en el museo es una manera productiva de dialogar con esta idea. Descubro cosas nuevas, miro lo supuestamente familiar con una luz completamente diferente. Me resultan especialmente fascinantes las exposiciones de trabajos en papel, sobre todo de dibujos que debido a su sensibilidad a la luz rara vez se pueden mostrar. En muchos casos estas exposiciones ayudan a dar un empujón al trabajo o, al menos, una patada en el trasero: ¡haz algo!
Combinados con anotaciones a modo de diario sobre las exposiciones, estos dibujos son valiosos soportes para el pensamiento. Cada trabajo amplía la memoria visual y este acopio es de gran ayuda para el trabajo propio.
Date suficiente tiempo para dibujar en el museo. Un cuaderno de tapa dura que sirva de apoyo te resultará muy útil.

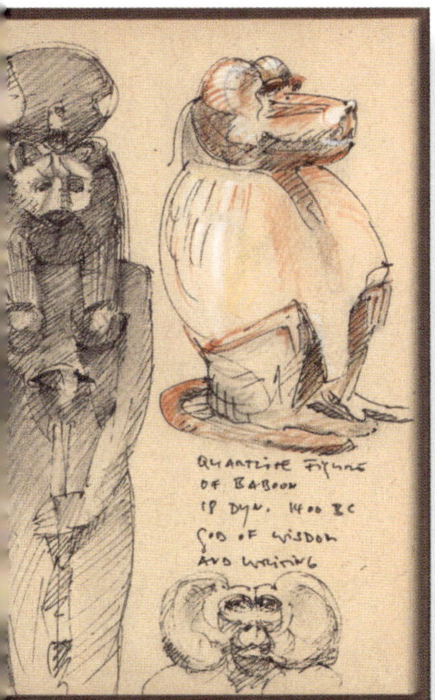

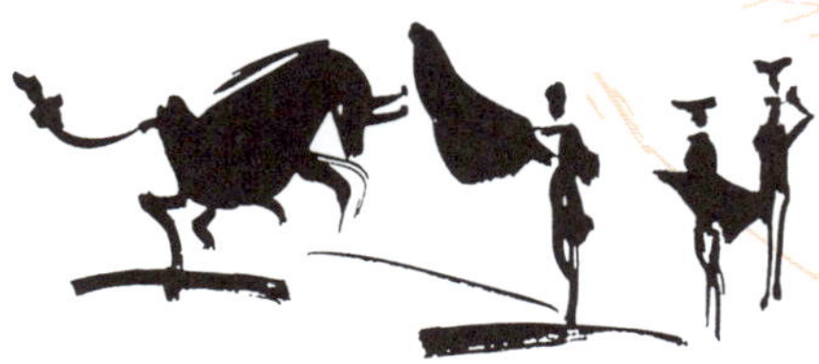

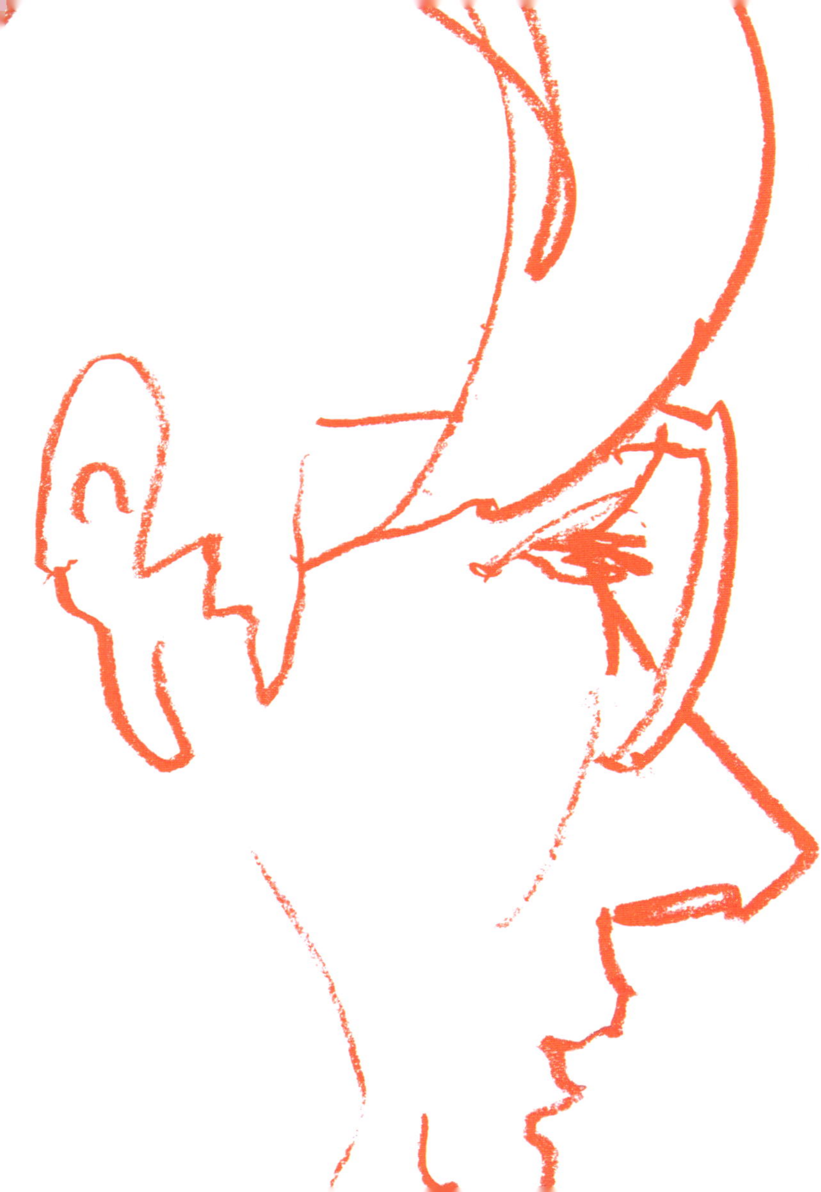

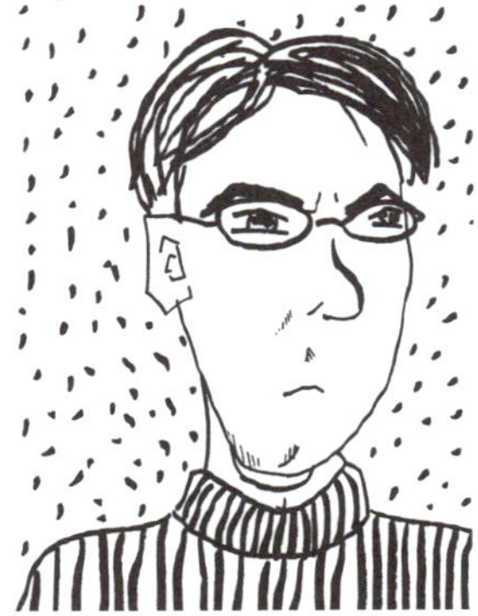

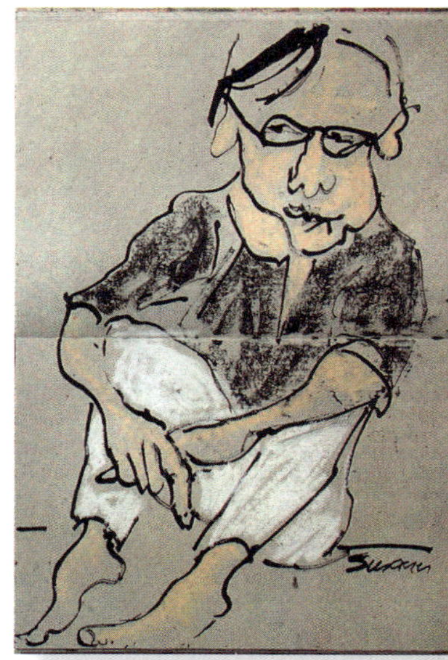

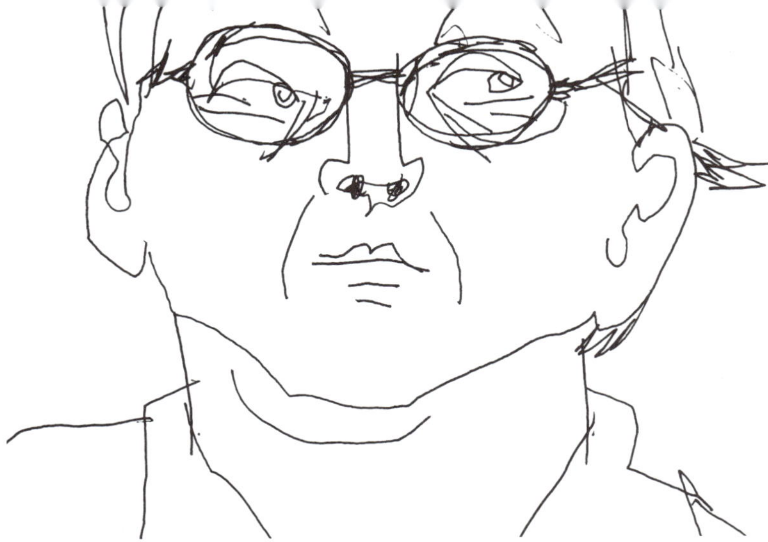

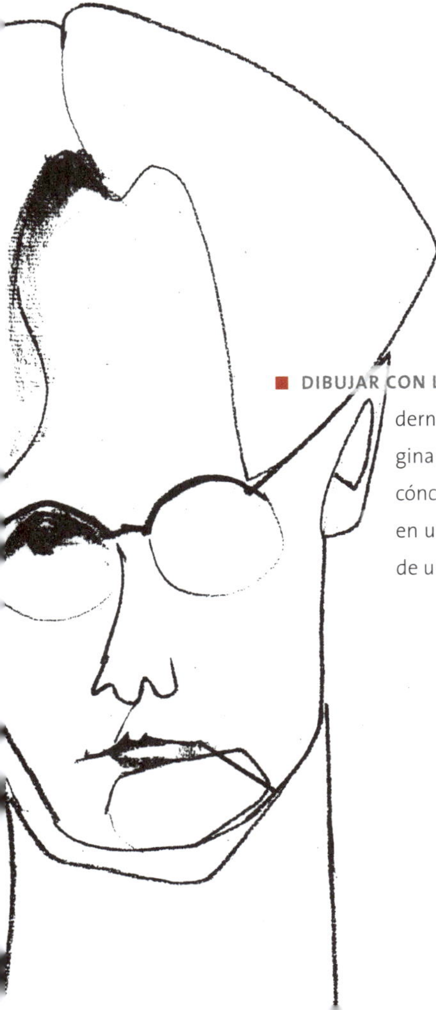

■ **DIBUJAR CON LOS OJOS** Si de verdad alguna vez sucede que andas fuera de casa sin cuaderno ni lápiz, aquí va una alternativa: ¡Dibuja con los ojos! Mueve un lápiz imaginario sobre las caras de las personas. ¿Ves cómo cambian los contornos de cóncavos a convexos? Este juego de curvaturas está presente en todas partes: en un paisaje de colinas, en una botella de vino, en los contornos de la espalda de un gato o en las olas del mar (esto último, ¡dificilísimo!).

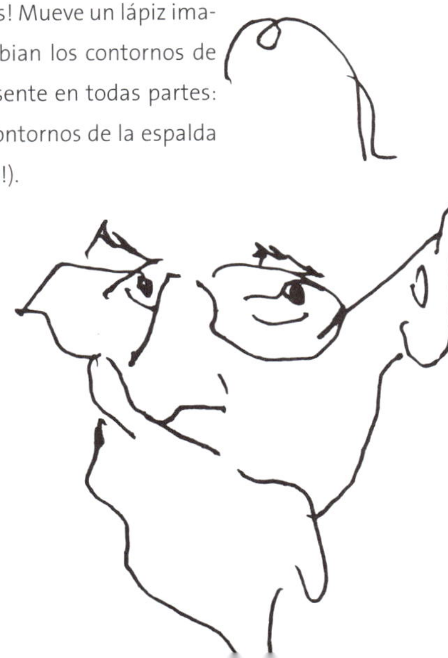

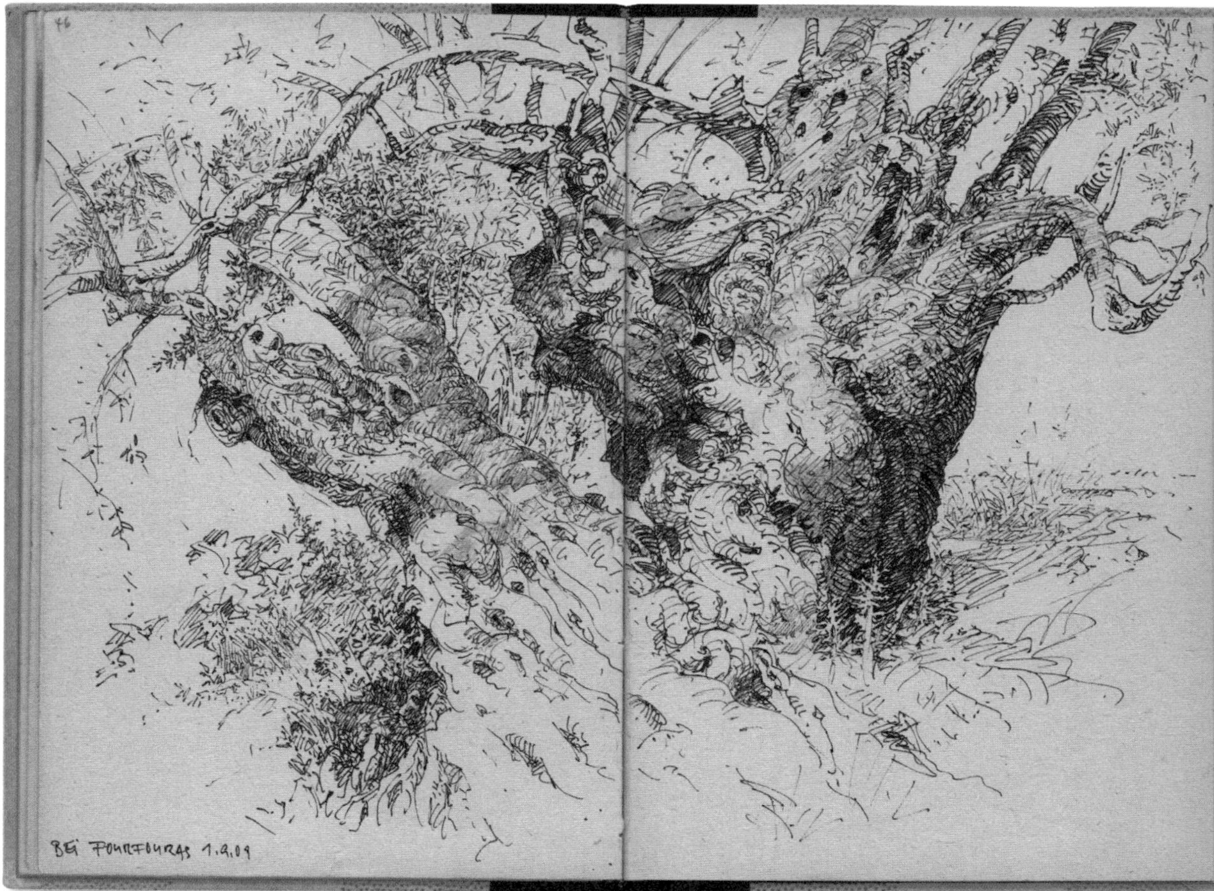
46
BEI FOURFOURAS 1.9.09

LA SATISFACCIÓN DEL ESFUERZO Seguro que alguna vez has sentido al dibujar esa extraña mezcla de tensión y relajación. A pesar de la posible frustración del inicio, cuando los trazos aún no están seguros, poco a poco se va alcanzando un estado que los psicólogos llaman «flujo»: la inmersión completa en una actividad que nos exige concentración y esfuerzo, pero que realizamos con gusto precisamente por este motivo. El dibujo es un excelente inductor de estados de flujo (al igual que hacer música, jugar al ajedrez, escalar o correr), ya que nuestro motivo absorbe la atención del ojo, la mano y la cabeza de tal forma que entramos en un ensimismamiento que puede durar horas. Al terminar, uno puede sentirse cansado o incluso agotado pero a la vez relajado y satisfecho. Con cada ejercicio, el dibujo se va convirtiendo en una forma de contemplación o meditación que puede desatar sensaciones de profunda felicidad. Tener un lugar especial para ello influye mucho. ¡Disfruta fluyendo en el dibujo!

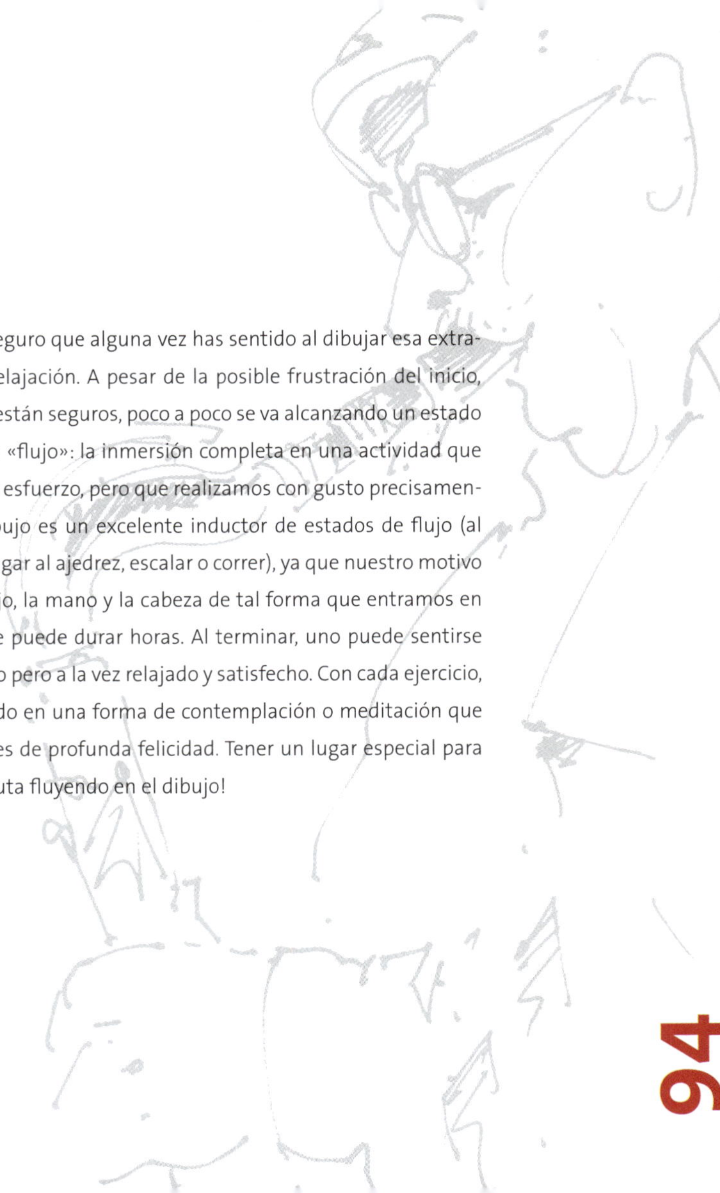

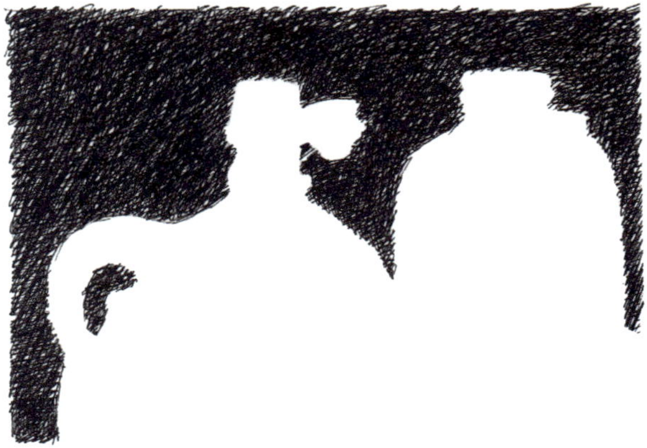

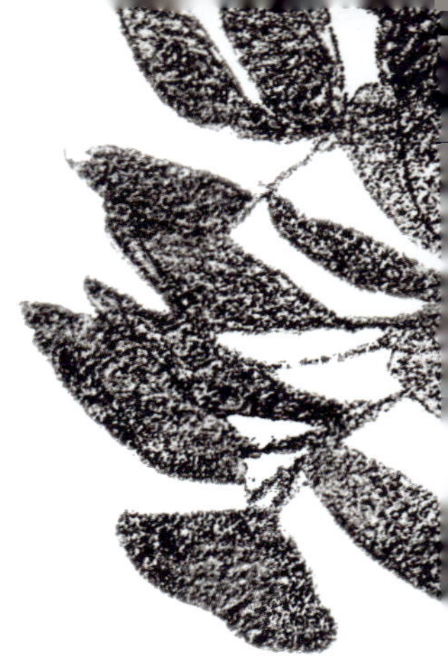

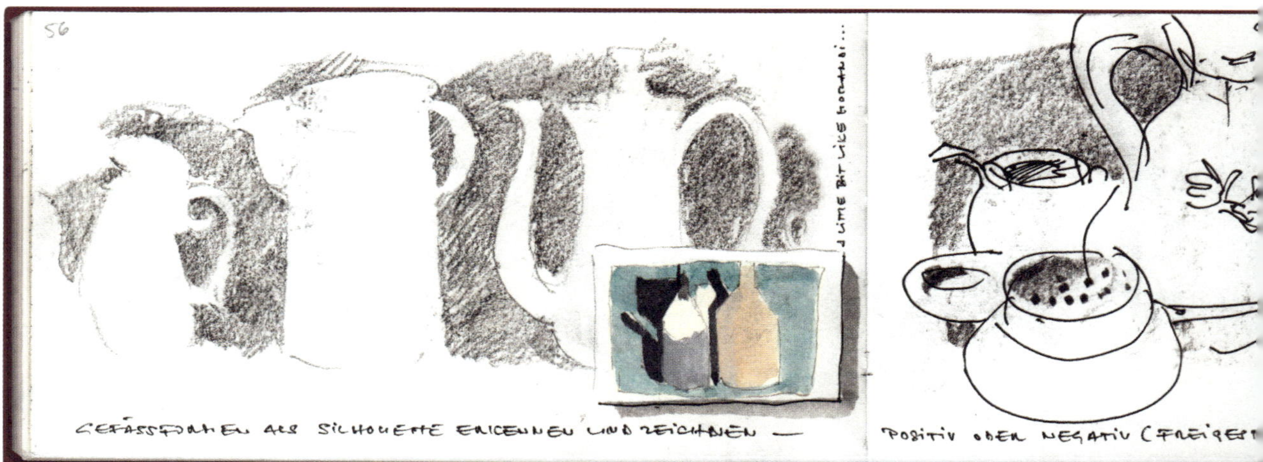
56
LITTLE BIT LIKE MORANDI ...
GEFÄSSFORMEN ALS SILHOUETTE ERKENNEN UND ZEICHNEN —
POSITIV ODER NEGATIV (FREIGES

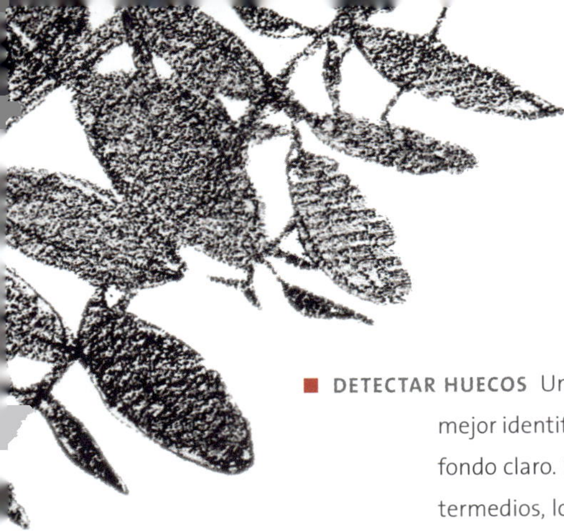

95

■ **DETECTAR HUECOS** Un capítulo difícil para los principiantes, ¡y no solo para ellos! Como mejor identificamos objetos es cuando aparecen como contornos oscuros sobre fondo claro. Lo intermedio no interesa a la percepción. ¿O sí? Sin los huecos intermedios, los objetos no podrían reconocerse en absoluto. Identificarlos como formas es muy importante para el dibujo y un obstáculo en el proceso de aprendizaje que hay que superar si se quiere seguir progresando.

Un ejemplo: observa las agrupaciones de hojas de un árbol. Tan importantes como las formas, son los espacios que quedan entre las hojas y describen sus contornos. Cuando se es capaz de ver y representar estos intersticios, se experimenta un nuevo y vigoroso empuje a la hora de dibujar. Un descubrimiento nada trivial. Verás cómo repercute en muchos otros motivos.

Ver también consejos 19 y 96.

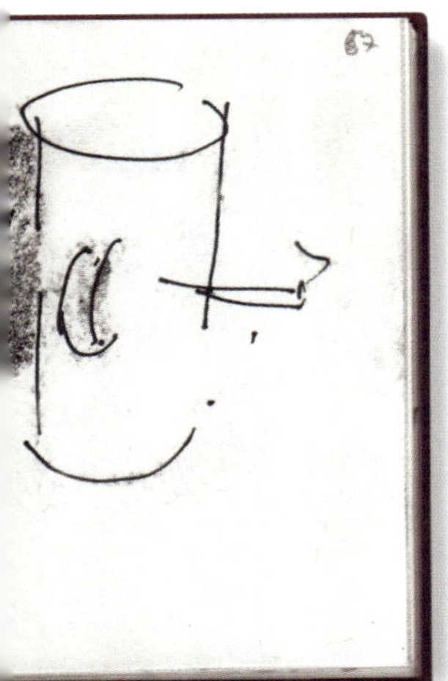

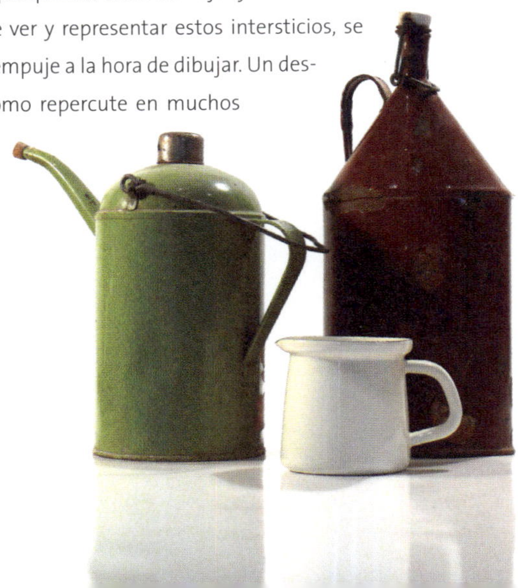

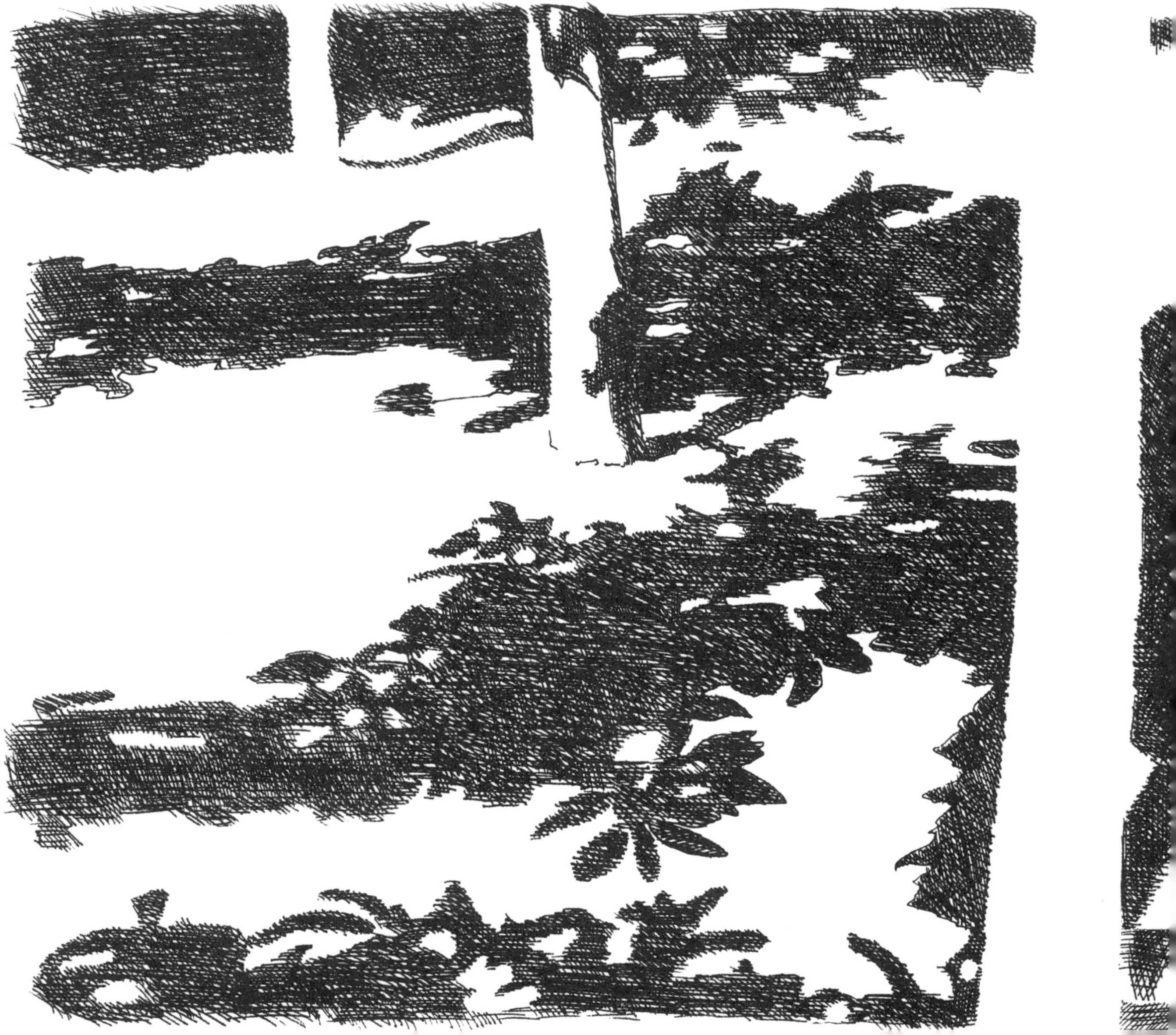

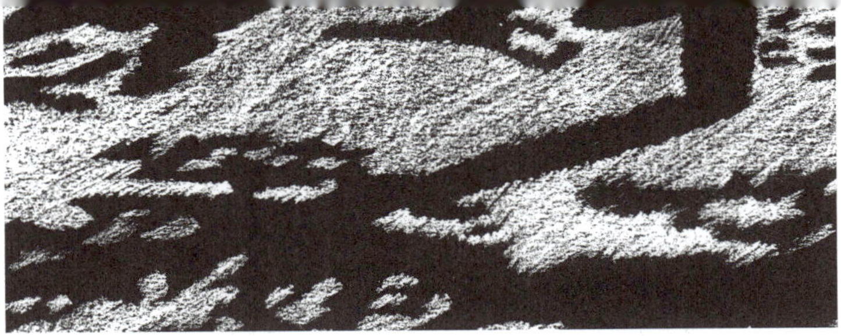

96

■ **DIALÉCTICA** Seguro que conoces la figura reversible que aparece aquí u otras ilusiones ópticas que toman el pelo a nuestra percepción. ¿Qué ves primero, los dos perfiles o la copa? ¿o quizás ambos a la vez? Si esto último no te resulta difícil, dibujar la proyección de sombras de árboles te requerirá poco esfuerzo.

Si a pesar de todo se te hace algo complicado, puedes empezar por un pequeño fragmento de una superficie de luz y sombra como la que ves aquí. Trata de ver y dibujar no solo la forma de las hojas, sino también de los huecos de luz, cuyas formas son complementarias de aquellas.

Sabine Baumgärtel dibujó el motivo con bolígrafo roller y evitó trazar los contornos de las superficies. Puedes ver que los troncos de los árboles no se tienen que dibujar necesariamente con líneas. Nuestro ojo es capaz de reconocer la forma como un todo. Este ejercicio también es muy útil cuando se hace con lápiz u otros instrumentos de dibujo. Si estás contento con el resultado, toma un cartón negro y dibuja ahora las zonas de luz con lápiz de color blanco. ¡Muy esclarecedor! Ver también consejos 19 y 95.

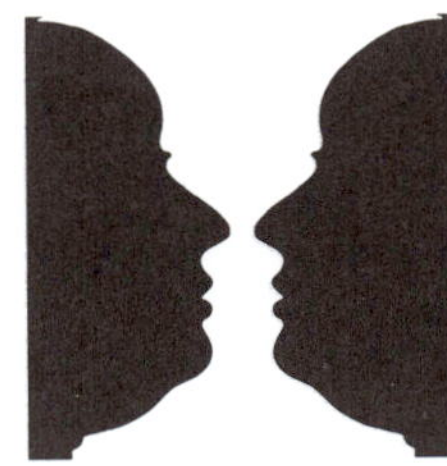

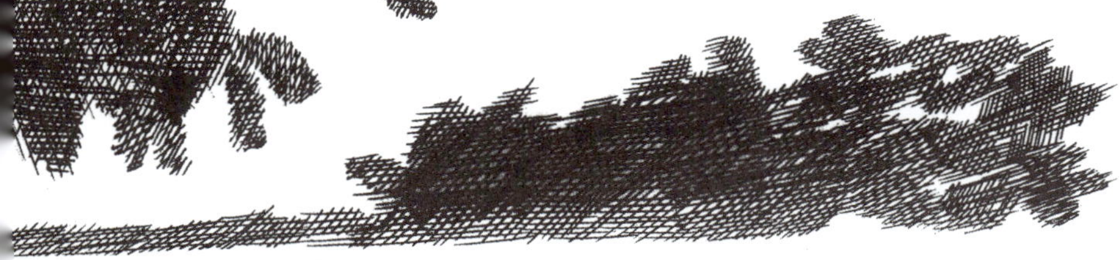

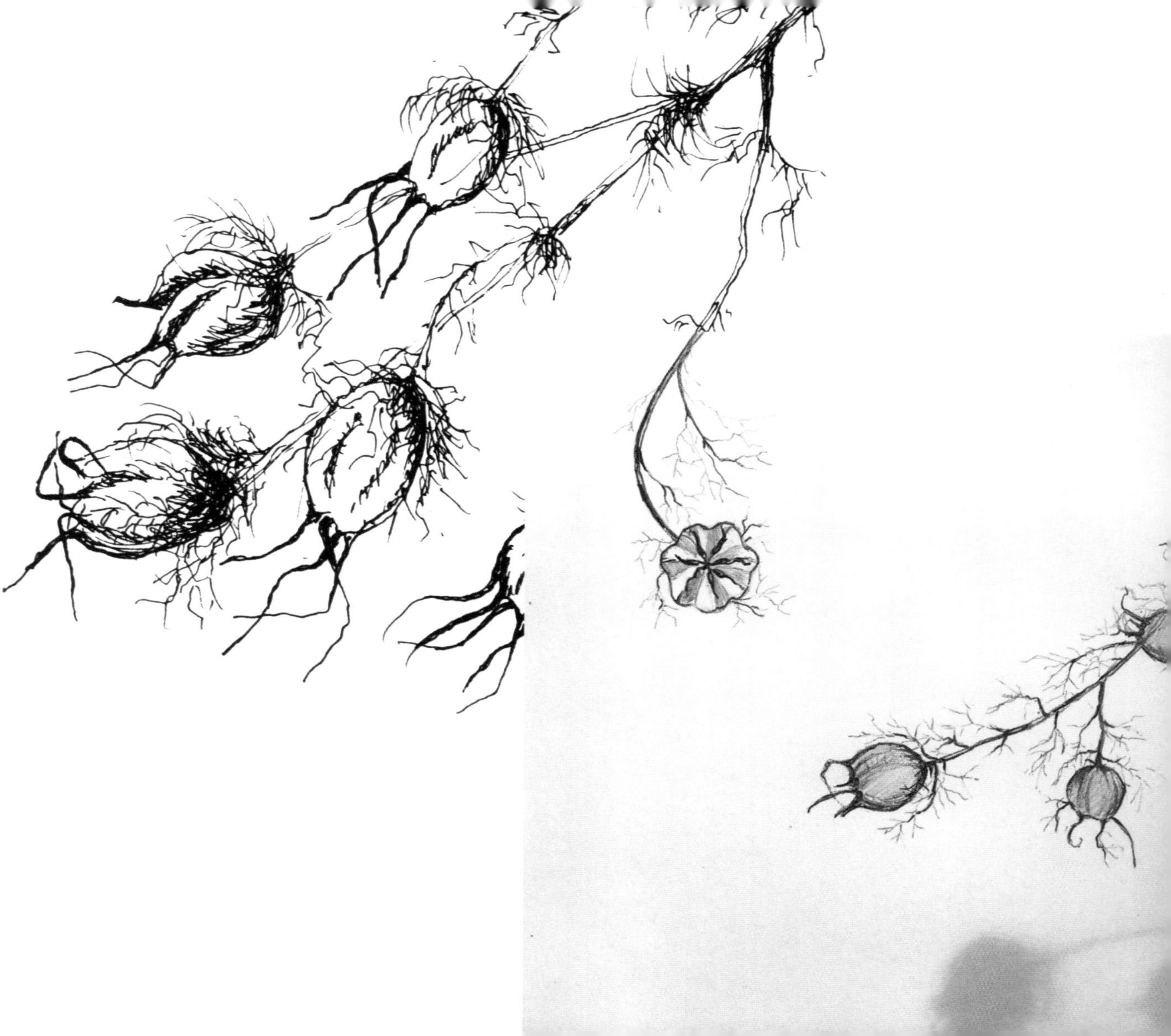

97

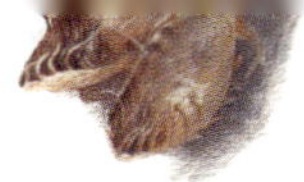

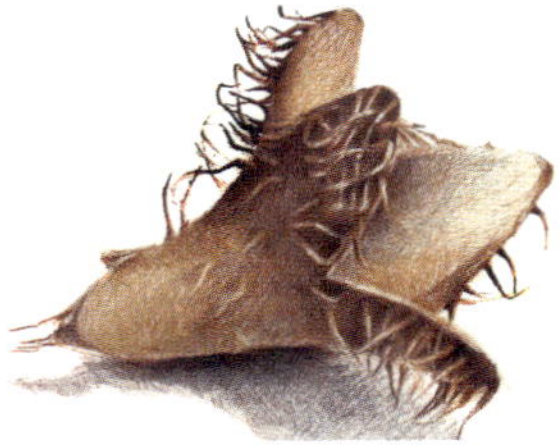

EL PAPEL COMO ESPACIO DE LUZ El papel de dibujo no es solo el soporte del motivo. Es parte del diseño y del espacio donde el trabajo ha de encontrar el lugar óptimo. Cuando se coloca por defecto un dibujo en mitad del formato, no se puede generar una tensión con la superficie total. La imagen de la izquierda demuestra que una hoja de papel se puede convertir en un espacio tridimensional. Al principio solo se veía el dibujo. Después se iluminó la planta real sobre el dibujo sosteniéndola de forma tal que la sombra se proyectase sobre este y se capturaron ambas con una cámara. Este experimento muestra cómo el papel puede transformarse en un espacio de luz tridimensional. El otro dibujo, sin las sombras, no lo logra. Intenta incluir sombras en tus dibujos siempre que tengas la ocasión. De esta forma no solo consigues un espacio, sino que también creas luz. Esto genera una atmósfera, que es un factor importante a la hora de valorar una obra. Ver también consejo 98.

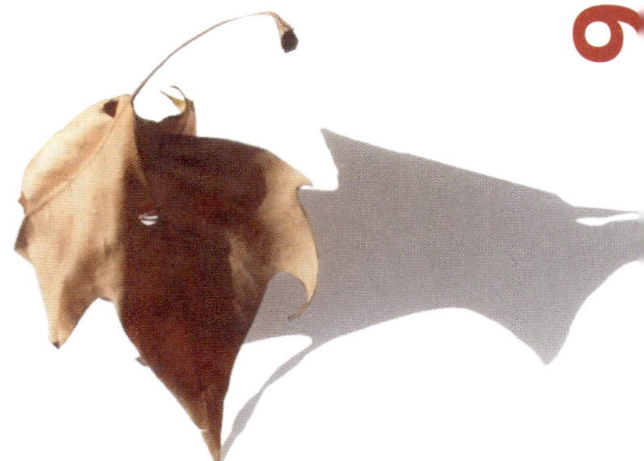

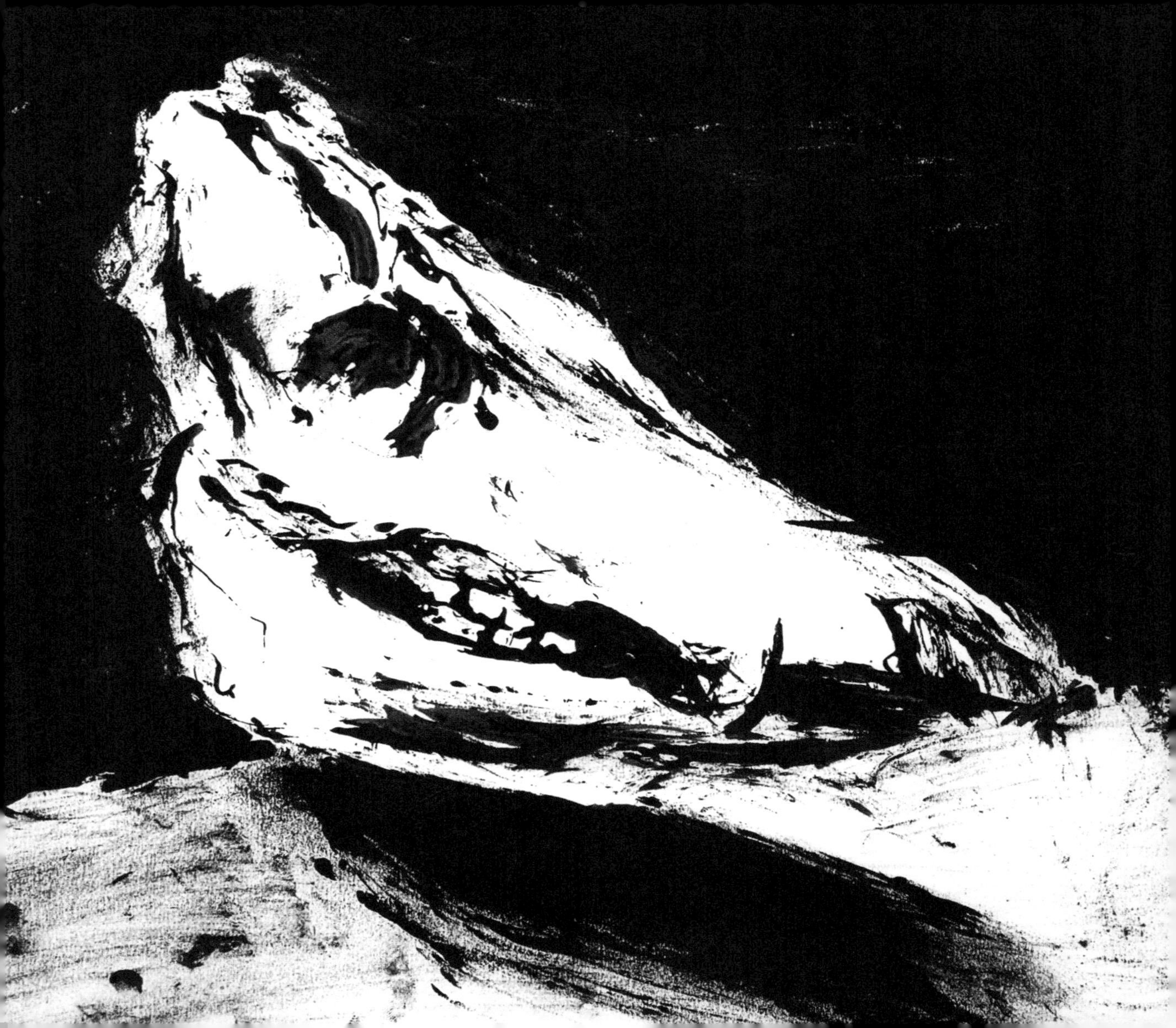

98

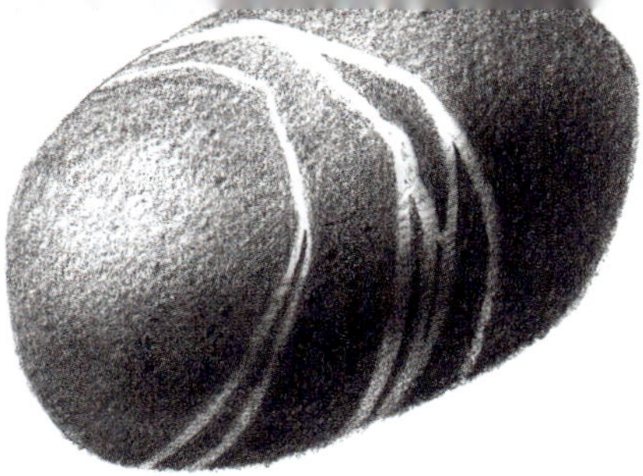

■ **ARROJAR UNA SOMBRA** Las sombras encienden luces. En un dibujo puede funcionar lo que desde el punto de vista físico es absurdo. Pero cuanto más oscuras sean las zonas alrededor de las partes blancas, más destacan estas en el papel. Aquí puedes ver el efecto de una sombra arrojada desde el aire. A diferencia de la sombra propia o proyectada, esta está separada del objeto. El dibujo de la izquierda revela cómo únicamente con sombras en el papel plano se puede crear un espacio tridimensional. En esta imagen, la piedra arroja una sombra sobre una superficie imaginaria. Aquí la piedra hace del papel un único espacio de luz. Sin la sombra, la piedra parecería estar pegada al papel. Puedes comprobarlo tapando la sombra con un pedazo de papel blanco.

Ver también consejo 97.

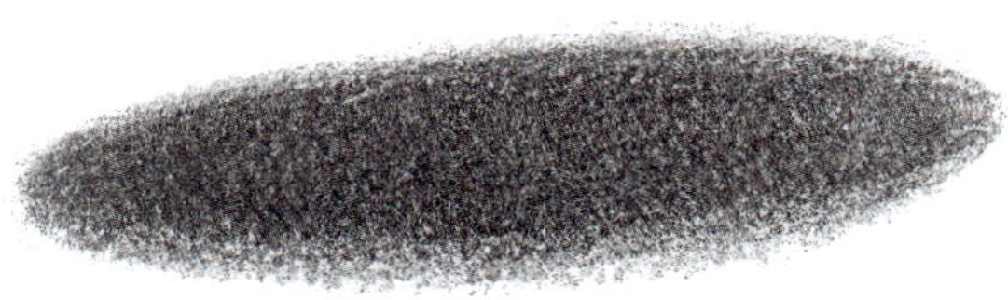

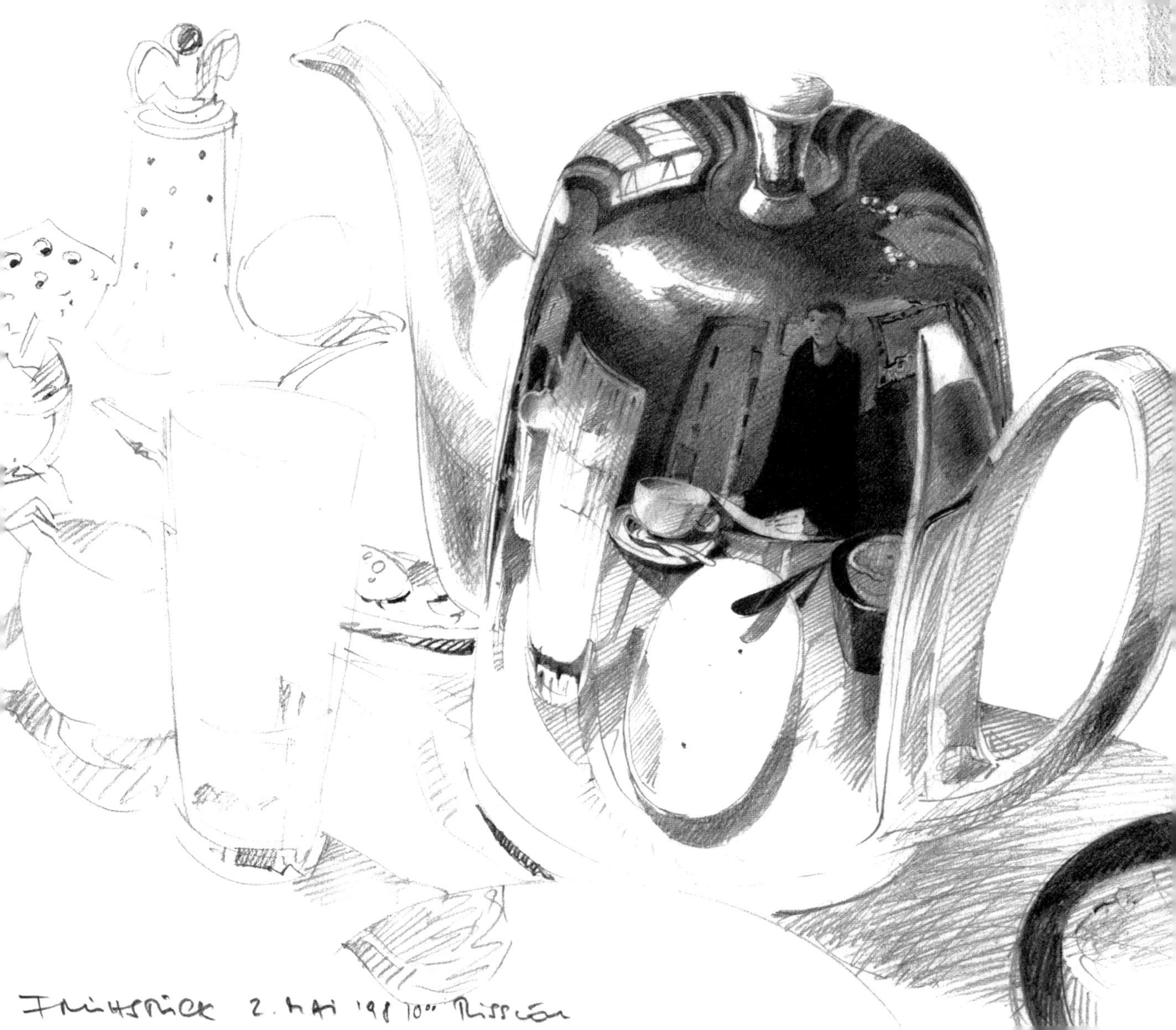
FRÜHSTÜCK 2. MAI '98 10°°

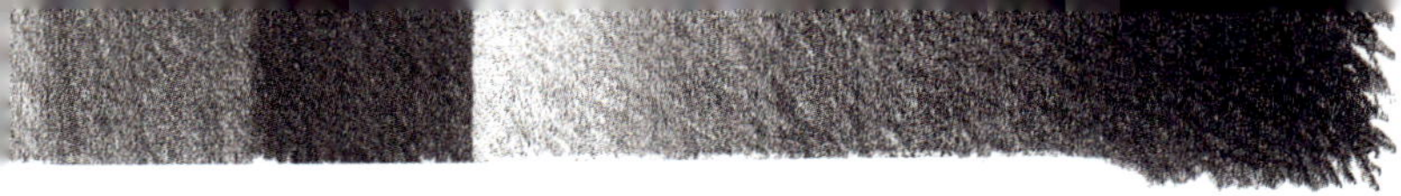

■ **TODO LO QUE BRILLA** Si quieres practicar el dibujo de intensidades tonales, los metales y vidrios transparentes son los objetos ideales para ello. Descubrirás cuánto color aplicar con el grafito para conseguir el efecto de los reflejos de luz. Empieza con objetos simples. Las líneas auxiliares que utilices para construir el objeto deben hacerse con un lápiz blando y lo más suave que puedas. Así desaparecen en la capa de tono que se dibuje después. Dibuja capa a capa. Intenta conseguir superficies homogéneas. La escala de tonos arriba de esta página te muestra cómo se puede practicar esto. Presta atención a los reflejos con bordes bien definidos, así como a los que tienen un gradiente más suave. Al final puedes utilizar un lápiz más duro para hacer los retoques necesarios. Porque la regla también se aplica aquí: duro sobre suave, ¡no al revés!

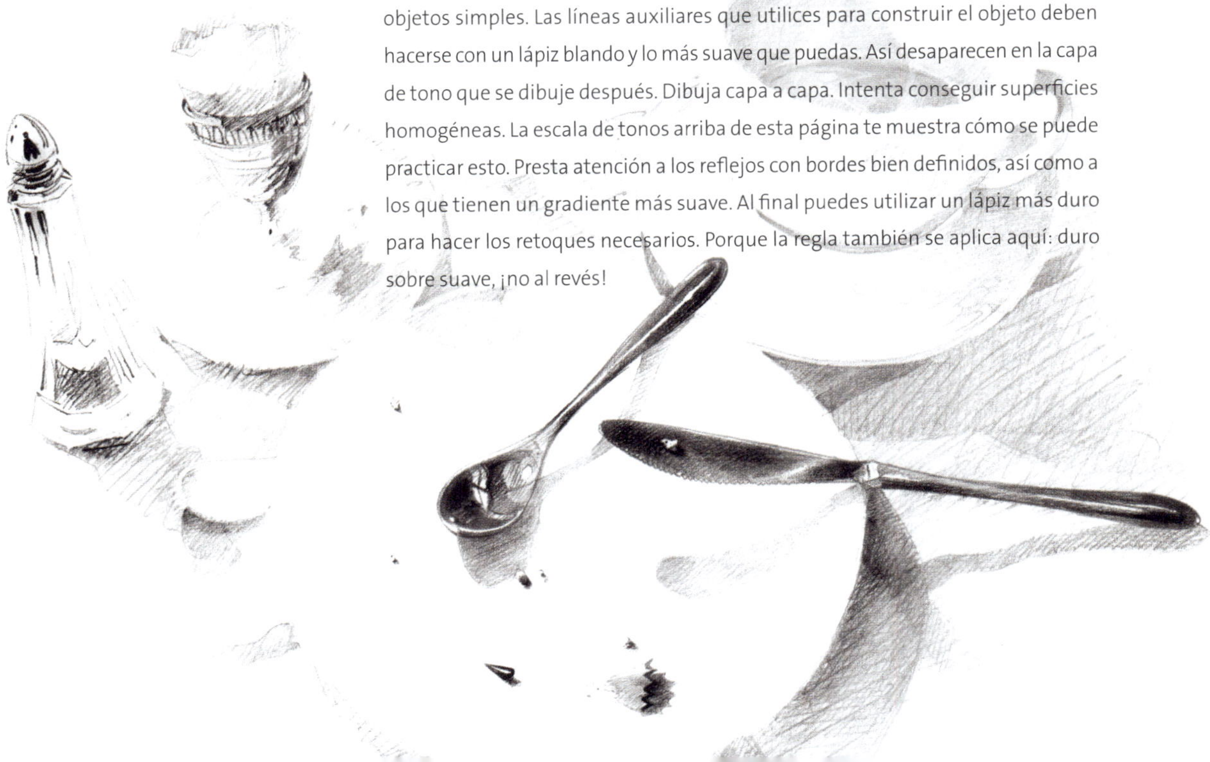

99

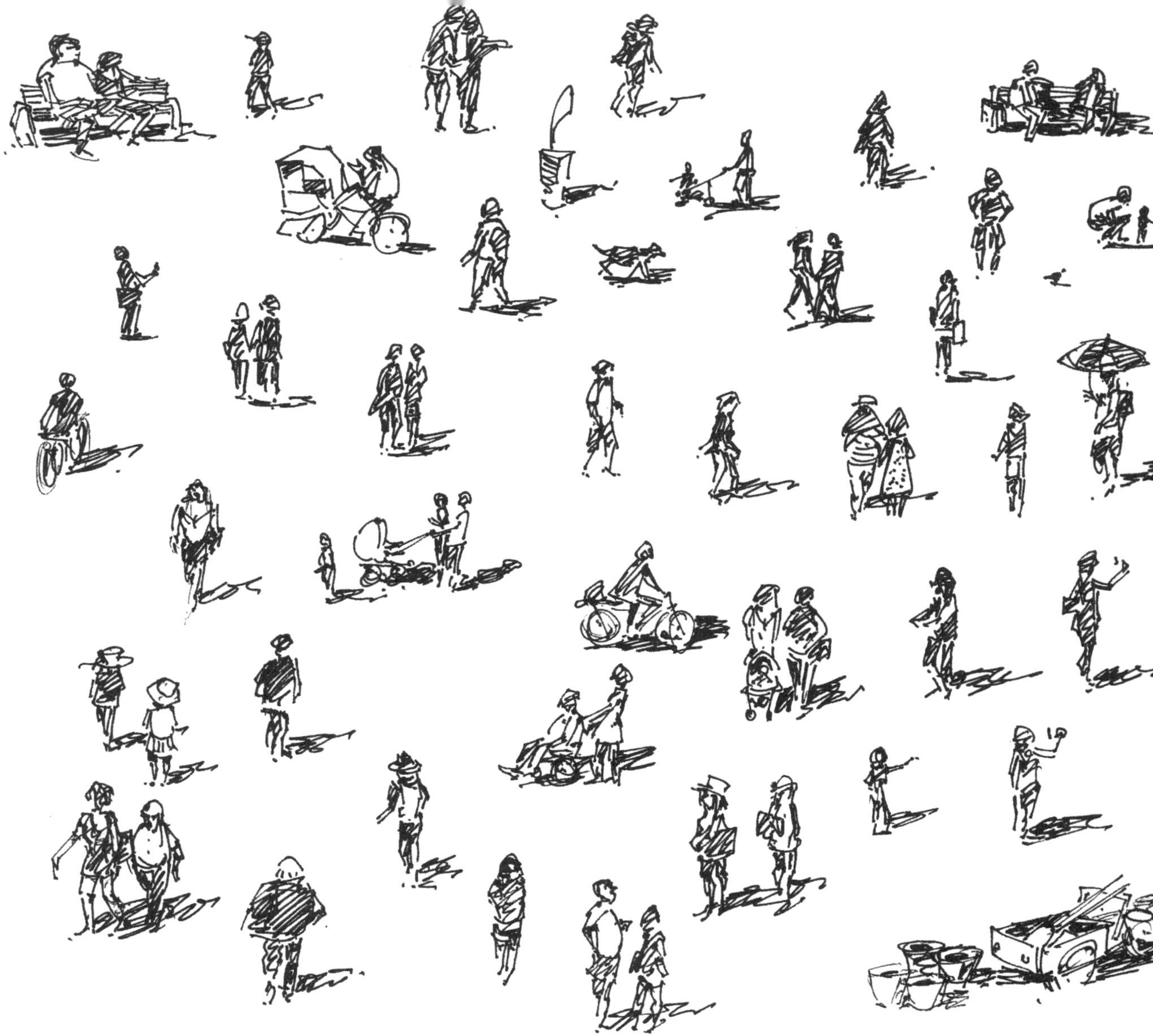

109

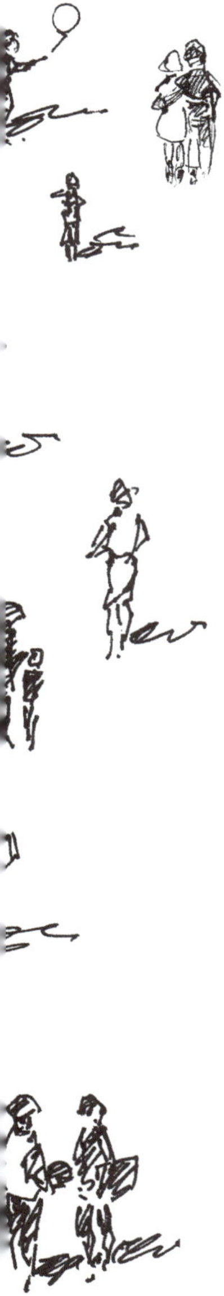

■ **¿TODO CORRECTO? ¡NI HABLAR!** «Poco me importa lo torpe o mal dibujada, da igual; lo que quiero es ver la intención en cada línea. Eso es todo; nada de corrección». Arnold Böcklin (1827–1901) confería así una clara preferencia a la expresividad de la línea por encima de la representación.

No siempre un motivo dibujado con una anatomía o perspectiva correctas es un buen dibujo. Los dibujos de Pablo Picasso son un elocuente ejemplo de ello. Su maestría se basa en su trazo decidido, libre de la atadura de la precisión, que refleja incluso así su talento para la observación. Ahí reside lo fascinante de sus dibujos. Esta despreocupación no se consigue de la noche a la mañana. Pero hay métodos que ayudan a acortar el camino. Ver también consejos 47 y 111.

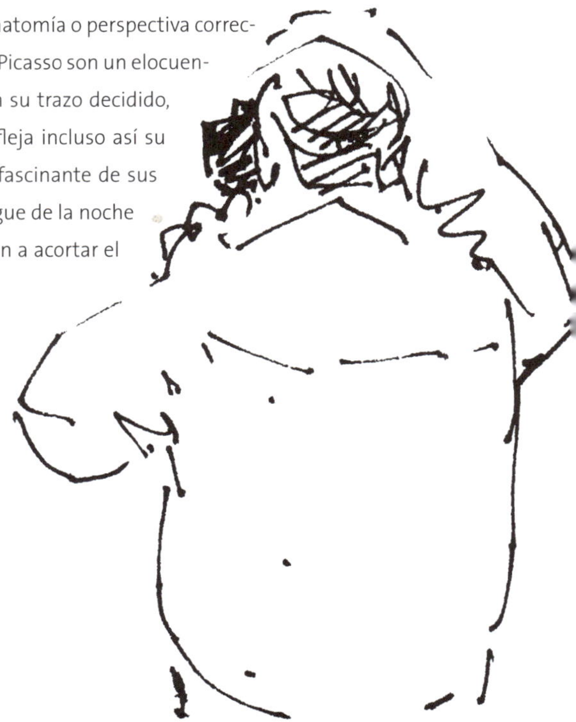

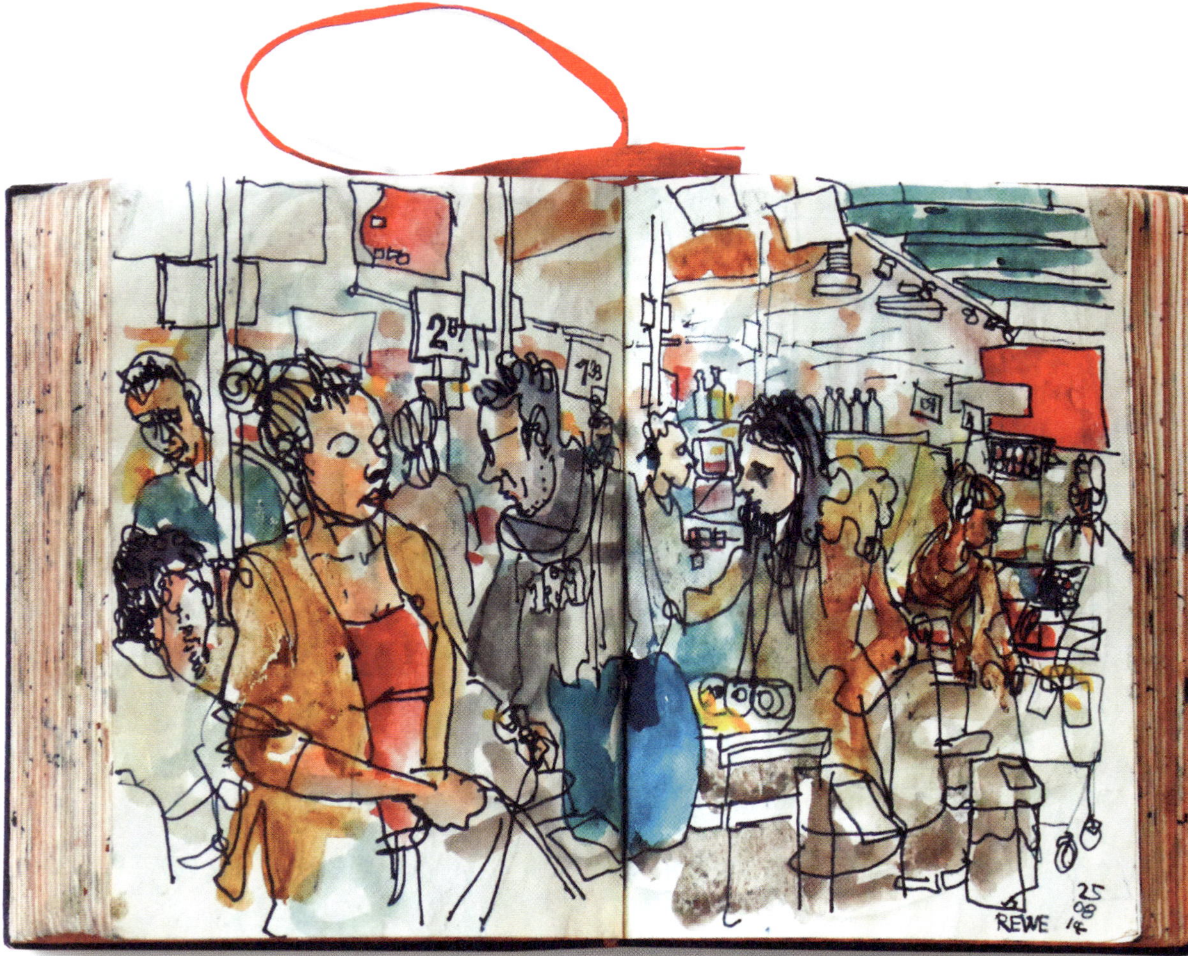
REWE
25
08
14

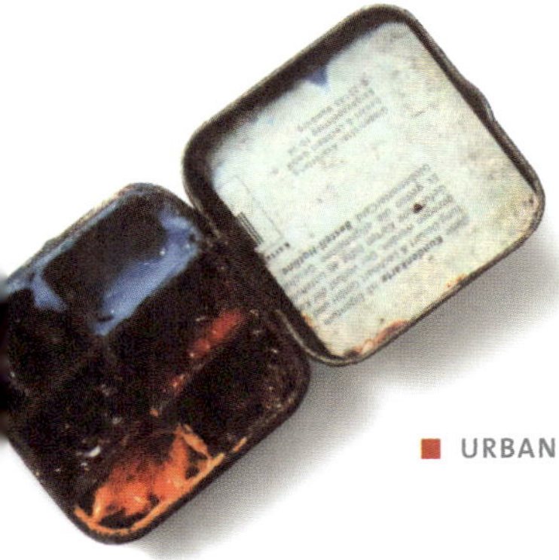

URBAN SKETCHING La organización de dibujantes urbanos fundada en Seattle en 2007 se ha convertido en un movimiento global. En muchas ciudades han creado grupos de dibujo. Las obras no se presentan en museos o en galerías, sino en Internet. He aquí un extracto de su manifiesto: «Dibujamos *in situ*, en interior o exterior, desde la observación directa. Nuestros dibujos cuentan la historia de los lugares donde vivimos o que visitamos. Mostramos el mundo. Dibujo a dibujo».
Busca a los urban sketchers en Internet. ¡Te sorprenderás de la cantidad de técnicas y estilos que hay para descubrir. Encontrarás también información sobre grupos locales. A lo mejor te apetece participar.
Entre los dibujantes hay grandes expertos. El dibujo de la izquierda es del berlinés Rolf Schröter. Hay que tener valor para dibujar en un supermercado, pensarás. Pues sí. Pero, con el tiempo te acostumbras a dibujar en lugares concurridos y concentrarte por completo en el motivo.

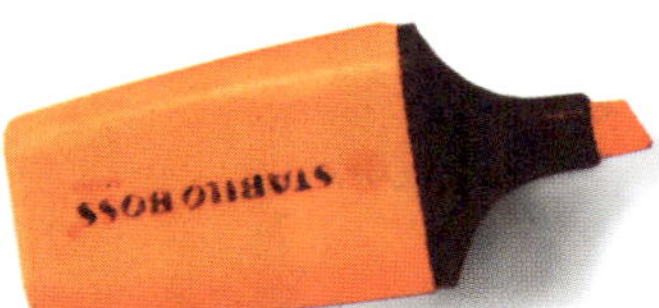

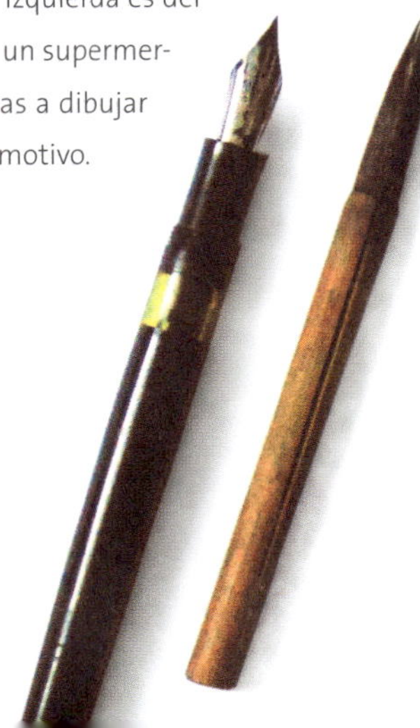

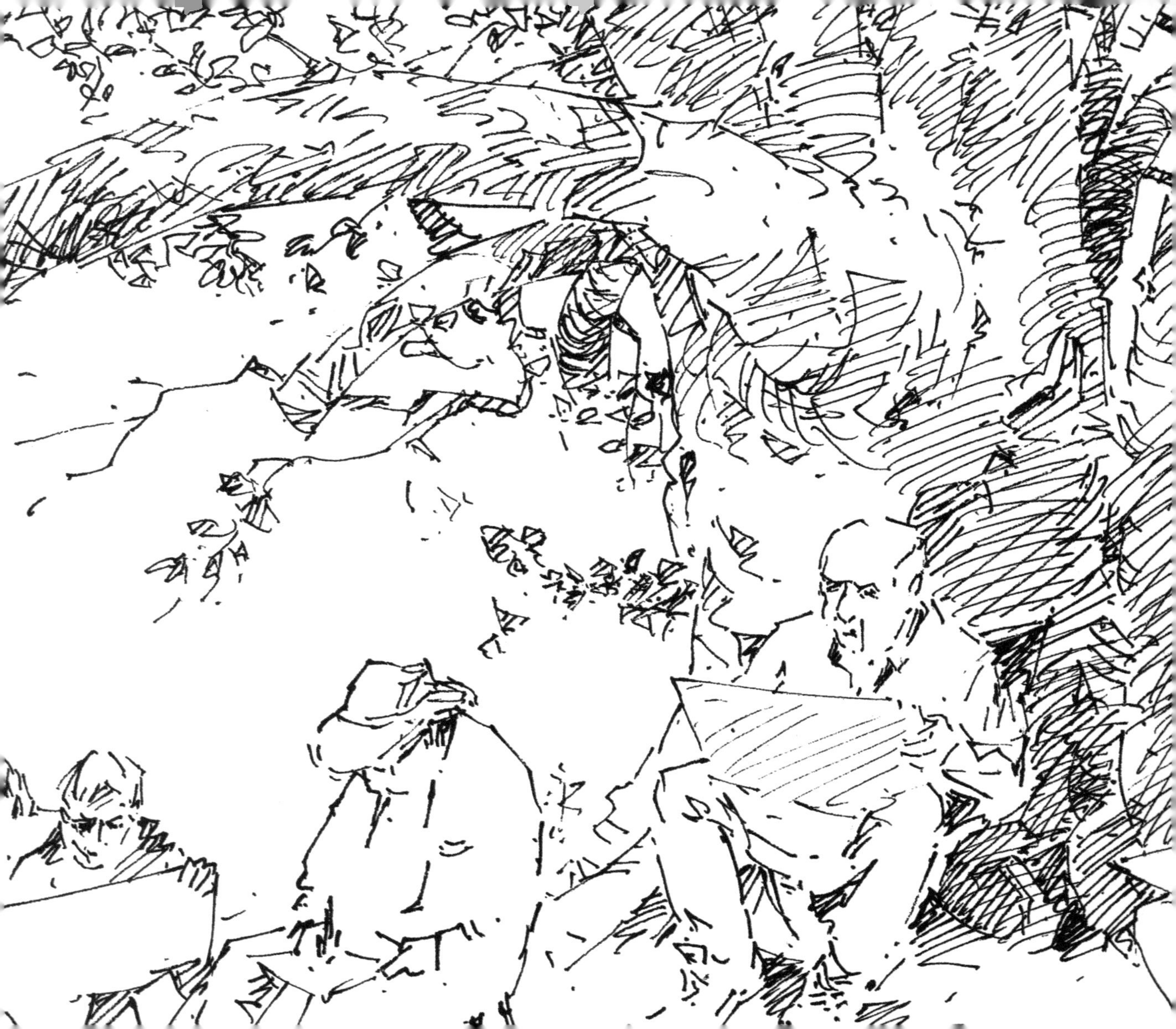

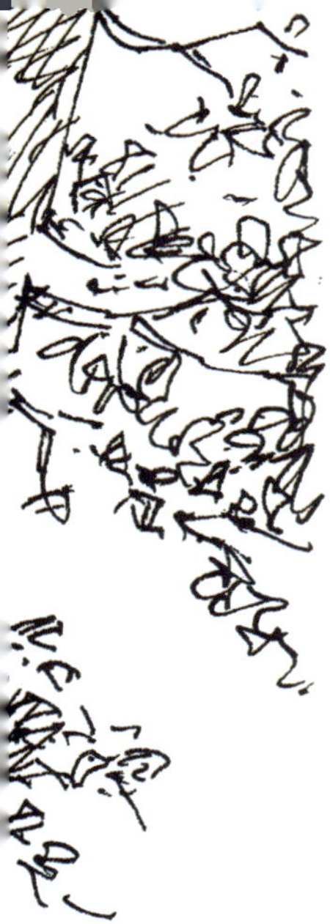

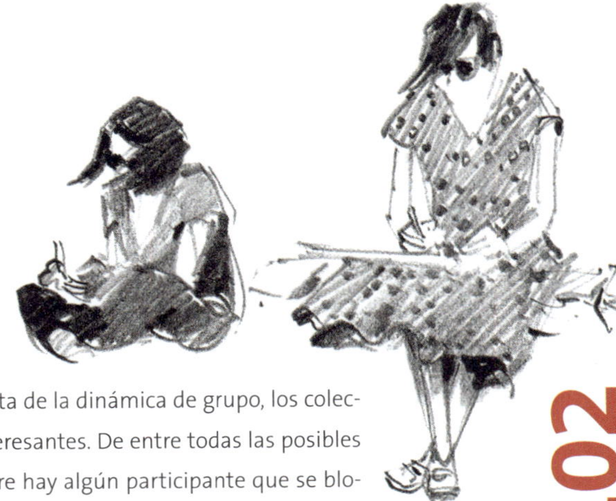

ESTIMULANTE COMPETENCIA Desde el punto de vista de la dinámica de grupo, los colectivos de dibujo son objetos de estudio interesantes. De entre todas las posibles personalidades que se encuentran, siempre hay algún participante que se bloquea por el miedo de pensar que puede haber alguien que sea «mejor».

Un par de consideraciones suelen ayudar: transforma estas preocupaciones en interés por lo que otros están haciendo. Critica constructivamente y asume la crítica tú también. Uno puede aprender siempre algo de los demás. Cree en la capacidad de desarrollo de tus trabajos. No esperes que el progreso llegue de la noche a la mañana. Aprender a dibujar lleva tiempo.

Los dibujantes urbanos, que se encuentran regularmente y publican sus trabajos en Internet conocen bien los efectos positivos del dibujo en grupo.

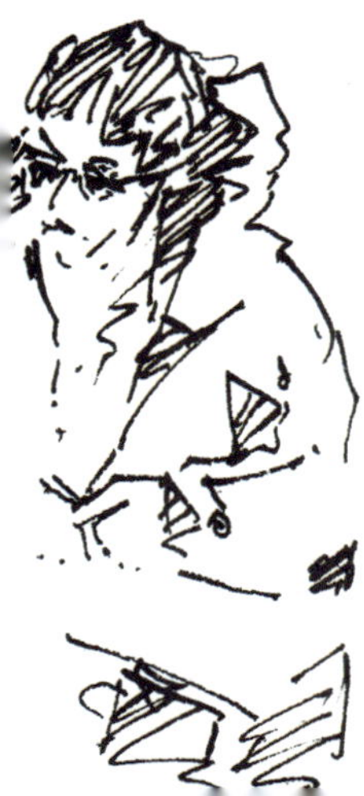

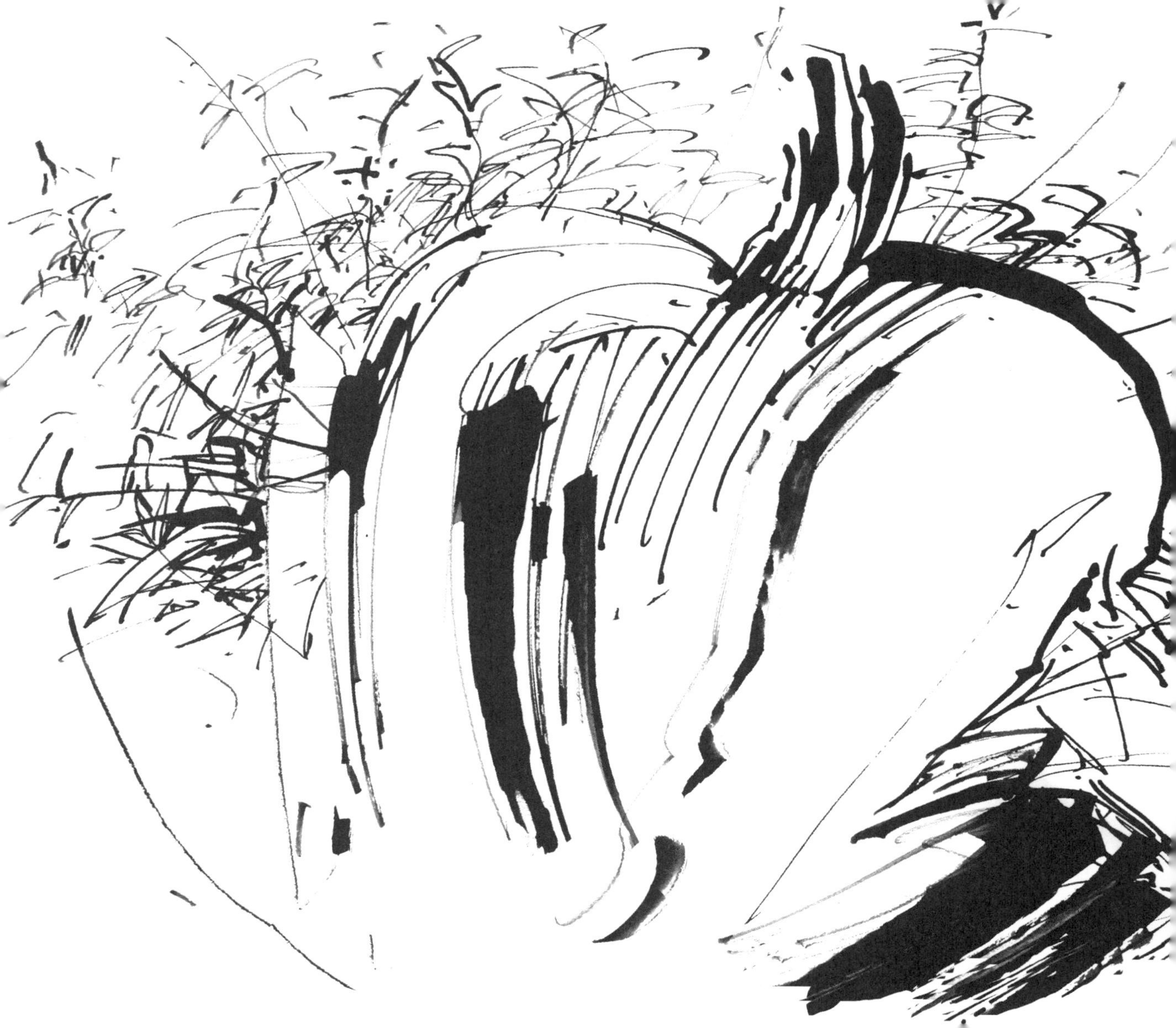

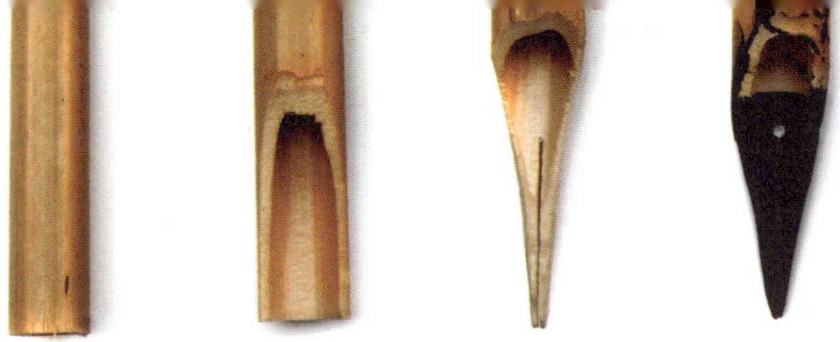

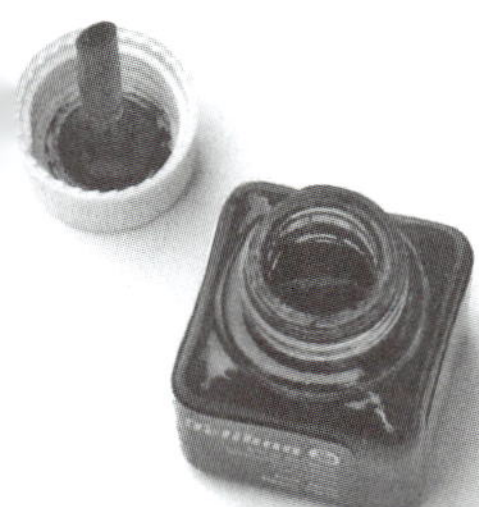

RÍGIDO E IMPREVISIBLE Apenas puede contener la tinta, araña, salpica, gotea y aun así es un fabuloso instrumento de dibujo: el cálamo o pluma de caña requiere de una mano que pueda realizar trazos decididos sobre el papel. No es para cobardes; es una herramienta para dibujantes que no temen el riesgo y saben que las cosas pueden salir mal. El cálamo clásico es de bambú. Puedes encontrar cálamos magníficamente fabricados en las tiendas de materiales de arte. Pero hacerlo uno mismo es divertido. Necesitas una caña del espesor de un dedo y algo de destreza en el manejo de cuchillos afilados. La ventaja de hacerlo tú es que cada cálamo sale diferente. Puedes hacer unos con punta, otros planos. Es importante que el plumín en punta se haga fino y que tenga un corte longitudinal que lo divida en el centro. Así será más elástico y ligero *como una pluma*. Hacer un agujero donde termina el corte ayuda a retener la tinta en la satinada madera de bambú el mayor tiempo posible. Dado que la tinta sella la madera, debes limpiar la pluma con un paño húmedo después de cada uso.

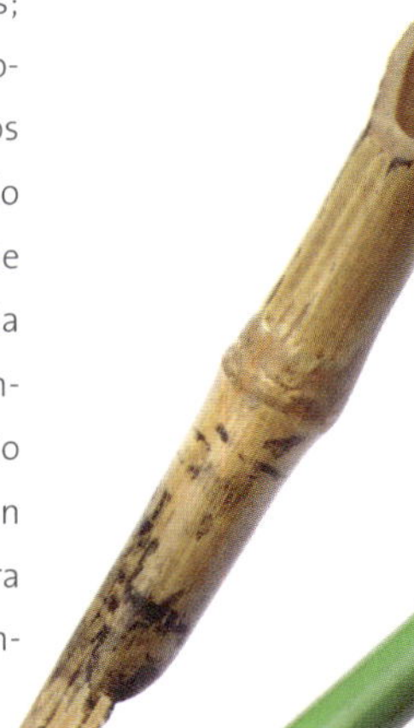

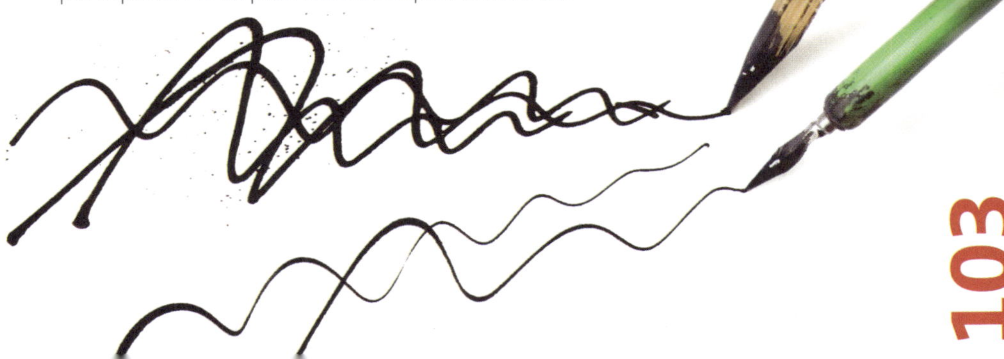

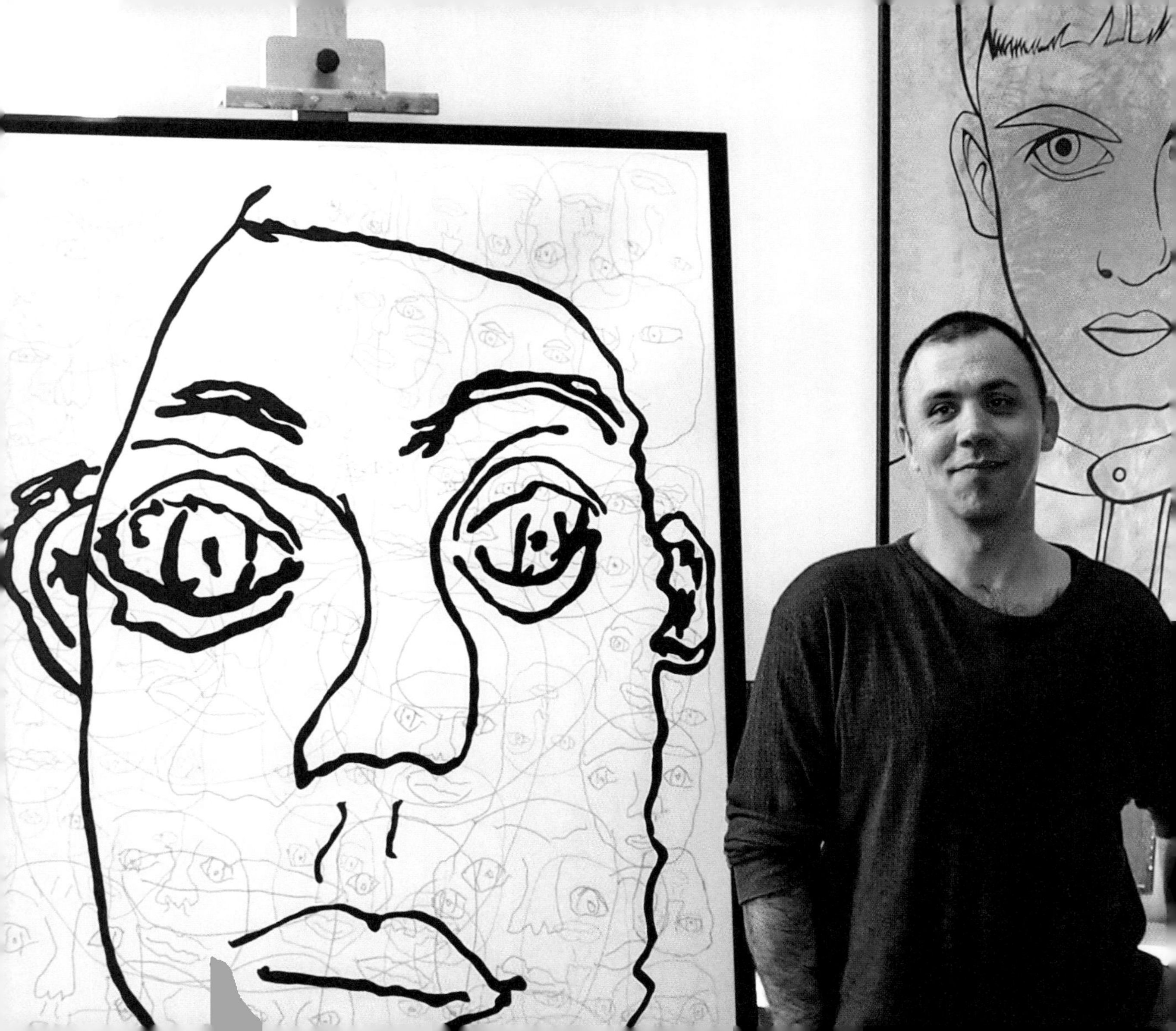

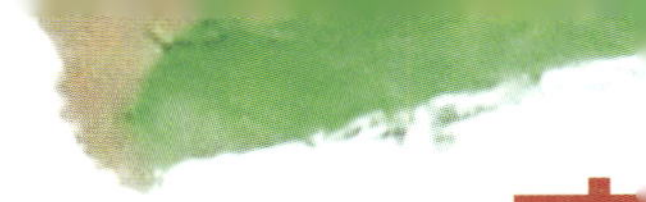

104

DIBUJAR TE HACE FELIZ Danny Scholz dibuja sobre todo cabezas en tableros pequeños y lienzos grandes. Orgulloso y satisfecho, posa junto a su trabajo. Se reconoce el autorretrato fácilmente. Sus pinturas son admiradas en las exposiciones. Los coleccionistas las buscan.

Pero la suerte no siempre estuvo de su lado: la motricidad de Danny Scholz está limitada. Es miembro del colectivo *atelierbau* de Worms, Alemania. En la institución de ayuda vital, el trabajo artístico ha tenido un efecto tremendamente positivo en la personalidad de este artista con discapacidad.

Danny Scholz dibuja cuadros con un fuerte y sugerente efecto. Nos parecen auténticos y alejados de influencias estilísticas. Sus trabajos surgen de forma intuitiva, «desde las tripas». El despreocupado arte de Danny Scholz es una invitación a pensar cómo se consigue el efecto de una imagen y qué significa un dibujo auténtico. Su arte inspira, pero no a imitarlo. Así que, mi consejo: busca la oportunidad y practica con frecuencia la representación de motivos lo más sencillamente posible a través de líneas expresivas. Ver también consejo 37.

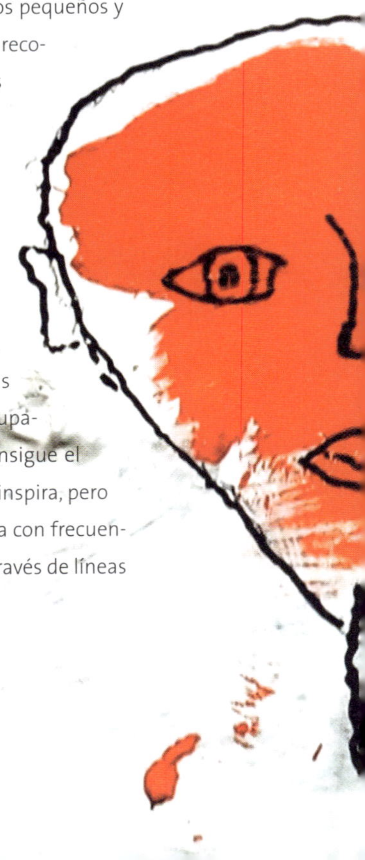

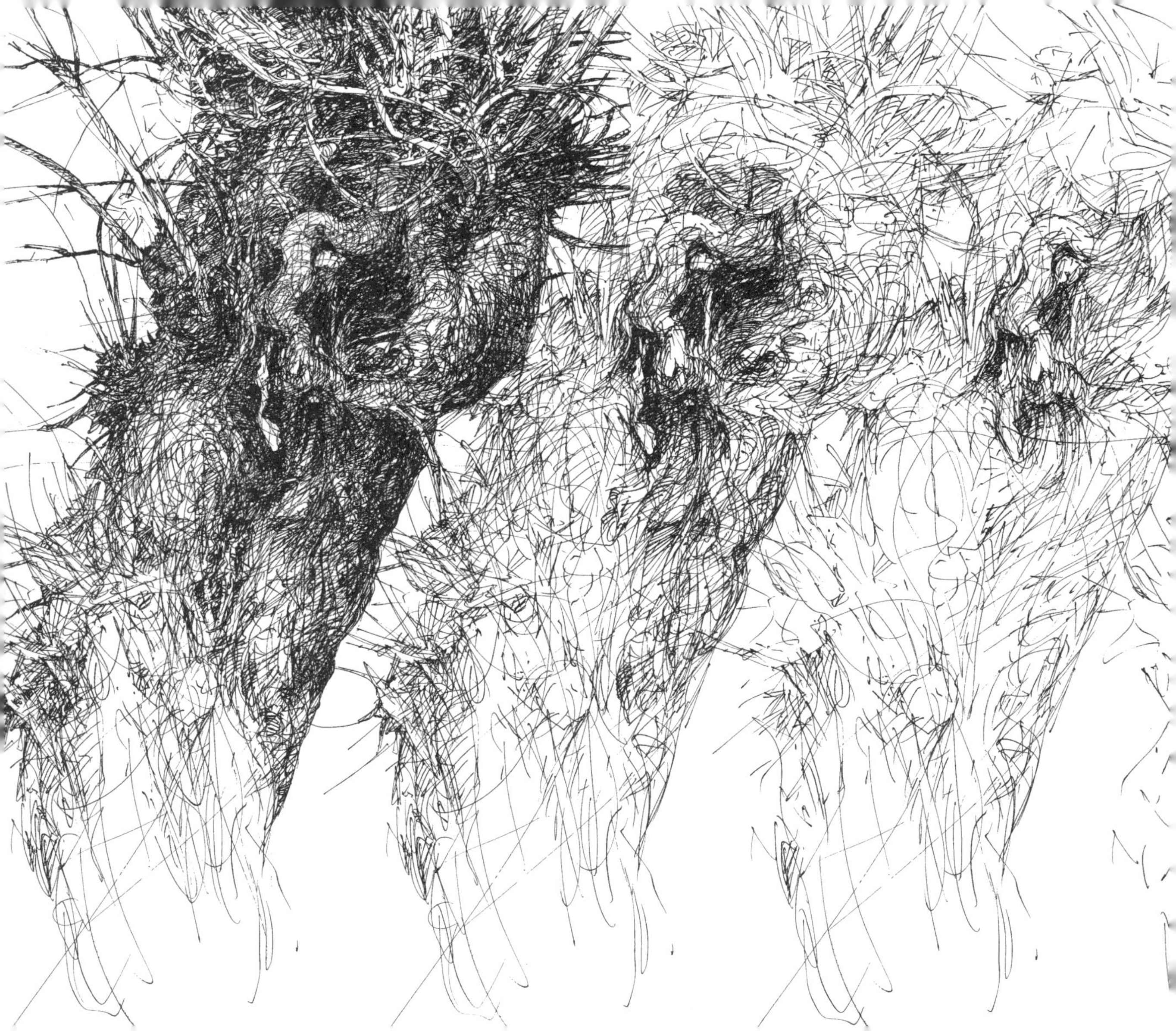

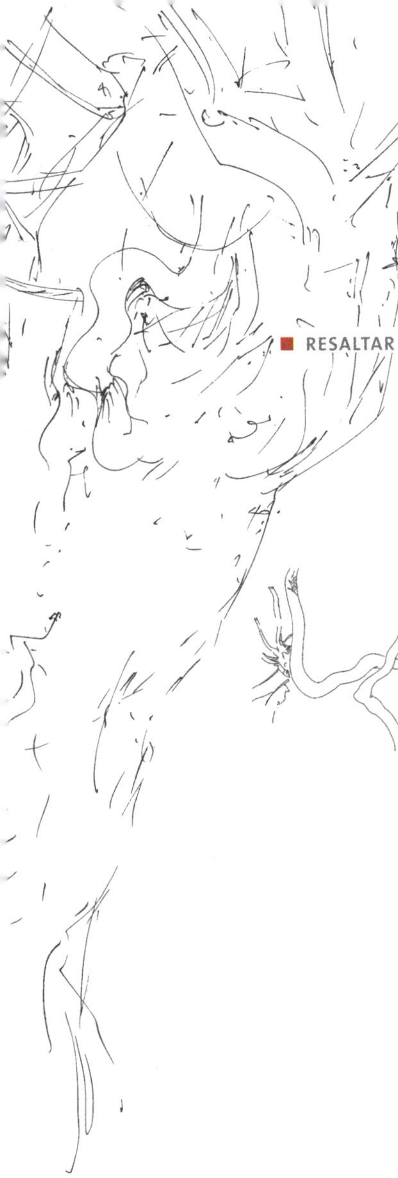

105

RESALTAR El efecto de volumen se puede conseguir perfectamente usando solo líneas. Cuanto más densas se hagan, más luminosas se verán las otras zonas que se intentan destacar. Es decir, el control del valor tonal radica en la concentración o dispersión de líneas. Si utilizas líneas paralelas para sombrear, conseguirás valores oscuros de forma rápida. Por otro lado, a través de las texturas de los detalles —de una corteza de árbol, por ejemplo— se representa la superficie específica

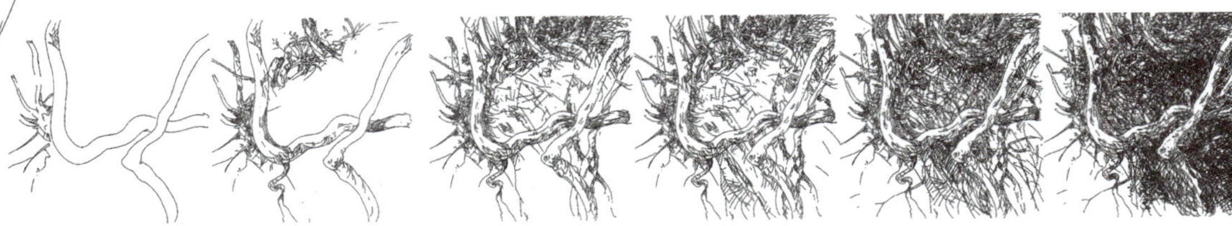

del motivo. Los sombreados de líneas paralelas y las texturas se pueden mezclar. Recopila con tu cámara distintos ejemplos de texturas de la naturaleza, a ser posible con fotografías en blanco y negro. Esto estimula la percepción y ayuda al dibujar desde la observación directa. Pero no intentes copiar dichas fotos: es mucho más instructivo dibujar objetos que se observan espacialmente.

Ver también consejos 28, 29 y 74.

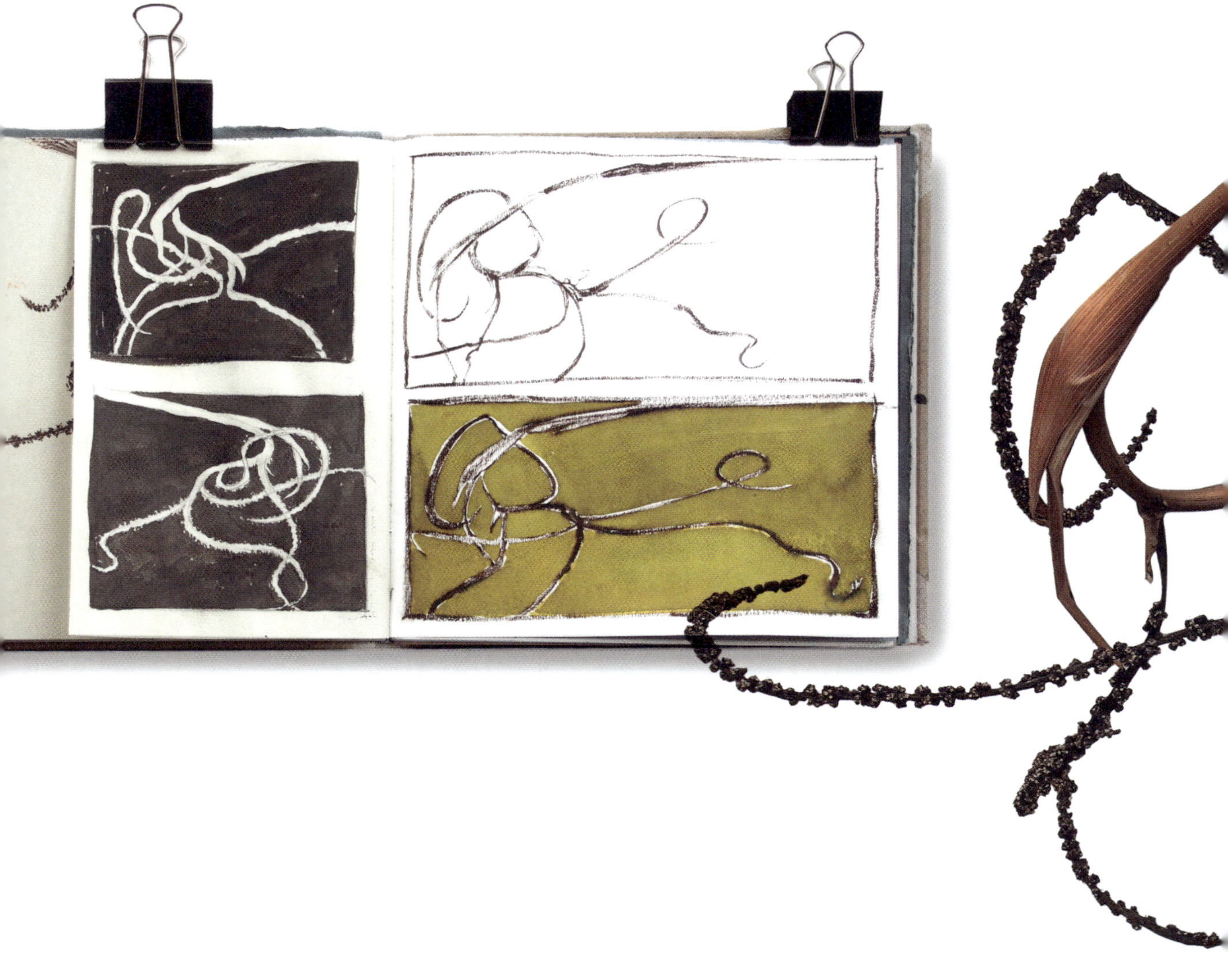

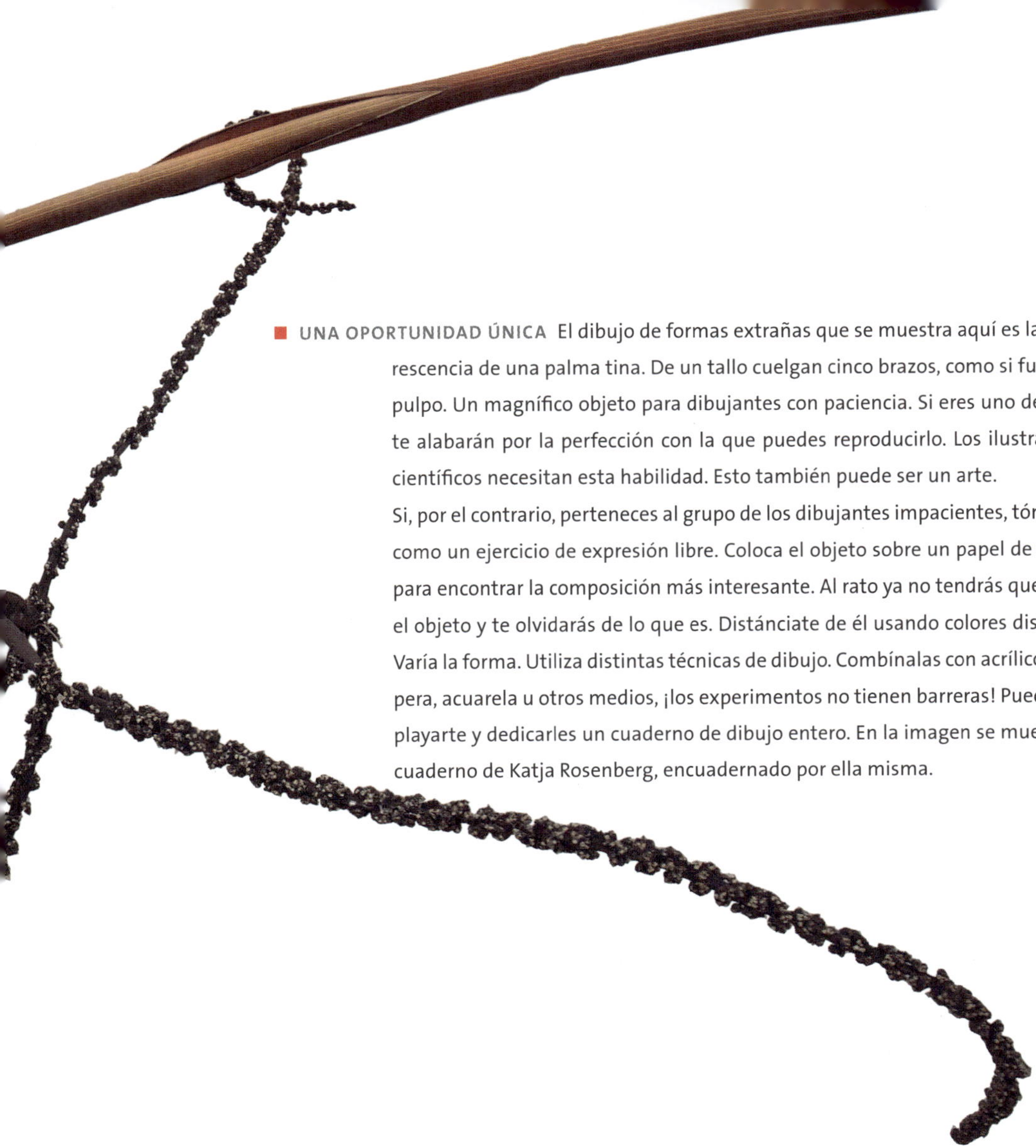

UNA OPORTUNIDAD ÚNICA El dibujo de formas extrañas que se muestra aquí es la inflorescencia de una palma tina. De un tallo cuelgan cinco brazos, como si fuera un pulpo. Un magnífico objeto para dibujantes con paciencia. Si eres uno de ellos, te alabarán por la perfección con la que puedes reproducirlo. Los ilustradores científicos necesitan esta habilidad. Esto también puede ser un arte.

Si, por el contrario, perteneces al grupo de los dibujantes impacientes, tómatelo como un ejercicio de expresión libre. Coloca el objeto sobre un papel de dibujo para encontrar la composición más interesante. Al rato ya no tendrás que mirar el objeto y te olvidarás de lo que es. Distánciate de él usando colores distintos. Varía la forma. Utiliza distintas técnicas de dibujo. Combínalas con acrílico, tempera, acuarela u otros medios, ¡los experimentos no tienen barreras! Puedes explayarte y dedicarles un cuaderno de dibujo entero. En la imagen se muestra el cuaderno de Katja Rosenberg, encuadernado por ella misma.

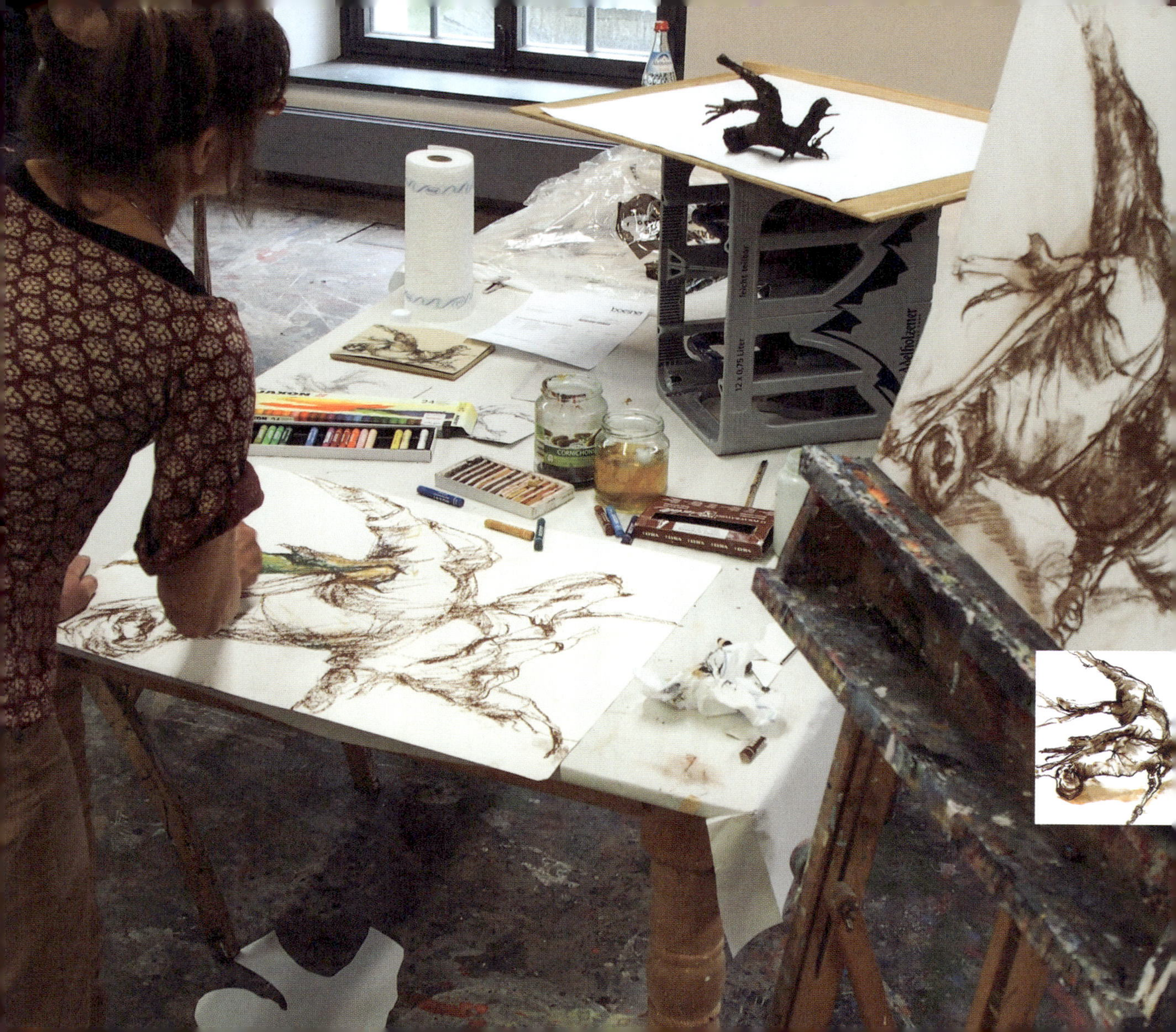
boesner
CORNICHONS

107

■ **¡VE A LA RAÍZ!** Con lápiz, bolígrafo roller, sanguina, lápiz de color, acuarela, crayón pastel, acrílico, carboncillo, sobre papel imprimado o de color, con acuarela sobre papel verjurado, en el cuaderno de dibujo apaisado, en un gran formato sobre caballete, difuminando con el dedo, usando grabado, con texturas o sombreados, con spray, con transferencia, por delante, vista desde arriba y desde abajo, a la altura de los ojos, girada, caída, inclinada, armoniosa con la proporción áurea, recortada, centrada, colgada, suspendida, con y sin sombra, en negativo, iluminada, con mucho cuidado, como Durero, surrealista, expresiva, naturalista, abstracta, distanciada... y todo ello a partir del mismo objeto. ¡Te sorprenderás de las ideas que se te ocurren! ¿Que no tienes ninguna raíz a mano? ¡No es excusa!

Ver también consejo 7.

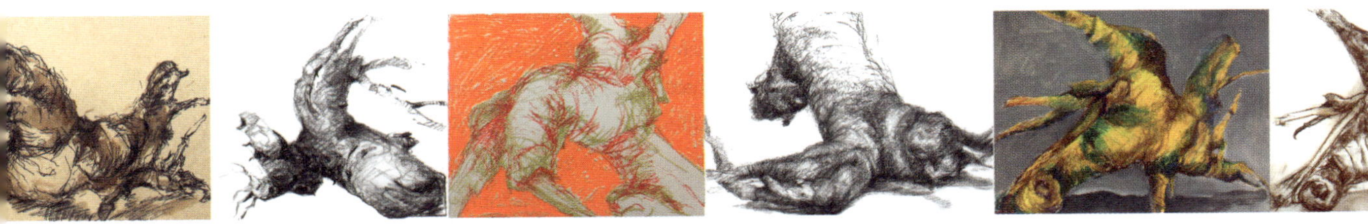

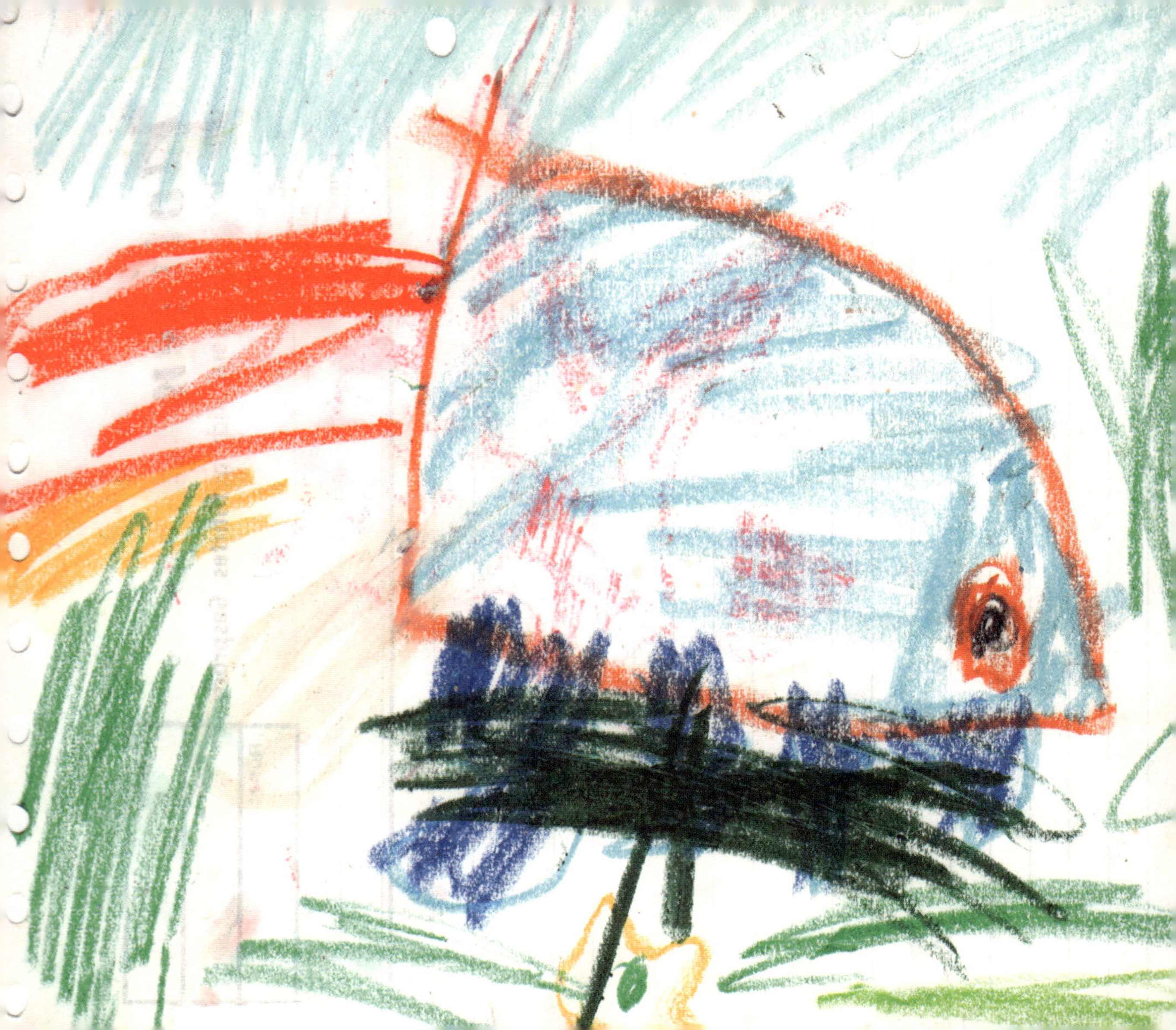

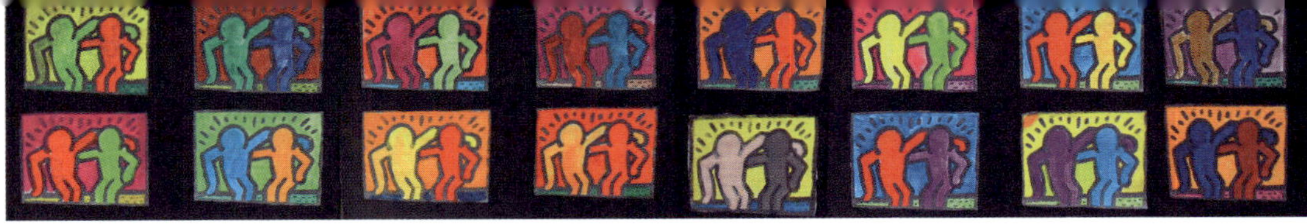

108

■ **UNA PETICIÓN** «La escuela primaria tiene el deber primordial de apoyar a cada niño individualmente». Esto, más o menos, es lo que viene escrito en los planes de estudio de cualquiera de los estados federados de Alemania. La asignatura de arte debe educar a los niños en el pensamiento artístico, permitir que descubran sus posibilidades de percepción y expresión, y contribuir a que desarrollen un lenguaje artístico propio. Pero, ¿cómo se puede desarrollar un lenguaje artístico propio cuando en las escuelas se reparten plantillas que los niños —en su fase más creativa— tienen que colorear utilizando los pocos colores disponibles? Mi petición es, pues: si trabajas con niños o tienes la oportunidad de dibujar con ellos, apoya su talento artístico individual con ejercicios que se adapten a su edad e intereses particulares. Saca a la luz el tesoro creativo que cada niño lleva dentro. ¡Quedarás impresionado! Ver también consejo 83.

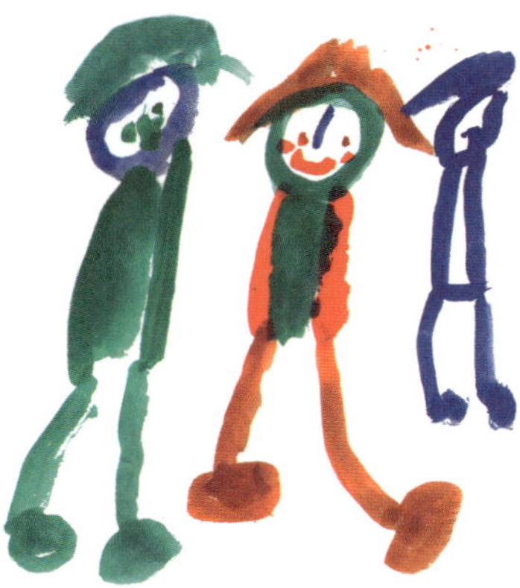

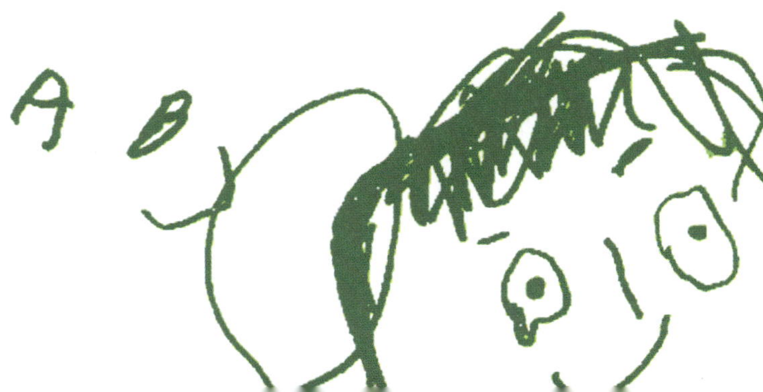

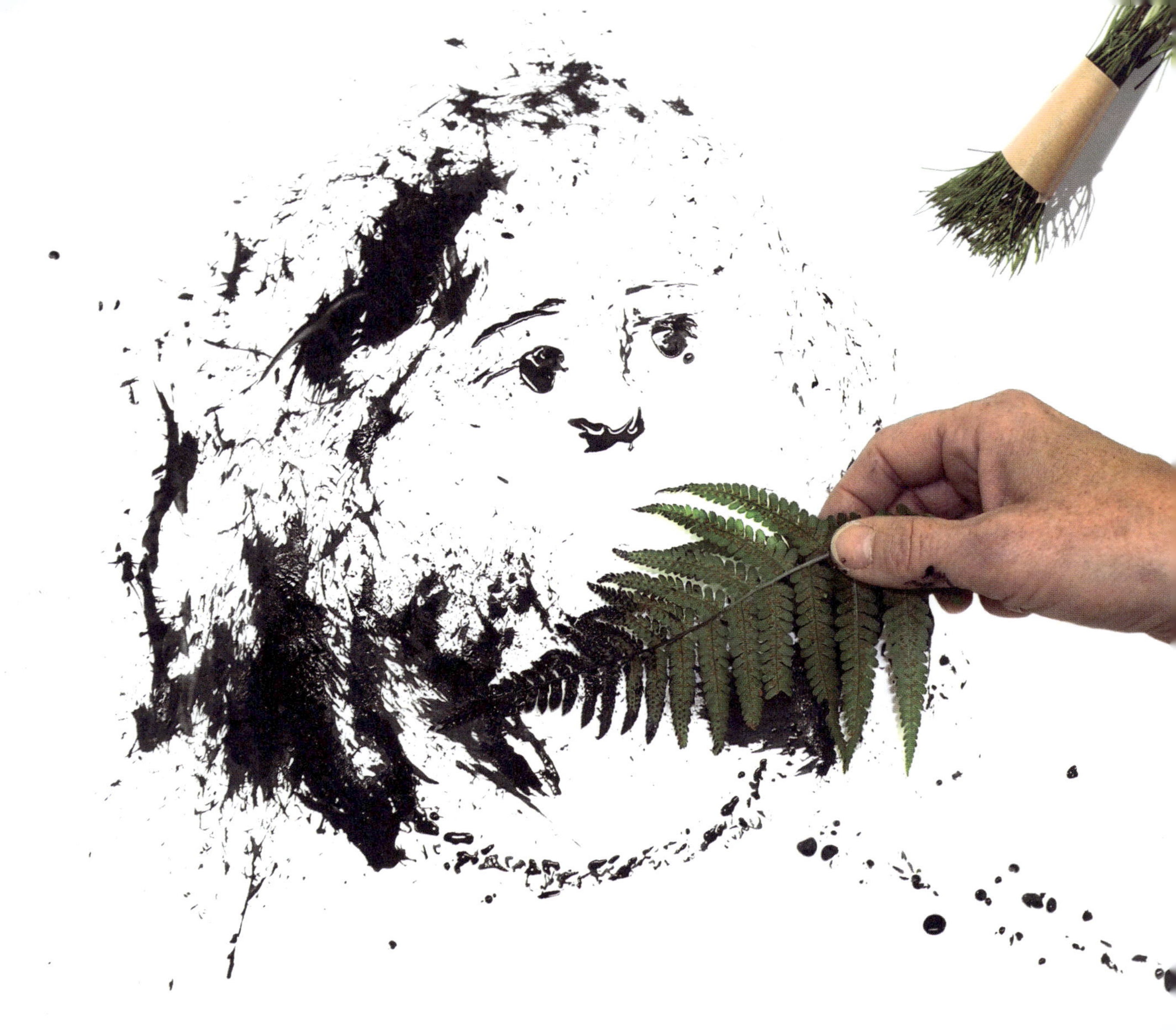

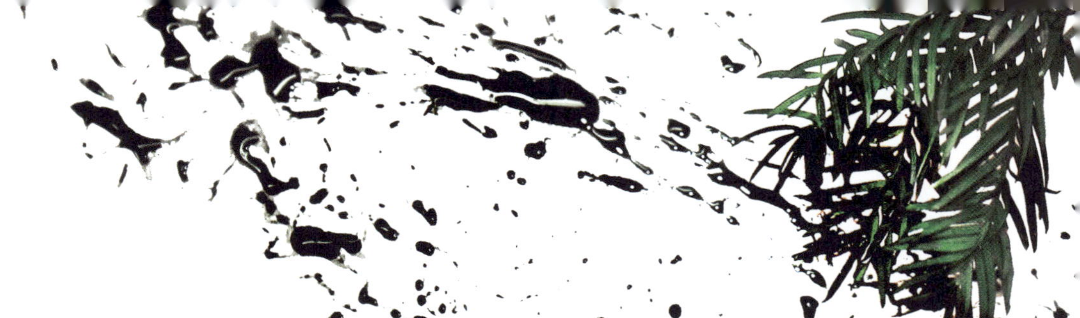

109

■ **FUERA DE CONTROL** ¿Estás insatisfecho con tu forma de dibujar o te parece que los dibujos son rígidos y poco espontáneos? Un cambio radical en la técnica podría hacer maravillas. También puede que baste jugar de vez en cuando con algún material poco habitual. Tales experimentos pueden ayudar a ampliar tus posibilidades de expresión. ¡Descubre todo lo que puede entenderse como *dibujo*!

Trata de quitarle el control al cerebro y a la mano. Ten a mano todos los materiales de los que dispongas y experimenta sin reparos. Te sorprenderás con las ideas que se te ocurrirán y lo que descubrirás en el camino. Y te garantizo un estado de flujo en el que olvidarás lo que sucede a tu alrededor.

Ver también consejo 75.

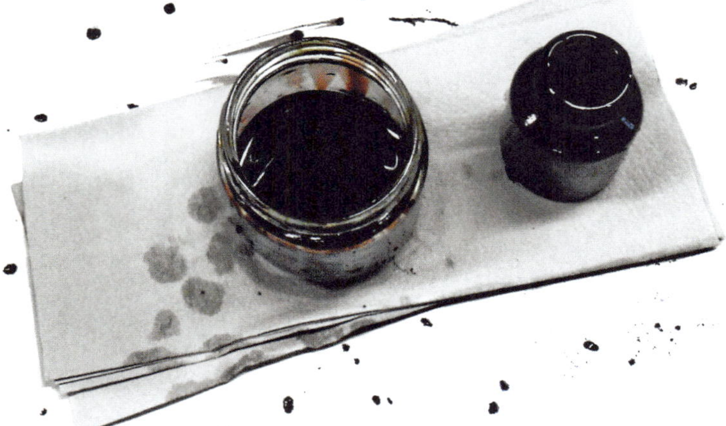

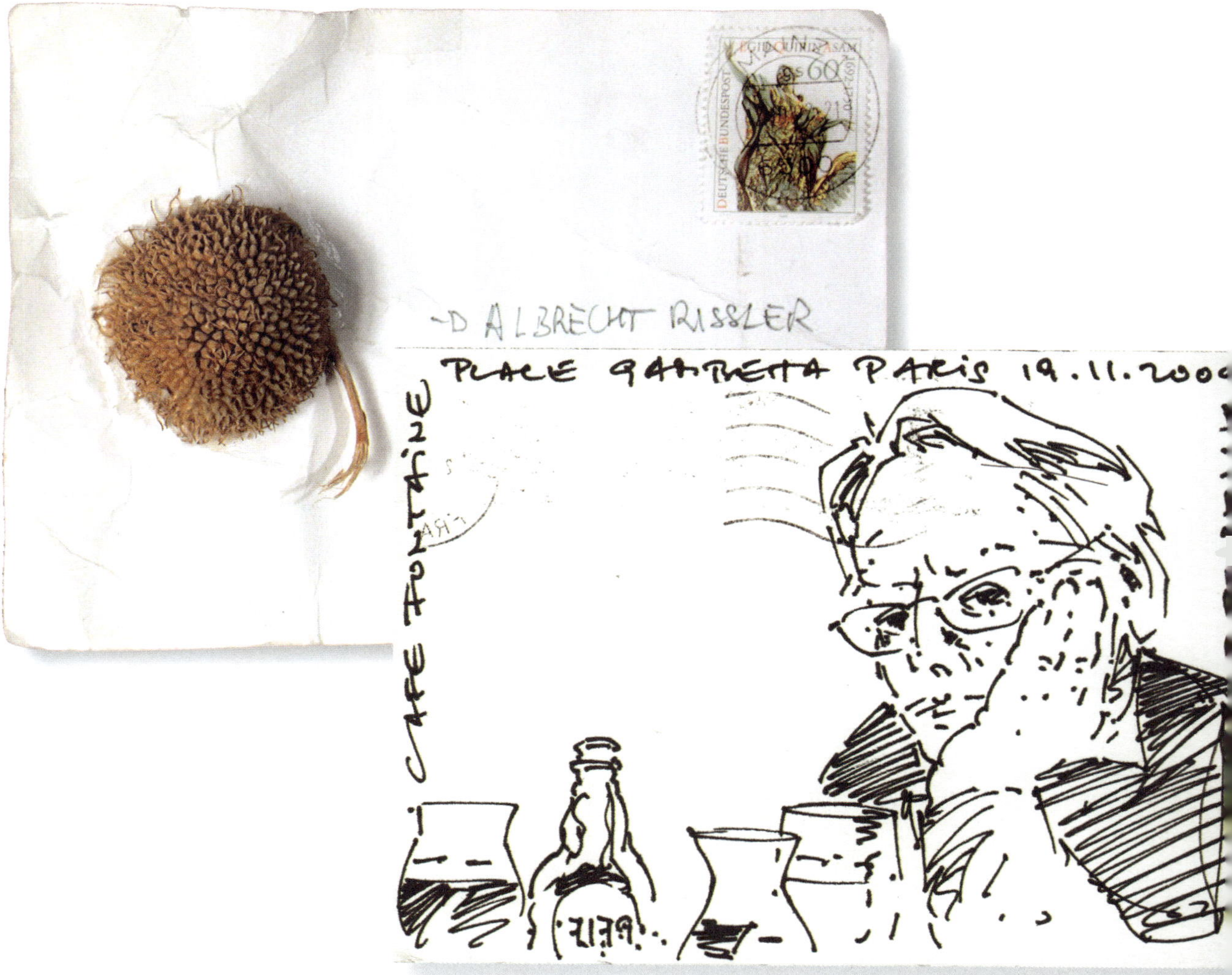
-D ALBRECHT RISSLER
PLACE GAMBETTA PARIS 19.11.200
CAFE FONTAINE
DEUTSCHE BUNDESPOST

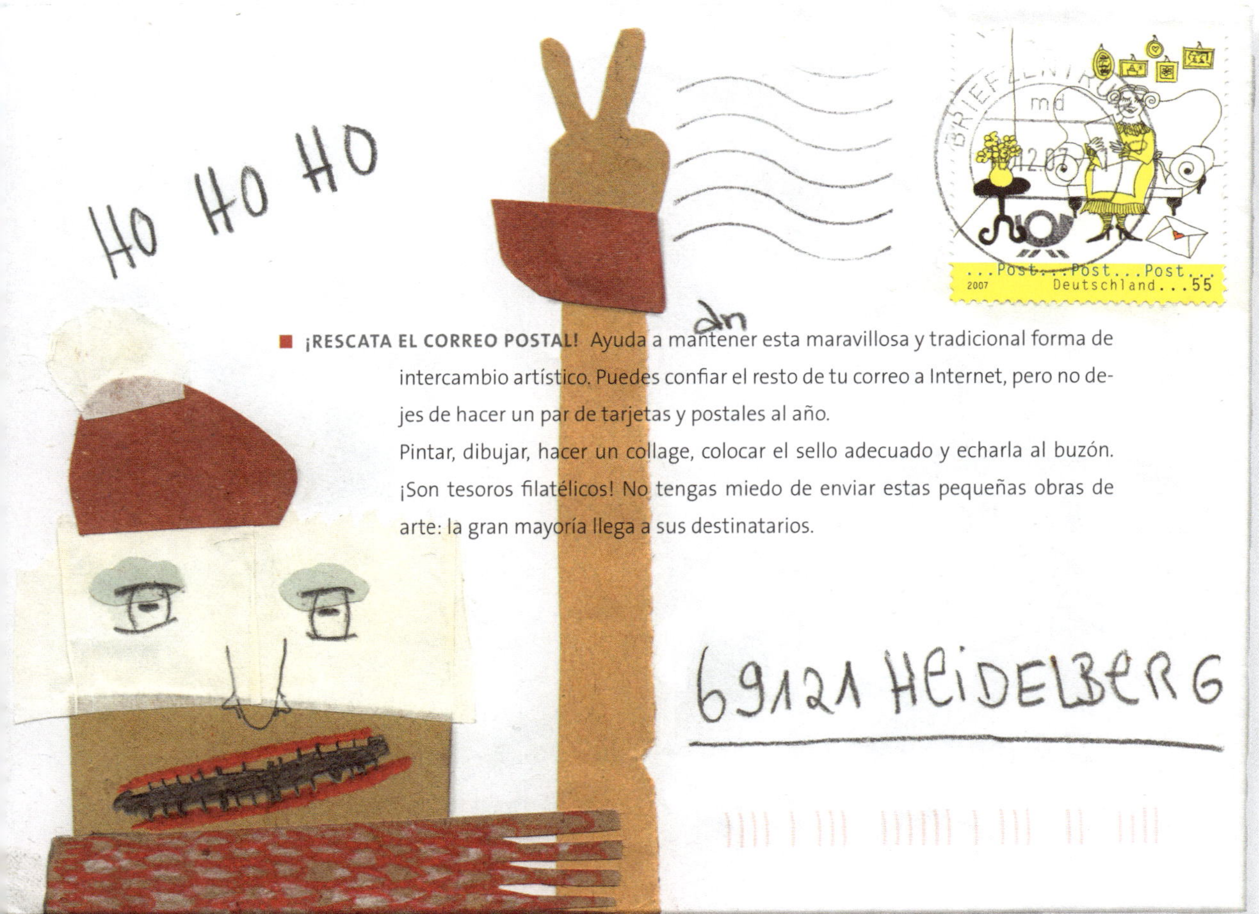

■ **¡RESCATA EL CORREO POSTAL!** Ayuda a mantener esta maravillosa y tradicional forma de intercambio artístico. Puedes confiar el resto de tu correo a Internet, pero no dejes de hacer un par de tarjetas y postales al año.

Pintar, dibujar, hacer un collage, colocar el sello adecuado y echarla al buzón. ¡Son tesoros filatélicos! No tengas miedo de enviar estas pequeñas obras de arte: la gran mayoría llega a sus destinatarios.

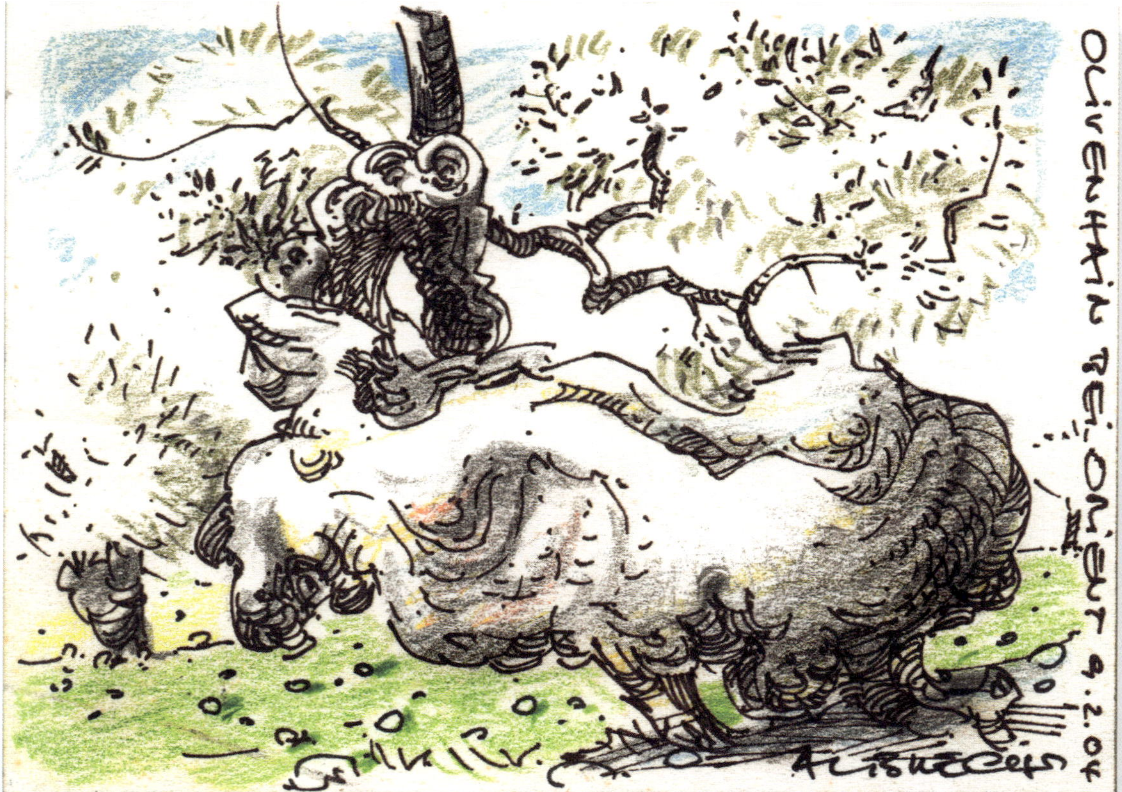
OLIVENHAIN BEI
9.2.04

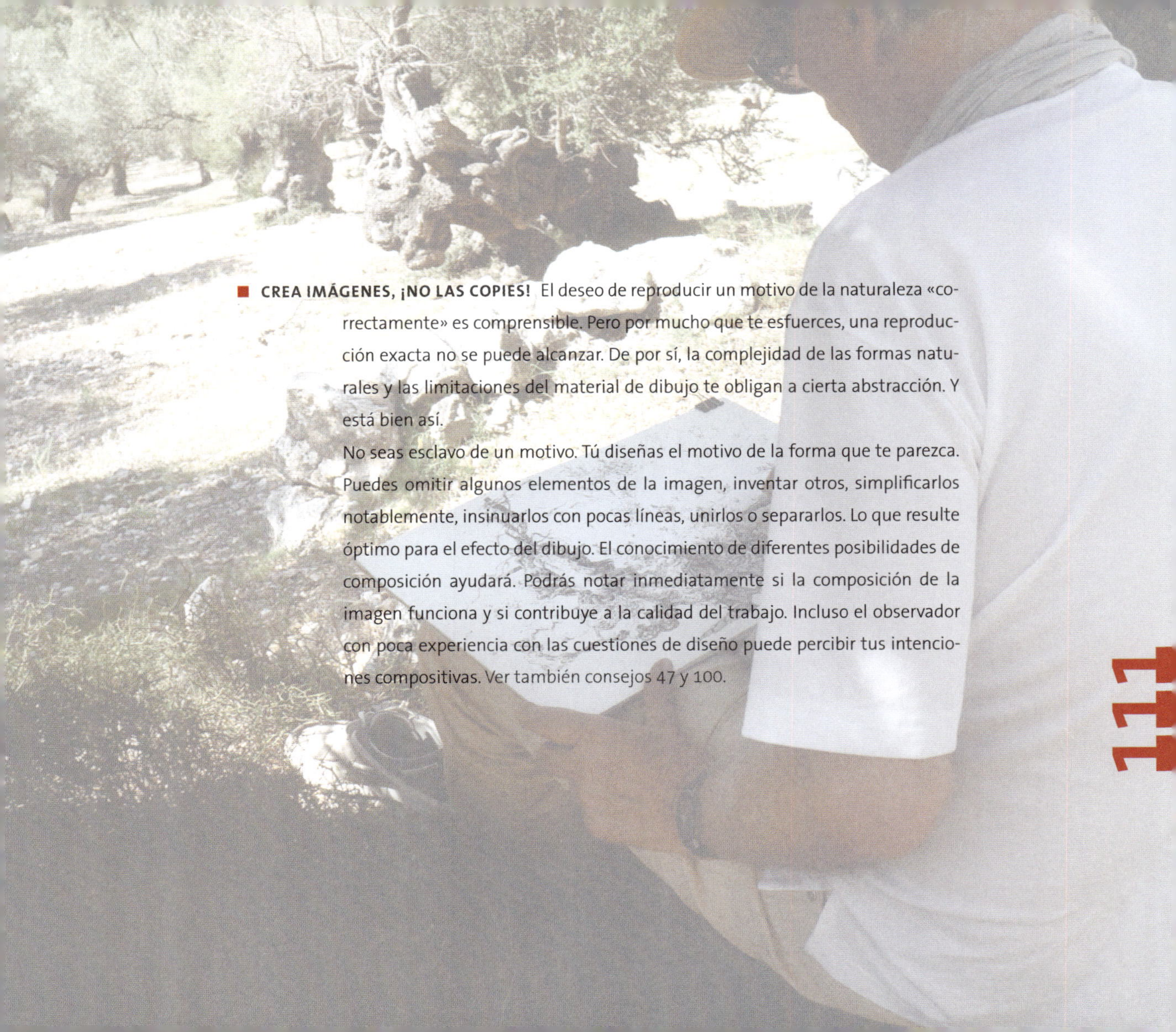

111

■ **CREA IMÁGENES, ¡NO LAS COPIES!** El deseo de reproducir un motivo de la naturaleza «correctamente» es comprensible. Pero por mucho que te esfuerces, una reproducción exacta no se puede alcanzar. De por sí, la complejidad de las formas naturales y las limitaciones del material de dibujo te obligan a cierta abstracción. Y está bien así.

No seas esclavo de un motivo. Tú diseñas el motivo de la forma que te parezca. Puedes omitir algunos elementos de la imagen, inventar otros, simplificarlos notablemente, insinuarlos con pocas líneas, unirlos o separarlos. Lo que resulte óptimo para el efecto del dibujo. El conocimiento de diferentes posibilidades de composición ayudará. Podrás notar inmediatamente si la composición de la imagen funciona y si contribuye a la calidad del trabajo. Incluso el observador con poca experiencia con las cuestiones de diseño puede percibir tus intenciones compositivas. Ver también consejos 47 y 100.

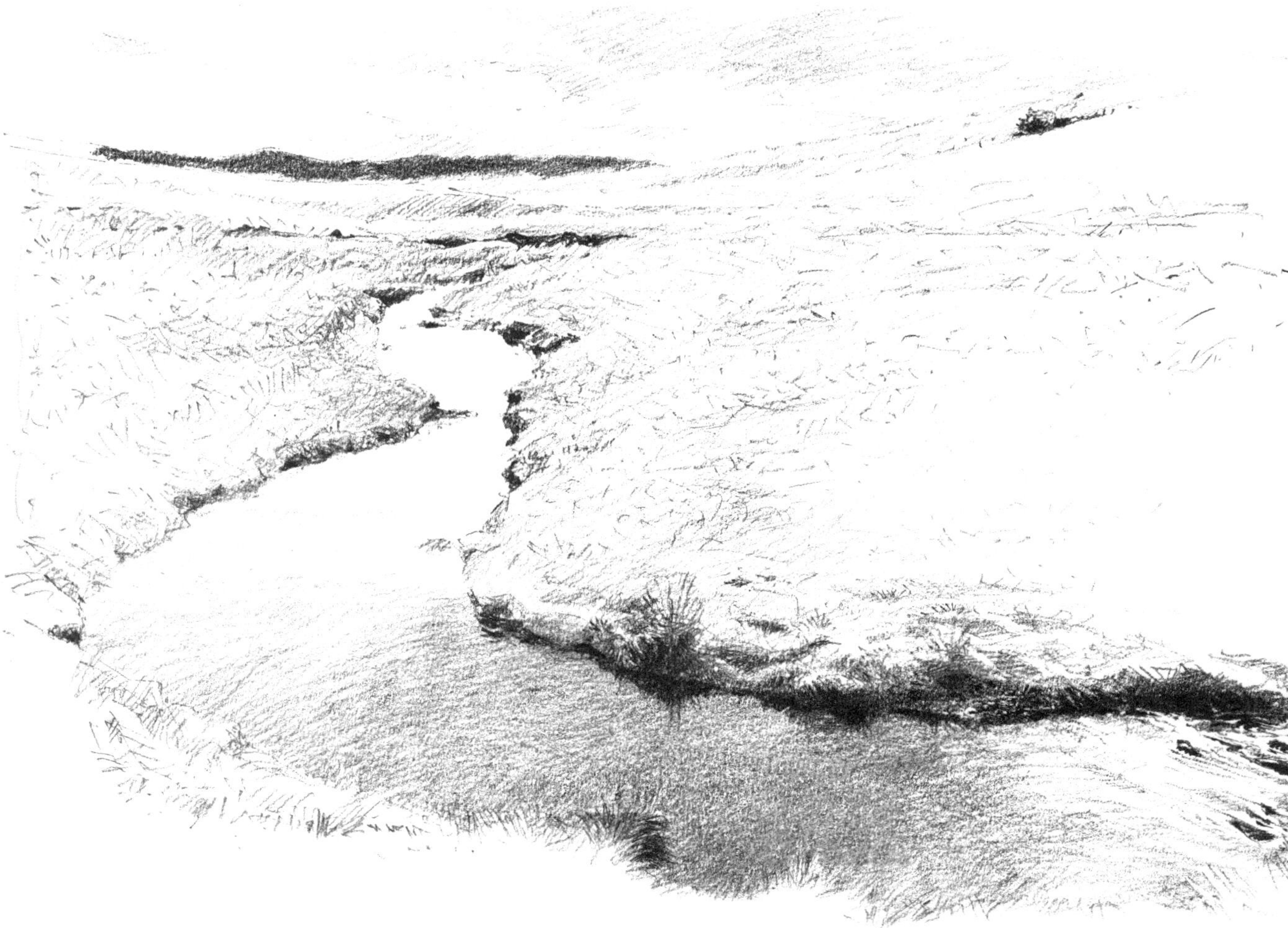

■ **¿CUÁNDO ESTÁ EL DIBUJO TERMINADO?** Esta pregunta te va a acompañar siempre que dibujes. Los trabajos de esta página muestran cuántos valores tonales hacen falta para conseguir un determinado efecto. En el dibujo de este arroyo en Escocia quería representar el efecto de contraluz en la superficie del agua. Puedes ver que incluso con pocos valores tonales basta para conseguirlo. Pero ¿cómo se aprende a parar en el momento adecuado? El miedo a echar un dibujo a perder es comprensible. Sin embargo, merece la pena pasarse de la raya de vez en cuando. Esto te dará experiencia sobre el intervalo que hay entre parar demasiado pronto y arruinar un trabajo. Adquirirás la intuición para saber soltar el lápiz a tiempo. Haz fotos para documentar cada etapa; esto ayuda a aportar claridad.

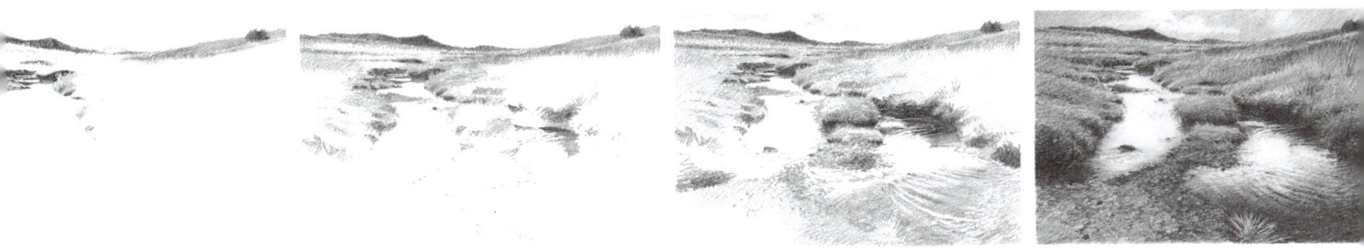

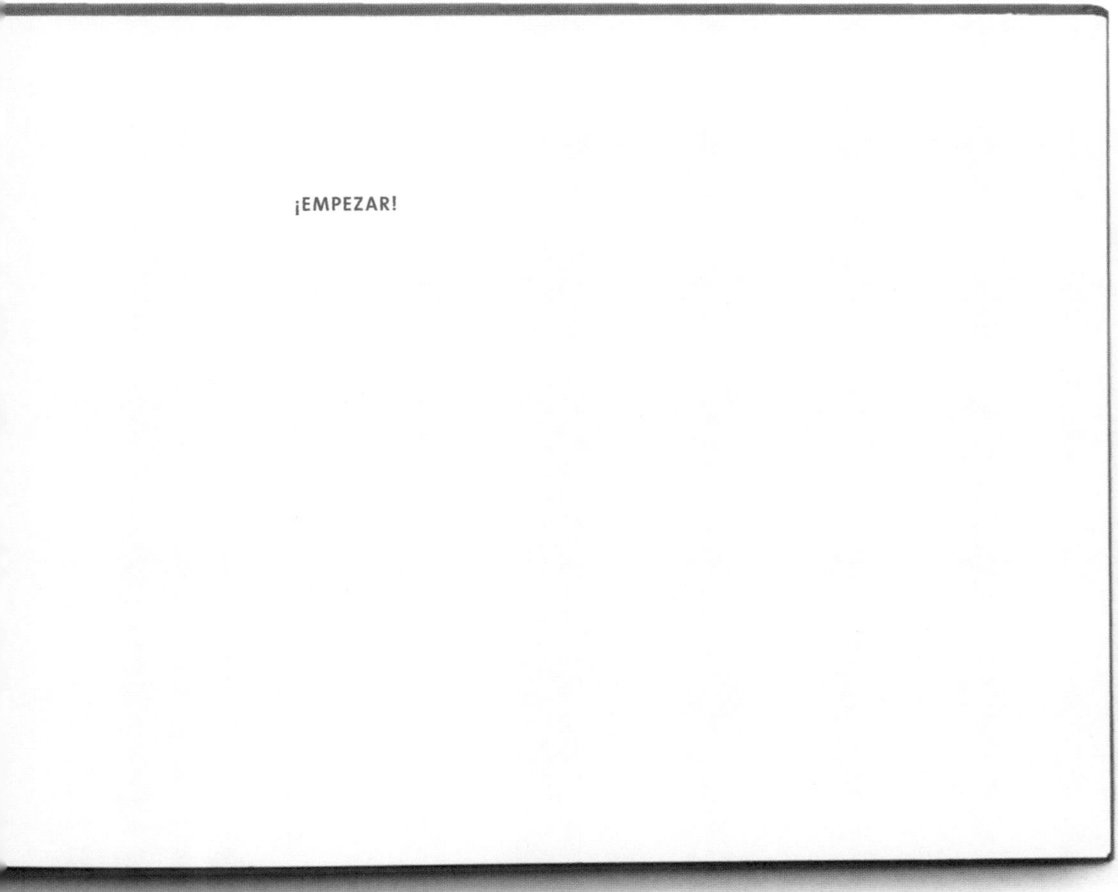

¡EMPEZAR!

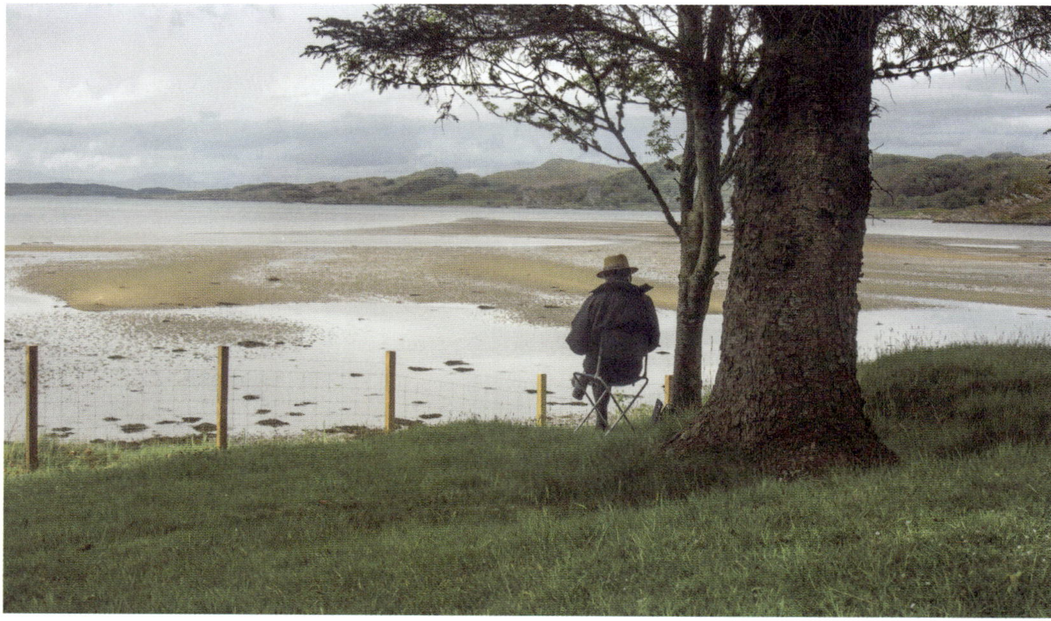

■ **ALBRECHT RISSLER** Nacimiento 1944. Aprendizaje como decorador; actividad como cartelista. 1963 Primera exposición individual con pequeñas esculturas, dibujos y pinturas. 1966 Comienzo de su segunda formación y graduación como pedagogo para asignaturas artísticas, musicales y técnicas. Docente de pintura y técnicas de impresión. 1981 Cese del trabajo como pedagogo; fundación de un taller de ilustración y comienzo de una colaboración de muchos años con la revista medioambiental «natur» de Horst Stern. 1987 Profesor en la Escuela Superior de Diseño, Arte y Medios de Stuttgart. 1988 Nombramiento como profesor de dibujo e ilustración en el departamento de diseño de la Escuela Técnica Superior de Mainz. 1995 Publicación del libro de dibujo «Zeichnen, unterwegs mit Stift und Skizzenbuch» (Editorial Callwey, Múnich). Desde 2002 Clases de dibujo en Irsee, Oppenheim, Bad Reichenhall, Ladenburg, Rangendingen y Heidelberg. 2012 Publicación del libro «Zeichnen in der Natur» (Editorial Michael Fischer, Múnich). En la editorial dpunkt. verlag de Heidelberg le siguieron los libros «Komposition, die Kunst der Bildgestaltung, eine Sehschule nicht nur für Fotografen» (2014), «Zeichnen, Tipps für Kreative» (2015) («Dibujo creativo» (2019), Hoaki Books), die Neuausgabe «Zeichnen unterwegs mit Stift und Skizzenbuch» (2016) y «Farbgestaltung Fotografie» (2017).

ÍNDICE DE ILUSTRACIONES **8** Stefan Gelberg **18** En sentido horario: Nicole Gaspar, www.creativwerk.net/gaspar, Rainer Lieser, www.rainer-lieser.de, Lisa Küffner **20** Isabella Spitznagel **21** Rainer Lieser **24** Schnake, dibujo infantil **27** Foto: Ursula Rückauf-Rissler **30** Mart Klein, www.dainz.net **32** Sigrid Kleinod **33** Página izquierda: Horst Grüning, página derecha arriba: Benjamin, abajo: Linus **34** Ina Safran, Dibujos de niños, desde abajo, en sentido horario: Sandra, Ferdinand, Petra, Tobias, Carmen, David, Lisa, Florian, Valerie, Moritz, Kristina, Laura, Julian, Sophie, Florian, Robin, Gloria, Simone, Gesche **36** Página izquierda: Estatua de una mujer romana (recorte), colección de la Universidad de Heidelberg **37** Página izquierda: Estudiante del curso **38** Página izquierda abajo y centro: Lisa Küffner, página derecha abajo: Dr. Rainer Lenzen, página derecha: Ina Jakoby **39** Karin Schliehe, www.schliehe-mark.de **46** Grafitero desconocido **48** Bernhard Buss **51** Miguel Herranz, www.miguel-herranz.com **52** Página izquierda: Elisabeth Kaiser, derecha arriba: Jo-Ella, derecha: Hannelore Rudolf **53** Wolf Heinecke y Albrecht Rissler, Foto: Gisela Egger-Heinecke **55** Encuadernador del libro de bocetos: Thomas Weil, www.thomas-weil-buchbinden.de **56** Prof. Jörg Osterspey **57** Página izquierda: Susan Ide **58** Figura: Christian Trippe, Cuaderno de dibujo: Katja Rosenberg, www.katja- rosenberg.de **59** Elke Dörr **60** Página izquierda: Ina Jakoby, centro: Hans

Dorenburg **63** Christian Barthold, http://cargocollective.com/Christian-Barthold **65** Jörg Hülsmann, www.joerghuelsmann.de **68** Christian Felder, www.christian-felder.de **69** Página derecha: Dr. Alfred Görstner, www.malerei-grafik.goerstner.de **70** Prof. Eberhard Linke, www.stiftung-linke.de **71** Mandy Schlundt, www.mandysbilder.de **75** Katja Rosenberg **81** Página derecha: Waltraud Kissinger **83** Página izquierda: Martin Stankewitz, página derecha: Barbara **85** Jens Hübner www.jenshuebner.de **88** Página derecha centro: Angelika Konopatzki **89** Raimund Frey, www.raimund-frey.de **93** De izquierda a derecha: Rupert Lehmann, Julia, Susann Stoebe, www.motivwerkstatt.de, Andrea Keller, Emilie Vanvolsem, www.emilievanvolsem.info, Lutz Heyder **96** página izquierda: Sabine Baumgärtel, página derecha arriba: Lena Ramdohr **97** izquierda arriba: Josef Haug, www.josef-haug.de, centro: Richard Franke, arriba derecha: Agathe Haslach **98** página izquierda: Andrea Diemer **101** cuaderno de dibujo y fotos: Rolf Schröter, skizzen-blog.rolfschroeter.com **104** Danny Scholz, www.atelierblau.com **106** Katja Rosenberg **107** Annette Böhmer **108** Julia **109** Andrea Diemer **110** Exterior izquierda: Stefan Gelberg, página derecha: Anabel Leiner, www.anabelleiner.de **111** Foto: Ursula Rückauf-Rissler, Foto contraportada: Thomas Weil, Foto biografía: Walter Spagerer. Todas las demás fotos y dibujos pertenecen al autor.

> REPERTORIO DE LIBROS DE DIBUJO Y PINTURA <

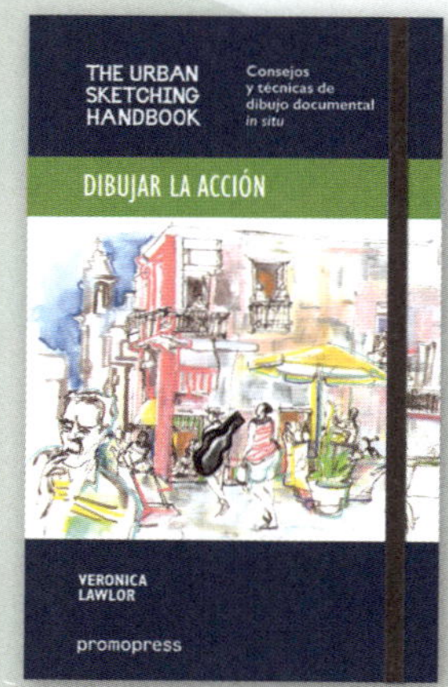

ISBN 978-84-16504-57-2

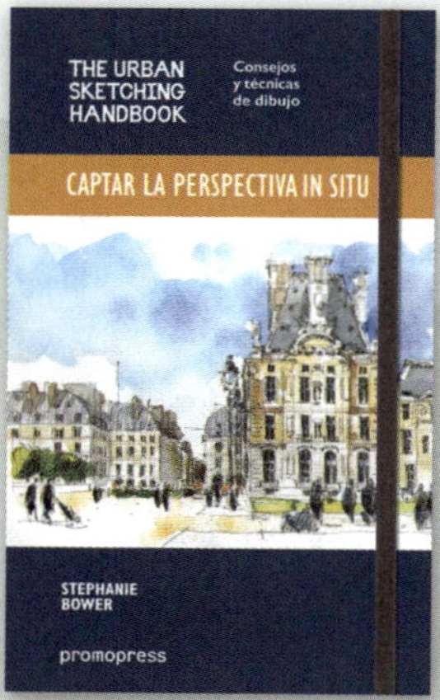

SBN 978-84-16504-60-2

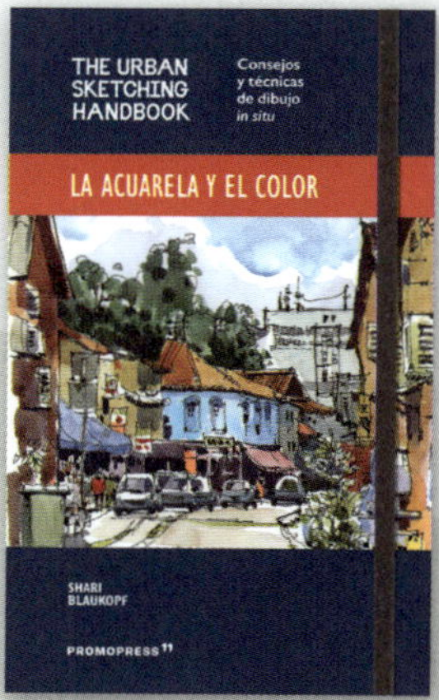

ISBN 978-84-17412-59-3

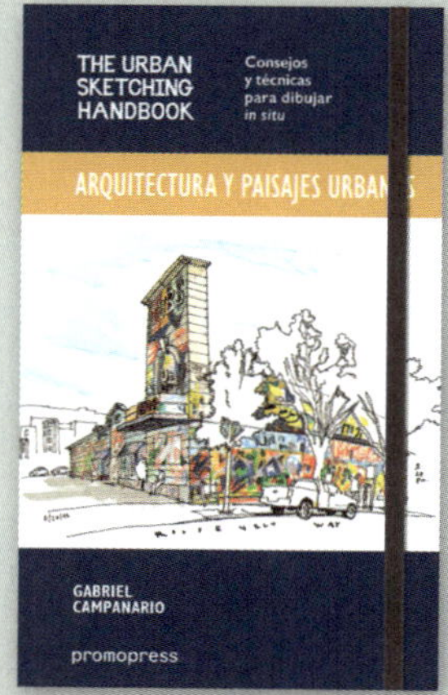

ISBN 978-84-15967-52-1

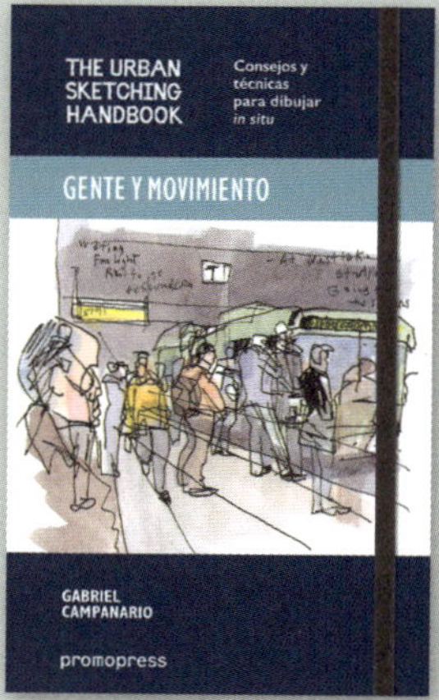

ISBN 978-84-15967-53-8

Consejos y técnicas para dibujar in situ

13,00 x 21,00 cm
112 págs.

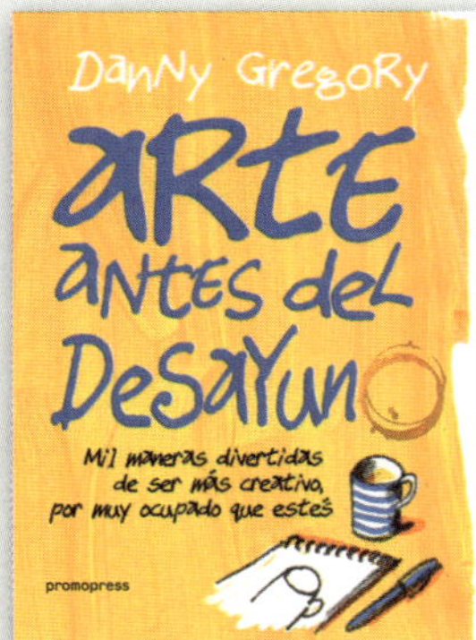

ISBN 978-84-16504-47-3

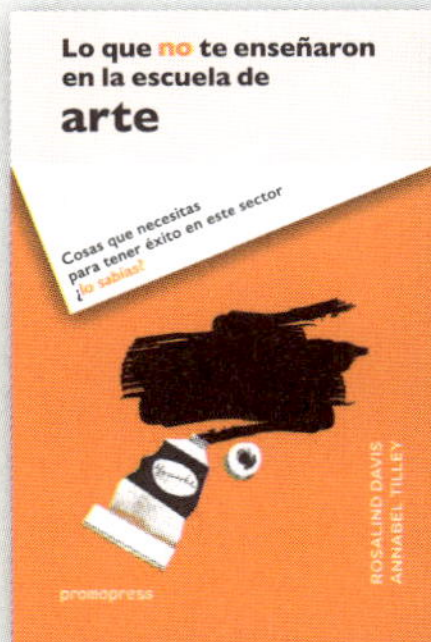

ISBN 978-84-16504-06-0

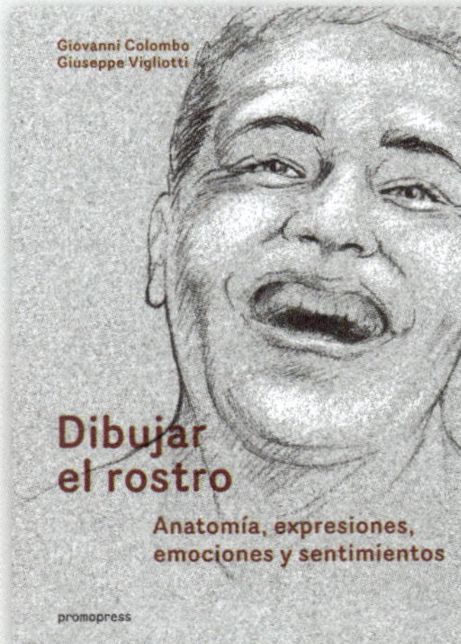

ISBN 978-84-16851-03-4

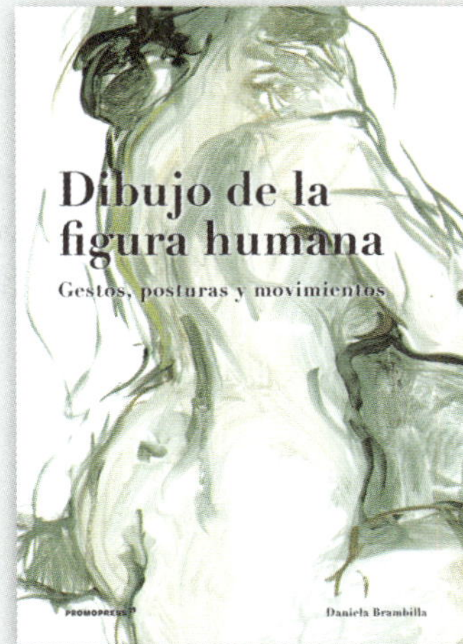

ISBN 978-84-17412-35-7

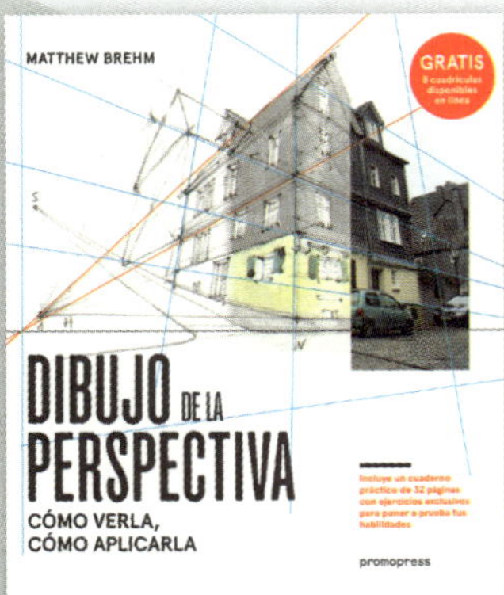

ISBN 978-84-16504-71-8

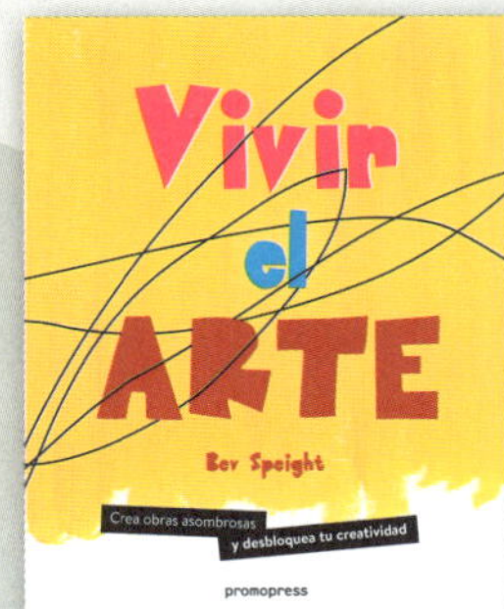

ISBN 978-84-16851-43-0

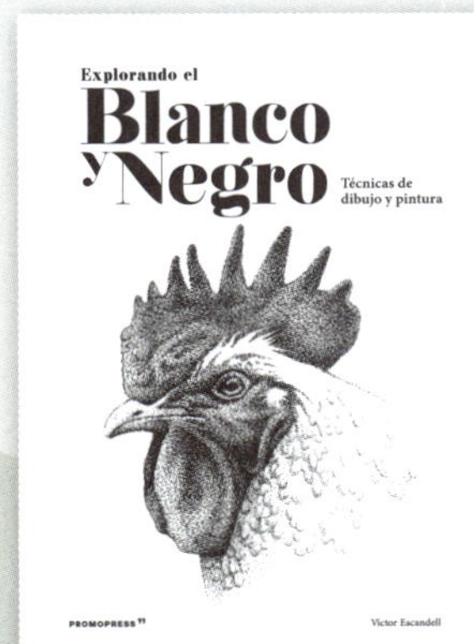

ISBN 978-84-16851-83-6

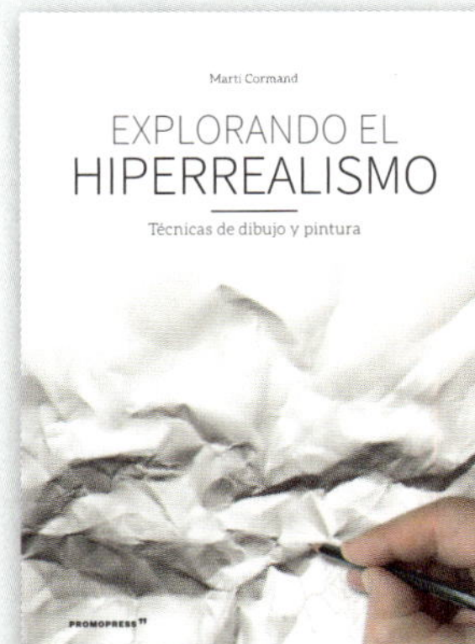

ISBN 978-84-16851-85-0

Ver toda la colección de nuestra biblioteca en **www.hoaki.com**

HOAKI

Hoaki Books, S.L.
C/ Ausiàs March, 128
08013 Barcelona, España
T. 0034 935 952 283
F. 0034 932 654 883
info@hoakibooks.com
www.hoaki.com

Dibujo creativo
100 trucos para desarrollar tu talento

ISBN: 978-84-17656-12-6
D.L.: B 14490-2019
Impreso en China

Título de la versión original alemana: *Zeichnen – Tipps für Kreative*
ISBN: 978-3-86490-239-0

Traducción: Blanca Domínguez Cobreros
Edición: Gerhard Rossbach, Barbara Lauer; Corrección: Susanne Rudi; Diseño: Albrecht Rissler; Producción: Birgit Bäuerlein; Imagen de cubierta frontal: Rupert Lehmann; Imágenes de contracubierta sacadas del interior del libro